BIOETHICA

17.

Sofia Tavella

# DIVERSAMENTE SANI

## ETICA DEL DOLORE E DELLA VITA

IF Press

IF Press srl
Ctr. La Murata, 49 - 03017 Morolo (FR)
info@if-press.com - www.if-press.com

ISBN 978-88-95565-81-1

# Indice

# Prefazione

Oggi, una certa corrente di pensiero ritiene che la vita in certe condizioni si trasformi in un accanimento ed in un calvario inutile, dimenticando che un'efficace presa in carico e il continuo sviluppo della tecnologia consentono anche a chi è stato colpito da patologie altamente invalidanti di continuare a guardare alla vita come ad un dono ricco di opportunità e di percorsi inesplorati prima della malattia. In questi tempi in cui si parla sempre più, con scarsa chiarezza, di diritto alla morte, del principio di autodeterminazione, di autonomia del paziente, si deve lavorare concretamente sul riconoscimento della dignità dell'esistenza di ogni essere umano che deve essere il punto di partenza e di riferimento di una società che difende il valore dell'uguaglianza e si impegna affinché la malattia e la disabilità non siano o diventino criteri di discriminazione sociale e di emarginazione. Il dolore e la sofferenza (fisica, psicologica), in quanto tali, non sono né buoni né desiderabili, ma non per questo sono senza significato: ed è qui che l'impegno della medicina e della scienza deve concretamente intervenire per eliminare o alleviare il dolore delle persone malate o con disabilità, e per migliorare la loro qualità di vita, evitando ogni forma di accanimento terapeutico. Questo è un compito prezioso che conferma il senso della nostra professione medica, non esaurito dall'eliminazione del danno biologico. La medicina, i servizi sociosanitari e, più in generale, la società, forniscono quotidianamente delle risposte ai differenti problemi posti dal dolore e dalla sofferenza: risposte che vanno e devono essere implementate e potenziate e che sono l'esplicita negazione dell'eutanasia, del suicidio assistito e di ogni forma di abbandono terapeutico. È inaccettabile avallare l'idea che alcune condizioni di salute rendano indegna la vita e trasformino il malato o la persona con disabilità in un peso sociale. Si tratta di un'offesa per tutti, ma in particolar modo per chi vive una condizione di malattia, questa idea, infatti, aumenta la solitudine dei malati e delle loro famiglie, introduce nelle persone più fragili il dubbio di poter essere vittima di un programmato disinteresse da parte della società, e favorisce decisioni rinunciatarie.

In questo senso è importante affermare come "inguaribile" non vuol dire necessariamente "incurabile" ma si tratta, come accennato, di garantire un ambiente che permetta libertà d'azione e di scelta, nella quotidianità, alle persone con disabilità e alle loro famiglie.

Il tema della cura è poi strettamente legato al concetto di qualità della vita e alla necessità di domandarsi: quando la vita è degna di essere vissuta?

È necessario partire dal presupposto che la vita umana è un mistero irriducibile che non può essere descritto esclusivamente dai soli elementi biologici e pertanto non è ammissibile l'idea per cui una vita sia degna di essere vissuta solo a certe condizioni.

Questa è la mentalità che definisco dei "benpensanti", che non tengono conto del valore inestimabile della persona e della vita, ma soprattutto della realtà di persone che, anche in condizione di grave malattia o disabilità, vivono, desiderano vivere e affermare il valore e la positività della vita indipendentemente dalla condizione fisica.

Questo significa inoltre avallare l'idea che una persona con disabilità sia un peso sociale e non sia in grado di dare il proprio contributo alla società e affermarsi.

Il problema spesso è la solitudine in cui sono lasciate non solo le persone, ma anche le loro famiglie che, molto spesso, sono i primi soggetti che accompagnano la persona nella vita.

Chiunque, se messo nelle condizioni di poter muoversi e scegliere liberamente può realizzarsi e dare il suo contributo. Il tema dominante riguarda quindi un ambiente dove, una persona con una malattia, con disabilità, possa essere messo nelle condizioni di essere libero di scegliere e di agire in condizione di uguaglianza e di partecipazione alla vita della società.

La persona deve diventare il motore centrale di questo cambiamento, che può divenire davvero epocale. L'essere umano che ha l'imperativo compito di fornire cura e assistenza a chi ne ha bisogno va messo nelle condizioni di esprimere tutta la propria ricchezza interiore – il meglio di sé – nel relazionarsi all'altro essere umano, quello che soffre per il fatto di portare su di sé il peso, l'affanno, il malessere e la paura della malattia.

L'informazione, la comunicazione, la disponibilità nel dedicare tempo all'ascolto di chi soffre sono gli aspetti che vanno potenziati.

Da oncologo a mia volta colpito da una malattia attualmente inguaribile, ma non incurabile, ho una certezza in più: che un adeguato rapporto con il paziente, fondato sul fecondo incontro tra la disponibilità del medico e la fiducia del malato, porta indubbia qualità nel percorso curativo e assistenziale. E quotidianamente è ciò che provo ed incontro.

A volte può succedere che una malattia che mortifica e limita il corpo, anche in maniera molto evidente, possa rappresentare una vera e propria medicina per chi deve forzatamente convivere con essa senza la possibilità di alternative.

La malattia, l'evento traumatico, non porta via le emozioni, i sentimenti, la possibilità di comprendere che l'"essere" conta di più del "fare".

Mario Melazzini

# Introduzione

*Ogni essere umano ha sul corpo i segni della propria storia e della propria identità. Sono segni tangibili. Anche la malattia è un segno tangibile della storia e dell'identità di quella persona.*

Ogni esperienza di sofferenza si accompagna alla ricerca di solitudine. La sofferenza (da *sub-ferre* = portare, stare sotto, inferiorità di sito, grado, condizione) è la risonanza emotiva che il dolore provoca nei diversi soggetti.

Il dolore è del corpo; è un'esperienza sensoriale spiacevole associata ad un danno potenziale. L'esperienza del dolore è somatica. Nasce dal corpo oggetto, ma anche dal corpo soggetto; è influenzabile e modificabile, è curabile. Mentre la sofferenza è della psiche. Tende a separarci dalle persone, isolandoci e inaridendo la nostra relazione con gli altri. Tende ad impoverire il mondo interno.

La sofferenza pertanto si radica nell'esperienza umana, e testimonia la grandezza e insieme la fragilità della persona.

*Anche la malattia può essere una delle sorgenti della sofferenza, quando la malattia (e il dolore che ad essa si accompagna) non sia un evento contingente ed effimero, ma qualcosa che afferra e tortura le radici della vita umana* (Minkowski).

Per molto tempo (nell'antichità) si è pensato che la malattia fosse causata dalla violazione di un tabù, o di un ordine stabilito e che essa rivestisse, perciò, il carattere di una punizione destinata a determinare il ristabilimento dell'ordine leso. La filosofia greca concepisce il dolore come inscindibile dalla vita; per cui l'uomo si fa eroe proprio nel dominio dell'ordine leso.

La tradizione ebraico-cristiana concepisce il dolore come associato alla colpa e concepisce la salvezza, e dunque la salute, come una condizione di vita senza dolore.

L'epoca moderna è contrassegnata da una radicale mutazione di atteggiamento. La malattia non è più imputata a cause esterne che hanno a che fare col mondo del sacro e neppure è ricondotta alla responsabilità morale dell'uomo, essa è sempre più considerata come conseguenza di processi biologici alterati che vanno riparati con l'intervento della tecnica. Questo dato oggettivo, tuttavia, non fa venir meno il coinvolgimento soggettivo di chi si rende trasparente nei sentimenti di timore e di colpa connessi alle patologie in atto.

Come la nascita e la morte, anche la malattia è un evento medico, è di competenza del medico. Interviene dunque la medicina.

*La medicina rende sì l'uomo più sano nei particolari, ma lo rende nel complesso più malato e precisamente nel senso che, una volta l'uomo aveva un rapporto sano con la malattia mentre oggi, ha un rapporto malato con la salute* (Rombach).

Un rapporto che fa riferimento ad un concetto globale di salute, non come cura di sé, e quindi, come forma impegnativa di amore verso se stessi, quanto piuttosto come attenzione per come il corpo appare sia come forma fisica che come immagine.

Il corpo. Luogo del peccato originale e dell'inconscio, carne da redimere, forza lavoro, organismo da sanare, modellare, plasmare alle esigenze della cultura, della politica, della guerra; sede dell'identità e della comunicazione non pensata, il corpo è stato, nelle varie epoche, dominio dei diversi saperi su cui hanno impresso il loro stigma. Sede dell'anima?

Ma di quale anima? Il termine ebraico "nefes", tradotto in greco "psiché" e in latino "anima" significa "vita del corpo". Con l'avvento della scienza moderna (1600) il corpo è stato ridotto a"organismo", un insieme di organi, un oggetto da laboratorio. Di qui il potere della scienza ,della scienza medica che, da allora, continua ad occuparsi dell'organo malato e non della persona che soffre. In seguito, per dare collocazione scientifica, al "morbus sine materia" nacque la psichiatria che ha continuato a cercare nel corpo le ragioni del disagio mentale. L'anima, la psiche, la coscienza è in quel "sine materia" di cui la scienza non ha conoscenza. Dunque la psicologia-psichiatria è figlia di un deficit di conoscenza, luogo del mistero, dell'impresentabile e non realtà "altra" di cui occuparsi, magari con strumenti scientifici diversi ed una metodologia di ricerca che non si fonda (non può fondarsi) su dati 'oggettivi' di laboratorio, (in questo senso l'uso, indiscriminato ed esclusivo, che viene fatto dei test, soprattutto nella ricerca clinica, è forse il più grande inganno scientifico e culturale degli ultimi decenni;) non può fondarsi, dicevamo su dati 'oggettivi' ma sulla convalida di un assunto clinico che la tradizione e la comunità scientifica sancisce accogliendolo o respingendolo con argomentazioni critiche: tesi, intuizioni, esperimenti, ricerche e risultati. Non è un caso che in psicologia la deontologia professionale e la pratica psicologica coincidono, sono esattamente la stessa identica realtà. Il libro allora, come strumento di trasmissione dei saperi, che per la medicina è spesso un solo e semplice oggetto divulgativo per la psicologia è il luogo fisico dello stesso dibattito scientifico. Il libro e non la rivista di scuola, che non ospita opinioni diverse da quelle di corrente.

Dicevamo dunque che la psiche, in particolare la psicopatologia, per la medicina è figlia di un *deficit* di conoscenza.

Forse nella lingua tedesca c'è un suggerimento di cui far tesoro, come ha saputo fare *S. Freud*, un medico, neurologo. "Lieb" significa "corpo vivo" da cui "liebe" e cioè "amore" e "lieben": "vita". È una sintesi di natura e cultura, una sintesi che ha portato *S. Freud* a collocare la "persona" al centro del suo interesse e ad operare una rivoluzione metodologica radicale: nell'oggetto osservato (persona) c'è chi osserva (medico, psicologo). *Freud* come *Ippocrate* che dà alla medicina un fondamento cosmologico ed antropologico – nel *Corpus Hippocraticum* troviamo fondamentali passaggi sul linguaggio del medico, sul dovere di informare, sulla collaborazione attiva malato-medico; troviamo il rispetto profondo (pre-etico) del malato e della sua umanità sofferente. Sosteneva *Ippocrate* nel *Prognostico*: il vissuto della malattia è il sapere del paziente che deve coniugarsi con il sapere del medico; *Freud* come *Voktor von Weizsacker* e la sua medicina antropologica; *Freud* come *Karl Jasper* e la sua psicopatologia. Tutti autori celebrati ed inascoltati dalla cultura medica attuale. *Freud* come *Winnicott*, medico, pediatra e come *Balint* altro medico. Il corpo, dunque, è stato ed è luogo di scrittura ove antropologi, filosofi, teologi psicologi, psichiatri, medici, economisti e politici incidono il loro sapere in funzione dei propri obiettivi scientifici e culturali. E noi non vogliamo essere da meno: sul corpo reale fatto di organi e funzioni inscriviamo il corpo immaginato fatto di idola e fantasmi agiti poi sul corpo reale e luogo della nostra *noesi*, del modo di pensarci da cui la nostra cultura, la nostra mentalità, i pregiudizi le presunte certezze e verità.

"Il corpo immaginato è figlio della cultura in cui viviamo: ognuno si pensa per come è stato pensato" (G. Crocetti).

Il corpo diventa il luogo di molte ambivalenze. Un corpo dis-abile, fragile e vuoto; corpi malati di *dismorfofobia* o *dismorfossessione*: sensazione soggettiva di deformità o difetto fisico. Da cui deriva una profonda insoddisfazione per l'aspetto fisico. La malattia produce una *dis-abilità*. La disabilità è un segno e un sintomo che accompagna la malattia.

La malattia produce una ferita all'immagine di sé e al proprio narcisismo (G. Crocetti).

Mentre la salute vorrebbe che il corpo immaginato si adeguasse, nel tempo della vita, a quello reale.

I feticci culturali del nostro tempo chiedono l'esatto contrario: il corpo reale deve plasmarsi a quello immaginato con tutto quello che consegue: non è difficile incontrare uomini e donne "caricature" di se stessi, vestite di ridicolo ostentato come un fiore narcisistico di cui vantarsi.

Nel *Fedone* di *Platone* si legge che *nel tempo in cui siamo in vita come sembra, noi ci avvicineremo tanto più al sapere quanto meno avremo relazioni col corpo, e comunione con esso, se non nella stretta misura in cui vi sia piena necessità e non ci lasceremo contaminare dalla natura del corpo, ma dal corpo ci manterremo puri, fino a quando il dio stesso non ci abbia sciolti da esso.*

Emerge una visione pessimistica sul piano della relazione con il corpo malato che contamina qualunque forma di sapere e di conoscenza. Più si sta lontani dal corpo e più si rimane sani e liberi. *La salute a differenza della malattia non è fonte di preoccupazione. Non si è quasi mai colpevoli di essere sani. È una condizione che non invita a prendersi cura di sé ma ad essere dimentichi di sé* (De Hans-Georg Gadamer).

Molti autori come ad esempio *Leopardi*, nello *Zibaldone*, recuperano l'importanza del corpo e del rapporto con esso. Perché il corpo malato di per sé comunica e dice. La comunicazione che crea relazione è del corpo (G. Crocetti). Ed è per questo che, dice *Leopardi*, se guardi quel corpo malato "*Sei un barbaro e uno scellerato se per alimentarlo non soffri il possibile*". "*Questo malato è assolutamente sfidato e morirà di certo fra pochi giorni. I suoi parenti per alimentarlo come richiede la malattia in questi giorni si scomoderanno realmente nella sostanza: essi ne soffriranno davvero anche dopo morto il malato … che cosa dice la nuda e secca ragione? sei un pazzo se l'alimenti. Che cosa dice la natura? Sei un barbaro e uno scellerato se per alimentarlo non soffri il possibile.*"

E allora si dovrebbe imparare a comunicare, esattamente come la madre fa con il suo bambino appena nato. Come lei, sappiamo che anche il malato, il morente, non capiscono le loro parole e tuttavia comunicano attraverso il tono della loro voce modulato dal loro stato attuale; veicolano, senza parole, le emozioni e le motivazioni alla base del loro essere con lui in quel momento dell'incontro e con la consapevolezza di essere vivi.

Nessun essere umano radicato alla vita ed ai suoi processi generativi chiede l'*eutanasia*. *Pio XII*, al IX congresso della società italiana di anestesiologia del 24 febbraio 1957 affermo l'importanza del "prendersi cura", disse: *guarire qualche volta, curare spesso, confortare sempre: di fronte al dolore.* Un conforto che si concretizza in un abbraccio, nel quale la parola è solo un suono che evoca sensazioni diffuse e indefinite ma leganti (G. Crocetti).

Il presente volume vuole restituire significati complessi ma alti sul piano etico-morale e di quella ricerca di umanità che è possibile recuperare ed assicurare anche nei cosiddetti luoghi di cura: l'ospedale, l'*hospice*, la casa.

Anche nel dolore più profondo e radicato nell'esperienza più intima di colui che soffre e che muore ci può essere un'esperienza di "benessere". Il corpo nudo, esposto, ferito e maltrattato ospita sensazioni che lo nutrono e lo tengono vivo. E così che l'uomo nel dolore incontra la vita. Come leggiamo nel caso riportato in appendice di una donna, malata di cancro e morta in *hospice,* e nelle parole del prof. Guido Crocetti, scritte per dire il "non senso della ragione" per cui i bambini si ammalano e poi muoiono: *I bambini soffrono, i bambini muoiono abusati e maltrattati. Soffrono e muoiono da bambini. Aprono così gli orizzonti agli uomini, innamorati della vita, verso il senso della nascita; verso gli abissi della consapevolezza dell'essere vivi; abissi densi di luce purissima riflessa nei piccoli gesti del vivere quotidiano, acceca chi, con la mente della ragione logico-speculativa, osa guardarla. I bambini soffrono, i bambini muoiono abusati e maltrattati. Soffrono e* MUOIONO BAMBINI *danno così, agli uomini aperti al mistero, il* VOLTO *delle umane miserie. Il* VOLTO *e la non maschera, artefatto della ragione. Il* VOLTO *su cui campeggia comunque il* SORRISO *che tutto ingloba anche la tragedia della loro morte. Il* VOLTO*, il* SORRISO*, la* SPERANZA *come integrazione di sé, come esperienza di tranquillo benessere, come ricerca di sé: mistero sospeso tra due misteri, la propria nascita e la propria morte.*

PRIMO CAPITOLO

# Fragilità e condizione umana

Fragilità ha la stessa radice di *frangere*, che significa rompere. Fragile significa anche delicato, gracile. Il contrario di fragile è resistente, tetragono, indistruttibile. La fragilità richiama il tempo e la caducità del tempo, del tempo che passa. Il dolore è una qualità dell'essere fragile. La fragilità rifà l'uomo, mentre la potenza lo distrugge, lo riduce a frammenti che si trasformano in polvere. La mia fragilità mi porta ad amare, dunque l'amore è la risposta ad un bisogno, nato dalla fragilità, dalla percezione che senza l'altro il mio essere nel mondo è votato solo alla morte, al non esserci; e la solitudine dell'uomo è la peggiore delle malattie, delle malattie del vivere. La fragilità è la percezione del proprio limite e nasce dalla paura. Se uno l'avverte, cerca di sanarla con l'altro, e lo ricerca e lo guarda come la propria forza, senza immaginare che egli si dona perché si sente debole e trova anch'egli nella fragilità dell'altro la propria forza. È bellissima l'idea dello scambio di fragilità visto come scambio di forza di vivere: così la fragilità si colora di forza, vive e si fa storia. La condizione umana è tutta dentro la paura. La paura di vivere si fa paura di morire se la vita è un enigma, la morte diventa l'enigma dentro l'enigma. E allora si vorrebbe fuggire la morte, stare dentro il dolore, dentro la paura di finire che rende buia la speranza, quel filo di illusione che serve a garantire il prossimo momento di vita, per soffrire ancora. La condizione umana gira intorno alla morte, alla paura della morte. Si può tentare di dimenticarla, ma basta un mal di pancia e il dolore si fa paura della fine e la paura mantiene il dolore, e lo si sente anche se è diminuito.

Il dolore fisico è un segnale di disfacimento del tuo essere poiché tutto si concentra nel punto dolente, e il corpo intero diventa quel punto che soffre, che urla, che si dispera e tu sei diventato un'area dell'addome, del torace, una piccola parte fatta di carne. E non senti altro, nemmeno i rumori attorno a te. Il dolore fa più rumore di qualsiasi rumore.

La storia della medicina nella società occidentale si fonda su paura e dolore, l'uno muove l'altra e ne viene mosso. La paura la si porta in tasca, il dolore si lega agli organi di ciascuno e l'uomo è pieno di organi. La risposta istituzionalizzata al dolore non è la serie infinita di esami clinici e strumentali, ma anche la loro attesa. L'attesa, un tempo di morte, di fantasie e angosce di morte in cui trovano spazio tutte le risposte drammatiche. La percezione della fine è dentro ciascuno di noi, è uno stigma della specie, un marchio della sua caducità. La fragilità è dentro l'anatomia dell'uomo, fa parte della sua sostanza costitutiva che non è di ferro, ma di carne da macello. L'uomo porta i segni della fine. Nella fine tutto si fa carne putrefatta e ogni dignità si spegne. Morire di un male fisico è terribile, perché muori dilaniato, sbranato da te stesso. E chi ti guarda non può capire, perché il dolore non si definisce ma si vive, la sua dimensione dipende dall'esperienza che ognuno ne fa.

Il dolore è la fonte prima della fragilità poiché ti rompi e ti senti frantumato, incapace di attaccare insieme i pezzi che vedi in te, anzi, sei un cumulo di frammenti, di granelli di sabbia che dovrebbero unirsi e disegnare, scolpire un uomo.

Il dolore è la sostanza, l'*ubi consistam* della fragilità, e la fragilità genera una visione del mondo che tiene conto del bisogno dell'altro. Per la fragilità l'uomo cerca aiuto, cerca dei legami per scambiare fragilità, e appoggiando una fragilità ad un'altra si sostiene il mondo.

Una visione in cui campeggia il limite, il proprio limite, quello delle persone vicine e dell'uomo come specie. Un limite che impedisce i deliri di onnipotenza, di vivere per il potere, per accumulare ciò che sarebbe bene fosse diviso e distribuito. Un limite che impedisce di essere cattivi verso chi sbaglia, poiché l'errore è connaturale alla fragilità, alla paura di sbagliare che, se talora aiuta ad evitare l'errore, sovente lo facilita: per la preoccupazione di evitare l'errore, lo si immagina e lo si compie.

Non c'entra il nichilismo, ma la voglia di aiutare l'altro, non di dominarlo, di stare con tutti poiché ti aiutano e tu aiuti loro. È forse l'azione più significativa che l'uomo può compiere. La fragilità è dunque all'origine della voglia di legame, di comprensione, di solidarietà e di amore. Amare vale più di qualsiasi accumulo di oggetti e di un conto stratosferico in banca.

I sentimenti sono l'essenza della fragilità. La fragilità non spinge a vincere. Talvolta sa di vittoria l'aver lasciato il posto a chi non ha mai vinto. La fragilità conosce gli ultimi e non soltanto i forti. La fragilità non crede alla potenza e sa che è solo infatuazione, imbroglio: un ballo in maschera per nascondere la paura. La fragilità non è un *handicap*, un difetto, ma l'espressione della condizione umana. La fragilità non è sinonimo di debolezza, che è mancanza di forza, un difetto a cui porre rimedio. La fragilità non è povertà, intesa come mancanza di risorse che permettano di rispondere a bisogni elementari e che è possibile cancellare con un po' di giustizia. La fragilità non è incapacità di fare, di pensare. Non è un sintomo o, peggio, un insieme di sintomi tale da definire una malattia. La fragilità non è un'inferiorità al confronto di altre situazioni che paiono invece espressione di una ricchezza di personalità. È semplicemente una visione del mondo che si lega all'esistenza, non al singolo che ne è parte. È la visione del proprio essere nel mondo, è la percezione che deriva dal dolore, dal senso del limite. La fragilità conduce alla saggezza. Il senso del proprio limite rappresenta il primo vissuto assieme alla cognizione del dolore e alla paura. Dalla paura nasce un modo di percepirsi e un programma di come vivere, non la voglia di eliminarsi, di farsi nulla. Il limite come condizione strutturale, come specificazione della vita umana. Insomma la debolezza è una risorsa, una strategia di vita che fa apparire il potere e la ricerca del potere come un'anomalia, un incomprensibile errore di prospettiva umana, capace di generare odio e inimicizia tra gli uomini e tra le nazioni entro cui gli uomini si riconoscono e di identificano.

## 1. *La fragilità "bambina"*

La fragilità bambina è l'immagine più concreta di quanto sia delicato un essere umano. E sempre l'uomo, è stato bambino. In quel corpicino che esce dal ventre materno c'è tutto quanto un uomo, divenuto adulto, mostrerà. I bambini alla nascita sono tutto corpo, sensazioni (G. Crocetti). I bambini alla nascita piangono: annunciano in questo modo la loro vita, con un grido lamentoso che sa riempire di gioia le madri che così, e solo così, si convincono di aver generato una vita, mentre avevano paura che uscisse dal loro ventre un bambino morto.

E talora un bambino muore mentre nasce e la nascita si identifica precisamente con la morte. Muore un uomo che non si farà mai e non avrà nemmeno un nome, un'identità, poiché ha passato nove mesi nascosto nell'utero materno, in un liquido che sa di mare e che riporta all'origine del mondo quando dall'acqua, come per incanto, sono usciti i primi oggetti, capaci di muoversi e carichi di vita. La fragilità dell'uomo: due cellule che si sono incontrate. Due cellule di qualche millimetro che contengono il codice dell'identità umana. Due cellule che incontratesi si moltiplicano in un gioco che segue un programma che sa di mistero. Un percorso che la scienza descrive, ma di cui ignora il mistero.

La fragilità di un neonato, la crescita faticosa, la prova delle malattie infettive: un appuntamento obbligato che falciava allora la popolazione appena nata. Uno strano destino quello dell'uomo. Nasce dal pianto, fatica a superare il pericolo di sparire subito dal mondo e immediatamente è colpito da malattie che, nel migliore dei casi, lo stremano. E tutto viene visto con la gioia della prova superata, dei primi successi nella vita: vincere la varicella, il morbillo, la quinta malattia. E la vita continua e un bambino appare instabile su quelle gambe che faticano a mettere avanti un piede mentre l'altro è attaccato a terra, per avanzare senza sbattere e farsi del male. Prove di esistenza che sono al contempo prove di morte. Le fasi della crescita mostrano la serie infinita e continua di fragilità superate, di abilità conquistate e prima mancanti. La vita di un bambino è troppo pesante per la sua fragilità, eppure vive, vive se resiste al dolore bambino. L'infanzia è l'età di maggior dolore, proprio perché massima è l'incomprensione dei bisogni del bambino, sia per la difficoltà che egli ha di raccontarsi e di analizzare gli stessi bisogni, sia per l'arroganza benevola dei genitori che ritengono di dover fare riferimento alla propria infanzia e, dunque, di far seguire quelle che, nel ricordo, appaiono le risposte alle medesime manifestazioni e richieste. E così si dimentica che la fanciullezza si lega al tempo in cui è vissuta, che varia con la società. Il bambino, dunque, è un incompreso e di conseguenza un infelice. La fanciullezza, che termina con la pubertà e pertanto con l'inizio della metamorfosi del corpo e della propria personalità, è il tempo dell'acquisizione della propria identità di genere con cui si diventa maschio o femmina. Si impone una scelta in un momento in cui non si avrebbe desiderio di appartenere né a questo né a quella. Ogni scelta ha il sapore della rinuncia e comunque della differenza che talora appare come una perdita.

L'infanzia non si cancella, anche se molti episodi vengono dimenticati o addirittura rimossi per non vergognarsi del passato. Rappresenta una parte della costruzione di un uomo e certo le basi condizionano i piani successivi e lo stile, l'adeguatezza o la instabilità dell'intera vita. Per questo nulla va perduto e ogni dolore lascia traccia, ogni ferita continua a sanguinare anche se si aggiungono altri mali e altro dolore.

## 2. *La fragilità "adolescente"*

La fragilità dell'adolescente è diversa. L'adolescenza comincia e si accentra per lungo tempo sulla crisi del corpo, sul *corpo tradito*: un corpo che cambia, che scompare per presentarsi con caratteristiche dismorfofobiche, che sembrano appartenere ad altro sé. Per tutta 'infanzia il corpo e i bisogni del corpo sono legati alla sopravvivenza del bambino. In adolescenza il corpo recupera una centralità diversa. Il corpo si fa presenza, presenza conflittuale. Ci si accorge del corpo bambino perché lo si saluta, lo si vede sparire, e la perdita avviene a pezzi. Il nuovo corpo lo si coglie mentre si forma e mentre lo si confronta con quello di altri, e proprio da qui ne esce malformato. Un corpo che muta, in cerca di autore, in cerca d'identità.

È il periodo in cui occorre piacere al mondo e per farlo bisogna rientrare nei modelli e ci si accorge che non solo si è lontani, ma ci si allontana sempre di più, per via di quella fase mutevole del corpo che si allarga e che si restringe, che non ubbidisce mai ai desideri, nemmeno quando si attaccano a digiuni estremi oppure ad alimentazioni specifiche per i muscoli addominali. Il proprio corpo appartiene ad altri. Si avverte la fragilità del proprio gusto e giudizio e si deve ricorrere a coloro che meglio rappresentano quel mondo strano che si avverte ma che non si riesce a definire esattamente. La grandezza del seno deve stare dentro una coppa di *champagne*, mentre deborda persino da una scodella della colazione. Il sogno di forme impossibili. E si continua a guardarsi e a confrontarsi, a misurarsi e sempre il metro è sbagliato o imperfetto. L'adolescente si confronta con un corpo brutto, deforme che lo fa sentire inadeguato a contatto con gli altri e che lo spinge a contenere la sua deformità. Il corpo trascina dentro il mondo e fa sentire la propria inadeguatezza e la voglia di cambiare. Questa percezione è utile perché fa scoprire il limite insito in ogni esistenza, ma può condurre alla disperazione se si avverte che non si tratta di aggiustare ma di rifare, e nessun adolescente può ricrearsi secondo il proprio gusto.

La fragilità del corpo ci lega, in questa età della vita, alle forme, all'estetica e quindi, al brutto e al bello che diventano due riferimenti costanti. Questa è la fragilità. Il corpo è sempre deludente e quando magari sembra aver incontrato il favore, sia pure con qualche aggiustamento necessario, cambia. Al di là di questi movimenti che abbisognano di forza muscolare si scoprono desideri che sono senza corpo: la sessualità e l'amore. L'adolescenza è la fase della crescita in cui è più elevata la fragilità che però si completa con l'amore che dà dignità all'insicurezza e alla paura. Ma all'adolescenza appartiene anche la sfida che rappresenta la positività possibile della fragilità e delle condizioni difficili. La sfida appare come una grande risorsa perché insegna a vivere, matura affettivamente e allena a gestire le emozioni sgradite e deludenti.

### 3. *La fragilità "adulta"*

L'identità dell'Io si compie nella fanciullezza, con la percezione di essere distinti da qualunque altro, che diventa altro da sé.

L'identità sociale inizia con i cataclismi adolescenziali, con la crisi del legame familiare, privilegiato ed esclusivo, per appartenere ad un gruppo, quello dei pari età, che impone atteggiamenti e ruoli differenti. Ma è con l'età adulta e con la maturità che si raggiunge l'identità sociale operativa, quella dei ruoli. Se è vero che l'identificazione professionale è parte essenziale della maturità, non è la sola, poiché oltre il lavoro per quanto impegnativo possa essere, si erge la vita di coppia con o senza figli.

Non c'è dubbio che la donna senta il fascino di dare la vita, di portare nel proprio corpo il mistero di un nuovo nato. Lo dimostra la crisi delle giovani donne che, per anni si sono dedicate ai ruoli sociali e che mai hanno pensato ad una relazione di coppia con la possibilità di diventare madre e che, vengono prese dalla *sindrome nostalgica* di una *maternità perduta*. Una sindrome che spinge a ricorrere sovente ai ripari improvvisati, come fare un figlio, non importa con chi e come. E quando non si giunge a questa soluzione impulsiva, si rimane attaccati ad un bambino latente, ad un figlio che non c'è, ma di cui è piena la mente e l'immaginazione fino a trovare soluzioni spostate o sublimate che possono coprirsi di patologia.

Il progetto di un figlio è alla base di una coppia che si sceglie e che sceglie di continuare a stare insieme condividendo l'idea di un figlio. Il matrimonio è progetto e disillusione (G. Crocetti).

## 4. *La fragilità "anziana"*

All'interno di questo lungo periodo in continuo divenire, c'è un parametro che acquista una rilevanza di primo piano e che riporta all'infanzia e all'adolescenza: il corpo. Se allora, nella crescita, si temeva la mostruosità ora, nel declino, si teme che si ammali, che non possa più funzionare, relegando la vita in limiti che la circoscrivono e la frenano, almeno nel confronto dei propri desideri. Si ritorna al corpo e alle sue fragilità, anche se scandite su parametri diversi. Il corpo riduce le proprie abilità e diventa infelice.

Nell'adolescenza il corpo non piaceva ma funzionava, ora piace ma decade e lo si accetterebbe in qualsiasi veste estetica, purché si mantenesse eretto e sprigionasse un poco di energia vitale. Il vecchio sa che si sta spegnendo, mentre il bambino, anche se gracile, contiene un'enorme energia vitale che tende solo a sprigionarsi. Tutto questo si riferisce al corpo, ma subito va detto che il vecchio si trova nelle condizioni di esperienza e di una lunga meditazione sugli eventi della vita singola e di quella della società, da poter esprimere una saggezza che si lega proprio all'aver vissuto. La vita passata toglie certamente tempo al vivere futuro, ma aggiunge conoscenza e adattamento agli eventi che fanno diminuire la paura del mondo. Anche la vecchiaia mostra un percorso dinamico e non una condizione immutabile.

Qualcuno pensa sia possibile giungere a toccare l'orologio genetico e dare così alla vita sempre vita. Ma questa è la rappresentazione del sogno di immortalità dell'uomo e di quello antico di rubare agli dei il segreto dell'eternità.

Al di là delle variabili storiche, la vecchiaia resta l'età del lutto: comincia con il lutto del ruolo professionale e con una sorta di messa a riposo (pensionamento) della propria funzione sociale e termina con il lutto di sé, la morte.

Non si usa più il termine morte, ma appunto parole che sanno di viaggio, magari *low cost*, e di un itinerario lontano, tra scenari che nessuno ha mai visto o sentito. La morte è la vera aporia della storia dell'uomo ed il neo che mostra l'imperfezione e la fragilità della natura e della natura umana. Una vita che finisce ed un valore che scompare, che azzera la propria consistenza.

La vecchiaia è il tempo delle malattie. E pensando alla malattia non ci si ricorda della morte, poiché la malattia appartiene alla vita e dunque la si può curare. Ma la morte per la nostra cultura, non appartiene alla vita, ne è l'antitesi. Il vecchio è un negativo e la vecchiaia una malattia incurabile.

SECONDO CAPITOLO

# Bioetica di inizio vita

Occuparsi di bio-etica significa occuparsi della vita.

La petizione europea per la difesa della vita dal concepimento alla morte naturale colma un vuoto nel catalogo dei diritti umani: la dignità umana.

## *1. Quando nasce la vita?*

Ma quando nasce la vita?

Molte e diverse sono le teorie che cercano di dare una risposta a questa domanda:

- All'atto della fecondazione;
- Al quattordicesimo giorno dalla fecondazione;
- Al momento della corticalizzazione.

Uno dei temi più dibattuti in ambito medico riguarda proprio lo statuto dell'embrione.

Il problema è ritornato alla ribalta a causa di varie situazioni conseguenti alle tecnologie riproduttive:

- Soppressione di embrioni sovrannumerati
- Crioconservazione

- Riduzione embrionale
- Selezione genetica
- Clonazione
- Scissione embrionaria

Da un punto di vista antropologico si risponde al problema evidenziando la centralità del corpo: l'uomo non ha un corpo, né lo riceve ma è il suo corpo.

La filosofia aristotelica introduce il concetto di potenzialità: l'embrione non è un bambino [uomo] in potenza ma un uomo in atto; e per la Teologia l'embrione è fin dal momento del concepimento un essere vivente.

Se pensiamo alla vita che nasce e pensiamo ad un bambino, dal punto di vista psicologico, il bambino è tutto corpo.

### 1.1. *L'elemento di base nella storia di un bambino che nasce naturalmente*

Il desiderio è l'elemento di base nella storia di un bambino che nasce.

Il tempo del desiderio, come afferma Crocetti, è il tempo dell'attesa. È un tempo caratterizzato dalla necessità della coppia di familiarizzare con la presenza di un estraneo, immaginandolo anticipatamente. È il tempo, dunque, dell'anticipazione fantasmatica e della elaborazione delle possibili soluzioni. Il come il bambino è tenuto nella mente segnerà il suo destino e il come egli stesso si penserà crescendo.

L'identità individuale è resa possibile dall'altro. Dalla condivisione della diversità individuale, dipenderà lo sviluppo sano o patologico del bambino.

Dalla qualità e dalla quantità dell'abbraccio della coppia madre dipenderà la qualità delle emozioni del bambino. Un ruolo centrale lo occupa la relazione di attaccamento che nasce dal bisogno di accudimento del bambino. È una relazione che fa stare insieme, che è di tipo fisico e psichico; è un esercizio di storicizzazione del bambino ed è condizionata dal legame che la coppia ha stabilito prima della nascita del bambino e da come si è organizzata affettivamente per accoglierlo (G. Crocetti).

### 1.2. *Gli elementi che caratterizzano la nascita artificiale di un bambino*

Fino a questo momento abbiamo pensato al bambino che nasce naturalmente e non artificialmente.

Se pensiamo al bambino che viene al mondo attraverso tecniche artificiali ci confrontiamo con un universo di esperienze che superano l'umanità e toccano aspetti impregnati di tecnologia e di poca umanità.

La procreazione assistita o riproduzione artificiale comprende varie metodiche.

#### 1.2.1. *Le metodiche/procedure della procreazione assistita*

Le quattro metodiche di base:

- Inseminazione artificiale;
- Fecondazione in vitro (FIVET);
- Trasferimento dei gameti;
- Micromanipolazione.

Possiamo evidenziare alcune procedure comuni:

- Induzione della crescita follicolare multipla;
- Prelievo del seme maschile ottenuto mediante masturbazione.

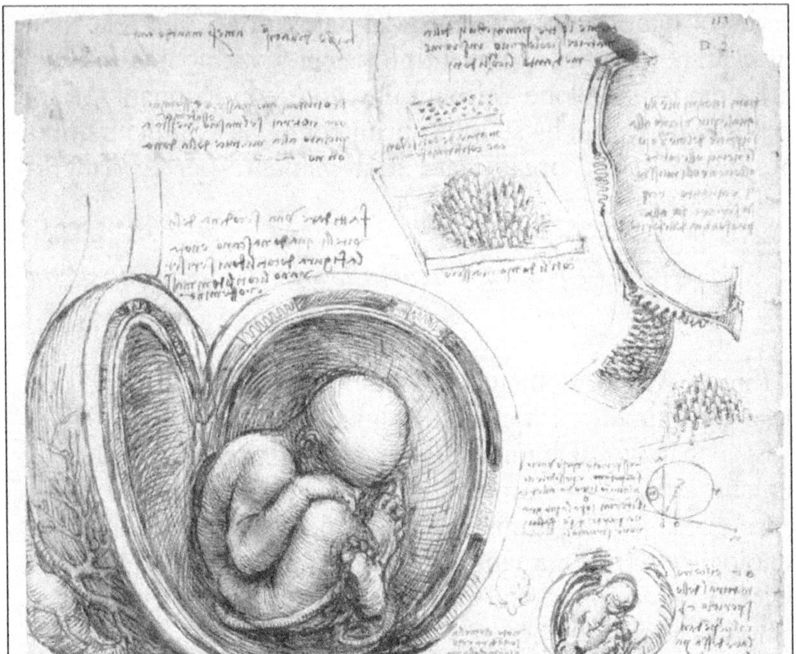

L'inseminazione artificiale o inseminazione intrauterina (IUI) è la tecnica più semplice (I livello) di Procreazione Medicalmente Assistita. Per questa tecnica il liquido seminale, opportunamente preparato in laboratorio, viene depositato nella cavità uterina. Lo scopo della IUI è di incrementare la densità di gameti nel sito dove avviene in vivo la fecondazione. Questa procedura richiede:

- assunzione da parte della paziente di farmaci per la crescita;
- follicolare multipla di durata variabile tra i 7 e 10 giorni;
- monitoraggio ecografico e/o ormonale della crescita follicolare per definire i dosaggi farmacologici e il momento della IUI;
- trasferimento in utero per via trans-vaginale degli spermatozoi trattati tramite un sottile catetere.

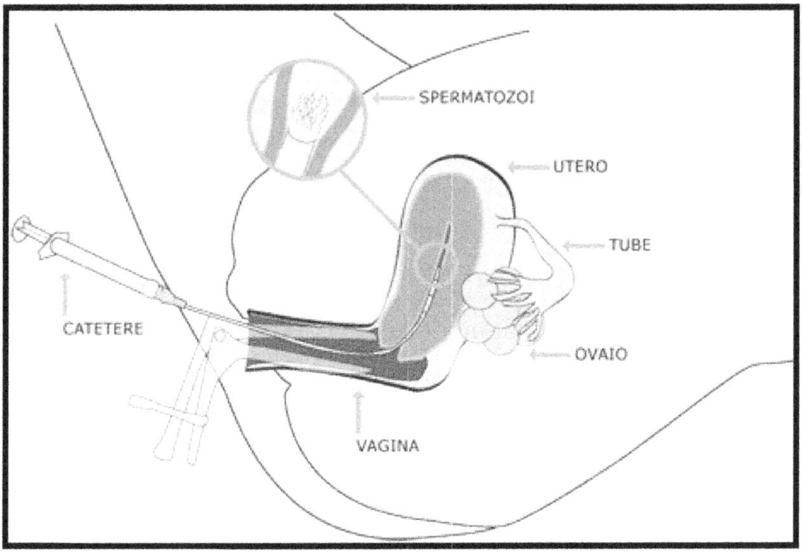

Viene eseguita in regime ambulatoriale è indolore e non richiede particolari accorgimenti successivi da parte della donna.

Questa tecnica può essere indicata in casi di:

- fattore psicologico
- disfunzione erettile / vaginismo
- eiaculazione retrograda
- fattore ovulatorio
- fattore maschile lieve o moderato
- infertilità idiopatica
- endometriosi lieve e moderata

Altra metodica è la FIVET.

Il termine *FIVET* (PMA di II livello), indica una tecnica di laboratorio che consente l'incontro, in vitro, tra i gameti femminili ottenuti mediante aspirazione gemellare del liquido follicolare e quelli maschili ottenuti in seguito alla preparazione del campione di liquido seminale. Gli embrioni ottenuti a seguito della fecondazione gemellare vengono trasferiti nella cavità uterina dopo 2-3 giorni dal prelievo dei gameti.

Le indicazioni principali per la FIVET sono:

- patologia tubarica
- fattore maschile di grado moderato
- endometriosi stadio III-IV
- prematura riduzione della riserva ovarica
- ripetuti fallimenti di inseminazioni intrauterine
- fattore immunologico
- infertilità idiopatica

La FIVET prevede numerose fasi, ognuna delle quali è fondamentale per la buona riuscita del trattamento:

- Stimolazione ovarica;
- Prelievo gemellare;
- Raccolta e preparazione del liquido seminale;
- Fertilizzazione in vitro degli ovociti;
- Coltura e Trasferimento embrionale.

L'*ICSI* è una tecnica consiste nel rimuovere meccanicamente tutte le barriere ovo-citarie costituite dalle cellule del cumulo e della corona radiata, ed ad introdurre un singolo spermatozoo selezionato di-rettamente all'interno del citoplasma gemellare.

Per questa procedura è necessario uno strumento di laboratorio che prende il nome di micromanipolatore.

Ad un ritmo sempre più intenso e rapido, si susseguono incalzanti le notizie suoi nuovi risultati e quindi sui nuovi traguardi della scienza, soprattutto della microbiologia, e conseguentemente sulle prospettive d'applicazione in ambito medico, sia diagnostico – prevalentemente – sia terapeutico, in misura minore. E tuttavia, parallelamente, assistiamo anche a numerosi dibattiti concernenti le problematiche suscitate dalla crescente disponibilità della vita umana, in particolare embrionale.

Estrapolata dal suo sito naturale, essa sembra essere, sempre più, nelle mani di chi la produce e la possiede, potendone decidere gli usi, le destinazioni ed i destini.

Si pensi a tutte le metodiche prima citate che vanno dalla crioconservazione dell'individuo allo stato embrionale, alla soppressione di quelli scaduti o insensibili, alla loro selezione, all'uso per sperimentazione o per prelievo di cellule staminali, alla loro perdita nei ripetuti tentativi di dare un figlio a dei richiedenti. È un elenco senza fine, abituati come siamo ormai a misurarci con l'ultima possibilità dischiusa dalle biotecnologie della vita nascente.

Queste note prendono spunto, pur perseguendo una valutazione etica complessiva della clonazione, dalla recente pubblicazione della relazione conclusiva della "commissione Dulbecco" che affrontava, in modo specifico, una modalità di clonazione, quella cosiddetta terapeutica, cioè quella finalizzata alla produzione di cellule staminali destinate, a sua volta, alla produzione di tessuti umani destinati a sostituire quelli ormai degenerati in pazienti portatori delle rispettive patologie.

L'insieme degli argomenti addotti in premessa servono a fondare la negatività della clonazione procreativa. Sebbene diversi siano i modelli di riferimento che possiamo ora sommariamente descrivere.

### 1.2.2. *L'etica del "nascere"*

Secondo *l'etica liberal-individualista* il criterio di giudizio è il soggetto e il proprio bene: "ognuno è libero di fare quello che vuole perché è sovrano". In quest'ottica la procreazione è un diritto che spetta a ogni individuo e pertanto non può, in linea di principio, essere limitato.

Secondo *un'etica più utilitaristica* che ricerca l'utile per il maggior numero di persone "è eticamente lecito tutto quello che è utile e opportuno". Dunque la procreazione assistita non può essere vietata ma va regolamentata considerando l'utile in tutti i suoi aspetti (es. economico).

Per *l'etica tecnico-scientifica* la tecnica (scienza) ha portato grandi vantaggi all'uomo e quindi va applicata e fatta progredire. In tal senso "tutto ciò che è tecnicamente fattibile, è anche eticamente lecito" e la procreazione assistita è lecita in tutte le sue forme. La ricerca va pertanto ampliata.

*L'etica della responsabilità/personalista* non pone al centro l'io ma il noi, la società – (etica della responsabilità) o il "tu" –

la relazione – (etica personalista). Il principio alla base si riassume così: "non tutto ciò che è tecnicamente possibile è anche giusto". La procreazione assistita è ammessa, purché regolamentata tenendo conto dei diritti e dei doveri di tutti (specialmente dei più deboli).

*L'etica religiosa* si richiama ai principi rivelati da Dio o dalla tradizione. "L'uomo non è il padrone di tutto". E la procreazione assistita è ammessa ma con dei limiti molto chiari.

Per la chiesa cattolica sono da escludere tutte le tecniche di fecondazione artificiale eterologa e le tecniche di fecondazione artificiale omologa che sono sostitutive dell'atto coniugale. Sono invece ammissibili le tecniche che si configurano come un *aiuto all'atto coniugale e alla sua fecondità*.

Per l'ebraismo le tecniche di PMA possono essere adottate solo da coppie sposate sia che si tratti di inseminazione artificiale che si tratti di inseminazione in vitro. È ammasso solo la fecondazione dell'ovulo della moglie da parte dello sperma del marito.

Per *l'islam* la PMA può essere effettuata solo:

- Con l'ovulo e lo spermatozoo di una coppia legalmente sposata (anche l'altra moglie);
- Con il necessario e mutuo consenso libero e informato della coppia;
- Non vi è un consenso unanime tra le varie "scuole", circa l'inseminazione intra o extra corporea.

Per *il buddismo* il progresso tecnico apre nuove possibilità. Il consiglio da offrire, astenendosi dai giudizi morali, deve considerare le motivazioni delle persone interessate. È tenuto molto in considerazione l'equilibrio psichico del bambino.

Nel nostro contesto italiano sempre più interreligioso, su questo tema, si possono conciliare le diverse fedi?

### 1.2.3. *Nascere in Italia: quale etica?*

La legge 40 del 2004 prevede come finalità la *scelta del "modello terapeutico"*, accesso solo per coppie con problemi accertati di sterilità e infertilità

I requisiti:

- coppie maggiorenni, di sesso diverso
- coniugate o conviventi
- in età fertile, entrambi viventi

La tutela dell'embrione:

- numero limitato di embrioni (3) con unico e contemporaneo impianto
- divieto di soppressione e di crioconservazione
- impossibile revoca della volontà di impianto, dopo la formazione degli embrioni

Le tecniche: le tecniche omologhe, vietate le tecniche di fecondazione eterologa.

### 1.2.4. *Nascere all'estero: quale etica?*

All'estero qualche esempio:

- FRANCIA: la fecondazione assistita è ammessa, e riservata a coppie sposate o conviventi. Vietate la locazione dell'utero e la fecondazione sia eterologa che post-mortem. Numero illimitato di embrioni.
- REGNO UNITO: ammessa, e riservata a coppie sposate o conviventi e a donne single. Ammesse anche la locazione dell'utero e la fecondazione sia eterologa, che post-mortem.

- SPAGNA: ammessa, e riservata a coppie sposate o conviventi e a donne single. Ammesse anche la donazione di ovuli e la fecondazione sia eterologa che post-mortem. Proibita invece la locazione dell'utero.

- USA: profonde differenze tra stato e stato. Generalmente, però, è ammessa sia la fecondazione omologa che l'eterologa. La locazione dell'utero è possibile in California e in qualche altro stato.

### 1.2.5. *Esiste un diritto a procreare?*

Una seconda domanda che ci poniamo è se esiste un diritto a procreare?

Nella dichiarazione universale dei diritti umani si parla di "diritti della famiglia".

Nella dichiarazione dei diritti del bambino non vi è invece nessun accenno.

Nella carta dei diritti della famiglia si parla esclusivamente dei diritti della famiglia.

Nessuna Dichiarazione fa riferimento esplicito al "diritto alla procreazione" ma piuttosto al "diritto a fondare una famiglia" Il "diritto umano" non è tanto quello di "procreare" ma di avere le condizioni che ne permettano l'esercizio come processo umanizzato e umanizzatore.

Si apre, a questo punto, una riflessione morale sul tema della fertilità della coniugalità e della sessualità:

- La fecondità è fertilità, oblatività, fecondità culturale;

- La vita del concepito si traduce in un surplus di embrioni, in una deliberata competitività, nel congelamento, nella selezione embrionale, nella fissione gemellare o embryo-splitting;

- La coniugalità attiene alla coppia effettiva nel genere, nel numero, nella partnership, nella maternità;

- La sessualità si riassume in un personalismo dell'atto sessuale e nella dignità della procreazione.

### 1.2.6. *Ogni uomo umano fecondato diventa un bambino?*

Altra domanda con la quale ci confrontiamo è se ogni uovo umano fecondato diventa un bambino?

- Gli studi di embriologia umana e quelli relativi alla genetica degli aborti indicano che la maggior parte dei concepimenti naturali (circa il 70%) origina un embrione anormale e non evolutivo;
- È un limite naturale della specie umana: la fecondazione spesso "sbaglia" e il concepito non ha possibilità di diventare un bambino;
- Questi "errori" diventano sempre più frequenti in funzione dell'età della donna
- Lo stesso accade nella fecondazione in vitro.

Apriamo la mente sul tema dell'aborto volontario che appare come un conflitto tra depenalizzazione e legittimazione. Ma analizziamo alcune risposte:

- dell'autodeterminazione "l'utero è mio e me lo gestisco io";
- dell'eradicare l'abortività clandestina;
- della diminuzione in assoluto dell'abortività volontaria.

## 2. *Considerazioni sull'aborto*

L'aborto non è mai terapeutico per la chiesa cattolica.

L'aborto è un inganno dal quale le donne vanno difese (Papa Benedetto XVI): La donna viene spesso convinta, a volte dagli stessi medici, che l'aborto non solo rappresenta una scelta moralmente lecita ma persino un doveroso atto terapeutico per evitare sofferenze al bambino e alla sua famiglia, e un ingiusto peso alla società. L'aborto al contrario:

- Uccide il bambino, distrugge la donna e acceca la coscienza del padre rovinando spesso la vita familiare;
- Le donne che sperimentano il dramma dell'aborto subiscono un grave disagio psichico;
- La legge sull'aborto, varata il 22 maggio del 1978 prevede che è possibile abortire entro i primi 90 giorni solo in particolari circostanze, per le quali la prosecuzione della gravidanza, il parto o la maternità comporterebbero un serio pericolo per la salute fisica o psichica della donna;
- Dopo i 90 giorni, fra il quarto e il quinto mese, è possibile ricorrere all'aborto terapeutico solo in due casi: a) quando la gravidanza o il parto comportino un grave pericolo per la vita della donna; b) quando siano accertati processi patologici come rilevanti anomalie o malformazioni del nascituro, che determinino un grave pericolo per la salute fisica o psichica della donna.

Alcune considerazioni conclusive s'impongono su una legge che regoli la Fecondazione Assistita. È utile che le Società scientifiche emanino ogni anno linee guida che indichino i comportamenti scientificamente più corretti in base al progresso delle conoscenze e delle tecnologie. La nuova Legge nasce con l'intenzione di disciplinare un campo molto complesso, tuttavia:

- complessivamente peggiora i risultati della FIVET;

- aumenta il rischio per le donne (gemellarità', FIV ripetute);
- esclude le coppie portatrici di difetti genetici;
- esclude i pazienti completamente sterili;
- impedisce la ricerca sulle cellule staminali embrionarie;
- non riconosce potere decisionale alla donna e al medico;
- contrasta con altre Leggi dello Stato (es. 194-aborto);
- contrasta con la "good medical practice".

Concludere sul caso specifico, sembra allo stato attuale delle cose, prematuro, pur potendosi già registrare alcuni significativi elementi per tessere un quadro di riferimento generale. Tale incertezza valutativa inclina ad una sapienziale prudenza, che si astiene dall'operare in materia rilevante, qual è quella che concerne la vita umana, in assenza di una ragionevole certezza. Riaffiora il perdurante problema dell'embrione umano, in particolare, se alcuni suoi stadi di sviluppo possono essere individuati in modo tale da attribuire loro una differenza di potenzialità, antropologicamente consequenziale. Tuttavia, a tale riguardo si ha la posizione magisteriale cattolica che estende la protezione della vita umana, come personale e assoluta, fin dal suo concepimento. Si pone all'interno di un'etica della procreazione, la chiarificazione e la definizione morale del concetto di concepimento, che certamente si ha nella generazione sessuale e gamica, lasciando l'interrogativo però ancora aperto rispetto alla sua positiva verifica in altri versanti.

TERZO CAPITOLO

# Accanimento terapeutico, eutanasia e rifiuto delle cure

"Il dolore è un'incisione del sacro.
Sradica l'uomo dalla sua quiete e lo spinge all'insostenibile,
è una potenza di metamorfosi che marca nella carne
la memoria incancellabile del cambiamento".
Mario Melazzini

Siamo ai confini della volontà.

Dal caso eclatante di Eluana Englaro, ma ancora prima di Welby ed altri pazienti nelle sue stesse condizioni, in stato d'incoscienza, privato così di ogni diritto, si dipinge come illiberale, specie nell'ambiente cattolico, il disegno di legge sulle dichiarazioni anticipate di trattamento approvato in senato. Oltre a vietare accanimento terapeutico ed eutanasia, la legge in discussione riconosce il principio fondamentale di cura. Si tratta di una legge che pretende di imporre una *bioetica di stato* e di intervenire nella sfera più intima e delicata della persona, laddove le questioni ultime trovano il loro fondamento e conoscono la loro più dolorosa esperienza. Se quella normativa diventasse legge dello stato, nutrizione e idratazione artificiali non sarebbero oggetto delle dichiarazioni anticipate e, dunque, dell'esercizio di volontà del paziente. Potrebbe verificarsi, pertanto, la seguente situazione. Una persona capace di intendere e di volere, che avesse affidato ad un notaio il proprio *testamento biologico*, non avrebbe alcuna garanzia che la sua volontà venisse rispettata. Se infatti avesse dichiarato di rinunciare a nutrizione e idratazione artificiali, una volta che si trovasse incapace di intendere e di volere, quei trattamenti sanitari potrebbero venirgli imposti. E questo corrisponderebbe ad una delle lesioni più gravi e irreparabili mai subite dal nostro ordinamento giuridico e dal fondamentale diritto all'integrità personale.

*Nell'articolo 32 della costituzione italiana la Repubblica riconosce la salute come diritto dell'individuo e interesse della collettività. Nessuno può essere obbligato a un determinato trattamento sanitario se non per disposizione di legge.*

Il disegno di legge all'esame della camera ignora tutto ciò ad esclusivo vantaggio di una sorta di paternalismo terapeutico, che svuota le dichiarazioni anticipate di qualunque qualità di vincolo per gli operatori sanitari. E anche l'alleanza terapeutica giustamente evocata, perde gran parte del suo significato: essa ha un senso solo se il dialogo tra medico e paziente prevede che quest'ultimo, fino a quando sia cosciente, possa continuare le proprie ragioni, anche quelle della propria sofferenza con quelle della scienza.

## 1. *Le posizioni della bioetica*

Possiamo individuare due posizioni bioetiche: a) *la bioetica cattolica della sacralità della vita*; b) *la bioetica laica della qualità della vita.*

La *prima* concepisce la vita come un dono; quindi sostiene l'inviolabilità della vita e condanna tutto ciò che contrasta la legge naturale. La *seconda* promuove la qualità della vita e quindi crede dell'autodeterminazione e nella disponibilità del proprio corpo.

Nel diritto di ciascuno di disporre, lui e lui solo, della propria salute e integrità personale, pur nei limiti previsti dall'ordinamento, non può che essere ricompreso il diritto di rifiutare le cure mediche lasciando che la malattia segua il suo corso fino alle estreme conseguenze: il che non può essere considerato il riconoscimento di un diritto positivo al suicidio, ma è invece la riaffermazione che la salute non è un bene che possa essere imposto coattivamente al soggetto interessato dal volere, o peggio, dall'arbitrio altrui. Il rifiuto alle cure deve fondarsi esclusivamente sulla volontà dell'avente diritto, trattandosi di una scelta che riguarda la qualità della vita e che pertanto lui e lui solo può legittimamente fare. La tutela dell'integrità del nostro corpo dalle interferenze altrui rappresenta un bene preziosissimo. Per questa ragione una normativa che intervenga sulle questioni di fine vita deve essere la più intelligente e sensibile, capace di equilibrare diritto alle cure e diritto all'autonomia personale (e quindi anche alla rinuncia alle stesse cure), e di combinare la sovranità su di sé e sul proprio corpo con la valorizzazione del rapporto tra l'individuo e la rete familiare, i mondi vitali, la cura amorevole, nella fase della massima prostrazione e quando maggiore è il rischio dell'abbandono.

## 2. *Parlare di fine vita e quindi di morte*

Parlare di fine vita significa parlare di morte.

La morte fa nascere la nozione di una vita, lo fa mettendo fine a questa vita. Mai ci capita di prendere contatto in modo così intimo con la nozione di una vita, come di fronte alla morte. Questa nozione sembra esserci data in modo originario dal fenomeno della morte. Sulla grande arena della vita vediamo attorno a noi avvenimenti, azioni, scontri, conflitti, sofferenze. Vediamo tante cose e persone che messe insieme sono come gli atti di uno spettacolo teatrale che si susseguono e si concatenano mirabilmente. Contrapponendo gli avvenimenti, giungiamo a ricostituire la trama della vita, ma in nessun momento di questo spettacolo la nozione di una vita si erge in modo così immediato e sintetico davanti a noi. A teatro la discesa del sipario invita lo spettatore a rientrare a casa, altrimenti egli non saprebbe che lo spettacolo è terminato. Nella vita è la morte che prende il posto del sipario, è la morte che segna la fine e non, come si potrebbe credere, nel senso che interrompe una vita che mi è data, ma nel senso che apporta con sé la nozione di una vita. La morte ha in sé qualcosa di irreparabile. Un oggetto rotto si può sostituire. Ma non si sostituisce una vita; essa ha una propria evoluzione che non si può ripetere; è unica nel suo genere. Solo la morte si ripete, identica a se stessa, mettendo fine alle vite, ma non alla vita. La morte lascia dietro di sé una scia luminosa, riunisce in un solo fascio, in una vita tutto ciò che ha interrotto. Essa lascia dietro di sé il profilo di una vita, di una vita nella vita, di una vita nella marcia trionfale del divenire verso l'avvenire. La morte viene a troncare nella vita, senza in fondo toglierle nulla, una vita. Questa si stacca dalla vita come una foglia morta si stacca dall'albero, intonando il canto melanconico della morte, canto col quale glorifica la linfa che le ha dato la luce, come l'ha data a tutte le altre foglie che, ogni autunno, un soffio di vento farà staccare dall'albero, ingiallite e appassite, per ridurle, in un eterno ricominciamento, in polvere. Una vita si compie così, non attraverso le sue opere, con le quali non si finisce mai, ma attraverso la morte.

Parlare di morte nella società contemporanea significa riflettere sul tema tanto dibattuto dell'eutanasia.

## 3. *L'eutanasia*

Il termine eutanasia compare per la prima volta in una lettera di Cicerone. È un termine presente anche in *Svetonio* nella "Vita di Augusto" e nelle "Storie di Polibio". Il termine eutanasia fu introdotto nelle lingue moderne dal filosofo inglese *Bacone* in uno scritto dal titolo "Progresso della conoscenza", dove si scriveva: "*il compito del medico non è solo quello di guarire, ma anche di calmare i dolori legati alla malattia e di procurare al malato, quando non c'è più speranza, una morte dolce e tranquilla*".

Solo nel XIX secolo compare la possibilità dell'intervento diretto del medico che "uccideva per pietà" o compiva un vero e proprio "omicidio del consenziente".

L'eutanasia può essere altresì distinta in due forme: collettivistica e/o sociale e individuale.

Nel mondo antico era diffusa *l'eutanasia sociale*. La società sopprimeva o abbandonava alla propria sorte persone che potessero risultare un peso per essa: esposizione dei nati, specie se deformi, oppure uso della rupe Tarpea. La soppressione di persone portatrici di handicap (eugenia), al fine di purificare la razza, trovava una giustificazione nel fatto che la vita dei singoli aveva un senso solo se utile alla vita della comunità cittadina. In Seneca si leggeva: *soffochiamo i parti portentosi ed immergiamo nell'acqua anche i fili, se sono venuti alla luce storpi e mostruosi; e non è ira ma ragione discernere da ciò che è sano ciò che è inutile.* In Plutarco si apprendeva che il legislatore spartano avrebbe disposto l'esposizione obbligatoria dei neonati deformi. E *Aristotele* raccomandava di non allevare gli storpi ed i nati male. A Roma, il riconoscimento e l'accettazione dei neonati in seno alla famiglia, con l'attribuzione del nome, avvenivano di solito dopo una settimana dalla nascita: quando era possibile avere qualche dato in più per capire di che tempra fosse il bambino. Il bambino rifiutato veniva esposto davanti alla colonna detta "del latte", presso il tempio della pietà. *Platone* sosteneva che le persone malaticce non dovrebbero vivere affatto e, in ogni caso, non devono generare figli.

Nel pensiero moderno si parla di "*eutanasia esistenziale*". Per eutanasia s'intende un'azione o un'omissione che di natura sua, o nelle intenzioni, procura la morte, allo scopo di eliminare ogni dolore. L'eutanasia si situa, dunque, al livello delle intenzioni e dei metodi usati.

Tra i diversi pensatori autorevoli del passato, *Ippocrate* fu uno dei pochi contrari all'eutanasia perché, secondo il suo pensiero, il medico deve aiutare a vivere e non a morire. Egli scriveva: *Adopererò le mie cure per l'utilità dei malati, secondo le mie forze e il mio giudizio, e in nessun caso per arrecare loro danno o torto. Neppure se richiesto darò a qualcuno un veleno mortale né lo prescriverò. Ugualmente non darò mai a una donna un medicamento abortivo.*

Nelle "Lettere morali a Lucilio" di *Seneca* troviamo i primi esempi di suicidio assistito:

- la vita non è la cosa più importante;
- l'importante è morire con dignità;
- la morte è un rimedio al disgusto della vita;
- c'è necessità di persone che aiutino a morire e che non siano perseguibili se è certo che, colui che muore lo vuole veramente, secondo la convinzione che vale la libertà di scelta e di decisione individuale.

Virgilio nel IV libro dell'Eneide descrive con grande *pathos* la fine della regina Didone, suicida per amore. Didone, decisa ormai a morire, si getta sulla spada di Enea. Il sangue sgorga abbondante, i sensi vengono meno, ma la morte stenta a sopraggiungere. Allora, Giunone, impietosita dal lungo patire manda dall'Olimpo Iride, perché liberasse la vita che lottava e sciogliesse le giovani membra. Iride taglia il capello di

Didone e tutto il calore vitale fugge e si disperde nel vento. Didone, dunque, che aveva cercato la morte, compie il suo proposito con l'aiuto di altri. Si rispetta la sua dignità interiore: morire dignitosamente quando non è possibile dignitosamente vivere.

Il suicidio è da secoli considerato un peccato e viene descritto a tinte fosche, anche se accompagnato in questo caso dalla conversione. *Lattanzio* racconta la morte di Massimo Daia, persecutore dei cristiani che, sconfitto ad Adrianopoli nel 313 da Licinio, terrorizzato chiede perdono a Dio e muore suicida a Tarso: *poiché era bloccato da terra e dal mare e non aveva nessuna speranza di trovare rifugio, per l'angoscia ed il terrore si rifugiò nella morte come rimedio dei mali che gli aveva gettato addosso. Ma prima si riempì di cibo e ingurgitò vino, come quelli che credono di farlo per l'ultima volta, e poi bevve il veleno. Poiché lo stomaco era pieno non fece subito effetto, ma provocò un languore maligno simile a quello della peste, così che, prolungandosi la vita, soffrì più a lungo i tormenti. Ma poi il veleno cominciò ad agire: la sua violenza gli bruciava i visceri, per il dolore insopportabile impazzì, al punto che per quattro giorni, sconvolto, divorò come un affamato la terra che raccoglieva con le mani. Quindi dopo molte e insostenibili sofferenze, picchiò la testa contro le pareti e gli occhi schizzarono fuori dalle orbite. Diventato cieco cominciò a vedere Dio.*

La Chiesa cattolica nel documento firmato dal cardinale *Ratzinger*, prefetto della Congregazione per la Dottrina della Fede, afferma il carattere sacro della vita dal suo concepimento alla morte naturale con la conseguente condanna dell'omicidio, del suicidio e della eutanasia. Nel 2007 *Benedetto XVI* a Vienna ribadisce che l'aborto non è un diritto e ch non è accettabile un attivo aiuto a morire. Di contro, *Indro Montanelli,* poco prima di morire, scrisse una serie di articoli nei quali contestava alla chiesa il diritto di restare fedele alla sua dottrina che condanna l'eutanasia. Non gli sembrava giusto, però, che imponesse il suo punto di vista ai non credenti, agli agnostici, ai laici, ai seguaci di altre religioni. *Montanelli* diceva: *Se cristiano vuol dire rifiutare l'eutanasia non sono cristiano. Sono piuttosto pagano. I grandi saggi dell'antichità dicevano: punge, medice, svenami. È il dolore morale che mi spaventa di più, la perdita della dignità dell'uomo, il venir meno della volontà, dell'intelligenza. Quando un invalido non ha più forza di sopportare le sofferenze fisiche e morali, senza speranza di sollievo se non quello procurato dagli analgesici, ha il diritto di esigere dal medico il mezzo per abbreviare questa Via Crucis.* Quella di Montanelli non vuol essere "l'affermazione a un diritto al suicidio perché il suicidio non ha né diritti né doveri. Di fronte ad esso ci sono solo due sentimenti: di pietà e di rispetto".

"Non mi si portino gli argomenti sulla sacralità della vita"; nessuno contesta il diritto di ognuno a disporre della propria vita, non vedo perché gli si debba contestare il diritto a scegliere la propria morte".

Giungiamo alla sentenza ultima dell'11 novembre 2008, della Suprema Cassazione di Roma, sul caso di Eluana Englaro che, porta alla seguente conclusione: *all'individuo che, prima di cadere nello stato di totale e assoluta incoscienza, tipico dello stato vegetativo permanente, abbia manifestato in forma espressa o anche attraverso i propri convincimenti, il proprio stile di vita e i valori di riferimento, l'inaccettabilità per sé dell'idea di un corpo destinato, grazie a terapie mediche, a sopravvivere alla mente, l'ordinamento dà la possibilità di far sentire la propria voce in merito alla disattivazione di quel trattamento attraverso il rappresentante legale* con la precisazione che il tutore, "*dovendo agire nell'esclusivo interesse dell'incapace e non al posto dell'incapace né per l'incapace, ma con l'incapace, quindi ricostruendo la presunta volontà del paziente incosciente; ove il malato giaccia da moltissimi anni (oltre quindici), in stato vegetativo permanente, con conseguente radicale incapacità di rapportarsi al mondo esterno, e sia tenuto artificialmente in vita mediante sondino nasogastrico che provveda alla sua nutrizione e idratazione, su richiesta del tutore che lo rappresenta, il giudice può autorizzare la disattivazione di tale presidio sanitario in presenza dei seguenti presupposti"* :

- la condizione di stato vegetativo sia irreversibile;
- tale istanza sia espressiva in base ad elementi derivati dalla sua personalità, dai suoi convincimenti prima di cadere in stato di incoscienza.

Il paziente, pur essendo in grado di respirare spontaneamente e pur conservando funzioni cardiovascolari è radicalmente incapace di vivere esperienze cognitive ed emotive e quindi di avere alcun controllo con l'ambiente esterno.

### 3.1. *Eutanasia e dichiarazione anticipata di trattamento: a proposito dello stato vegetativo persistente e a minima responsività*

In un documento predisposto dalla Commissione tecnico-scientifica istituita dal ministero della salute al fine di indagare sulla problematica dello "stato vegetativo e stato di minima coscienza", documento presentato nel febbraio del 2006, si definisce "lo stato vegetativo" come una condizione caratterizzata da "*completa perdita della coscienza di sé e della consapevolezza dell'ambiente; recupero di ciclicità del ritmo sonno-veglia; conservazione più o meno completa delle funzioni ipotalamiche, tronco-encefaliche e autonomiche. Lo stato di minima coscienza, o di minima responsività, viene descritto come uno stato in cui si registra presenza minima di comportamenti caratterizzati da risposte o manifestazioni cognitive che, seppur consistenti, sono riproducibili e di tale durata da differenziarli dai comportamenti riflessi*".

Lo stato vegetativo è solitamente preceduto dallo stato di coma, che è una condizione di incoscienza apparente in cui la persona non manifesta alcuna capacità di avere contatti con l'ambiente, mantiene gli occhi chiusi e non è in grado di parlare né di compiere movimenti su richiesta. Si può affermare che il coma propriamente detto termina quando la persona inizia ad aprire spontaneamente gli occhi. Con l'espressione, invece, di *stato vegetativo persistente* (un tempo denominato coma vigile) si indica un quadro clinico caratterizzato da un apparente stato di vigilanza senza coscienza, con occhi aperti, frequenti movimenti afinalistici di masticazione, attività motoria degli arti limitata a riflessi di retrazione agli stimoli nocicettivi senza movimenti finalistici.

Si dovrebbe discutere di stato vegetativo prolungato ovvero cronico, piuttosto che di stato vegetativo permanente che potrebbe far pensare ad una irreversibilità non sempre diagnosticabile o comunque non sempre verificabile nelle statistiche e nella letteratura; Sarebbe bello eliminare la nozione di stato vegetativo che sembra indicare un distacco dalla persona umana. Sarebbe forse sufficiente parlare sempre di stato di scarsa o assente coscienza.

Allo stato attuale della conoscenza non è possibile diagnosticare con certezza, neppure dopo il prolungarsi – per mesi ma anche per anni – quello che oggi viene definito stato vegetativo, intendendo un possibile ritorno a qualche risposta nei confronti del mondo esterno.

Non va dimenticato e nemmeno sottovalutato che esistono ben documentati casi di recupero parziale, anche a distanza di molti anni, tanto da far ritenere che la scienza medica non sia ancora in grado di predire con sicurezza chi tra i pazienti in queste condizioni potrà avere un margine di ripresa e chi no. Recenti dati epidemiologici ci informano che, nell'ambito delle gravi cerebrolesioni acquisite, 2-3 soggetti ogni 100000 abitanti rimangono nella condizione definita di stato vegetativo.

Allo stato attuale della conoscenza la persona in stato vegetativo non avverte nessuna sofferenza, ciò trova conferma nell'esperienza di persone che hanno avuto la possibilità di una ripresa di coscienza;

È improprio parlare di eutanasia: se lo stato non si incarica di fornire un'assistenza adeguata arriverebbe a praticare una eutanasia passiva;

Ricordiamo le parole di *Giovanni Paolo II* ad un convegno nel Maggio 2004 dei medici Cattolici: "... vorrei sottolineare come la somministrazione di acqua e cibo, anche quando avvenisse per vie artificiali, rappresenti sempre un mezzo naturale di conservazione della vita, non un atto medico. Il suo uso, pertanto, sarà da considerarsi in linea di principio, ordinario e proporzionato, e come tale moralmente obbligatorio, nella misura in cui e fino a quando esso dimostra di raggiungere la sua finalità propria, che nella fattispecie consiste nel procurare nutrimento al paziente e lenimento alle sofferenze. La morte per fame e per sete è l'unico risultato possibile in seguito alla loro sospensione. In tal senso essa finisce per configurarsi, se consapevolmente e deliberatamente effettuata, una vera e propria eutanasia per omissione".

## 3.2. *Piergiorgio Welby e l'esperienza della propria morte*

I casi di Piergiorgio Welby ed Eluana Englaro sono totalmente opposti. Il libro di Welby è la dimostrazione di una mente lucida, per nulla depressa, che riflette, che argomenta, prova a dare un contributo alla cultura; una mente prigioniera di un corpo sempre più inadeguato a contenerla.

Al contrario, Eluana è una donna dal corpo sano, che respira autonomamente; è la sua mente a non esserci più. Avvicinare le due storie sarebbe necessariamente fuorviante. Significherebbe banalizzare storie che meritano rispetto nella loro dimensione individuale.

Tuttavia, la vicenda di Welby è importante per comprendere cosa sia diventata la morte nell'epoca del complesso tecnico, ed è solo per questo motivo che la riportiamo qui.

Giovanissimo, Piergiorgio Welby è colpito da distrofia muscolare progressiva. È il 1963 quando il medico gli diagnostica che non supererà i vent'anni, prognosi che si rivelerà tragicamente approssimativa. Negli anni ottanta non può più camminare; nel 1997, colto da una crisi respiratoria, viene portato in rianimazione nonostante avesse espresso la volontà di essere lasciato morire. Considerato morto, gli vengono praticate le cure come da procedura; incredibilmente si riprende. Così comincia il calvario di Welby, un letto per croce, tubi e ventilatori per chiodi, la moglie in luogo delle pie donne; nel ruolo di apostolo prediletto, qualche esponente del partito radicale. Come Cristo, anche Welby, chiede che sia allontanato da lui l'amaro calice. Ma l'agonia di Cristo fu più breve. In occasione della rianimazione, Welby esperisce la propria morte. Di sé dice di essere già morto una volta e chiede che la morte gli sia restituita: *non ho paura di morire, sono già morto una volta ed è stato come spegnere la luce, voltare pagina, chiudere una porta; non c'è nulla di metafisico o trascendentale, né luci, né corridoi illuminati o signori con l'aria da vecchi pedofili vestiti di bianco; non ci sono le immagini terrorizzanti di diavoli vestiti come tifosi del Milan che popolavano il vecchio catechismo e turbavano i miei sogni da onanista impenitente, non c'è premio o castigo, piacere o dolore, sopra o sotto, alto o basso.*

### 3.3. *La posizione di Eluana e la sua ricostruzione*

Biologicamente Eluana Englaro era viva. Bisogna riflettere sul significato della vita umana. Lo stato vegetativo persistente è un problema semiotico: perché viene rappresentato in modi differenti: gli viene attribuito un senso ogni volta diverso. In particolare, coloro che concordano sulla sospensione dell'alimentazione forzata non concordano per questo anche sul significato della vita in stato vegetativo persistente.

Englaro descrive uno spostamento semantico dalla vita al suo contraddittorio: lo stato di Eluana è quello di *non-vita*. Ma sono possibili altri punti di vista.

Ad esempio, Welby dichiara: *dal 18 gennaio 1992 Eluana Englaro aspetta di morire davvero.*

Qui lo stato vegetativo persistente è piuttosto considerato come *non-morte.* Vediamo una terza possibilità, nelle parole più crude e infelici di Veronesi: *c'è un migliaio di famiglie distrutte dalla penosa presenza di questi morti viventi. Il disagio per i congiunti è grande, riguarda la sfera affettiva, ma anche sociale, economica: senza che la protrazione della sopravvivenza abbia uno scopo o presenti vantaggi di alcun tipo.*

Egli presenta la *sopravvivenza* come un termine complesso che porta con sé contemporaneamente le caratteristiche della vita e della morte.

Abbiamo un caso di *non vita e non morte.* La semiotica considera questo un termine neutro. Eluana avrebbe dunque giudicato questo stato all'opposto di Veronesi. Per Veronesi, questi pazienti sono sia vivi, sia morti e, infatti, parla di "morti viventi". Per la semiotica questo è un termine complesso. La posizione di Eluana è ancora diversa rispetto a quella citata di Welby e perfino rispetto a quella di suo padre Beppino. Il punto, tuttavia, non è questo. Piuttosto, alcune polemiche sul caso riguardano la ricostruzione della volontà di Eluana, una volontà "presunta". La ricostruzione sulla volontà di Eluana è e rimarrà presunta.

## 3.4. *Differenze tra cattolici: possibili strategie di accordo*

Quel che accomuna alcune posizioni cosiddette laiche è solo l'adozione di uno sguardo complesso che va al di là della secca opposizione vita vs morte. Lo stato vegetativo persistente è considerato "non-vita" negli scritti di Welby; "non-morte" in quelli del padre di Eluana; "sia vita che morte" nelle dichiarazioni di Veronesi. Se dobbiamo prestare fede alle testimonianze, "né vita né morte" della stessa Eluana: nessuna di queste posizioni implica che sia morta.

Anche tra i cattolici è possibile reperire diverse posizioni circa lo stato di Eluana Englaro. Ad esempio, *Rosy Bindi*, all'epoca ministro, rispose alle dichiarazioni di Veronesi che abbiamo riportato, indignata per la scelta lessicale: *non mi pare che si possa avviare un confronto serio e costruttivo se si parte, come fa Veronesi, dalla premessa che si tratta di morti viventi. In questa espressione c'è un giudizio che nega dignità e valore a queste esistenze poste ai confini della vita, ma pur sempre vive. Parlare di morti viventi è un modo davvero poco civile di affrontare il mistero della vita e della morte.*

Una posizione leggermente diversa è quella espressa da *Roberto Colombo*, editorialista dell'Avvenire: anzitutto la realtà clinica: Eluana non è morta (né dal punto di vista cardiocircolatorio e polmonare, né sotto il profilo cerebrale) e neppure sta per morire (non è un malato con prognosi terminale). La condizione di stato vegetativo persistente in cui versa da anni non è clinicamente identificabile con uno stato di coma irreversibile dal quale si differenzia, tra l'altro, per la possibilità di un risveglio, spontaneo o stimolato, e la presenza di un'importante attività elettrica cerebrale e di movimenti di apertura degli occhi, stimolati e non. Anche il senso comune apprezza queste differenze obiettive.

Il piccolo testo che presentiamo porta una serie di argomenti a favore del fatto che Eluana si trovi in uno stato di non-morte. Biologicamente non lo è, e neppure dal punto di vista della morte cerebrale, condizione perché giuridicamente si possa procedere a staccare la spina ed eventualmente all'espianto. Qui non ci sono spine da staccare. Non è morta né e possibile prevedere quando lo sarà. È viva? L'articolo esordisce suggerendo questa cornice, almeno in via generale: *la drammaticità della vita umana appare in tutta la sua incalzante urgenza e nel suo insopprimibile interrogativo quando la malattia e la sofferenza ci colpiscono. Ancor più se esse durano nel tempo e non si aprono punti di fuga, almeno a vista d'uomo.*

Inoltre, l'alimentazione forzata è considerata sostegno vitale e non trattamento medico: come ha concordato lo scorso anno la congregazione per la dottrina della fede, la somministrazione di cibo e acqua, in linea di principio è un mezzo ordinario e proporzionato di conservazione della vita. E nel caso di Eluana, esse continuano a risultare di provata utilità nel sostenere la fisiologia del suo organismo e consentire la vita della persona.

Qui non c'è spazio per distinzioni tra vita biologica e vita umana. Eluana non era morta, dunque era viva. Lasciar morire una persona viva è qualcosa che somiglia pericolosamente ad un omicidio. Molti esponenti della chiesa hanno sposato il punto di vista giuridico tradizionale: *la santa sede torna a criticare il ministero della sanità e giudica artificiosa la distinzione tra eutanasia attiva, che comporta un'azione, e passiva, che invece consiste in una omissione. È questo il primo commento di monsignor Elio Sgreccia, vice presidente della Pontificia Accademia della Vita, sul documento dedicato all'eutanasia passiva steso dal gruppo di studio insediato da Umberto Veronesi.*

Nell'articolo *Sgreccia* parla apertamente di omicidio. Si tratta dunque della stessa opposizione netta tra causare e non impedire la morte che avevamo ritrovato nel diritto. Sgreccia, però, non prende neppure in considerazione la distinzione tra causa diretta e indiretta che avevamo trovato nel documento di *Pacelli.*

Sembra assolutamente necessario un accordo. Un possibile terreno di discussione per avvicinare le posizioni laica e cattolica può riguardare i casi in cui si debba desistere da un trattamento in terapia intensiva: *porre limiti ai trattamenti intensivi nei pazienti ormai senza alcuna speranza di sopravvivenza è infatti in linea con i più autorevoli documenti in materia, dalla convenzione di Oviedo al Codice di deontologia Medica, ai documenti del comitato nazionale di bioetica e delle società scientifiche nazionali e internazionali, nonché con i pronunciamenti delle confessioni cristiane, per fare solo alcuni esempi particolarmente pregnanti. In questo caso è frutto di ignoranza o di superficialità porre sullo stesso piano l'eutanasia e la desistenza da cure inappropriate per eccesso, come troppo spesso si sente fare.*

La legge attuale può essere ed è stata interpretata al fine di ammettere la possibilità della sospensione delle cure da parte del medico: *l'art. 579 del Codice Penale, che ha ancora un valore attuale residuale, non ha alcun riferimento alla tematica delle direttive anticipate del rifiuto delle cure a seconda delle situazioni. La dottrina penale che ha commentato il caso Welby ha posto in evidenza una cosa molto elementare: si può affermare che il medico, staccando il ventilatore, abbia compiuto un anno punito dalla legge in base alla norma sull'omicidio del consenziente; ma si deve tener conto che esiste una discriminazione prevista dall'ordinamento giuridico – il diritto del paziente a sospendere tutte le cure – per cui si può ritenere che il fatto non costituisca reato.*

Tuttavia, la decisione di privare della libertà un medico che abbia sospeso alcune cure non può essere demandata all'interpretazione: si corre il rischio della cosiddetta medicina difensiva, con il medico che agisce allo scopo di tutelarsi giuridicamente, e non nell'interesse del paziente.

Le suore che hanno assistito Eluana Englaro hanno interpretato alcuni movimenti di Eluana come altrettanti segni non di vita biologica, ma di vita cosciente. Eluana aveva un cuore che batteva autonomamente, respirava, dormiva e si svegliava. E su quali altri segni avremmo dovuto basarci se non su quelli che ci permettono di relazionarci con lei?

Le suore che hanno assistito Eluana: sembrava che volesse comunicare. Addirittura questa era la sua impressione. Abbozzava sorrisi.

Il neurologo che l'ha seguita: quando un malato cerebroleso non mostra alcun cenno di presenza all'ambiente, dopo aver escluso che la mancanza di questi segni non fosse dovuta semplicemente ad una paralisi o comunque all'impossibilità di movimento, e una volta accertato che si è prodotto un danno gravissimo a carico degli emisferi cerebrali, è legittimo concludere che la coscienza è abolita.

Il prof. *G. Crocetti* recupera in parte il pensiero delle suore. Lui afferma: "la vita vegetativa è una vita. Una delle tante possibili ed è una vita di relazione. In quella condizione non sono disponibili gli strumenti simbolici, comunicativi, relazionali e verbali. Anche gli strumenti propri della comunicazione mimica sono ridotti. Gli occhi possono essere aperti e, con la testa possono muoversi. È presente il ciclo sonno-veglia; non possono essere presenti alcuni stimoli dolorosi. La comunicazione che crea la relazione è dei corpi, dei canali sensoriali. La sofferenza, quella che deve essere lenita con i farmaci, è un modo comunicativo che attiva, mantiene e conclude una relazione. Il dolore è del corpo. La sofferenza che scaturisce dal dolore è della relazione tra corpi. In altre parole, ogni interlocutore è talmente incluso nella realtà del paziente da essere lo strumento della sua stessa comunicazione esperienziale".

## 3.5. *Assistenza al malato inguaribile*

Le persone in *SVP* (stato vegetativo persistente) non necessitano di norma di tecnologie sofisticate,costose e di difficile accesso; ciò di cui hanno bisogno per vivere, è la cura, intesa non solo nel senso di terapia, ma anche soprattutto di *care*: esse hanno diritto a essere accudite. In questo senso si può dire che le persone in *SVP* richiedono un'assistenza ad alto e a volte altissimo contenuto umano, ma a modesto contenuto tecnologico.

Per ogni inizio c'è un mito fondatore, così sulle origini della cura ce lo riporta *Heidegger*: *"la cura stava attraversando un fiume quando scorse del fango cretoso. Pensierosa ne raccolse un po' e cominciò a dargli forma. Mentre stava riflettendo su cosa avesse fatto, interviene Giove. A questo punto, la cura pre-*

*ga Giove di infondere lo spirito a ciò che essa ha fatto senza però sapere cosa sia. Giove acconsente volentieri, però poi la cura pretende di imporre il nome a ciò che ha fatto e Giove non è d'accordo. Mentre Giove e la cura litigano, interviene la terra che reclama il battesimo di ciò che è stato fatto in quanto parte del suo corpo, il corpo della terra. I disputanti eleggono saturno, il tempo, come giudice. La decisione di saturno incontestabile è la seguente: tu Giove hai dato lo spirito, e al momento della morte riceverai lo spirito; tu terra hai dato il corpo e riceverai il corpo; ma poiché per prima fu la cura che diede forma a quest'essere, finché esso vive, lo possieda la cura. Per tutta la vita l'uomo è l'essere della cura e, visto che proviene dalla terra, dall'humus, il suo nome è uomo"* .

Non bisogna dimenticare che non sono né la qualità della patologia né la probabilità della sua guarigione a giustificare la cura: questa trova la sua ragione sufficiente nel bisogno che il malato, come *soggetto debole*, ha diritto di essere bioeticamente accudito ed eventualmente sottoposto a terapia medica.

Per giustificare bioeticamente il fondamento e i limiti del diritto alla cura e all'accudimento delle persone in SVP, va quindi ricordato che ciò che va loro garantito è *il sostentamento ordinario di base:* la nutrizione e l'idratazione vanno considerati atti dovuti eticamente (oltre che deontologicamente e giuridicamente) in quanto *indispensabili per garantire le condizioni fisiologiche di base per vivere.*

Acqua e cibo non diventano infatti una terapia medica soltanto perché vengono somministrati per via artificiale: si tratta di una procedura che, a parte il piccolo intervento iniziale, è gestibile e sorvegliabile anche dagli stessi familiari del paziente. Si tratta di una procedura che, rispettando le condizioni minime, risulta essere ben tollerata, gestibile a domicilio da personale non esperto con opportuna preparazione. La vita umana va considerata un valore indisponibile, indipendentemente dal livello di salute, di percezione della qualità della vita, di autonomia o di capacità di intendere e di volere.

Qualsiasi distinzione tra vite degne di essere vissute e non degne di essere vissute è da considerarsi arbitraria, non potendo la dignità essere attribuita, in modo variabile, in base alle condizioni dell'esistenza. L'idratazione e la nutrizione dei pazienti in SVP vanno considerate alla stregua di un sostentamento vitale di base. La sospensione dell'idratazione e della nutrizione a carico di pazienti in SVP è da considerare eticamente e giuridicamente lecita sulla base di parametri obiettivi quando si realizzi l'ipotesi di un autentico accanimento terapeutico.

La predetta sospensione è da considerarsi eticamente e giuridicamente illecita tutte le volte che venga effettuata, non sulla base delle effettive esigenze della persona interessata, bensì sulla base della percezione che altri hanno della qualità della vita del paziente.

In caso di malattie a prognosi sicuramente infausta o pervenute alla fase terminale, il medico deve limitare la sua opera all'assistenza morale e alla terapia atta a risparmiare inutili sofferenze, fornendo al malato i trattamenti appropriati a tutela, per quanto possibile, della qualità di vita.

In caso di compromissione dello stato di coscienza, il medico deve proseguire nella terapia di sostegno vitale finché ritenuta ragionevolmente utile.

Il sostegno vitale dovrà essere mantenuto sino a quando non sia accertata la perdita irreversibile di tutte le funzioni dell'encefalo.

La decisione di interrompere trattamenti medici futili, non proporzionati, privi di alcuna credibile prospettiva terapeutica per il paziente va sempre ritenuta non solo lecita, ma eticamente doverosa, per impedire che l'azione medica si trasformi in accanimento terapeutico.

*Karol Woityla* che aveva affrontato il tema dell'eutanasia, non aveva però riflettuto sulle pratiche di fine vita. Egli sosteneva che la rinuncia all'accanimento terapeutico è cosa differente dall'eutanasia. L'accanimento terapeutico era da lui definito come *certi interventi medici non più adeguati alla reale situazione del malato, perché ormai sproporzionati ai risultati che si potrebbero sperare o anche perché troppo gravosi per lui e per la sua famiglia.* Non è facile distinguere l'eutanasia dall'accanimento terapeutico. Ad esempio Luigi Lorenzetti scrive su "Famiglia Cristiana": *la morte buona è solo quella che arriva quando è venuta la sua ora, senza arbitrariamente anticiparla (eutanasia) e nemmeno ostinatamente posticiparla (accanimento terapeutico).* Papa Woityla nell'*Evangelium vitae* scriveva che *la rinuncia a mezzi straordinari o sproporzionati non equivale al suicidio o all'eutanasia, esprime piuttosto l'accettazione della condizione umana di fronte alla morte.*

È difficile dare una risposta a cosa sia accanimento terapeutico nei casi limite? E soprattutto chi decide?

*In molti casi la complessità delle situazioni può essere tale da far sorgere dei dubbi sul modo di applicare i principi della morale. Prendere delle decisioni spetterà in ultima analisi alla coscienza del paziente o delle persone qualificate per parlare a nome suo, oppure anche dai medici, alla luce degli obblighi morali o dei diversi aspetti del caso.*

In linea con la posizione di *Pio XII* ritroviamo l'appello alla coscienza del paziente o di chi è qualificato per parlare a suo nome; non ci sembra una posizione molto distante da quella espressa nella convenzione di Oviedo. Invece, nelle parole di *Woityla* compare un avverbio pericoloso: *occorre valutare se i mezzi terapeutici a disposizione siano oggettivamente proporzionati rispetto alle prospettive di miglioramento.* Con l'avverbio "oggettivamente", diviene problematico affidare la valutazione a pazienti, familiari o tutori. Tuttavia, per qualunque senso della parola "oggettivo", bisognerà proporre un criterio per la valutazione e un'autorità che possa valutare: è la figura del medico, del magistrato o del sacerdote la più competente? Il problema delle cattive definizioni che non definiscono alcunché e che lasciano spazio a interpretazioni contraddittorie si pone anche a proposito delle cure palliative, ammesse dalla chiesa, anche quando si sa che abbrevieranno la vita del malato.

Quale sarebbe la differenza tra cure palliative ed eutanasia attiva?

L'intenzione di chi le somministra. Questa è la risposta che troviamo negli scritti di Woityla: è noto il principio morale secondo cui anche il semplice dubbio in presenza di una persona viva già pone l'obbligo del suo pieno rispetto e dell'astensione da qualunque azione mirante ad anticipare la sua morte.

Il prof. *G. Crocetti* ci aiuta a riflettere non sulle intenzioni ma sull'atteggiamento da tenere dinanzi a chi muore. "Chi assiste deve porsi come uno strumento che per essere tale deve essere vivo e disponibile. Non può essere inficiato, ostacolato, alterato dalle angosce di morte che tolgono la coscienza di essere vivo. Il morente è, banalmente, un essere umano vivo, in lotta con la malattia e alle prese con il suo passaggio estremo. È quello un momento in cui ha bisogno di essere tenuto in un abbraccio che comunica vita. Vita senza i tre fantasmi di morte: la perdita del legame, l'abbandono nella solitudine, il rifiuto nell'odio. Quest'abbraccio non può essere preteso dal familiare coinvolto nella malattia estrema, disorientato e confuso. Le istituzioni di cura devono dare cura e, dunque, quell'abbraccio che include, come utente il parente del paziente in stato vegetativo".

*E allora è necessario parlare con il morente. Parlare di tutto. Esattamente come una madre fa con il suo bambino appena nato. Come lei, so che non capisce le mie parole e, tuttavia, comunico con lui attraverso il tono della mia voce modulato dal suo stato attuale. Veicolo, senza citarle, le emozioni e le motivazioni alla base del mio essere nella vita con lui in quel momento dell'incontro e con la consapevolezza di essere vivo. Se ho la morte dentro, invoco l'eutanasia. Altrimenti mi relaziono e co-*

*munico con il mio corpo e il mio essere vivo in lotta, a suo fianco, con la malattia sua e mia, e la morte, sua e mia. Nessun essere umano radicato alla vita e ai suoi processi generativi, trasformativi, ricreativi chiede l'eutanasia. Chiede vita e si affida ad essa e ai suoi processi, anche dolorosi. È solo chi ha la morte nelle radici delle sue motivazioni a vivere chiede la morte. Ma è una richiesta di aiuto: esattamente la stessa del suicida. Con il suo gesto, il suicida, chiede comunque vita illusa oltre il gesto. Eluana era una bambina priva di coscienza e di parole, come un neonato, ma non per questo incapace di attivare, mantenere e concludere una relazione condivisa e goduta. Come un neonato chiede un abbraccio nel quale la parola è solo un suono che evoca sensazioni diffuse e indefinite ma leganti.*

### 3.6. *Quale testamento biologico e per chi?*

Poco dopo il caso di Eluana Englaro si è introdotta una proposta di legge sul testamento biologico. Ricordiamo che per testamento biologico si intende una richiesta formulata per iscritto, quando la persona è capace di intendere e di volere, circa il modo in cui essere trattata medicalmente in casi di emergenza. Il testamento biologico non è utile solo a chi non desideri essere curato. In assenza di un testamento biologico, in terapia intensiva è il medico a decidere se è il caso di intervenire o desistere. Quindi, anche il cattolico che, in virtù delle proprie convinzioni, desideri sia fatto ogni sforzo per preservare la sua vita, può trovare nel testamento biologico un'arma per far rispettare la propria volontà. In assenza di testamento biologico, il paziente stesso non può essere considerato in grado di intendere o di volere, e di attribuire quel consenso informato previsto dalla legge. Potrebbe anche verificarsi la seguente situazione. Una persona capace di intendere e di volere, che avesse affidato ad un notaio il proprio testamento biologico, non avrebbe alcuna garanzia che la sua volontà venisse rispettata. Se infatti avesse dichiarato di rinunciare a idratazione e nutrizioni artificiali, una volta che si trovasse incapace di intendere e di volere, quei trattamenti sanitari (così definiti dalla comunità scientifica e dall'ordine dei medici) potrebbero venirgli imposti. E questo corrisponderebbe ad una delle lesioni più gravi e irreparabili mai subite dal nostro ordinamento giuridico e dal fondamentale diritto all'integrità personale. Oltretutto un simile progetto rivela una assai angusta concezione della *privacy*. Di quest'ultima si lamenta la costante violazione, ma la si finisce per considerare solo come uno schermo – una sorta di vetro oscurato – a protezione dello spazio domestico e di quanto lì vi si compie. Mentre la categoria di *privacy* rimanda proprio alla dimensione profonda e costitutiva dell'identità umana e della sua intangibilità. E dunque, la tutela dell'integrità del nostro corpo dalle interferenze altrui rappresenta un bene preziosissimo. Per questa ragione una normativa che intervenga sulle questioni di fine vita deve essere la più intelligente e sensibile, capaci di equilibrare diritto alle cure e diritto al'autonomia personale (e, quindi, anche alla rinuncia alle stesse cure), e di combinare la sovranità su di sé e sul proprio corpo con la valorizzazione del rapporto tra l'individuo e la rete familiare, i mondi vitali, la cura amorevole, nella fase della massima prostrazione e quando maggiore è il rischio dell'abbandono. Il disegno di legge all'esame della camera ignora tutti ciò a esclusivo vantaggio di una sorta di paternalismo terapeutico, che svuota le *dichiarazioni anticipate* (DAT) di qualunque qualità di vincolo per gli operatori sanitari. E anche l'alleanza terapeutica, giustamente evocata, perde gran parte del suo significato: essa ha un senso, infatti, solo se il dialogo tra medico e paziente prevede che, quest'ultimo, fino a quando sia cosciente, possa confrontare le proprie ragioni, anche quelle della propria sofferenza con quelle della scienza.

In realtà la sensazione è che questo disegno di legge corrisponda ad uno scambio simoniaco tra la maggioranza di governo e una parte delle gerarchie ecclesiastiche. Queste temono a tal punto che possa diffondersi una ideologia eutanasia da sottovalutare alcune questioni cruciali. Come il fatto che quanto più crescono, anche attraverso il ricorso alle dichiarazioni anticipate di trattamento, la consapevolezza e l'autonomia del paziente e quanto più si riduce il dolore non necessario, tanto più la domanda di eutanasia si fa residuale. Il rischio è un vero e proprio arretramento culturale nella dottrina e nella pastorale, ancor più se si considerano le parole dette da *Pio XII* nel lontano 1957: *la soppressione del dolore e della coscienza per mezzo dei narcotici è permessa dalla religione e dalla morale al medico e al paziente, anche all'avvicinarsi della morte e se si prevede che l'uso dei narcotici abbrevierà la vita? Se non esistono altri mezzi e, se, nelle date circostanze, ciò non impedisce l'adempimento di altri doveri religiosi e morali: si.* Se una simile affermazione venisse tradotta in un emendamento alla legge sulle dichiarazioni anticipate, gli atei devoti e i bacchettoni pagani che affollano il centro destra, fieramente lo boccerebbero.

QUARTO CAPITOLO

# Cure palliative ed Hospice: in attesa della morte

"Chi sta morendo ha diritto:
*1. a essere considerato persona fino alla morte;*
*2. a essere informato sulle sue condizioni, se lo desidera;*
*3. a non essere ingannato e a ricercare risposte veritiere;*
*4. a partecipare alle decisioni che lo riguardano e al rispetto della sua volontà;*
*5. al sollievo del dolore e della sofferenza;*
*6. a cure assistenziali continue nell'ambiente desiderato;*
*7. a morire in pace e con dignità;*
*8. a non morire nell'isolamento e in solitudine*".

## 1. *La malattia terminale: il cancro*

Il primo quesito che ci si pone quando si parla di malattie terminali è:

"Quando un paziente viene definito terminale?"

Si può affermare che un paziente è in fase terminale quando, per i suoi curanti, non si può più far nulla per salvargli la vita e se ne attende la morte.

Ovviamente dire "non c'è più nulla da fare" muta in base al tipo di malattia di cui il paziente è affetto.

Esistono diversi tipi di malattia terminale, differenti per quanto concerne il tipo di patologia, ma uguali relativamente all'esito inevitabile del percorso patologico: la morte.

Le più note sono il cancro, l'AIDS (HIV), le malattie neurologiche evolutive ed altre malattie in fase conclusiva, ma, in questo lavoro, farò riferimento al cancro, malattia terminale per eccellenza che maggiormente è presente nell'immaginario comune.

Si può quindi affermare che «il paziente oncologico terminale è colui il quale è accomunato agli altri pazienti oncologici terminali, nonostante le differenze che caratterizzano ogni singolo caso, da una situazione esistenziale tipica. Questa situazione esistenziale può essere definita da un'interruzione del progetto di vita dell'individuo, da un mutamento del modo soggettivo di affrontare tale progetto e infine da un mutamento della propria identità psicofisica».

Le malattie terminali non vanno però confuse con le malattie croniche in quanto una malattia è definita cronica quando non è guaribile ma allo stesso tempo non ha un immediato esito mortale; ha la tendenza a peggiorare e dura molto a lungo nel tempo; richiede cure e competenze particolari, rapporti stretti e continui con le strutture sanitarie ed ha grande rilievo sulla vita sociale del paziente e della sua famiglia, sui progetti e sulle aspirazioni. La malattia è invece definita terminale quando, nel corso del tempo, evolve in maniera sempre più intrusiva nel corpo del paziente degenerando le sue funzioni vitali fino a portarlo alla morte.

Parlando di malato terminale si intende quindi «un malato inguaribile, con ridotta aspettativa di vita, bisognoso di assistenza, per il quale non è possibile adottare terapie eziologiche, ma sono necessari trattamenti sintomatici o palliativi. La terapia del dolore in particolare, riducendo le sofferenze sempre presenti in questo tipo di pazienti, senza peraltro prolungarne la sopravvivenza, è universalmente accettata come cura, fondamentale nell'assistenza».

Esiste una questione di linguaggio legata alla parola "malato terminale". Questa deriva da una traduzione letterale dell'espressione inglese "terminally ill" che non ha un corrispettivo italiano in quanto i vocaboli parzialmente simili, quali morente e moribondo, intendono indicare rispettivamente «colui che sta per morire, e quindi un soggetto in condizioni biologiche, clinicamente e tecnicamente rilevabili, tali da portare rapidamente alla morte senza immediato ed adeguato intervento terapeutico, è colui che è destinato a morire a brevissima scadenza senza possibilità di recupero con manovre terapeutiche».

Per comprendere meglio cosa si intende per malattia terminale è importante fare chiarezza sul termine "cancro".

Il termine cancro proviene dal latino *cancer* che vuol dire "granchio", proprio perché l'immagine di questo animale richiama la morfologia di certe produzioni neoplastiche: le sue molteplici zampette possono esser paragonate all'accrescimento infiltrativo della malattia; le chele, con la loro potenza, sono paragonabili alla notevole aderenza ai tessuti circostanti, e, infine, la voracità e la rapidità nei movimenti del granchio, sono assimilabili all'aggressività e distruttività degli accrescimenti maligni.

Il cancro è per certi versi la malattia specifica della nostra società, non esiste un'altra malattia, ad eccezione dell'AIDS, capace di evocare in modo così massiccio la condizione di anormalità del corpo fisico e infine la morte.

Cancro o tumore sono termini con i quali in passato veniva denotata una delle caratteristiche dell'infiammazione, cioè il turgore, la tumefazione, dovuta all'edema flogistico del tessuto. Oggi si definisce una neoformazione di tessuto costituito da cellule atipiche modificate rispetto alle normali.

I tumori si distinguono in benigni e maligni, a seconda delle caratteristiche biologiche e morfologiche che ne determinano la maggiore o minore aggressività. È benigno ogni tumore che non mette in pericolo di vita; che accresce lentamente per espansione (e non per invasione e infiltrazione dei tessuti circostanti); che è delimitato da una capsula fibrosa, che non dà metastasi e resta nella sede di origine e può essere asportato chirurgicamente. Viceversa le caratteristiche fondamentali dei tumori maligni sono la rapida proliferazione delle cellule, con grado di maturità variabile; la mancanza di una capsula fibrosa, l'accrescimento invasivo con infiltrazione progressiva dei tessuti e organi circostanti, la capacità di dare origine a localizzazioni secondarie (metastasi), lontane dalla sede primitiva d'insorgenza del tumore.

Sono due le parole che sintetizzano una malattia grave: da una parte la varietà di paure sperimentate, e dall'altra l'insieme di speranze che li sorreggono. La paura si ridimensiona nella misura in cui è controbilanciata dalla speranza.

Risulta più comprensibile ora, dopo aver chiarito cosa si intende per "cancro" e per "malato terminale", capire per quale motivo, una volta conosciuta la diagnosi, la vita del morente e delle persone che gli sono accanto, viene stravolta, non sapendo più come comportarsi, cosa fare ed entrando così in un "baratro".

La vita viene travolta insieme alle certezze. La barriera che la persona si era creata per difendersi dall'esterno viene travolta mettendo a nudo la fragilità del singolo, le sue false sicurezze, e riempiendolo di interrogativi sul futuro.

La malattia grave rappresenta una condizione di profonda crisi, sia a livello biologico, perché comporta sofferenza disagi e limitazioni, sia a livello esistenziale, in quanto interrompe e disorganizza l'abituale ritmo di vita, altera il rapporto con il proprio corpo e con gli altri, fa perdere i punti di riferimento come i ruoli professionali e familiari, che disorienta l'identità. La persona perde la propria libertà d'azione in quanto, prima il suo agire non aveva confine, ma dopo la scoperta della malattia diventa sempre minore restringendosi da una corsia di ospedale, alla propria casa, fino a limitarsi soltanto ai confini del proprio letto. La malattia è quindi vista come la rottura di un equilibrio bio-psico-sociale in quanto «la malattia non determina solo la rottura di un equilibrio biologico nel paziente, cioè nel suo corpo, ma anche la rottura di un equilibrio psicosociale, cioè nella sua mente e nel rapporto con gli altri».

Oltre alla sofferenza e alle conseguenze emotive prodotte dalla malattia e dagli effetti collaterali delle terapie, ritroviamo nell'ammalato:

- la paura che il dolore possa divenire incontrollabile;
- la paura di morire;
- la paura di perdere l'autocontrollo mentale e/o fisico;
- la preoccupazione di perdere il proprio ruolo in famiglia e sentirsi di peso.

Tra la sofferenza, il dolore e le limitazioni, si insinua l'angoscia di un inquietante presagio di morte. Ogni persona naturalmente ha il suo modo di reagire ed affrontare l'inevitabile evento.

Tutte queste osservazioni ci ricordano che il morente è una persona, e che fino alla fine della vita, e anche dopo, nonostante resti solo il corpo, questa persona deve conservare la sua dignità, ed è per questa sua dignità che essa ha diritto non solo di essere curata, ma anche di ricevere un accompagnamento etico, umano e spirituale, per affrontare la morte con serenità e dignità.

## 2. *Atteggiamento verso la malattia*

Ogni persona è differente rispetto ad un'altra, ed è quindi comprensibile che ognuno, in modo del tutto soggettivo, assuma un atteggiamento verso la malattia del tutto personale.

Ci sono però vari fattori che influenzano, oggettivamente, il modo in cui un soggetto risponde alla scoperta di una grave malattia:

- *Fattori circostanziali*: età, sesso, contesto esistenziale, sociale ed economico all'interno del quale la persona è inserita.
- *Il rapporto con il medico e le istituzioni sanitarie*: il tipo di relazione che si instaura tra medico e paziente determina la risposta ad una grave diagnosi più costruttiva, speranzosa e positiva. Se la relazione è negativa il paziente non si sente considerato come una persona ma come un caso interessante.
- *Atteggiamenti assunti dinanzi alla malattia*: la psichiatra Kübler-Ross ha individuato cinque fasi di approccio alla malattia che sono: la negazione, la ribellione, il patteggiamento, la depressione e l'accettazione (tutto ovviamente dipende dal singolo soggetto, e non è un percorso obbligato per tutti). Per comprendere come una persona si rapporta alla malattia che l'ha investita basta fare attenzione al linguaggio utilizzato per rapportarsi ad essa: si può intuire se la vede come punizione o castigo, prova o espiazione, responsabilità personale, fatalità o predestinazione, maledizione o superstizione, ingiustizia, assurdità, mistero, scuola di vita.

«Non si è liberi di scegliere la malattia, ma si è liberi di fare proprio un determinato atteggiamento dinanzi alla sofferenza. Ognuno sceglie come reagire alle prove della vita. Non si può scegliere per gli altri. Coloro che accompagnano i malati possono contribuire all'assunzione di atteggiamenti più costruttivi attraverso la presenza umana, rispettosa ed empatica che promuova l'introspezione e porti alla luce le risorse interiori del malato».

- *Il supporto esterno di familiari, amici, istituzioni, professionisti.*
- *Risorse interiori presenti in chi soffre*: bisogna che il soggetto le mobiliti e faccia uscire il medico che è in lui. «Scoprire il medico che alberga dentro di sé significa portare alla luce quel bagaglio di valori e di potenzialità che aiutano a guardare alle cose con occhi diversi».

Come affermato in precedenza, il malato terminale, una volta scoperta la diagnosi, deve affrontare molti stadi per l'elaborazione della malattia. Il percorso della terminalità, accompagnato dal dolore a dalla sofferenza che guidano la vita del morente, è stato descritto in modo magistrale da Elisabeth *Kübler-Ross* che ha individuato cinque tappe essenziali nell'adattamento all'idea della morte: la negazione, la collera, il patteggiamento, la depressione e la rassegnazione.

La *negazione* o rifiuto della malattia, risulta essere la prima forma di difesa di fronte agli eventi spiacevoli. Si verifica di solito dopo la comunicazione della diagnosi, ed esprime il conflitto tra il conoscere una situazione e la difficoltà di accettarla.

Non viene rifiutata la malattia di per sé, ma i sintomi dolorosi, i vari disagi che comporta e, soprattutto, l'idea della morte che la accompagna costantemente. Questo atteggiamento inizialmente è funzionale ad arginare l'angoscia per la triste eventualità prospettata dalla diagnosi ma, se permane oltre certi limiti di tempo, diventa uno scoglio comunicativo insormontabile in quanto si manifesta nel contrastare ogni cosa, dalla validità della diagnosi medica alla professionalità e capacità dello staff medico.

La famiglia esprime un analogo rifiuto attraverso un comportamento iperattivo che ha la funzione di allontanare il dolore (si cercano nuove cure e trattamenti, si progettano viaggi per consultare dei luminari, ecc).

La negazione è quindi una forma di rimozione di una verità troppo cruda da assimilare.

La *collera* è uno stato fisico-psicologico che investe ogni attimo rimasto, subentra nel momento in cui i sintomi si fanno più vistosi, le medicine non hanno più i loro effetti benefici, ci si pone la fatidica domanda: «Perché proprio a me?».

La collera, fatta di ira, invidia e risentimento, è la prima fase del processo di accettazione della malattia e si può sviluppare lungo due direttrici differenti: una rivolta verso se stessi, "è colpa mia, dovevo curare di più la mia salute..."; l'altra rivolta verso l'esterno, in particolar modo nei confronti del personale medico, "... se mi avessero curato meglio, se avessero approfondito le indagini...". Si riscontrano anche regressioni e comportamenti infantili, con ricerca di perdono e compromessi.

Per il familiare la collera è l'espressione di risentimento per l'abbandono previsto, può manifestarsi come tristezza e senso di colpa per la paura di non aver fatto tutto il possibile.

Il *patteggiamento* è la terza fase; quando la malattia comincia ad intaccare pesantemente la qualità della vita del malato, in lui cresce la voglia di aggrapparsi ancora di più a quello che dovrà lasciare, cerca in modo ingenuo di contrattare con i medici, gli infermieri, con Dio per avere ancora un po' di tempo. Può portare il malato ad acuti di paura e disperazione che lo portano a non reagire, a piangere, a lasciarsi andare.

La *depressione* entra in gioco nel momento in cui le condizioni fisiche peggiorano sempre di più, impedendo al malato di godere pienamente l'ultimo periodo di vita. Mancano le forze fisiche e psicologiche, il dolore fisico è molto intenso e, agli occhi del paziente, nessuno può essergli d'aiuto. La depressione può manifestarsi attraverso numerose paure come quella della solitudine e della perdita delle funzioni del proprio corpo.

Questa fase rappresenta il momento di crisi più acuto a causa della diminuzione del concetto di "immortalità". Il malato avverte che è inutile lottare.

L'*accettazione* è una fase caratterizzata dalla diminuzione dell'angoscia e dall'inserimento della rassegnazione caratterizzata da un lento e volontario distacco dalla vita. Elisabeth Kübler-Ross rappresenta questa fase come priva di sentimenti, un riposo finale prima del lungo viaggio. È la fase che sintetizza l'intero processo.

Se un malato ha avuto il tempo sufficiente ed è stato aiutato a superare le fasi sopra descritte, raggiungerà uno stadio nel quale non sarà né depresso né arrabbiato per il suo destino. [...] L'accettazione non deve essere scambiata con una fase felice. È quasi un vuoto di sentimenti. È come se il dolore se ne sia andato, la lotta sia finita e venga il tempo per il riposo finale prima del lungo viaggio. Questo è anche il tempo in cui generalmente la famiglia ha bisogno di aiuto, comprensione e appoggio più del malato stesso.

Il paziente fa fatica a passare da una fase all'altra e in ogni momento ha bisogno di essere accompagnato.

Tutte le cinque fasi sono presenti nell'accettazione della malattia da parte del paziente, ma, essendo evidente che ogni malato è unico ed irripetibile, ognuna si presenterà secondo i tempi e i modi di ogni singolo individuo. L'obiettivo di chi si occupa di assistere il malato grave è di cogliere, rispettare e capire i bisogni di ogni fase, per offrire il tipo di assistenza più idonea.

Queste fasi, che caratterizzano il percorso del malato terminale e della sua famiglia, rappresentano la "tridimensionalità della persona". Per quanto riguarda questo aspetto, *Gianluigi Peruggia* fa un interessante paragone tra una persona affetta da malattia terminale e uno sgabello con tre piedi dipendenti l'uno dall'altro, in quanto l'equilibrio è dato dalla loro posizione. Ogni piede rappresenta una dimensione dell'essere umano, fisica, psico-relazionale e spirituale, che devono essere adeguatamente integrate. L'uomo è fatto di e da tutte e tre le dimensioni e vive continuamente il suo corpo con minore o maggiore salute o benessere.

Ogni malato è come se si muovesse tra due poli opposti che tendono a controbilanciarsi, la paura e la speranza. Il primo polo, la paura, è caratterizzato da ansie di vario tipo che vanno dal dolore fisico alla paura di morire, al non lasciare tracce positive di sé, al creare difficoltà economiche e organizzative alla famiglia. Il secondo polo, la speranza, prevede tre nuclei: medico, umano e spirituale, tiene il malato ancorato alla vita.

Si può quindi affermare che l'unica cosa che generalmente permane attraverso tutte le fasi indicate dalla Kübler-Ross è la speranza. Anche i malati meglio disposti ad accettare, i più realistici, lasciano aperta la possibilità per qualche cura, per la scoperta di una nuova medicina o per il successo dell'ultimo momento di un progetto di ricerca. [...] È questo barlume di speranza che li mantiene in vita per giorni, settimane o mesi di sofferenza. È la sensazione che tutto questo debba avere un qualche significato, e forse avrà un fine, se essi sapranno sopportarlo ancora un po'.

Oltre al tipo di atteggiamento che il paziente può assumere verso la malattia che lo affligge, è da considerare anche quello che assume il medico in quanto può generare reazioni psicologiche negative nel paziente. Si possono individuare quattro differenti tipi di atteggiamento:

- *Negativista.* È tipico dei medici che dicono al malato che non ha nulla di grave, nulla di ciò che pensa. Questo aumenta l'ansia del paziente, e spesso è una forma di difesa che il medico mette in atto per mascherare la propria ansia.
- *Iatrogeno.* È tipico dei medici che fanno minuziose ricerche strumentali, oppure che tempestano il paziente di domande attirando l'attenzione del malato sulla

propria malattia. Questo porta il paziente verso l'ipocondria.

- *Paternalistico.* È tipico del medico che adotta un comportamento troppo rassicurante verso il malato. Questo atteggiamento rassicura il medico ma crea un'eccessiva dipendenza da parte del malato, se ricambiato.
- *Rifiutante.* È l'atteggiamento più dannoso che si possa assumere verso il paziente, in quanto lo porta ad autosvalutarsi, sottovalutarsi, conducendolo verso gravi forme depressive e di annullamento.

La cosa che il paziente terminale teme nel maggiore dei modi è di sentirsi abbandonato. Per questo è importante per lui instaurare un rapporto di fiducia con il curante.

I malati si chiedono anche molto spesso per quale motivo "sia toccato proprio a loro". A questa domanda è possibile rispondere solamente in due modi: o la persona si deprime, oppure reagisce positivamente alla malattia vedendola come un cammino di crescita. Questa seconda possibilità però è molto rara in quanto, più di ogni altra malattia a prognosi infausta, la diagnosi di tumore genera sentimenti di angoscia, isolamento, dolore e morte. È associata a fantasie di sofferenza prolungata, di dolore totale e incoercibile, è vissuta sempre come una sentenza di morte.

## 3. *Dolore e sofferenza nei malati terminali*

Il dolore spesso è l'aspetto più macroscopico rilevabile nelle fasi della malattia terminale: «non è solo dolore fisico ma dolore totale, in quanto coinvolge, oltre che l'individuo, la sua famiglia e l'ambiente che lo circonda. Si tratta di una sofferenza psicologica e relazionale che limita e modifica i rapporti del malato con i suoi familiari, i suoi amici e i colleghi di lavoro e di una sofferenza fisica, spesso non lenita in maniera adeguata, che ne aggrava lo stato di invalidità e la dipendenza dagli altri».

L'insorgere di una grave malattia rompe l'equilibrio dell'unità mente-corpo; il malato tende a percepire il proprio corpo come una fonte di sofferenza e insicurezza.

Il passaggio dallo stato di salute a quello di malattia tanto più appare complesso e articolato, quanto più vengono interessate le tre dimensioni dell'esistenza umana, quella fisica, quella psicologica e quella sociale, e quanto maggiormente vengono messi in discussione gli elementi sui quali l'individuo ha costruito la propria immagine di sé nello spazio e nel tempo e, pertanto, il senso della propria esistenza.

## 3.1. *Cosa si intende per dolore e sofferenza*

I medici di ogni tempo si sono sempre trovati a confrontare la loro scienza e la loro umana sensibilità con il dolore, che è certamente il "sintomo" di cui più frequentemente si lamentano i malati che ricorrono a loro. Il medico si trova a volte angosciosamente impotente di fronte a sofferenze che sembrano sfuggire alla possibilità di un facile ed efficace controllo. Questa sensazione era molto più diffusa in passato, quando la scarsità o la mancanza di validi mezzi da un lato, l'arretratezza e l'incompletezza delle conoscenze dall'altro, impedivano assai più frequentemente di oggi di dare al malato tutto l'aiuto e il conforto che egli si aspettava.

Il dolore costituisce quindi una parte importante della medicina e bisogna riconoscere che è una realtà enigmistica e sfuggente, che ha resistito, e in parte sta resistendo ancora, ai tentativi di definirlo e di comprenderne appieno i meccanismi di insorgenza e le modalità di estrinsecazione.

L'idea e l'esperienza del dolore sono sempre state associate nelle paure dell'uomo a quella di malattia, soprattutto quella terminale: «il progresso scientifico moderno ci ha liberato, purtroppo solo in teoria, della necessità di sopportare il dolore, ma lo stesso progresso e il conseguente allungarsi della vita media hanno moltiplicato le occasioni in cui gli individui devono essere aiutati a evitare la sofferenza».

Ma che cosa vuol dire esattamente provare dolore?

Significa avvertire consapevolmente un male corporeo.

In termini fisiopatologici moderni il termine dolore corrisponde ad una sensazione spiacevole e ad una esperienza emozionale ed affettiva associata a danno dei tessuti o descritto nei termini di tale danno. Non si tratta quindi della semplice attivazione di un sistema nervoso complesso, ma corrisponde sempre ad uno stato psicologico sul quale giocano le loro influenze lo stato emozionale e precedenti esperienze spiacevoli. Più precisamente, dal concetto di dolore andrebbe distinto quello di sofferenza, che comprende soprattutto la risposta emotiva ed affettiva ad una stimolazione dolorosa.

Il dolore è quindi un'esperienza del tutto soggettiva molto influenzata dalle variabili psicologiche. Nei malati terminali il dolore e la sofferenza sono presenti sia a livello fisico che a livello psichico.

Si possono distinguere tre componenti psicologiche principali del dolore:

- discriminativa-sensoriale
- motivazionale-affettiva
- cognitiva-valutativa

Si può quindi considerare come multidimensionale, cioè formato da numerose componenti che includono: comportamenti, intensità, componente affettiva, credenze e qualità della vita.

Il dolore può essere di due tipi:

- *Acuto*: quando giunge inaspettatamente e la sua durata è strettamente legata alla presenza del danno o della patologia che lo ha provocato; è una sorta di campanello d'allarme in quanto ci avverte sulla presenza di stimoli, presenti nell'organismo o nell'ambiente circostante, che potrebbero essere potenzialmente dannosi per la nostra salute; ad esso si reagisce immediatamente ed istintivamente con urla, tentativi di fuga.

- *Cronico*: quando persiste per un periodo di tempo prolungato, è resistente a molti trattamenti medici e segue una elaborazione relativamente lenta di tipo psico-sociale, socio-culturale.

Il *dolore acuto* è quasi da considerarsi utile, in quanto rivelatore di un pericolo per il nostro corpo, ma il dolore cronico non riveste alcuna utilità in quanto la condizione patologica che ne è all'origine è ampiamente conosciuta, e il suo perdurare nel tempo non può che deteriorare sempre più la qualità della vita del paziente che ne è afflitto. Un dolore inutile, dunque, e come tale da trattare e contenere il prima possibile.

Insieme alla distinzione teorica e pratica tra dolore acuto e dolore cronico, sta nascendo il concetto di dolore come "sistema integrato", collegato attraverso interconnessioni di reciproca influenzabilità con la sfera emotiva, con le reazioni spontanee ed autonome delle sezioni nervose vegetative e con il sistema anti-nocicettivo endogeno.

Il *dolore cronico* causato da numerose patologie degenerative, neurologiche e oncologiche, soprattutto nelle fasi avanzate e terminali della malattia, viene definito a sua volta come *dolore totale* in quanto in esso confluiscono aspetti fisici, psicologici, sociali e spirituali.

### 3.2. *Come superare il dolore nelle malattie terminali*

Ci sono malattie in cui il dolore e la sofferenza sono inevitabili. In questi casi è necessario attuare interventi per poterli controllare almeno parzialmente.

«In ambito oncologico il malato terminale si differenzia da qualsiasi altro tipo di paziente per lo svilupparsi e l'aggravarsi di una particolare e complessa condizione prodotta da un insieme di sofferenze strettamente interconnesse, sebbene di diversa origine, che è stata definita *dolore totale*, insieme di dolore fisico, psichico, sociale e spirituale».

Per *dolore fisico* si intendono tutti quei problemi che originano dal corpo, causati direttamente dall'azione della malattia o indirettamente dalla terapia. Il deterioramento fisico nel caso di malattie tumorali è più marcato rispetto a quello di altre malattie a causa della maggior gravità dei disturbi del sonno, della perdita dell'appetito, della nausea e del vomito.

Il *dolore psichico* scaturisce dalla reazione che la psiche, l'Io di ciascun essere umano, ha nei confronti del progredire della malattia e dell'imminenza della morte. Questa sofferenza solitamente si esprime attraverso ansia, aggressività, depressione e paura.

Il *dolore sociale* si manifesta con l'alterazione e la perdita dei ruoli che normalmente la persona ricopre. La malattia stravolge completamente tutto l'assetto familiare, lavorativo, determinando la perdita dello status sociale e del benessere economico.

Il *dolore spirituale* deriva dalla consapevolezza di avvicinarsi alla fine, alla morte. Tutto ciò determina un profondo disagio (più o meno presente a seconda della persona), che conduce il più delle volte alla crisi o al crollo dei valori, sia religiosi che laici, alla base del comportamento e delle scelte di vita del malato.

La terapia per combattere questo dolore dovrebbe essere iniziata precocemente, così da evitare dannosi rinforzi di tipo psicologico (rabbia, paura, ansia) e/o fisici (insonnia, anoressia, allettamento), responsabili a loro volta di ulteriore riduzione delle prestazioni del paziente e della possibilità di ricevere terapia.

Il trattamento farmacologico è il primo, e il più importante, dei mezzi attualmente a disposizione per il controllo del dolore neoplastico ed è quello che viene utilizzato per sedare la sofferenza. «Attualmente per il trattamento farmacologico del dolore si seguono le linee guida dell'Organizzazione Mondiale della Sanità (OMS), il modello è conosciuto con il nome di scala analgesica».

Il trattamento antalgico presenta diversi cardini:

- esatta valutazione e diagnosi del sintomo dolore mediante accurata anamnesi, misure dell'intensità e della qualità del dolore, valutazione della qualità di vita, individuazione di sintomi eventualmente associati;
- adozione di una corretta terapia, seguendo in prima istanza le linee guida dell'OMS, che prevedono la somministrazione di oppioidi forti per il dolore intenso;
- possibilità di ricovero in strutture dedicate, a intervalli di tempi prestabiliti, per rivalutare sia la terapia che il tipo di dolore;
- possibilità di utilizzare farmaci adiuvanti per dolori di diverso tipo;
- possibilità di utilizzare vie alternative di somministrazione dei farmaci, possibilità di ricorrere a tecniche invasive specifiche;
- possibilità di adeguato supporto psicologico e assistenziale per il paziente e per i familiari.

Detto in questo modo risulta facile e possibile, ma non è del tutto giusto credere che nella realtà non ci siano problemi relativi a questi tipi di trattamenti adottati nella fase terminale della malattia.

Per adempiere a questo compito non bisogna però solamente somministrare analgesici, stupefacenti, cateteri o altro, ma bisogna comprendere il dolore come esperienza complessa con intersecazione di livelli emozionali e fisici. Un malato sotto analgesia ma con angoscia è una persona che prova dolore. Dolore fisico, psicologico, spirituale e sociale devono vedere l'intervento congiunto per il bene del paziente.

Una delle caratteristiche comuni a tutte le malattie terminali è la presenza di dolori acuti soprattutto nella fase terminale. Spesso in ospedale tali dolori non vengono nemmeno considerati in quanto definiti come "normale routine", e quindi accade ancora troppo spesso che il paziente si ritrovi ad affrontare sintomi estremamente dolorosi, del tutto inconsapevole o non informato sulla reale possibilità di contenimento delle proprie sofferenze. Una risoluzione a tutto questo sono le Cure Palliative. Il malato terminale ha quindi come esigenza fondamentale il trattamento del dolore. Per far sì che l'azione terapeutica sia efficace, il dolore deve essere inquadrato nelle sue componenti psicofisiche per poter così differenziare le modalità d'intervento.

Il dolore e la sofferenza vanno attenuati e combattuti non in nome del potere della tecnoscienza, e neppure in dispregio di certe etiche dell'accettazione consapevole del patimento, bensì in nome della dignità dell'essere umano e nel nome del tessuto di relazione nel quale ogni persona umana risulta inserita, sia quando vive il decorso operatorio, sia quando vive il dolore del parto o certe malattie di età pediatrica, sia soprattutto quando attraversa uno stato di malattia cronica, o infine si trova nella fase terminale di una patologia con bassissima aspettativa di vita.

Nonostante l'alta percentuale di pazienti afflitti da malattie terminali che devono convivere tutti i giorni con dolori e sofferenze acute, permangono considerevoli ostacoli (soprattutto culturali e burocratici) ad un adeguato trattamento del dolore e, più in generale, a una maggiore diffusione delle cure palliative.

## 4. *Un nodo problematico: l'accanimento terapeutico*

Accanimento terapeutico è un'espressione colloquiale che traduce in maniera parziale, anche se espressiva, il termine più accademico «distanasia», parola di origine greca che significa «morte difficile o travagliata». Nel vocabolario etico si adotta tale termine per indicare l'utilizzo, nella fase terminale della malattia, di trattamenti che hanno lo scopo di prolungare la vita biologica del paziente.

Nei malati terminali spesso si attua l'accanimento terapeutico, si adottano terapie e trattamenti che non risultano essere più utili alla guarigione del paziente, ma che lo indeboliscono ulteriormente limitandone il periodo di vita.

Il progresso nel campo delle tecnologie mediche comporta una situazione di ambivalenza in quanto vi sono situazioni in cui l'applicazione di tutti i mezzi terapeutici a disposizione risulta un'offesa alla dignità del moribondo.

Il paziente è già oppresso da un peso insostenibile, quello della malattia, e risulta essere per lui deleterio l'accanimento terapeutico da parte di medici, spesso spinti dai familiari, che non vogliono accettare l'inguaribilità della malattia e che, in buona fede, attuano un accanimento invece di una continuità terapeutica

Di fronte ad un simile rischio, il dibattito bioetico va oggi finalmente precisando linguisticamente i confini tra *accanimento terapeutico*, ovvero uso di mezzi sproporzionati rispetto all'effettiva situazione del malato sofferente, e, all'opposto, *abbandono terapeutico* di casi disperati. In tal modo, va assumendo rilevanza la strategia della *continuità terapeutica* del soggetto sofferente, mediante un idoneo programma di cure, che in ogni caso prevedano, accanto alle terapie sintomatiche di alleviamento delle sofferenze fisiche e psico-mentali, anche degli interventi di tipo psicologico, spirituale, sociale, in relazione con l'orizzonte ideal-culturale del sofferente.

Il medico si trova ad interrogarsi se l'accanimento terapeutico non debba piuttosto cedere il posto ad un'insistenza terapeutica che sia consapevole dei limiti correlati all'inevitabile decadimento fisico, insito nella natura dell'essere umano. Tale questione riveste una certa problematicità e rilevanza in un contesto socio-culturale incline ad emarginare il fenomeno della morte e della sofferenza, in quanto centrato sul successo e sul benessere a tutti i costi.

Malgrado le continue esortazioni, le indicazioni etiche, morali e filosofiche, sembra comunque che "l'attivismo terapeutico" sia duro a morire e sia destinato a produrre inutili sofferenze ancora per molto tempo. Spesso l'ignoranza, per la legge degli estremi, tiene per mano l'onnipotenza. Ancora adesso la medicina, nelle scuole universitarie, infermieristiche e assistenziali, viene insegnata come la scienza che può guarire, ma non come strumento per curare, nel senso più ampio del termine.

Molti indicatori portano a supporre che l'accanimento terapeutico sia una modalità diffusa della medicina contemporanea e sembrano essere tre i motivi di questa diffusione. Innanzi tutto, esso è coerente con una filosofia che considera la medicina come l'impresa umana che contrasta la morte, tanto è vero che dare scacco alla morte diventa il vanto massimo della medicina degli ultimi due secoli, e per lo stesso motivo si presuppone tacitamente che il malato chieda alla medicina di far ricorso a tutti i mezzi terapeutici che lo allontanano dalla morte. Oltre a ciò, l'estrema specializzazione delle branche della medicina determina la perdita del carattere personale della malattia, poiché non si cura la persona, ma i processi organici disfunzionali, per cui il medico non presta attenzione all'intero, cioè al malato. In terzo luogo, spesso l'accanimento terapeutico è motivato dalla sperimentazione di nuove terapie, e talvolta è applicato anche senza il consenso del paziente stesso.

Spesso, quando si parla di malattie terminali, si pensa erroneamente, che cercare di migliorare la qualità della vita del morente sia sinonimo di accanimento terapeutico, ma non è così. Si tende a pensarlo in quanto si ha a che fare con persone che non possono guarire dalla malattia che li affligge e che quindi è inutile continuare a curare. Fortunatamente non tutti la pensano in questo modo, e ci sono persone che dedicano il proprio tempo ad aiutare i malati terminali cercando di migliorare la loro qualità di vita e privandoli di parte della sofferenza fisica che li colpisce.

Queste persone sono gli operatori delle cure palliative, che attuano la medicina palliativa.

È luogo comune affermare che se le cure palliative vengono portate all'eccesso si cade nell' accanimento terapeutico, ma non è così. La medicina palliativa è contraria alle terapie a lungo termine per conservare la vita fisica di chi sta morendo, ma vuole trovare una tecnica per alleviare il dolore e la sofferenza del paziente facendo anche attenzione ai problemi dei familiari.

*Aramini* afferma che l'accanimento terapeutico può essere definito secondo due correnti di pensiero:

- gli accanimenti terapeutici possono risultare alcuni interventi medici che sono ritenuti sproporzionati ai risultati che si sperano di ottenere, e anche troppo gravosi sia per il malato che per la sua famiglia. Non sono quindi più adeguati alla situazione attuale del paziente. Uno dei criteri che viene utilizzato oggi per individuare l'accanimento terapeutico è quello della "proporzionalità dei mezzi con il loro prevedibile effetto o risultato, nel senso che si è in presenza di accanimento se i mezzi sono sproporzionati al risultato terapeutico.

- si possano individuare tre criteri per stabilire se un trattamento terapeutico si può definire accanimento, che sono:

a) documentata inefficacia e quindi inutilità della terapia;

b) gravosità del trattamento che rischia di determinare nuove sofferenze;

c) eccezionalità dei mezzi terapeutici che non devono essere sproporzionati agli obiettivi che il medico si prefigge di raggiungere.

Si possono individuare due classi di fattori che portano all'accanimento terapeutico: da una parte i fattori predisponenti, e dall'altra i fattori causali.

I *fattori predisponenti* sono: l'esigenza dei familiari perché si faccia tutto il possibile per salvare la vita del soggetto; l'assenza di comunicazione tra l'équipe assistenziale ed i parenti del malato in relazione ai desideri di quest'ultimo, formulati precedentemente lo stato di incoscienza; l'eventuale giovane età del paziente; le circostanze che rendono ardua la prognosi in merito alle possibilità di sopravvivenza, come pure in merito alla qualità della vita.

I *fattori causali* invece possono essere: l'angustia del medico nei confronti dell'insuccesso terapeutico; la resistenza del paziente ad accettare la morte; la convinzione, propria dei medici, che la vita biologica è un bene per il quale si deve lottare a tutti i costi, anche al limite delle considerazioni sulla qualità della vita; la non considerazione, per ignoranza o disprezzo, del diritto del paziente di rifiutare i trattamenti medici che prolungano la sua agonia.

## 5. *L'ultima ora: la fase terminale della malattia*

Parlando di "fase terminale" non si vuole solo genericamente intendere la fase avanzata della malattia, ma si vuole indicare quando l'aspettativa di vita si misura realmente in pochi giorni e non in poche settimane o mesi. Per denominare tale fase è spesso utilizzata la parola "agonia" che indica il momento in cui il paziente è prossimo alla fine.

Ogni persona giunge alla fase terminale attraverso percorsi che sono differenti sotto vari aspetti: cronologico (decorso più o meno lungo), terapeutico (terapie lunghe e complesse oppure nessuna terapia), psicologico e spirituale. In più non tutti arrivano a questo punto accompagnati sia dalla famiglia che da un'équipe di esperti, c'è anche chi non si è rivolto a nessuno.

La paura che accomuna i malati è quella della morte in quanto c'è intolleranza dell'uomo verso di essa. Morte è solo una parola, non si conosce quello che ci sarà dopo o come avviene ed è per questo motivo che è vissuta con terrore.

Si può affermare di trovarsi negli "ultimi giorni" quando, oltre ai criteri tecnici causa di sospensione di cure specifiche, di solito avvenuta settimane o mesi prima, si osservano tutti o alcuni di questi segni:

- allettamento prolungato o totale
- astenia profonda
- episodi di disorientamento temporo-spaziale o allucinazioni
- sonnolenza prolungata
- evidente rifiuto di cibi e liquidi
- la difficoltà ad assumere la terapia.

Nella fase ultima avviene spesso un "ingorgo emotivo" che nel malato si misura nel senso di brevità del tempo che rimane, del bisogno di prossimità di persone care e dei curanti, a volte nella sproporzione tra il desiderio di parlare e la forza fisica per farlo; nei famigliari invece è il momento dei primi bilanci sull'assistenza che stanno fornendo, sulle scelte terapeutiche che spesso hanno compiuto senza la completa condivisione del malato: può emergere allora il senso di inadeguatezza di quanto si è riusciti a fare, la rabbia per i ritardi, veri o presunti, di diagnosi e di terapia, la tentazione di ascrivere a questi ritardi, oltre che ai limiti dei curanti, l'avvicinarsi della morte.

Conseguentemente a questo stato emotivo è molto importante la vicinanza degli operatori che hanno il compito di ascoltare, informare e consigliare l'atteggiamento migliore da adottare, e anche le scelte, che i famigliari devono compiere. In questa fase il supporto degli operatori è determinante, i familiari sentono la necessità di consultarli assiduamente per comprendere le reali condizioni della persona cara, sia cliniche che emotive, le prospettive terapeutiche prognostiche, le varie ipotesi sull'evolversi della malattia e soprattutto come la morte arriverà.

Il percorso che conduce al morire è un percorso di tipo esistenziale che, per definizione, è unico ed irripetibile per ognuno. A questa unicità bisogna far riferimento per realizzare il progetto di cura della fase terminale, con la flessibilità, il rispetto e la "leggerezza" d'impatto richieste da malato e famiglia.

Spesso nell'ultima ora il malato si sente abbandonato. Perché non sussista mai il dubbio da parte del malato di un abbandono mascherato da benevolenza o da delicatezza caritatevole, è comunque importante sottolineare che, in ogni caso, il trattamento di questi malati ha caratteristiche "attive", da misurare in buona ed efficace qualità di cura, in cui l'eventuale astensione da particolari trattamenti deve essere il risultato di un esame delle varie opzioni terapeutiche e non una rinuncia aprioristica. Secondo le indicazioni più ortodosse, le cure di questa fase dovrebbero essere definite "cure terminali", dove bisogna tenere conto della varietà e della complessità dei *bisogni relazionali, fisici e spirituali* di tutti i soggetti coinvolti.

I principali bisogni che la persona con malattia terminale avverte sono quelli di *sicurezza* intesa come necessità di avere dei punti di riferimento a cui ricorrere in caso di bisogno; di *appartenenza*, cioè di conservazione di un ruolo attivo nei processi decisionali riguardanti la sua persona e il progredire della malattia; di *amore*, ovvero di *rispetto* e di calore, di *autostima*, di *comprensione* di quello che sta accadendo, di *fiducia* soprattutto nelle persone vicine e in coloro che prestano le cure.

Una delle prime necessità che il morente riscontra è la richiesta di ascolto dei propri bisogni, e di comprensione di ciò che sta succedendo: è differente conoscere razionalmente e concettualmente il morire rispetto all'esperienza presente della vicinanza alla morte stessa.

Tutto ciò provoca molte domande e scelte che devono essere fatte dal malato e dalla sua famiglia agli operatori, che causano molta tensione, inadeguatezza e disorientamento.

Nonostante risultino scontati, anche i bisogni fisici rivestono un ruolo importante, e riguardano il controllo dei sintomi, l'igiene personale e la prevenzione o riduzione del deterioramento che la malattia stessa provoca. È importante considerare non le necessità oggettive ma la situazione soggettiva della persona e la brevità della vita che le resta.

Il malato terminale, relativamente alla conoscenza o meno delle sue condizioni, può sentire tre diversi tipi di bisogni:

- *Bisogno di sapere.* Si manifesta nei pazienti che vogliono essere messi al corrente del loro stato di malattia e delle conseguenze che ne possono derivare, mostra un bisogno di progettazione della propria vita che tenta di affermarsi nonostante l'incombenza della morte.

- *Bisogno di non sapere.* Mostra la volontà del malato di non conoscere la gravità del suo stato, perché ciò farebbe vacillare il suo progetto esistenziale.
- *Bisogno di capire.* Interviene nel malato quando il suo progetto esistenziale sta entrando in crisi, quando la sua identità viene minacciata, non sa più quali siano i suoi bisogni ed ha la necessità di comprendere come affrontare e superare questo momento di crisi.

Un altro aspetto che caratterizza la persona nella terminalità della malattia è la solitudine, intesa come risposta a carenze nelle relazioni sociali e nel contesto della terminalità. Delineare dei parametri universali per stabilire la solitudine o meno di un paziente non è possibile in quanto la percezione è del tutto soggettiva, ma ci sono dei meccanismi che aiutano a riconoscerla: il *ritiro,* cioè volontario allontanamento dalle relazioni interpersonali, e l'*isolamento sociale,* ovvero carenza oggettiva di contatti sociali.

È comunque difficile delineare chiaramente le caratteristiche identificative o le manifestazioni che possono far assegnare il problema di un particolare individuo alla categoria solitudine. Questo è uno dei problemi fondamentali che si devono risolvere in quanto il malato fondamentalmente è solo, e nessuna delle persone che lo circonda può realmente comprendere cosa si prova quando un'intera esistenza sta scivolando via.

Non bisogna cadere nel riduttivismo che porta a considerare le cure degli ultimi giorni un fatto puramente medico o psicosociale in quanto il malato vive, fino alla fine dei suoi giorni, una dimensione spirituale e religiosa che costituisce il fondamento del significato che ognuno pone alla propria esistenza. Non va quindi trascurato questo aspetto nelle cure, perchè si potrebbero privare le persone coinvolte di uno strumento di conforto e di aiuto per questa fase avanzata della malattia così "dura". Questo non significa che gli operatori debbano condividere lo stesso credo della persona in cura, ma devono comunque rispettarlo e, se necessario, ricorrere ad operatori spirituali professionali o ministri di culto. In Italia, dove sono diffuse le tradizioni cristiano-cattoliche, è molto diffuso il sacramento dell'Unzione che viene percepito erroneamente come "estrema unzione" del malato. Il parlarne coincide spesso con la presa di coscienza della morte imminente e fornisce anche uno strumento di "compimento e rassegnazione" che aiuta nella riduzione dei sintomi fisici e dà una maggiore tranquillità interiore.

Si può quindi concludere affermando che «possono emergere sentimenti di abbandono, solitudine ed emarginazione in conseguenza anche dei significati psicologici che il cancro assume per il paziente sia sul piano individuale che su quello relazionale», ma anche in prossimità della morte «il morente deve sempre essere considerato una persona viva, un essere sociale capace di comprendere quello che gli sta accadendo, di prendere decisioni riguardanti i suoi ultimi giorni di vita».

## 6. *La fine della vita e il lutto*

Alle soglie del terzo millennio il panorama che si apre ai nostri occhi, con la sua storia di guerre e sopraffazioni, ci porta inevitabilmente a riflettere sul valore della morte.

Che oggi di morte si parli poco non è un mistero. Non che in passato se ne parlasse di più, come se non se ne avesse paura: la paura c'era, ma il parlare della morte non era vietato. Oggi, invece, al parlare pubblicamente di morte, si oppone un veto ideologico collettivo che corrisponde, dalla parte di chi dovrebbe prestare ascolto, una chiusura auricolare che fa eco al silenzio di tomba che circonda il morire. La morte oggi è quasi scomparsa dalle riflessioni quotidiane, confinata su poche riviste specializzate e rinchiusa dentro ai dialoghi che si dipanano silenziosi tra i protagonisti della morte.

Bisogna partire da una constatazione sorprendente: il cittadino medio non ha mai visto morire nessuno.

In passato era una tradizione rimanere al capezzale del morente, anche i bambini erano ammessi alla presenza del moribondo in quanto si pensava che questo avrebbe favorevolmente influenzato la loro crescita (assistevano alla morte del parente in ottemperanza ad un preciso costume del tempo, perché si voleva che i bambini venissero in contatto con la morte e ricevessero, con spontaneità ed efficacia, gli insegnamenti di un evento naturale che a parole si faticava a trasmettere, tanto grande era il mistero del morire). Veniva definita una *morte addomesticata* perchè vissuta collettivamente, sacralizzata e ritualizzata; ben diversa da oggi, epoca in cui è stata sottoposta a una sistematica operazione di occultamento.

Il lutto non è più, come in passato, un fatto da esibire, ma la morte viene vista come un tabù, non c'è più posto per essa, e si assiste ad una sorta di rovesciamento delle cose: di fronte al morente ci si sente imbarazzati, a disagio, e non si compiono più rituali prima del momento finale.

La morte non è un evento, ma un percorso in cui il commiato comincia molto prima. Su questo commiato è opportuno riflettere per sapere come si potrebbe facilitarlo. Il problema è complesso, non ci sono copioni giusti o definitivi da seguire, serve una sapienza infinita, si tratta di capire chi si ha di fronte e quali bisogni esprime. Una comunicazione di ascolto, di disponibilità, di presenza autentica che permetterà di capire i bisogni del morente e favorirà una comunicazione vera. Questo è il compito di chi assiste il moribondo in questo ultimo periodo di vita.

L'accompagnamento del malato deve avvenire secondo alcuni principi etici e umani tra cui:

- Rispettare il morente secondo l'etica personalistica e accompagnarlo quasi in "punta di piedi". Questo approccio è valido sia per gli operatori sanitari che per i famigliari e i volontari.
- Non essere invadenti con il morente, ma lasciargli spazio.
- Creare un clima di serenità e silenzio, cioè evitare chiacchiere, tv accesa o affollamento di parenti nella stanza.
- Il personale sanitario e i familiari dovrebbero chiedere l'assistenza spirituale in base al personale credo di ognuno, cattolico, mussulmano, ecc.
- Parlare con il morente con umanità e amore.
- Non avere paura di dare speranza, ma farlo senza dire falsità.
- Rispettare la cultura e lo stato d'animo del morente.

Molte di queste proposte, che costituiscono un'etica attiva, sono riportate anche nella *Carta per i Malati Terminali.* Vi sono elencati i diritti del morente, tra cui molti dei principi contemplati dall'etica personalistica: essere considerato come persona fino alla morte; essere informato, se lo desidera, sulle sue condizioni; non essere ingannato e ricevere risposte veritiere; partecipare alle decisioni che lo riguardano e rispetto della sua volontà; ricevere trattamenti che lo sollevino dal dolore e dalla sofferenza; ricevere cure e assistenza continua nell'ambiente desiderato; non subire trattamenti che prolunghino l'attesa della morte; esprimere le proprie emozioni; ricevere un aiuto psicologico e un conforto spirituale, secondo le sue convinzioni e la sua fede; avere vicino i propri cari; non morire nell'isolamento e nella solitudine; morire in pace e con dignità.

Ovviamente la morte, il lutto o l'accompagnamento del malato, colpiscono duramente anche la famiglia che è parte integrante della sua assistenza. La famiglia è un elemento di grande aiuto e viene considerata dagli operatori assistenziali un partner indispensabile per la buona riuscita del programma di cura ma, nello stesso tempo, bisognosa di sostegno.

Si attua in questo modo una particolare "*alleanza terapeutica*" fra operatori, ammalato e famiglia, che rappresenta il pilastro su cui si fonda l'assistenza, dove la continuità dei contatti fa nascere una forte interdipendenza. L'assistenza da parte degli operatori non termina quindi con la morte del paziente, ma continua anche dopo, per dare aiuto ai familiari in lutto.

La perdita di una persona cara comporta una fase di angoscia acuta, di disorganizzazione sociale e psicologica, con il rischio di una debilitazione che si prolunga nel tempo. Quando tutto ciò avviene si può riconoscere uno stato di lutto, parola che intende sia la reazione emozionale che si sperimenta quando si perde una persona cara, sia il tempo che segue alla sua morte. Il lutto è come una ferita, il cui processo di cicatrizzazione e di guarigione richiede tempo e fatica, un vero e proprio lavoro per poter tornare a vivere una vita sicuramente molto diversa da quella di prima e che, con il passare del tempo, si scoprirà comunque densa di valore, se si riuscirà a integrare la perdita nella trama della vita.

Il lutto è infatti uno stato affettivo ed emotivo che porta gli individui a soffrire di depressione o ansia, a vivere periodi di incredulità verso l'accaduto, o impeti di rabbia per la sensazione di aver subito un enorme torto, a provare sensi di colpa ritenendo di non aver fatto tutto il possibile per combattere la malattia del proprio caro. Si parla così di *griefwork,* che tradotto si può interpretare come lavoro per l'elaborazione del lutto, che comprende insonnia, instabilità di umore, apatia, sensazione di solitudine, e che comporta impegno e fatica per la costruzione, non facile ed immediata, di una nuova realtà.

Spesso nel linguaggio comune lutto e cordoglio tendono ad identificarsi, ma non è così: il *cordoglio* è un fenomeno individuale e sociale che comprende i vari comportamenti indicati come *lutto*.

Il lutto è l'insieme delle pratiche sociali e dei processi psichici suscitati dalla morte di una persona che hanno una certa durata nel tempo.

## 7. *Cure Palliative e Hospice*

Con la rivoluzione industriale la famiglia ha progressivamente perso la funzione di luogo privilegiato dell'assistenza, per cui i malati terminali hanno trovato accompagnamento prevalentemente negli ospedali. La tecnicizzazione crescente degli ospedali e la possibilità di ritardare la morte hanno condotto all'ospedalizzazione della fine della vita, senza però disporre di mezzi né competenze e luoghi adeguati. Alla luce di questo è divenuto indispensabile l'emergere di una nuova modalità di approccio ai pazienti con patologie terminali, ovvero le cure palliative. Le cure palliative risultano più rispettose della dignità della vita e del morire dei malati e, per questo, può essere considerato una valida alternativa, anche e soprattutto, rispetto all'eutanasia o all'accanimento terapeutico.

Per aiutare i pazienti e le loro famiglie sono nate le cure palliative che, nella loro stessa denominazione, sembrano contenere il riferimento ad un *pallium* che, con il suo significato di mantello, richiama fortemente il ricordo di qualche cosa che copre, protegge e riscalda. La medicina palliativa, infatti, vuole prendersi cura del malato, proteggerlo e provvedere ai suoi bisogni; non cerca di rimuovere le cause della malattia, non promette la guarigione, ma accetta l'inguaribilità, proponendo rimedi che possano diminuire la sofferenza. Soprattutto riconosce e rispetta la dignità della persona nella malattia.

### 7.1. *Definizione e storia delle cure palliative*

La Società Italiana di Cure Palliative ha dato una definizione di questa medicina palliativa trasversale, a mio avviso, molto eloquente: «La cura attiva e caritatevole del malato in fase terminale, quando la sua malattia non risponde più ai trattamenti terapeutici tradizionali per il prolungamento della vita e quando il controllo dei sintomi fisici, emozionali e spirituali diventa l'obiettivo principale».

Le cure palliative non hanno necessariamente il compito di controllare il processo evolutivo della malattia, ma quello di migliorare la qualità della vita dei pazienti favorendo l'equilibrio globale della persona, sia quello strettamente interiore, sia nei confronti del rapporto con l'ambiente circostante. Esse, quindi, puntano, da un lato, a sviluppare le potenzialità della famiglia del paziente nella relazione alla malattia, e a prepararla al lutto successivo e, dall'altro, a mantenere vivo, sviluppare e diffondere il dibattito sulla malattia e sulla morte.

Volendo schematizzare i punti cardine dell'assistenza palliativa si può ottenere il seguente schema riassuntivo:

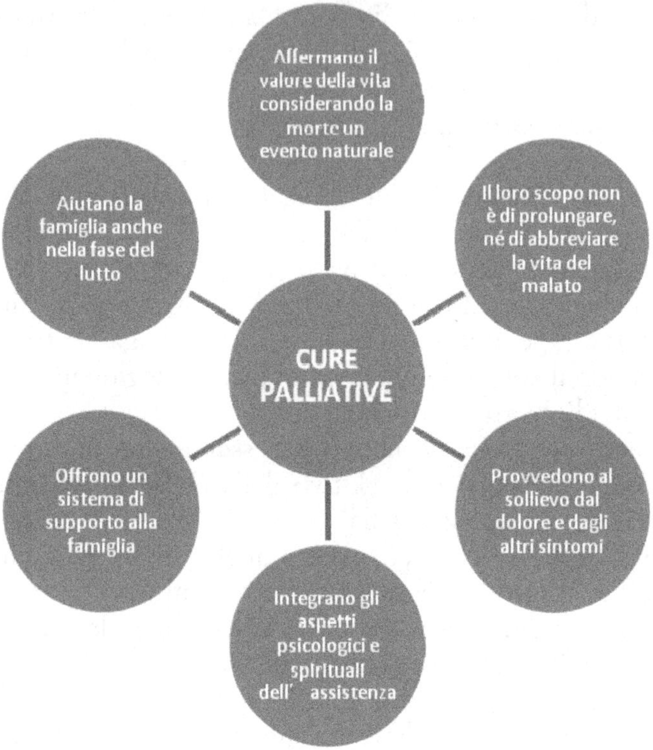


Le cure palliative esistono da sempre ma ai giorni d'oggi vengono messe all'oscuro in quanto si cerca di nascondere una realtà dolorosa che esiste, mettendo in luce solamente i trionfi della pratica medica.

In passato, una volta venuti a conoscenza della diagnosi di malattia terminale, si poteva scegliere tra due vie :

L'*ospedalizzazione*: il paziente ricoverato in ospedale viene a mala pena seguito in quanto sia i medici che gli altri assistenti ospedalieri, essendo consapevoli della non guarigione della persona, fanno il minimo indispensabile per migliorare la loro condizione.

L'*assistenza domiciliare*: la risoluzione al problema ospedaliero della mancata assistenza del malato terminale a causa di un mancante *staff* apposito, trova la sua risoluzione nell'assistenza domiciliare che permette al paziente di non perdere la propria autonomia e di continuare ad esercitare il diritto di decidere della propria vita. I pazienti desiderano tornare a casa il più presto possibile, essere curati lì, in quanto in ospedale sentono maggiormente la paura dell'abbandono.

Una terza possibilità di scelta di questi pazienti è nata successivamente ed ha preso il nome di "Cure Palliative". Nel corso degli anni sono nate strutture apposite per le cure palliative, gli *Hospice*, che hanno dato la possibilità a migliaia di persone sofferenti di uscire da un crudele isolamento per ritrovare la possibilità di una vita e una morte dignitose.

Per arrivare ai risultati che si sono ottenuti oggi in questo campo bisogna porre lo sguardo all'inizio dell'800 quando alcune semplici strutture di ricovero per viandanti che si trovavano per le strade dei pellegrinaggi e venivano chiamate "stazioni di passaggio", diventarono i luoghi di cura e assistenza per i più bisognosi.

### 7.2. *Accezione negativa delle cure palliative: eutanasia*

Alle cure palliative molto spesso è stata affiancata un'accezione negativa: venivano considerate come un qualcosa di inutile fatto solamente per pietà e compassione verso il paziente; oppure venivano affiancate alle pratiche eutanasiche. In entrambi i casi si cade in errore, ma per quanto concerne l'affiancamento delle cure palliative alle pratiche eutanasiche, è necessario fare delle chiarificazioni.

Il termine eutanasia indica un'azione o un'omissione che ha lo scopo di provocare la morte per eliminare ogni dolore al malato.

È importante sottolineare che l'eutanasia si differenzia radicalmente dall'atto suicida proprio perché implica che un terzo soggetto sia chiamato a porre fine volontariamente alla vita di una persona sostanzialmente inerme.

«Secondo alcuni l'eutanasia rappresenta la soluzione giusta dinanzi a casi di sofferenza e di dolore estremo come per quanto concerne le malattie terminali che procedono verso un deterioramento sempre maggiore del corpo [...], l'interesse attuale per l'eutanasia è principalmente dovuto alla mancata diffusione delle soluzioni oggi disponibili per il controllo del dolore».

L'insegnamento della Chiesa cattolica a riguardo è chiaro: Qualunque ne siano i motivi e i mezzi, l'eutanasia diretta consiste nel mettere fine alla vita di persone handicappate, malate o prossime alla morte. Essa è moralmente inaccettabile.

Spesso i malati sono portati a pensare a questa soluzione estrema perché devono affrontare un decorso molto irregolare, dove l'agonia si protrae per giorni, vede miglioramenti ma anche peggioramenti che portano vicino al decesso, per poi riprendersi e tirare avanti ancora un po' di tempo. Per questo motivo è necessario che questi malati terminali abbiano la possibilità di un'assistenza continua, che non è quella ospedaliera, che a causa di orari e regole, impedisce una relazione medico-paziente e non permette una chiusura dignitosa dell'esistenza del malato. In ospedale non c'è quindi né il tempo né il modo per affrontare le esigenze del malato in fase terminale.

Chi si ostina a sostenere che le cure palliative non sono altro che una forma di "eutanasia passiva", dimentica deliberatamente: a) l'inguaribilità di alcune malattie; b) la possibilità di conoscere i limiti invalicabili dei mezzi atti a conservare la vita, segnati dai limiti stessi delle possibilità umane e dall'inevitabile, progressivo degrado delle funzioni dell'organismo; c) la consapevolezza che le scienze mediche abbiano gli strumenti più appropriati per definire l'irreversibilità di una condizione patologica e sull'impossibilità di contrastare in questi casi la morte, con i mezzi oggi a disposizione.

Infine, le cure palliative non hanno il significato (né negli strumenti, né nelle intenzioni) di porre fine o abbreviare deliberatamente la vita di un malato inguaribile, ma piuttosto quello di non compiere tentativi futili, atti a giustificare la coscienza di chi non sa prendersi cura della persona che non può più guarire.

La conclusione è che le cure palliative vogliono controllare i sintomi perché non siano causa di un'inutile allungamento delle sofferenze del paziente. Non si intende quindi "staccare la spina", o non intraprendere una terapia, ma non si tratta nemmeno di "non fare niente"; si tratta di una cura totale che non accetta una mentalità che ostinatamente vuole guarire o prolungare la vita, quando la vita stessa si sta spegnendo.

### 7.3. *Presupposti per le cure palliative*

Per un'ottimale applicazione delle cure palliative è necessaria la presenza di alcuni presupposti che permettono un adeguato sostegno del paziente.

I più importanti sono: il miglioramento della qualità della vita del moribondo, che prevede una valutazione attenta dei sintomi e dei fattori prognostici per la sopravvivenza, la presenza attiva e costante della famiglia e una buona comunicazione tra medico e paziente.

#### 7.3.1. *Qualità della vita (QV)*

I più recenti progressi della medicina, la problematica dei trapianti, l'allungamento della vita media, con un progressivo aumento delle persone anziane, dei malati cronici e conseguentemente della possibilità di maggiore incidenza di sofferenze, hanno obbligato ad una revisione del concetto "vitalista", considerando come riferimento non più la conservazione della vita a tutti i costi, ma la sua "qualità" (intesa nel senso pieno del suo valore esistenziale, interpersonale, sociale). Le critiche e la consapevolezza dell'inutilità dell'accanimento terapeutico hanno recentemente messo in discussione l'uso di tecniche rianimatorie o farmacologiche che non abbiano il senso di allungare la vita curando la malattia primitiva. Ciò ha anche messo in discussione l'assunto secondo cui la "medicina è fatta per guarire e combattere la morte", dimenticando che è suo compito anche "curare" (prendersi cura) e rispettare il senso della vita.

Spesso dire "miglioramento della qualità della vita" tende ad essere un'affermazione abbastanza generica, se si considera che oggi si tende quasi ad abusare di progetti e idee finalizzati a tale scopo. Anche i canali pubblicitari fanno uso di questa espressione, ma in questo caso specifico il significato che assume tende ad essere diverso, in quanto richiama il poco tempo di vita che rimane ad un malato inguaribile, la cui qualità esistenziale è compromessa dal progredire della malattia. Attraverso tale miglioramento il malato non chiede che la propria vita venga allungata quantitativamente, ma qualitativamente, chiede di vivere meglio il breve periodo che ha davanti.

Negli stadi avanzati la qualità della vita si misura con l'assistenza e l'efficacia di un trattamento. Oggi non si parla più di "stato soggettivo di salute" ma si parla di "qualità della vita" (Q.V.).

Nel libro *Una medicina per chi muore*, a cura de *Oscar Corli*, vengono riportati quelli che sono gli obiettivi che il miglioramento della qualità di vita del malato terminale dovrebbero perseguire per arrivare al fine che spera. Tali obiettivi sono:

- *Libertà dal dolore*. «Il dolore, nella malattia inguaribile, è penoso ed inutile. Non ha alcuna finalità: è semplicemente devastante!». Oggi il controllo del dolore è possibile anche attraverso tecniche non aggressive, come per esempio gli analgesici, che sollevano il malato dalla sofferenza fisica, permettendo anche una riduzione dell'ansia e della preoccupazione dei familiari che assistono il malato.

- *Libertà da altri sintomi.* Nel malato terminale il dolore non è l'unico degli effetti, prodotto dalla malattia, che caratterizza il suo stato, e quindi un unico controllo di esso non è sufficiente per migliorare la qualità della vita. Molti altri sintomi (nausea, estrema debolezza, vomito, insonnia, difficoltà respiratoria e molti altri) possono peggiorare di molto la vita del malato, e per questo vanno controllati e ridotti.

- *Sufficiente numero di ore di sonno.* Il controllo del sonno può essere facile da realizzare, attraverso la diminuzione del dolore e l'uso di sedativi, ma anche molto difficile per i pazienti che si oppongono involontariamente al sonno. «Si tratta quasi sempre di un'agitazione psichica legata alla paura della morte. La notte e il sonno sono interpretati come una rappresentazione della morte. Il timore è quasi sempre quello di non svegliarsi più. Questa è una situazione molto difficile da controllare, perché i pazienti resistono anche all'azione di potenti sedativi».

- *Adeguata alimentazione.* Spesso i malati terminali, a causa dell'aggravarsi della malattia e delle conseguenze fisiche e psicologiche che porta, provano molta difficoltà a nutrirsi. Per agevolarli è opportuno non l'uso di strumenti artificiali per la nutrizione, ma un accompagnamento.

- *Conservazione di una certa autonomia fisica e di un ruolo sociale e familiare.* L'autonomia fisica è un aspetto difficilmente curabile e fortemente condizionato dal progredire della malattia ma, si è notato che un miglioramento delle prestazioni fisiche condiziona positivamente il malato. Nel corso del tempo il paziente tende a perdere sempre di più i ruoli che ha sempre avuto nel corso della vita, a casa, al lavoro, come padre, marito. Questo è dovuto al fatto che spesso non esce nemmeno più di casa e, oltre alla famiglia, pochi altri lo vedono. Il recupero parziale dei ruoli è psicologicamente importante in quanto offre al malato un miglioramento dello stato d'animo e dell'umore.

- *Stati d'animo e tono dell'umore orientati, almeno parzialmente, in senso positivo.* È facilmente intuibile il motivo dell'importanza di uno stato d'animo positivo in questi casi. Ovviamente si parla di "positività" nel limite del possibile, ma è evidente che la conversione, anche parziale, di stati psicologici negativi del paziente appare come uno degli obiettivi principali da raggiungere.

Molti sintomi costitutivi del Q.V. hanno una doppia valenza organica e psicologica: se si tralascia la componente psicologica si commette un errore.

Per migliorare la vita del paziente la prima cosa che bisogna fare è cercare di alleviarne le sofferenze fisiche; questo viene fatto tramite la somministrazione di morfina che allevia il dolore facendo vivere in maniera più serena gli ultimi tempi di vita. Alcuni affermano che anche la morfina stessa accorcia la vita, ma per i malati è solamente un sollievo che allunga la vita anche di più di terapie invasive come la chemioterapia.

Per attuare una corretta valutazione della qualità della vita del paziente in stato avanzato, bisogna considerare diverse dimensioni per avere così un quadro completo:

- *Valutazione clinica*: comprende il giudizio del medico, in senso stretto, su una determinata situazione clinica e l'obiettivazione delle condizioni generali del paziente.

- *Valutazione psico-chimica*: comprende tutta una serie di indici laboratoristici capaci di definire lo scompenso multiorgano della fase terminale della malattia.
- *Valutazione dei sintomi*: comprende sia alcuni sintomi chiave della fase terminale o della fase agonica, sia alcuni quadri dei sintomi non strettamente collegati alla fase terminale.
- *Valutazione multidimensionale*: sintetica di parametri appartenenti a tutte le precedenti categorie.

È importante ascoltare il malato, conoscere la sua storia, con l'obiettivo di adeguare la proposta terapeutica alla trama da lui stesso costruita. Cercare di comprendere in quale storia egli sta vivendo: se si tratta di una storia di lotta, di rassegnazione o di speranza, cercando di intravedere quali spazi e possibilità ci sono per costruire insieme con lui il "finale".

### 7.3.2. *Strumenti per la valutazione della qualità della vita*

Esistono strumenti appositi per la valutazione della qualità della vita. Sono questionari autocompilati che non rappresentano un aggravio per il paziente e vengono considerati attendibili.

In passato il problema dei medici era quello di dover elaborare i questionari, ma oggi il suo compito non è più quello dell'elaborazione, deve solamente scegliere il più adatto per il caso da lui trattato tra tutti quelli già esistenti.

I questionari sono molto importanti perché, oltre a valutare la salute del paziente, aiutano il clinico a capire il suo stato d'animo. Grazie ad essi si ha una misurazione soggettiva dello stato di salute e una rilevazione sistematica dei sintomi e, grazie all'esperienza condotta dai clinici su molti pazienti, si è verificato che il questionario ha grande valenza di aiuto.

Come misurare la qualità di vita in malati oncologici in fase avanzata?

Negli ultimi anni sono stati sviluppati diversi strumenti per la valutazione della QV in pazienti con cancro avanzato che possono presentare due tipi di item:

- Causali: domande che indagano la frequenza di sintomi che possono influire sulla Q.V. percepita dal soggetto (dolore, nause).
- Indicatori: riflettono la variabile latente, il costrutto teorico, la Q.V. che si vuole misurare (benessere).

Mercadante e Ripamonti hanno riportato nel loro libro i principali questionari che vengono utilizzati a tale fine. Ne riporterò solamente alcuni per avere un'idea:

- *M.D. Anderson Symptom Assessment System (ASAS)* di Edoardo Bruera: è formato da dieci scale numeriche con punteggio da 0 a 10, usate per valutare la percezione di dolore, astenia, ansia, nausea, depressione, sonnolenza, dispnea, appetito, sonno e percezione generale di malessere. La scala è costituita da una serie di linee orizzontali di 100 mm ciascuna, numerate da 0 a 10 per l'assenza/massima presenza dei sintomi. Il punteggio della scala può essere riportato su un grafico per aggiungere quotidianamente l'evoluzione dello stato soggettivo di salute del paziente.
- *Palliative Outcome Scale (POS)* di Irene Higginson: è composto da elementi che hanno mostrato di funzionare bene in precedenti strumenti e considera aspetti che concernono il dolore e il controllo dei sintomi, i bisogni psicosociali del paziente e della sua famiglia, la comunicazione e l'informazione. È in grado di cogliere longitudinalmente i cambiamenti che avvengono nella QV individuali, i fallimenti e i successi della cura.

- *Functional Assessment of Chronic Illnes Therapy (FACIT) Measurement System* di David F. Cella: è composto da una serie di moduli per specifica condizione patologica o trattamento, complementari al FACT-G: un nucleo generale di domande per pazienti oncologici, che può essere utilizzato con pazienti che hanno tumori in qualsiasi sede, e costituisce il nucleo dei moduli specifici.

I malati terminali non presentano solamente sintomi fisici, ma anche psichiatrici. I questionari valutano anche questi ultimi ma è più opportuno usare strumenti maggiormente specifici.

Nelle fasi terminali il disturbo psicologico maggiormente presente è la depressione che però non viene diagnosticata associandola allo stato di sofferenza somatica ma si diagnostica di più con sintomi come mancanza di iniziativa e di piacere. Si studia anche se il desiderio di morte di tali pazienti sia associabile alla depressione. È riconosciuto che la maggior parte delle persone che si suicidano sono affette da cancro, ma ciò non giustifica una diagnosi di depressione.

Nel paziente possono nascere dei disturbi psicologici conseguenti alla malattia e che quindi portano problemi a livello fisico; in questi casi bisogna fare molta attenzione a non classificarli come fisici ma a classificarne la valenza psicologica. Tali disturbi possono essere:

- Anoressia: smettere di cibarsi perché il cibo dà vita.
- Nausea, vomito, stipsi: dovuti a effetti collaterali delle varie terapie ma anche a paure ed ansie.
- Cachessia: dovuta a determinanti di carattere bio-psico-sociale.
- Stanchezza: non sono fisica ma anche psicologica.

### 7.3.3. *La famiglia come pilastro portante dell'assistenza*

Non è possibile aiutare in modo realmente significativo il malato inguaribile senza includere la sua famiglia. Essa ha un ruolo importante durante il tempo della malattia e le sue reazioni contribuiscono molto all'atteggiamento che il malato assumerà verso di essa.

La famiglia è l'istituzione più adatta ad occuparsi del malato di cancro in stadio avanzato. Infatti il malato preferisce trascorrere l'ultimo periodo della propria vita nella sua casa tra le persone che ama, circondato dalle sue cose. Anche i parenti possono trovare in seno alla famiglia il coraggio e l'energia per affrontare le varie situazioni determinate dalla malattia ed il dolore per la perdita del congiunto.

«Nelle famiglie unite e profondamente solidali si stabilisce, fin dalla comunicazione della natura maligna della malattia, un clima di sostegno reciproco e alleanza nella lotta contro la malattia. In questa atmosfera ciascun membro della famiglia riesce ad avere la possibilità di esprimere il proprio dolore e quindi ad attingere nuovo coraggio dal fatto di poter comunicare apertamente con gli altri membri della famiglia». Ovviamente questa situazione sarebbe la più ottimale ma si riscontra molto raramente in quanto implica il presupposto che la famiglia, già prima dell'insorgenza della malattia, fosse serena, affiatata e solidale e in grado di usufruire al meglio dell'équipe di assistenza.

Quella fino ad ora esposta è la situazione ottimale di "famiglia" che si occupa dell'assistenza del parente diretto, ma non è sempre così in quanto non tutte le famiglie sono in grado di affrontare una simile esperienza in modo soddisfacente. Il motivo di questa difficoltà è, nella maggior parte dei casi, dovuto alla mancanza di una solida struttura familiare o a problemi personali tra i familiari stessi che portano ad un inadeguata assistenza del malato che sarebbe più opportuno assistere in modo differente.

Tra questi due estremi si colloca tutto il vasto gruppo delle famiglie che riescono, con l'aiuto di un'équipe di cure palliative, con l'aiuto del medico di famiglia e con eventuali altri contributi, a fronteggiare adeguatamente l'impegno derivante dall'assistenza domiciliare del loro congiunto malato di cancro.

Nonostante la famiglia utilizzi a pieno il sostegno dell'èquipe, il peso maggiore dell'assistenza grava comunque su di lei perché l'impegno richiesto non riguarda solamente un piano pratico, ma anche emotivo.

Soprattutto con il passare del tempo, può diventare assai penoso assistere al continuo deterioramento delle condizioni di un parente caro ed al suo inesorabile avvicinarsi alla morte. Spesso è assai difficile per i famigliari riuscire a farsi una ragione di questo destino e dare un significato alla morte.

Se il malato può anche ignorare la reale gravità del suo stato, almeno una parte dei familiari ne è informata: aumenta così la responsabilità di questa nei confronti, oltre che del malato, anche dei medici, che avranno individuato nel soggetto il referente per le proprie comunicazioni. Il processo di adattamento emotivo del malato è di fatto fortemente influenzato dalla risposta emotiva e dal comportamento dei familiari significativi.

A tal proposito si possono distinguere 4 atteggiamenti che la famiglia attua in un contesto di malattia terminale:

*Negazione*. In questo caso la famiglia è psicologicamente e fisicamente "assente", non percepisce la gravità della situazione e il significato del passaggio alla fase palliativa della terapia. È opportuno che i medici esplicitino la richiesta di un maggior coinvolgimento.

*Distanziamento*. I familiari sono presenti ma comunque distanti nel rapporto con il malato scaricando sulla struttura sanitaria ogni responsabilità. Vengono sollecitati ricoveri, anche quando l'assistenza potrebbe svolgersi a domicilio con pari efficacia. Si vuole tenere a distanza il membro morente. Occorre che il medico solleciti un maggior coinvolgimento ma spesso, all'interno dell'ospedale, si ha un'incoerenza poiché si sollecita e poi si è infastiditi dall'esigenza di un assiduo rapporto con l'équipe. È importante che si instauri un equilibrio nel sistema.

*Ipercoinvolgimento*. È ciò che si traduce in un comportamento invadente verso i curanti e verso lo stesso malato, il quale rischia di essere isolato e soffocato dai suoi stessi parenti a partire da una fraintesa necessità di protezione. I familiari tendono ad interporsi tra i medici e il congiunto fino ad arrivare ad impedire l'interazione diretta tra le parti. Il medico deve cercare di ridimensionare l'invadenza ed essere il più chiaro possibile sulla situazione senza creare false speranze. È bene che il medico conservi un contatto diretto con il paziente ad ogni costo.

*Atteggiamento costruttivo*. È quello più auspicabile, corretto e funzionale ad un rapporto di collaborazione fondato su una buona qualità comunicativa. La disponibilità di energie spendibili nell'assistenza è correttamente stimata, in modo che fatica e responsabilità siano equamente ripartite tra i membri, senza sovraccaricare qualcuno emarginandone altri. Inoltre è presente un buon rapporto con l'équipe e si tiene la giusta distanza nei rapporti con il malato.

Ci sono degli elementi importanti, riguardanti i familiari, che vanno considerati e analizzati nell'assistenza domiciliare in quanto aiutano nella buona riuscita del progetto:

- Inizialmente deve essere presente un *dialogo aperto* tra operatori e famiglia. I familiari necessitano di avere tutte le informazioni per poter affrontare tutte le situazioni che potrebbero verificarsi e per placare le ansia e le angosce per il futuro. In questo modo i familiari si sentono appoggiati e compresi. A causa dello stato emotivo che il malato provoca nel parente, spesso i familiari non ricorda subito tutte le informazioni che gli sono state date dal medico ed è compito del medico, senza indisporsi, ripetere più volte tutte le informazioni utili.

- Spesso i familiari stessi hanno bisogno di sostegno e conforto, ma non un sostegno basato sulla valutazione razionale della situazione che stanno vivendo: è importante per loro che vengano considerate anche le reazioni emotive agli eventi. In questo modo i familiari sentono fiducia nella loro possibilità di mantenere un soddisfacente controllo della situazione con adeguate prestazioni.
- È fondamentale una buona comunicazione tra famiglia e operatori. Capita spesso che i familiari decidano di non comunicare al malato la diagnosi, per cercare di alleviare le sue sofferenze. Il peso del segreto che i familiari si portano sempre dietro, però, spesso acuisce l'ansia e genera sensi di colpa che impediscono una buona assistenza al malato. È quindi importante che i familiari vengano sostenuti dagli operatori grazie ad un canale di comunicazione costantemente aperto con i medici che limita le loro possibilità di sentirsi soli, abbandonati e disperati.

Spesso le famiglie impegnate nell'assistenza continua del malato terminale tendono a chiudersi in se stesse limitando o zero i contatti col mondo esterno e occupandosi solamente del parente malato. In questa situazione le preoccupazioni, i pensieri e la solitudine aumentano. Gli unici interlocutori dei familiari sono gli operatori di cure palliative che rivestono un ruolo di grande importanza in quanto sostengono la famiglia oltre che nella cura del malato, anche nelle necessità pratiche. Le famiglie che si chiudono in se stesse non accettano l'aiuto di nessuna persona esterna al nucleo familiare, escludendo il medico e l'équipe, ma dato che i problemi di vita quotidiana come i figli, il lavoro, la scuola, il mangiare ecc, non possono bloccarsi, è opportuno che, per poter approcciarsi al malato in modo sereno e disponibile, cerchino anche di "ricaricarsi" e dedicare del tempo a se stessi. Questo permette un approccio più sereno e disponibile verso il malato. Il compito di far comprendere tutto questo ai famigliari è degli operatori sanitari che potrebbero consigliare l'assistenza di un volontario. Inizialmente i familiari saranno contrari a qualsiasi aiuto esterno, ma in un secondo momento capiranno che, sia per loro stessi che per la necessità di intessere relazioni sociali da parte del moribondo, è opportuno allargare l'assistenza anche a persone esterne alla stessa famiglia.

### 7.3.4. *La comunicazione medico-paziente-famiglia*

Quando si parla di malattie, di qualsiasi genere esse siano, nell'immaginario comune si tende a pensare a molti aspetti, la gravità, le conseguenze, la possibilità di recupero e molto altro, ma non si considera l'importanza della comunicazione che invece ha un significato e uno scopo molto importanti. Oggi si dice che i medici non comunicano mai in modo idoneo con i pazienti, forse perché non lo reputano importante?

Di solito il medico tende a fare, ad agire (ad esempio prescrizione di esami e di terapie) e considera invece residuale il ruolo della comunicazione con il paziente. Invece la comunicazione è alla base del rapporto medico-paziente. Instaurare una comunicazione chiara, esauriente ed efficace significa porre le premesse per un rapporto operatore-paziente basato sulla fiducia. Una comunicazione scarna e frettolosa crea diffidenza, non favorisce la cosiddetta alleanza terapeutica che spesso è alla base dei successi terapeutici.

La comunicazione è un processo che non può non svilupparsi all'interno di un rapporto, ed è perciò importante che il medico assuma un atteggiamento di disponibilità unito ad un rispetto profondo che comprenda anche la non volontà o l'impossibilità dell'altro di entrare nella relazione.

Un momento importante nel contesto di una malattia terminale è la comunicazione della diagnosi. Questa deve essere eseguita dal curante con calma, nel tempo necessario, in ambiente idoneo, con chiarezza assoluta, precisione e completezza, oltre che alla famiglia, al paziente.

Quando parliamo di comunicazione della diagnosi però non dobbiamo vederla come un fatto che si compie, che si chiude, che non si ripete più. La comunicazione della diagnosi deve significare l'inizio di un rapporto paritetico, di una "alleanza" tra malato-famiglia-medico con lo scopo di sconfiggere la malattia.

Bisogna ricordare che arrivare alla prognosi è positivo per il medico in quanto è arrivato a capire il problema del soggetto e può iniziare il trattamento; ma risulta per lui molto difficile comunicare il dato al paziente e ai familiari. La conoscenza dalla prognosi esercita quindi un peso psicologico non solo sul paziente e sulla famiglia, ma anche sul medico. La comunicazione che il medico deve fare sul dato è ancora un argomento aperto in quanto comunicare "cattive notizie" è un problema ancora irrisolto.

«Le cattive notizie, in ambito sanitario, vengono definite come quelle che alterano drasticamente e negativamente la prospettiva del futuro del paziente: quanto più grande è la differenza fra le sue aspettative e la realtà clinica, tanto più problematica sarà l'accettazione della malattia e tanto più delicato sarà il compito dell'operatore sanitario».

Dopo la scoperta della diagnosi è inevitabile da parte della famiglia e del medico porsi una domanda: Dire o non dire la verità al paziente?

I familiari vengono a conoscenza della diagnosi e della prognosi che riguardano il loro congiunto quasi immediatamente. I medici sono infatti con loro molto espliciti fin dall'inizio e usano una sincerità e una franchezza che sfiorano talvolta la brutalità. Tutte le cautele e le sfumature che caratterizzano la comunicazione con il paziente vengono accantonate e i colloqui si fanno diretti, franchi, sinceri, al massimo alleviati da uno sguardo di compassionevole comprensione.

In alcuni casi i familiari condividono la scelta del medico di non rivelare al malato l'esito della prognosi. Talvolta invece sono gli stessi parenti che premono per andare in questa direzione. Per i familiari questa scelta è motivata apertamente dal desiderio di non affliggere il malato con una notizia così terribile.

Con il passare del tempo però la convinzione della bontà della scelta iniziale di mentire al paziente comincia a vacillare in quanto i familiari si rendono conto che «quella di tenere nascosta la verità al malato è una strategia molto onerosa che comporta non solo un'estenuante recitazione, ma anche, ad esempio, il continuo esercizio della vigilanza nell'ambiente domestico così come in quello ospedaliero per mantenere il segreto. [...] Quello della "menzogna protettiva", il tentativo di proseguire la vita quotidiana come se nulla fosse successo, si rivela in definitiva uno sforzo vano, dal momento che le inevitabili lacune nell'attività di occultamento delle prove della gravità della diagnosi insieme alle raccomandazioni pressanti ad evitare di compiere quasi tutto [...] e l'attenzione continua e quasi morbosa per ogni potenziale bisogno, non fanno che aumentare i sospetti del malato che comincia ben presto a pensare che il suo male sia ben più grave di quanto gli è stato riferito».

Quando la scelta di non comunicare la diagnosi è stata compiuta, scegliere di "cambiare rotta" è una decisione molto difficile in quanto porta conseguenze ancora più gravi, come quella di ammettere implicitamente di aver tenuto nascosta una verità così importante per il malato.

La rivelazione tardiva della verità è un'azione che rischierebbe di mettere definitivamente a repentaglio la possibilità di continuare a mantenere una normale relazione sociale con il malato. Visto che non è questo che né i malati né i familiari desiderano in un momento così delicato ed importante, «l'unica alternativa percorribile (e che non sempre viene percorsa, perché in qualche caso l'assenza di consapevolezza dura fino alla fine), diventa il "dramma rituale della menzogna reciproca" e cioè quel contesto di consapevolezza caratterizzato dal fatto che tutti gli attori sanno di possedere, al pari degli altri, un'informazione completa, ma fingono reciprocamente di ignorarla».

Indipendentemente dalla scelta o meno della comunicazione della diagnosi e della prognosi, tale comunicazione dovrebbe procedere non attraverso modelli standardizzati, ma nella valutazione di ogni singolo paziente, considerando quello che ciascuno può capire e sopportare. Il medico dovrebbe anche considerare l'importanza della sua comunicazione non verbale che spesso, a differenza di quello che si crede, può risultare più incisiva della verbale.

È verosimile che non esista la scelta migliore su quanta e quale informazione dare. Quello che conta è capire prima l'esperienza del malato, all'interno di una relazione che esplori i valori oggettivi, le risorse psicologiche e familiari, la storia di vita del soggetto. Alcune volte si può riconoscere tacitamente la gravità della malattia e comunicarla al paziente con una vicinanza attenta senza dover necessariamente «parlare». Una traccia può essere quella di rispondere a queste domande: che cosa comunicare, a chi, quando, come, con quale prevedibile impatto.

## 8. *Dove si applicano le cure palliative*

Come affermato in precedenza, negli ospedali non c'è né tempo né interesse verso la cura di pazienti che non possono sperare in una guarigione. Questi pazienti, i malati terminali, possono trovare conforto nelle cure palliative che li accompagnano verso una migliore qualità di vita per affrontare la morte che incombe su di loro in modo dignitoso. Le cure palliative possono essere applicate ai malati terminali, per loro richiesta, attraverso due modalità:

- Il ricovero in *Hospice*, termine inglese che oggi ha un preciso ed unico significato: luogo di accoglienza e ricovero per malati verso il termine della vita.
- L'assistenza domiciliare.

### 8.1. *Strutture di applicazione della medicina palliativa per eccellenza: gli Hospice*

Nel corso degli anni sono nate strutture apposite per le cure palliative, gli *Hospice.* Questi centri hanno permesso ai malati terminali in fase avanzata di uscire da un crudele isolamento per ritrovare la possibilità di una vita e una morte dignitose.

La realtà odierna ci dice che metà delle persone ammesse in ospedale muoiono entro due anni dal ricovero, mentre il numero di persone che muore a casa è andato progressivamente diminuendo. Da ciò l'evidenza e la necessità di dover fornire un'assistenza ospedaliera, in ambiente adeguato, a pazienti affetti da gravi malattie inguaribili, come il cancro in fase avanzata. Sembrò che una trasformazione strutturale dell'antico *hospice*, mantenendone le caratteristiche assistenziali, potesse servire allo scopo. Fu così concepito l'hospice moderno, per fornire un'assistenza continuativa e qualificata e soprattutto un migliore controllo del dolore e degli altri sintomi dei malati morenti.

*Hospice* ha un preciso ed unico significato: luogo di accoglienza e ricovero per malati verso il termine della vita. La parola non si può tradurre senza snaturarne il significato peculiare ed è accettata ormai universalmente nella sua forma originaria.

L'origine degli *Hospice* risale al Medio Evo quando case di ospitalità furono costruite ai margini delle strade, lungo i percorsi dei pellegrinaggi. Il pellegrino vi trovava accoglienza, ristoro e riposo, per poi riprendere il suo viaggio. Erano delle “stazioni di passaggio”. Per similitudine l’Hospice dei nostri giorni è il luogo di accoglienza di chi sta affrontando l’ultimo e più impegnativo viaggio della vita di questo mondo per altri ignoti.

I contenuti propri dell’Hospice sono quelli propri delle cure palliative: la terapia del dolore e la cura dei sintomi; il sostegno psicologico, sia al malato che ai suoi familiari; la considerazione dei problemi spirituali e l’apertura di spazi per la loro espressione.

L’Hospice e le cure palliative che vi si praticano non uccidono la speranza. La speranza non muore allorché il malato intuisce di non poter guarire. La speranza è multiforme; è speranza sapere che si può sempre riporre fiducia in qualcuno e qualcosa, che si potrà ottenere sempre il controllo del dolore, che non si faranno cose contrarie alla propria volontà, che si potranno soddisfare ancora desideri ed aspettative, al di là dell’impossibile guarigione. Hospice e speranza non sono dunque antitetici perché è proprio nell’Hospice che si dà la massima attenzione ai problemi psicologici e spirituali, fonti delle attese alle quali dare possibili risposte.

Si definiscono centri residenziali di cure palliative (hospice) le strutture, facenti parte della rete di assistenza ai malati terminali, per l’assistenza in ricovero temporaneo di malati affetti da malattie progressive ed in fase avanzata, a rapida evoluzione e a prognosi infausta per i quali ogni terapia finalizzata alla guarigione o alla stabilizzazione della patologia non è più possibile o comunque risulta inappropriata. Il ricovero negli *hospice* è destinato per lo più a malati affetti da patologia neoplastica terminale che necessitano di assistenza palliativa e di supporto. È stata di proposito riportata la suddetta definizione perché è quella contenuta nella normativa che ha riconosciuto e dato avvio alla creazione degli *hospice* in Italia e che, anche nei prossimi anni, sarà di riferimento per tutti coloro che opereranno in queste strutture nella veste di medici, infermieri, assistenti sociali, psicologi, assistenti spirituali e volontari.

L'hospice deve pertanto essere organizzato in modo da garantire il benessere psicologico e relazionale del malato e dei suoi familiari, il *comfort* ambientale e la tutela della *privacy*.

Giorgio Di Mola, nel suo intervento nel libro *Una medicina per chi muore*, a cura di Oscar Corli, ha delineato i servizi che l'assistenza *hospice* fornisce. Possono essere così schematizzati:

L'organizzazione dell'hospice deve favorire la presenza e la partecipazione dei familiari dei malati. È per questo, per esempio, che le camere di degenza sono singole con la possibilità di pernottamento per un familiare e che, anche se realizzate in zone periferiche e tranquille, avranno una dislocazione territoriale servita da mezzi di trasporto pubblico.

Come esposto in precedenza, gli hospice erano, nel Medio Evo, delle "stazioni di passaggio" per viandanti che chiedevano rifugio, conforto e assistenza. In seguito lo sviluppo della medicina ha progressivamente trasformato questi luoghi fino a quei moderni templi della scienza e della tecnologia medica che sono oggi gli ospedali. Così, è troppo spesso passato in secondo piano quell'aspetto solidaristico e di sostegno che ne è stato il motore iniziale.

«Per arrivare ad un intervento sanitario-assistenziale efficace, continuativo e riproducibile, le cure palliative dovevano cercare una strada nell'ambito della medicina ufficiale e scientifica prendendo in considerazione esperienze già consolidate. Il costante punto di riferimento di tutte le iniziative nei confronti dei malati inguaribili è stato il movimento Hospice. La prima iniziativa, strutturata per offrire una risposta pratica e scientifica ai problemi del malato morente, per istituire cioè un sistema di cure palliative, è un fatto piuttosto recente e si collega al movimento Hospice nato negli anni Sessanta grazie a Cicely Saunders».

Nel 1967, *Dame Cicely Saunders* fondò a Londra il primo hospice moderno, il *St. Christopher's Hospice*, in cui questi aspetti sono stati recuperati, valorizzati e coniugati con i moderni insegnamenti della medicina, soprattutto nel campo della terapia dei sintomi e del dolore. In questo *Hospice*, e in tutti gli altri sorti successivamente, vengono ricoverati malati che non possono più permanere, per motivi medici, assistenziali, psicologici e sociali a casa propria, e che necessitano di un "rifugio" dove poter trovare soluzioni ai molti problemi che affliggono la fase terminale della malattia. Se l'inguaribilità è l'elemento che caratterizza la fase della malattia, va sempre tenuto presente che la curabilità (intesa come "prendersi cura") della persona è il fondamento su cui si basano le cure palliative, protratte fino all'ultimo istante di vita.

È chiaro quindi che risulta falsa l'affermazione "non c'è più nulla da fare": c'è, invece, da sedare il dolore e controllare gli altri sintomi più fastidiosi; c'è da fornire assistenza, efficiente ma non asettica ed indifferente; c'è da fornire sostegno attivo ed attento per combattere la disperazione, la frustrazione, la depressione, la perdita dell'autostima, la paura della morte; c'è da fornire sostegno sociale solerte e competente, c'è da fornire sostegno spirituale indulgente e amorevole. Infine, c'è da accompagnare alla morte il paziente, preparare i familiari e fornire, poi, sostegno al loro lutto.

Questi sono i contenuti del programma di intervento che ogni Hospice deve attrezzarsi ad erogare; questo è quanto viene effettuato negli Hospice di tutto il mondo.

Dalle cose (arredi, attrezzi, strumenti, abbellimenti, ecc.) e dalle persone che operano in Hospice deve emanare un profondo sentimento di solidarietà con il malato, che possa alleviare la sua sofferenza e aiutare la sua famiglia in un momento così travagliato. Per questo motivo si deve prestare cura all'ambiente che, necessariamente, deve essere di dimensioni contenute ed accogliente, per poter favorire la comunicazione e per contrastare il senso di abbandono e solitudine. Devono essere bandite regole e divieti, per consentire la presenza di parenti ed amici in qualsiasi momento, proprio come avverrebbe a casa propria.

La finalità dell'hospice è quindi quella di «realizzare un "modo di morire" alternativo: al *total pain*, una condizione di dolore totale che investe il malato terminale stravolgendo la sue esistenza, si deve rispondere con un piano di *total care*, di assistenza totale. Si pone al centro dell'assistenza il malato nella sua integralità tenendo conto non solo delle sue componenti fisiche, ma anche di quelle emotive e affettive.

### 8.2. *L'assistenza domiciliare*

L'assistenza domiciliare è un insieme coordinato di attività sanitarie integrate con interventi di natura socio-assistenziale, diretti a curare, assistere e riabilitare la persona ammalata al proprio domicilio.

La risoluzione al problema ospedaliero della mancata assistenza del malato terminale a causa di un mancante staff apposito trova la sua risoluzione nell'assistenza domiciliare che permette al paziente di non perdere la propria autonomia e di continuare ad esercitare il diritto di decidere della propria vita. I pazienti desiderano tornare a casa il più presto possibile, essere curati lì, in quanto in ospedale sentono maggiormente la paura dell'abbandono. L'assistenza domiciliare permette, insieme al supporto della famiglia, di far fronte ai bisogni e alle necessità di cura dei pazienti.

L'assistenza domiciliare poggia su tre cardini: il paziente, la famiglia e l'Unità di cure palliative. Queste tre realtà sono in costante rapporto tra di loro e ognuna interagisce con le altre due. La comunicazione deve essere di tipo circolare e nessuno deve essere escluso. [...] l'équipe non sostituisce ma integra la famiglia.

Ci sono alcuni aspetti che è opportuno considerare nell'applicazione dell'assistenza domiciliare:

- Attenta analisi dei bisogni del paziente e delle sue speranze nel loro soddisfacimento.
- Utilizzo di tutte le tecniche della comunicazione, verbale e non verbale, per comprendere realmente quali siano i problemi del sofferente.
- Una volta compresi i problemi del paziente e la loro collocazione nella personale scala gerarchica, impostare i piani di interventi secondo la priorità del paziente stesso.

- Informare sempre il paziente sulle sue personali condizioni e sugli interventi che si vogliono attuare.
- Ridurre i problemi complessi in più problemi più semplici e per ognuno si progettare un piano d'intervento.
- Monitorare i tempi con cui il paziente arriva ai vari obiettivi perché se risultano essere troppo lunghi, bisogna modificare il piano d'intervento.
- Visto che nella malattia sono presenti fasi di stabilità e fasi di peggioramento, è necessaria una rivalutazione frequente degli obiettivi.

L'assistenza domiciliare oncologica si propone di migliorare la qualità di vita dei malati assunti in cura nella fase terminale della loro malattia, facendo in modo che essi possano rimanere il più a lungo possibile al proprio domicilio, evitando ricoveri impropri e promuovendo le dimissioni precoci dall'ospedale. È possibile raggruppare in alcuni punti quelli che sono gli obiettivi assistenziali specifici dell'assistenza domiciliare, ricordando che si applica solamente se richiesta:

- La famiglia acquista un ruolo di grande importanza come sostegno.
- Tutto ciò che viene fatto dall'équipe va esplicitato in un rapporto.
- Le strategie di lavoro non vanno mai improvvisate e bisogna che tutti gli operatori utilizzino un metodo comune per analizzare i problemi e che il flusso di informazioni sia regolare.
- È molto importante la comunicazione tra gli operatori (anche attraverso schede di raccolta dati).

- Va somministrato l'Audit Clinico che è un questionario che identifica i problemi del malato, della famiglia e anche dell'equipe:
- contribuire alla gestione del sintomo del dolore;
- mantenere e controllare le funzioni fisiologiche generali;
- garantire i bisogni principali;
- somministrazione della terapia;
- controllo e gestione dei presidi e degli ausili sanitari;
- collaborare alla indagini diagnostiche;
- gestione del disagio psichico.

Tale contesto casa-ambiente diventa realmente una risorsa per costruire una relazione collaborativa poiché mentre fornisce importanti informazioni sulle persone, i bisogni, la loro storia, gli interessi, le relazioni affettive, le idiosincrasie, indica al tempo stesso i confini al di qua dei quali occorre fermarsi, segnala preferenze e desideri, rafforza il senso d'identità e di appartenenza.

## 9. *Riflessioni a livello etico*

Dopo aver descritto le cure palliative, i loro presupposti, dove vengono applicate e la loro équipe, è opportuno prendere in considerazione alcuni aspetti etici sottesi alla pratica di tali cure.

Tra i quesiti morali posti dalla medicina palliativa, si possono ricordare i seguenti: è lecito combattere il dolore? È ammissibile sopprimere la coscienza del malato per impedirgli di provare dolore? È lecito l'accorciamento della vita di un paziente sottoposto ad interventi palliativi? Se non fosse moralmente lecito combattere il dolore e, primo di esso, la malattia, dovremmo riconoscere che l'operato della medicina dai suoi albori ad oggi sarebbe privo di giustificazioni e potrebbe essere compreso soltanto alla luce di qualche teoria puramente scientista o meccanicista. Il vero problema etico non sta nella liceità della lotta contro il dolore, ma nello stabilire fino a che punto si deve spingere il trattamento farmacologico che potrebbe garantire al paziente il reinserimento nel proprio ambiente sociale e familiare, o di ripristinare una qualità di vita tale da permettere al malato terminale di realizzare "l'ultimo desiderio".

C'è una sorta di contrapposizione di fondo nella vita dell'uomo: da una parte c'è l'etica e dall'altra c'è la morale. Si cerca di fare una sintesi tra le due ma questo porta a una discussione tra forme della cultura pubblica e forme della coscienza privata.

Con il termine etica si intende indicare il rispetto dell'autonomia e dell'autodeterminazione, la promozione del benessere e della relazionalità, e il rispetto autentico della centralità dell'individuo. Visto il particolare rapporto che si instaura tra medico e paziente, si può parlare di interdipendenza in quanto l'utente-paziente si affida, gioca la sua autonomia (a volte molto ridotta) e la sua singolarità scegliendo di affidarsi ad un curante che a sua volta si assume la responsabilità del curare e del prendersi cura.

Da tutto ciò nasce un paradosso: tra gli interessi della persona e quelli dell'umanità sussiste una discussione profonda e sistematica; ciò che vuole l'umanità non è ciò che vuole il singolo.

Tale paradosso si verifica anche nella medicina che spesso disegna obiettivi rilevanti per il destino collettivo ma manca di strumenti per occuparsi della singola persona. La medicina è attenta agli organi e alle funzioni ma non ai significati che le esperienze umane rilevano in rapporto alla sofferenza e alla malattia. Conseguentemente si assiste ad una crescente spersonalizzazione del rapporto medico-paziente. Oggi è nata un'idea di medico-tecnicista che è lontano dalle situazioni di vita e sofferenza del paziente.

Le persone malate si sentono sempre più sole perché vedono il medico come un tecnico che una volta emessa la diagnosi (dedotta dalle macchine) non rimane vicino al paziente; manca tale rapporto col medico.

Ci troviamo quindi di fronte ad un quadro che presenta una polarità che in prima istanza appare irrisolvibile: la tendenza, oggi sempre maggiore, a dar credito ad una medicina in grado, grazie alla tecnologia, di "ottimizzare" l'assistenza; e sul fronte opposto, ma contemporaneamente, una crescita nell'opinione pubblica di un senso di inquietudine, di paura quasi, per l'impossibilità di intravedere i limiti operativi delle tecnologia stesse... l'inevitabile risultato è la crescente divaricazione tra una scienza sempre più totipotente dal punto di vista dei progressi tecnologici e una coscienza sempre più privata, chiusa e abbandonata a se stessa nei confronti dei drammi della vita.

Da ciò si può comprendere che le cure palliative sono una, ma non l'unica, positiva possibilità di risanamento della frattura tra coscienza pubblica e vissuto del singolo.

Cercare di sanare queste fratture, superando le dicotomie e le chiusure aprioristiche, e creando nuove prospettive è uno degli obiettivi della medicina che trova un valido punto di riferimento nelle cure palliative, in quanto pongono attenzione al malato e alla sue esperienza di malattia, del tutto personale, unica e irripetibile.

In base al senso che la persona attribuisce alla propria vicenda umana fa scelte opposte che reputa eticamente corrette. Ad esempio, o può decidere di farsi curare in tutti i modi nonostante il dolore, oppure può decidere di trascorrere a casa con la famiglia gli ultimi istanti di vita.

Anche il diverso modo di accettare la morte fa vedere le cose in maniera diversa ma comunque non si riuscirà a trovare un'unica risposta vera per tutti sul perché della morte.

Nel caso di malati terminali la medicina non può guarire ma può comunque curare alleviando la sofferenza; dove non è possibile l'assistenza tecnica è possibile l'accompagnamento umano. L'eutanasia eticamente non è corretta anche se è il paziente stesso a richiederla. Si deve vivere nel mezzo tra resistenza e resa ed è per questo che sono di fondamentale importanza le cure palliative.

Vita e morte non possono essere ridotte a semplici definizioni biologiche perché si cadrebbe nel riduzionismo, ma bisogna considerare il dato oggettivo (collettivo) e quello soggettivo (del singolo malato, di come vive personalmente la sofferenza). Deve nascere un rapporto tra promozione e rispetto dell'autonomia del paziente e ruolo di garanzia del medico; bisogna identificare i piani su cui instaurare tale rapporto e un modo di farlo è classificare i beni del paziente: bene supremo, bene del paziente, bene individuale, bene biomedico.

Il rapporto autentico tra medico, paziente e familiari deve toccare tutti i livelli ed integrarli; solo così è possibile una reale alleanza terapeutica tra tutte le persone coinvolte. Tutti devono aiutare il paziente a dare parola alle proprie esigenze, ai propri bisogni, e dato che questo è molto difficile in situazioni di fine di vita, spesso è significativa la presenza, oltre che del medico, di esperti in etica clinica che offrono la propria consulenza.

In base a quanto detto sopra rimangono due domande che richiedono una spiegazione:

- Che fare nei casi in cui il dolore non è controllabile con i mezzi tradizionali (antalgici e morfina) e l'unico modo per eliminarlo è indurre nel paziente una condizione di incoscienza?
- È lecito l'accorciamento della vita di un paziente sottoposto a interventi palliativi?

Per rispondere al primo quesito si deve far riferimento al fatto che spesso i medici, nei confronti di tali pazienti, il cui dolore non è controllabile, adottano l'anestesia totale. L'utilizzo di questo mezzo può essere però controverso in quanto, da un lato, ha lo scopo di porre un paziente in condizioni di non percepire dolore; ma dall'altro significa produrre, intenzionalmente, uno stato dal quale è possibile che il paziente non si risvegli. Per decidere se attuare o meno la procedura è necessario il consenso del paziente, che deve essere adeguatamente informato sulla proposta.

Rispondere alla seconda domanda è più complesso in quanto spesso il medico che attua la medicina palliativa deve fare i conti con scelte non facili. Spesso si chiede se è lecito utilizzare farmaci che hanno effetti conosciuti e prevedibili, anche benefici, ma accompagnati da effetti negativi ineliminabili. «È, in generale, moralmente lecito impiegare sostanze antalgiche anche se il loro uso abbrevia la vita del malato, purché l'intenzione sia quella di alleviare il dolore e non di procurare la morte del paziente». L'importante è ovviamente che il paziente ne sia informato. Relativamente a questo pericolo costante di cadere in errori etici nella pratica delle cure palliative, il codice deontologico dei medici fornisce alcune indicazioni:

Art. 19: *I trattamenti che comportino una diminuzione della resistenza fisica e psichica del malato possono essere giustificati da un rigoroso accertamento delle necessità terapeutiche al solo fine di conseguire la guarigione o di rendere sollievo alla sofferenza.*

Art. 30: *Una prognosi grave o infausta può essere tenuta nascosta al malato ma non alla famiglia. In ogni caso la volontà del paziente, liberamente espressa, deve rappresentare per il medico un elemento al quale egli ispirerà il suo comportamento.*

Art 40: *In nessun caso il medico, anche se richiesto dal paziente o dai suoi familiari, deve attuare mezzi atti ad abbreviare la vita del malato. Tuttavia, nel caso di malattie a prognosi sicuramente infausta a breve scadenza e ad onta delle cure, il medico può limitare la propria opera all'assistenza morale ed alla prescrizione ed esecuzione della terapia atta a risparmiare al malato inutili sofferenze*".

## 10. *Conclusioni*

Per concludere, in alcune occasioni, raccogliendo esperienze, nonché leggendo delle testimonianze riguardo alla collocazione del malato terminale nell'hospice, non sempre abbiamo incontrato il rispetto e la dignità doverosa ad un morente, ma abbiamo incontrato la delega, il distanziamento dell'evento morte dalla propria quotidianità. La morte da collocare altrove, in un altrove rappresentato proprio dall'hospice. In particolare è l'anziano a soffrire di questa delega, e a trovarsi nella solitudine che spesso giustifica, quasi a proteggersi.. «... mio figlio lavora sempre... non può proprio venire..». A questo proposito, certi di non aver trovato risposte alle importanti domande che ci siamo posti in apertura, e di non aver esaurito la conoscenza necessaria alla complessità di un hospice, siamo certi del bisogno di restituire alla morte la sua dimensione umana e naturale togliendola da una parte, all'onnipotenza della medicina che alcune volte si può accanire fino a maltrattare, e dall'altra al pensiero magico onnipotente che la distanzia, la allontana e la pone fuori. È per questo che desideriamo concludere queste riflessioni riprendendo l'idea del morente come un bambino con i bisogni primari, che chiede, con la sola presenza, accudimento e cura. Non sempre occorrono parole, ma dolci e sentiti gesti. Amiamo pensare che questo pensiero possa guidare chiunque si trovi di fronte ad un individuo che è nell'ultimo momento della sua vita, e semplicemente, gli rimane accanto.

APPENDICE

# La storia di "P.": separazione, dolore e morte

La sua esperienza di vita si può ricapitolare in tre momenti centrali attinenti sempre il tema della separazione: a) separazione dal padre (e dei due genitori); b) separazione dal marito; c) separazione dalla vita, dalla sua unica figlia, da sua madre e dai suoi amici-colleghi.

Le prime due esperienze di separazione evocano il "gettarsi in un abisso" dove tutto è spezzato: ogni legame e ogni consapevolezza. P. si è sentita irrimediabilmente sola e nell'impossibilità di ritrovare o cercare contatto, vicinanza e affetto. È come sentirsi in contatto con il buio della notte e della morte, senza spazio e senza tempo; con l'esperienza più terribile della vita: la morte.

Il tema della separazione da ciò che lega P. al mondo è ricapitolato nel suo significato più profondo attraverso il "Funeral Blues" di *W.H. Auden*: "*Lui era il mio Nord, il mio Sud, il mio Est ed Ovest, la mia settimana di lavoro e il mio riposo di Domenica, il mio mezzodì, la mia mezzanotte, la mia lingua, il mio canto; pensavo che l'amore fosse eterno: e avevo torto. Non servono più le stelle: spegnetele anche tutte; imballate la luna, smontate pure il sole; svuotatemi l'oceano e sradicate il bosco; perché ormai più nulla può giovare*".

La terza esperienza di separazione, paradossalmente, pur essendo nel contatto con la propria morte e la perdita di affetti molto cari, evoca in P. una risposta aggressiva ma al contempo una dolce nostalgia di presenze affettuose e partecipi vicine e lontane, ma non scomparse e disintegrate. La separazione, la morte, diviene anche nascita, un porsi con il proprio sé di fronte all'altro diverso dall'altro.

P. ha molti elementi in comune con la protagonista del romanzo "la parete" di Marlen Haushofer, nelle cui pagine leggiamo: una lastra di ghiaccio si pone tra la protagonista e il mondo esterno: un fatto di realtà ma insieme uno stato della mente che impedisce il contatto e il rapporto. In un'immersione così totale nel mondo della natura – non difesa dalla cultura – la protagonista vive in una dimensione senza pelle, esposta e nuda di fronte alle ferite della vita e della morte. La fragilità e l'angoscia lasciano senza fiato.

P. è esposta e nuda di fronte alla morte (nudità del corpo) e in contatto con la natura (giornalista della rai – specialista in programmi di agricoltura).

Il dolore di P. è dunque l'esperienza della perdita, del distacco, della morte che permette l'ingresso pieno nella vita dei sentimenti. Ed è proprio d'altra parte, in questa sua connessione con la perdita, la morte e il lutto, che il dolore acquisisce quel carattere di invivibilità e intollerabilità che tante volte P. ha sperimentato (farmaci e morfina: nessuna terapia guariva il suo dolore).

Se guardiamo al significato del dolore nel rapporto psicoanalitico e al ruolo del *controtransfert* compiamo un esercizio di interpretazione. Proviamo a interpretare la rabbia e l'aggressività della paziente come un modo di addormentare /silenziare dentro di sé ogni emozione, per paura di sentimenti troppo intensi. P. vuole annullare e annegare la tristezza per la parte di sé bisognosa di affetto e di calore, che teme venga lasciata morire; quella parte di sé che sente così ferita e vulnerabile, dove paventa la fine della vita, la separazione più dura.

L'attenzione al *controtransfert* è servita per entrare in contatto con questa situazione di annullamento; ha attivato una possibilità di pensiero che ha disvelato momenti di grande tristezza e dolore. Così anche noi, operatori psicologi, abbiamo potuto vivere i momenti di sofferenza e di patimento, invivibili per la paziente. Solo a questo punto, sostenuta dalla condivisione P. prende contatto con le sue emozioni, con la sofferenza che le attraversa la vita per la malattia, con la mancanza di rapporto umano con la madre e con l'ex marito, le difficoltà di rapporto con la figlia, con la gioia del rapporto con i colleghi. Le sedute si animano di cose vive e diventano teatro di vicende emotive significative (i servizi con la rai per difendere il diritto degli agricoltori sardi, le battaglie per non chiudere il programma, le incomprensioni e i conflitti con i medici, ecc.).

La funzione di *reverie* del terapeuta permette un'esperienza della vita emozionale tollerabile ed affrontabile. Il ripetersi delle nostre visite, a casa e poi in *hospice*, e la fiducia che viene in questo modo a consolidarsi creano le premesse perché ci sia una possibilità di interiorizzazione di un oggetto buono che permette allora di affrontare la separazione, il distacco e il dolore della malattia. Il terapeuta diventa un oggetto stabile e sicuro con cui condividere gli elementi della quotidianità e del suo avvicinarsi alla morte. Gli ultimi momenti rimangono come un ricordo di enorme commozione e sentimento: momenti di grande significato per lei e per noi.

La morte di P. si configura come "un tempo per la vita". P. muore in un letto dell'*hospice* in Roma. Accanto a lei l'ex marito, la madre, il padre, sua figlia, suo fratello e tutti i suoi amici-colleghi della rai. E noi come "sentinelle" di un tempo e di uno spazio pieni di morte ma aperti alla vita.

P. era una donna piena di energie e aperta alla vita. La consideravano e si considerava "pazza come un cavallo".

P. era bizzarra, creativa e piena di forza e vitalità. Il cavallo è tutto questo con straordinarie capacità comunicative, anche se non sempre ripagato dal nostro affetto e dalla nostra gratitudine. A volte, offeso dalla violenza (i maltrattamenti subiti da P.) e dall'ingratitudine (faceva del bene ma conservando modi bruschi che facevano perdere di significato al suo far bene). P., nonostante la pochezza di quelli che presumevano di dominarla (compresa la malattia) era generosa, valorosa e affettuosa.

La morte, e soprattutto la morte improvvisa, ci getta in un nulla senza fondo: un abisso di disperazione che travolge la mente e il nostro cuore. Non sappiamo più dove cercare, ma la mente si perde nel buio. E un grido esce dal nostro cuore. L'angoscia di morte può essere qualcosa di ancora più terribile della morte reale, in quelle situazioni in cui non c'è l'amore o l'amore non c'è mai stato, e allora c'è soltanto il freddo e il gelo di una solitudine assoluta e senza consolazione. L'autismo della mente e del cuore che ci chiude in una gelida grotta senza uscita e senza speranza. Forse questo è peggio della morte.

"È difficile pensare che i cavalli, equiparati da Omero agli dei, possano morire! sono Xanto e Balio, gli immortali cavalli di Achille, donati da Zeus a Peleo, che fuori dalla battaglia versano calde lacrime per la morte di Patroclo.

Patroclo è stato ucciso. Sul suo corpo e per il suo corpo infuria una battaglia terribile. Non lontano da lui, nella polvere, c'è anche il corpo di Pedaso, il cavallo mortale, che insieme agli immortali Xanto e Balio conduceva il cocchio di Achille, che è stato ucciso poco prima quasi a preannunciare la morte di Patroclo".

La morte è una realtà terribile, non ci si può fermare a guardarla, deve essere allontanata e negata, sporcata e calpestata … in questa nebbia che non permette di vedere nulla, si apre una scena di una bellezza incomparabile: i sentimenti riaffiorano, ricompare l'amore, il dolore trova espressione nel pianto.

Dal pianto di un cavallo il pianto degli uomini: tutti coloro che erano lì in quella stanza e fuori dalla porta stretti come in un abbraccio alla "pazza" P. che non c'era più per "correre al galoppo verso il sole".

Che senso dare alla morte?

Se io potrò impedire a un cuore di spezzarsi non avrò vissuto invano; se allevierò il dolore o guarirò una pena o aiuterò un pettirosso caduto a rientrare nel nido non avrò vissuto invano" (E. Dickinson).

*"mai come quando amiamo prestiamo il nostro fianco alla sofferenza, mai come quando abbiamo perduto l'oggetto amato o il suo amore siamo così disperatamente infelici" (S. Freud).*

# Conclusione

*James Sully* nel suo studio "Le Pessimisme", ci parla di "ingenua fiducia" e di "istintiva speranza", e ci mostra come questa fiducia e questa speranza si degradano e si perdono progressivamente sotto l'influenza di un dolore che non si sospettava affatto, di un senso di stanchezza nel proseguimento, di crudeli ferite inferte dalla delusione. È chiaro che ciò ha a che fare con l'esperienza della vita e col senso di delusione. L'uomo che incontra nei due volti della malattia o di un'esperienza fortemente traumatica, il dolore e la sofferenza, l'illusione di una guarigione e la paura di morire, si nutre di quella che Sully chiama "ingenua fiducia" e "istintiva speranza". L'ingenua fiducia che alimenta il desiderio di guardare avanti perché "tutto passerà"; e l'istintiva speranza che ti permette di aggrapparti con tutte le tue forze alla vita e di non rinunciarvi per nulla al mondo. L'uomo che si ammala rimane deluso e illuso al tempo stesso. È un uomo ferito e tradito, un uomo "sospeso" tra la vita e la morte. Un uomo che vive nell'attesa. Si tratta di un tempo che spesso si riempie di ansia, angoscia, fantasmi di morte e dove si fa fatica ad incontrare la vita. Ma se il mondo, gli altri sanno trasformarsi in un contenitore adeguato per così tanto dolore e così tanta delusione, allora il tempo dell'attesa si riempie di desiderio per la vita; in energia, motivazione, spinta a fare per "sopravvivere", per sconfiggere ciò che appesantisce il cammino e/o l'impedisce. La finalità del lasciarsi guarire e curare o semplicemente accompagnare verso la fine è l'affermazione della vita. La vita nasce ogni volta che questa viene minacciata, di fronte alla morte, a situazioni etico-morali che mettono in pericolo il nostro "io". Ci sono circostanze della vita nelle quali la speranza sembra troppo debole e allora preghiamo.

La preghiera è volta essenzialmente verso l'avvenire. Un avvenire ancora più lontano di quello che cerchiamo quando esprimiamo un desiderio, una speranza. Con la preghiera si può andare oltre e fino in fondo. Questo orizzonte è così lontano che sembra trovarsi al di fuori del tempo e dello spazio che pur comprende; ma al tempo stesso è così vicino a me che lo tocco con mano. La preghiera è un'espressione di quella *reverie* che in termini clinici viene considerata il prototipo dell'interiorizzazione. Quando accade l'esaudimento della preghiera fatta con fiducia e speranza, esattamente come quando si è desiderosi di una "buona notizia", si realizza una sorta di tempo d'arresto. Questo esaudimento è come un sipario che si abbassa sul dramma che si vive e vi mette fine. La preghiera costituisce così il grado superiore della serie costituita dalla speranza e dall'attesa. Pregando, io spero e attendo, e come in questi fenomeni, vedo l'avvenire venire verso di me e verso il presente. La preghiera è un esercizio di mentalizzazione di stati ed esperienze emotive ed affettive molto dolorose. La preghiera ci obbliga a fermarci e a riflettere sul tempo presente, alla ricerca di risposte e di soluzioni che restituiscano un senso al dolore vissuto.

Il malato cerca di dare senso, nel tempo presente della vita, all'esperienza carica di vissuti traumatici e di angosce di morte.

Per recuperare il senso della sacralità pre-etica che abita il corpo, dimora della propria dignità, la medicina deve recuperare Ippocrate, il senso pieno del suo giuramento: nel corpo che tratta c'è la persona che vive. Nel corpo nudo che manipola c'è la sua sacralità pre-etica.

Perché lo dimentica? Così sembrerebbe. Non crediamo che la medicina lo dimentichi, crediamo che non riesca a rinunciare al suo potere tecnico e scientifico intriso di narcisismo culturale. Galeno *docet*. La medicina, ragione al servizio dell'istinto di sopravvivenza, è in guerra (le metafore che usa ne sono l'esplicitazione più eloquente: lotta contro, sconfigge, respinge l'invasore, ecc.). E la guerra, come metafora, ha legittimato e legittima tutte le campagne per il progresso della scienza i cui obiettivi vengono descritti ovviamente in termini di sconfitta del nemico-malattia: tumore e psicosi. Tutto questo andrebbe benissimo se non ci fosse una vittima eccellente: il paziente, il bambino in reparto con i suoi bisogni esigenti e trascurati; maltrattati ed abusati. Fare la guerra è poi una delle poche attività umane che non si è tenuti a valutare in modo etico, tanto meno realistico con l'attenzione rivolta al costo umano ed ai risultati complessivi. In ragione della guerra a tutti i costi tutto è lecito: è lecito medicalizzare la morte, medicalizzare la nascita, medicalizzare la vita quotidiana; così la medicina può farci più belli, più intelligenti, meno stanchi, meno stressati; può cercare di realizzare il bambino 'perfetto' come in Cina. Non manca certo, in Cina, il materiale umano. È la lotta dell'istinto di sopravvivenza che usa come un ariete il solo pensiero razionale contro la morte. E fa vittime. Il termine vittima nella nostra cultura suggerisce quello di innocenza. E l'innocenza, per l'inseparabile logica che regola tutti i termini di relazione, rinvia alla colpa. E la colpa vuole la punizione. Apparentemente il colpevole è la malattia eppure teorie psicologiche e psichiatriche (metafore pseudoscientifiche) attribuiscono allo sventurato paziente la massima responsabilità non solo per essersi ammalato di cancro o di psicosi, ma anche per come risponde ai processi di cura e di guarigione. E la attribuzione a queste malattie del nucleo dinamico descritto (la colpa) ne fa malattie non solo gravi, ma di cui vergognarsi. Tutte le malattie che abbiano cause incerte e terapie inefficaci traboccano di metafore colpevolizzanti.

Idoli e feticci, prodotti dal pensiero razionale, sono scolpiti dentro le nostre paure. Si invocano allora valori comuni e l'etica codificata in una morale dogmatica. Tuttavia i valori comuni se irrigiditi dalla logica della mente razionale creano uomini con codici comuni ed un comune modo di pensarsi. Come appunto la libertà intesa come possibilità "cosciente" dunque razionale di decidere. Dimentichiamo che la condanna alla solitudine dell'incomunicabilità segue solo e soltanto alla perdita del linguaggio mimico: il linguaggio dei corpi che diventa protagonista nelle crisi come la malattia e la morte. Un linguaggio che se ascoltato può smentire le decisioni prese dalla mente razionale in assenza di malattia e lontana dalla morte.

*Giovanni Paolo II* ha pronunciato queste parole per porre l'accento sull'atteggiamento di chi cura e di chi si prende cura: "la compassione, quando è priva della volontà di affrontare la sofferenza e di accompagnare chi soffre, porta alla cancellazione della vita per annientare il dolore, stravolgendo così lo statuto etico della scienza medica".

La professionalità di chi cura e di chi si prende cura non è però priva di sofferenza. Proprio come la sofferenza di Asclepio che morì per aver scelto di dare vita ad un morto. Da qui il mito di Asclepio sulla sofferenza dei curanti: *figlio di Apollo e di Coronide, perde la madre ancor prima della nascita. Il dio, tradito dalla donna con un mortale, fa uccidere gli amanti e strappa al seno di lei il bambino, ancora vivo, Asclepio. Questi viene affidato da Apollo, al centauro Chirone, che gli insegnerà l'arte della medicina. Il centauro è portatore di una piaga purulenta, incurabile che utilizza per guarire i malati più gravi. Asclepio apprende da Chirone i segreti dell'arte medica, ma viene fulminato da Zeus per aver osato far rivivere un morto.*

All'operatore che attraversa ogni sofferenza per portare vita all'altro, vivo e capace di relazione con noi, anche quando è in punto di morte. *Rilke* diceva: *non crediate che colui che tenta di confortarvi viva senza fatica in mezzo alle parole semplici e calme che qualche volta vi fanno bene. La sua vita reca molta fatica e tristezza e resta lontana dietro a loro. Ma fosse altrimenti, egli non avrebbe potuto trovare quelle parole.* La sofferenza è un modo comunicativo che attiva, mantiene e conclude una relazione. È una relazione che cura, che fa star bene. *Platone*, nella Repubblica, diceva: *creare condizioni di salute significa far sì che le parti di un corpo dominino o siano dominate in conformità alla natura; invece creare malattia vuole dire farle reciprocamente coincidere oppure obbedire contro natura.*

Sulle pareti di ogni luogo di cura sarebbe bello poter leggere l'inno alla vita di *Madre Teresa di Calcutta*:

*"la vita è un'opportunità: coglila;*
*la vita è bellezza: ammirala;*
*la vita è un sogno: realizzalo;*
*la vita è un dovere: compilo;*
*la vita è un gioco: giocalo;*
*la vita è un mistero: conoscilo;*
*la vita è una promessa: mantienila;*
*la vita è dolore: superalo;*
*la vita è una canzone: cantala;*
*la vita è lotta: combattila;*
*la vita è avventura: sfidala.*
*La vita è vita: salvala".*

Il messaggio che più dovrebbe risuonare nella mente e nel cuore di tutti coloro che nell'incontro con la malattia si scoprono diversamente sani è certamente riassunto in tre frasi di questo inno: "la vita è dolore: superalo; la vita è lotta: combattila; la vita è avventura: sfidala". L'uomo, anche se sfidato dal dolore deve tendere non verso l'autocommiserazione bensì verso l'autorealizzazione con coraggio e fiducia.

In questo inno c'è anche un messaggio per chi, in qualità di operatore di salute e dell'accudimento dei bisogni delle persone malate deve esserci, dare presenza, dare vita. Si legge: "La vita è vita: salvala".

# Bibliografia

ANDREOLI V., *L'uomo di vetro,* Biblioteca della mente – Psicopatologia della vita quotidiana, Corriere della Sera, Milano 2011.

ARAMINI M., *Manuale di bioetica. Per tutti*, Paoline, Milano 2006.

BARCARO R., *Le cure palliative: aspetti etici,* in VOLTAGGIO (a cura di), *La fine della vita. Per una cultura e una medicina rispettose del limite,* Apèiron, Bologna 2001, pp.151-160.

BELLINI C.V. - M. MALTONI, *La morte dell'eutanasia. I medici difendono la vita,* Società Editrice Fiorentina, Firenze 2006.

BIAVA P.M., *Medicina oncologica complessità e biologia: il cancro come patologia della comunicazione,* Mondatori, Roma 2002.

BINETTI P., *garantire la vita del paziente fino all'ultimo momento,* in AA.VV., 2008, pp 73-76.

CAMPIONE F., *Contro la morte. Psicologia edetica dell'aiuto ai morenti,* Clueb, Bologna 2003.

CAMPIONE F., *Dialoghi sulla morte,* Clueb, Bologna 1996.

CARPANELLI I. - A. SINTONI, *Assistenza infermieristica ai bisogni psicosociali del paziente oncologico,* in CARPANELLI ET ALII, *Oncologia e cure palliative,* Mc Graw-Hill, Milano 2002, pp. 57-76.

CORLI O., *Un modo di curare antico nella realtà attuale,* in CORLI (a cura di), *Una medicina per chi muore. Il cammino delle cure palliative in Italia,* Città Nuova, Roma 1988, pp23-46.

CORNEO E., *Il Dolore nei secoli tra curiosità e storia,* Ricordati, Milano 1986.

CROCETTI G. - S. TAVELLA, *Nel dolore la vita, tra problemi, sfide e soluzioni,* Città aperta, Troina 2008.

CROCETTI G., *Ascolto terapeutico e comunicazione in oncologia,* Borla, Roma 2002.

CROCETTI G., *Ritorno al punto zero. Dall'ascolto terapeutico di Anna, malata di cancro.* Borla, Roma 1994.

CROCETTI G. - A. ZARRI, *Gli dei della notte sulle sorgenti della vita. Il trauma precoce dalla coppiamadre al bambino*, Pendragon, Bologna 2008.

CROCETTI G. - C. VIANELLO - G. PALLAORO, *Il Benessere bambino,* Borla, Roma 2010.

CROCETTI G., *Legami imperfetti, psicodinamica delle relazioni d'amore,* Armando, Roma 1997.

DE LEONARDIS A., *La comunicazione medico-paziente,* in GRAZIANO (a cura di), *Stress lavorativo burn-out e mobbing in ospedale. Storia di un'esperienza formativa*, Armando Editore, Roma 2006, pp. 47-49.

DI MOLA G., *Il modello dell'Hospice nei paesi anglosassoni,* in CORLI (a cura di), *Una medicina per chi muore. Il cammino delle cure palliative in Italia,* Città Nuova, Roma 1988, pp. 203-215.

DI NEPI L., *De eutanasia. Lettera aperta di un laico ai laici,* Sovera, Roma 2006.

DI NUNNO P., *Il disagio terminale,* Il pensiero scientifico, Roma 1998.

GALOFARO F., *Eluana Englaro. La contesa sulla fine della vita,* Meltemi, Roma 2009.

GAMBA A. - M.A. ERRIGO, *L'équipe di cure palliative,* in CORLI (a cura di), *Una medicina per chi muore. Il cammino delle cure palliative in Italia,* Città Nuova, Roma 1988, pp. 79-88.

GIUSTINIANI P., *Accompagnare il sofferente terminale e il morente. Una riflessione in prospettiva religiosa,* in Voltaggio (a cura di), *La fine della vita. Per una cultura e una medicina rispettose del limite,* Apèiron, Bologna 2001, pp. 177-202.

GRASSI L.- M. BIONDI - A. COSTANTINI, *Manuale pratico di psico-oncologia,* Il pensiero scientifico, Roma 2003.

GRAZIANO A., *La sindrome del burn-out,* in GRAZIANO (a cura di), *Stress lavorativo burn-out e mobbing in ospedale. Storia di un'esperienza formativa*, Armando Editore, Roma 2006, pp. 58-60.

KUBLER ROSS, *La morte e il morire,* Cittadella, Assisi 1979.

KUBLER ROSS, *Domande e risposte sulla morte e il morire*, Studio Redazionale, Como 1989.

LE BRETON D., *Antropologia del dolore,* Meltemi, Roma 2007.

LECALDANO E., *Bioetica. Le scelte morali,* Laterza, Bari 2005.

LENOCI M. ET ALII., *Dall'aborto all'eutanasia*, Gribaudi, Milano 2005.

LEONE S. – PRIVITERA S., *Nuovo dizionario di bioetica*, Città Nuova Editrice/Istituto Siciliano di Bioetica, Roma/Acireale 2004.

LEONE S., *Nuovo manuale di bioetica,* Città Nuova, Roma 2007.

LIEBERMAN A.F. – COMPTON N.C. – VAN HORN P. – GHOSCH IPPEN C., *Il lutto infantile,* Il Mulino, Bologna 2007.

LOZANO BARRAGAN J., *Metabioetica e Biomedicina,* Città del Vaticano, Gorle 2005.

MACELLARI G., *La morte tra medicina e filosofia,* in VOLTAGGIO, *La fine della vita. Per una cultura e una medicina rispettose del limite,* Apèiron, Bologna 2001, pp. 161-176.

MARZANO M., *Scene finali. Morire di cancro in Italia*, Il Mulino, Bologna 2004.

MATROIANNI C. - A. PIGNATELLI - C. TABOGA, *Il dolore oncologico,* in CARPANELLI ET ALII, *Oncologia e cure palliative*, Mc Graw-Hill, Milano 2002, pp. 87-110.

MAZZUCCHI A., *Stato o vita vegetativa? Gestione integrata di un percorso tra conoscenza ed etica per operatori e familiari,* Giunti, Milano 2008.

MELAZZINI M., *Che cosa ho di diverso? Conversazioni sul dolore, la malattia e la vita,* S. Paolo, Roma 2007.

MERCEDANTE S. - C. RIPAMONTI, *Medicina e cure palliative. Aspetti clinici, esistenziali e organizzativi,* Masson, Milano 2002.

MERLO P., *Fondamenti e temi di bioetica,* LAS, Roma 2009.

MINKOWSKI E., *Il tempo vissuto. Fenomenologia e psicopatologia,* Biblioteca della mente – psicopatologia della vita quotidiana, Corriere della Sera, Milano 2011.

NOBILI R., *La famiglia attorno al malato inguaribile,* in CORLI (a cura di), *Una medicina per chi muore. Il cammino delle cure palliative in Italia,* Città Nuova, Roma 1988, pp. 71-78.

PALOMBA R. - C. PELLEGRINI, *Il medico e la sofferenza: la terapia antalgica e le cure palliative,* in VOLTAGGIO (a cura di), *La fine della vita. Per una cultura e una medicina rispettose del limite,* Apèiron, Bologna 2001, pp. 143-149.

PETRONE O., *Il paziente e la sua malattia,* in GRAZIANO (a cura di), *Stress lavorativo burn-out e mobbing in ospedale. Storia di un'esperienza formativa*, Armando Editore, Roma 2006, pp. 50-52.

RAZAVI D. - N. DELVAUX, *Psico-oncologia. Il cancro, il malato e la sua famiglia,* Masson, Parigi 2002.

RINIERI M.T. - M. LO RUSSO, *Le cure palliative: concetti generali,* in CARPANELLI ET ALII, *Oncologia e cure palliative*, Mc Graw-Hill, Milnao 2002, pp. 371-378.

SGRECCIA E., *Manuale di bioetica, Vol.2,* Vita e pensiero, Roma 2003.

SOZZI M., *Reinventare la morte. Introduzione alla tanatologia,* Laterza, Bari 2009.

TACCANI P., *Domiciliarità e Formazione,* in «La rivista di servizio sociale», Studi di scienze sociali applicate e di pianificazione sociale, XLIV n 3 (2004), pp. 21-29.

VELLA C., *L'etica a servizio della persona malata. Esperienza e riflessioni maturate al San Raffaele di Milano,* Paoline, Milano 2006.

VILLA G. - M. TAMBURINI, *Un malato inguaribile: un approccio psicologico,* in CORLI (a cura di), *Una medicina per chi muore. Il cammino delle cure palliative in Italia,* Città Nuova, Roma 1988, pp. 61-69.

WOJTYLA K., *Evangelium vitae. Il valore e l'inviolabilità della vita umana,* Edizioni Paoline, Torino 1995.

# SITOGRAFIA


www.adascuneo.org/diritti_morenti.htm, 24/04/2007

www.qlmed.org/LICT/Monti.html, 05/04/2007

www.qlmed.org/LICY/DeConno.hml, 05/04/2007

http://ok.corriere.it/dizionario/enc7329.shtml, 08/05/2007

Finito di stampare nel mese di marzo 2012 da IF Press srl

*Stampato in Italia / Printend in Italy*

Made in the USA
Monee, IL
11 November 2026

68341125R00085

"Preludio del carnaval", *El Hijo del Ahuizote*, 6 de febrero de 1887.

Por ende, esta caricatura sintetizaba el contraste entre el motivo que impulsaba a la movilización popular, es decir, la celebración por el aniversario de la Constitución —que había sentado los ideales liberales y republicanos en la nación mexicana— y la profanación que de ella se pretendía hacer, al quebrantar el principio de no reelección.

Nos interesa señalar la forma en que la caricatura cuestionaba la autenticidad de la participación obrera en la manifestación, al resaltar la presencia del poder político condensada en la figura del comandante Carrillo, presidente de la Convención Radical e impulsor de la procesión cívica. El militar, "disfrazado de pueblo y de clase obrera", vestido con el atuendo típico de los sectores populares: pantalón y camisa de manta y sombrero de palma, se arroga la representación de las clases trabajadoras al portar un estandarte de la Convención Radical y sostener en la otra mano una gran matraca con la leyenda: mutualismo. A través de la ridiculización de esta singular comparsa, el caricaturista ironizaba sobre la artificialidad y manipulación de la manifestación patria por parte de "cierta clase militar que por hacerse la notable se disfraza de clase obrera, se mezcla con algunos obreros contrahechos digamos así porque han degenerado, y se presenta con humos de patriota a festejar el trigésimo aniversario de la Constitución".[21]

[21] *El Hijo del Ahuizote*, 6 de febrero de 1887.

Detrás del comandante aparecen tres personajes, con diversos instrumentos musicales —una tambora y dos bajos—, quienes acompañan y dan vida al "Preludio del carnaval". El personaje situado detrás de Carrillo es Pedro Ordóñez, presidente del Congreso Obrero y vicepresidente de la Convención Radical. En síntesis, el título y los trazos de la caricatura objetaban la legitimidad y autenticidad de los representantes y los manifestantes obreros. La ilustración resume la idea de disfraz, de simulación con que Carrillo pretendía desfigurar su carácter de militar y mostrarse como representante del universo obrero. De forma más sutil, estos trazos también cuestionaban a las clases trabajadoras, quienes había cedido su autonomía y capacidad de movilización festiva.

De esta manera, la prensa satírica se hacía eco de una de las críticas que, con mayor frecuencia y desde diversos periódicos de oposición, se articuló contra las organizaciones mutualistas: la intromisión del poder porfiriano en las organizaciones laborales, concretada en la figura de Carrillo, y la manipulación política de los líderes de los artesanos, hecho que facilitaba la sujeción de los trabajadores mutualistas y garantizaba su pública y controlada movilización.

El análisis de otra celebración patria, organizada por el Congreso Obrero y la Convención Radical, permitirá desde una óptica complementaria reafirmar las connotaciones de la progresiva monopolización de los festejos cívicos por parte del aparto estatal e ilustrar cómo, a partir de 1886, existió una voluntad política capaz de resignificar la carga simbólica de las fiestas nacionales.

En 1887, en ocasión del aniversario de la batalla de Puebla, los líderes del Congreso Obrero y la Convención Radical Obrera se propusieron conmemorar el 5 de mayo organizando una gran celebración a la que bautizaron como la "fiesta de la paz y el trabajo". El nombre elegido expresa la primacía de los propósitos políticos en detrimento del sentido original de la fiesta, este desdibujamiento de los motivos patrios confirma la estrecha asociación que pretendía establecer el gobierno con el mundo laboral.

Para comprender las connotaciones del festejo de 1887 es necesario remontarnos dos años atrás. En 1885 los obreros de la fábrica textil La Magdalena se declararon en huelga como forma de protestar contra la reducción de sus salarios, medida que concluyó con el despido masivo de los trabajadores inconformes. Ante esta delicada situación, el Congreso Obrero presentó al gobierno una iniciativa destinada a reinsertar productivamente a los obreros desempleados. El proyecto, que contó con el decidido apoyo de Porfirio Díaz y el ministro de Fomento, se concretó a fines de 1886, cuando se inauguró una colonia sericícola en Tenancingo (Estado de México). La puesta en marcha de este proyecto no sólo pretendía resolver la falta de trabajo, sino proporcionar "al obrero el modo fácil de hacerse propietario por medio del trabajo".[22]

En este contexto, los festejos por el 25 aniversario del triunfo de Puebla comenzaron con la tradicional lectura del parte del general Zaragoza y fueron seguidos por una serie de discursos conmemorativos destinados a honrar la gesta de la segunda independencia de México, es decir, la emancipación del yugo francés. Hasta aquí el desarrollo de la fiesta patria repetía la liturgia cívica acostumbrada; sin embargo, el giro significativo estaba por evidenciarse. De acuerdo con el programa de los organizadores, el momento culminante del acto se produjo cuando un grupo de los ex operarios de la fábrica textil La Magdalena homenajearon al Presidente de la nación, a Hermenegildo Carrillo y a Pedro Ordóñez (presidentes de la Convención Radical y el Congreso Obrero, respectivamente), ofreciéndoles condecoraciones con las que evidenciaban su agradecimiento a los líderes mutualistas y al gobierno por la fundación de la colonia. Se celebraba así la "fiesta de la paz y el trabajo".

Las medallas, como forma de reconocimiento a los promotores directos del proyecto sericícola, fueron acompañadas de un puñado de espigas "regadas con lágrimas de gratitud de obreros que ayer no tenían trabajo, que hoy tienen pan para sus hijos y que mañana tendrán una propiedad para legarles".[23] El discurso pronunciado J.J.R. de Arellano, en representación de los colonos, revela la progresiva exaltación de Díaz y las connotaciones de esta revalorización en el universo del trabajo.

> Hace ocho meses que noventa y tres familias que gemían aquí, bajo el férreo yugo de la miseria, salieron de esta capital llenas de júbilo y esperanza, y pronunciaron con cariño y respeto vuestro querido nombre [...]
>
> Permitidme, señor, que os felicite de todo corazón, por la grandiosa escena, que en estos momentos se representa [...]
>
> Esta fiesta significa nada menos que el reinado de la paz se ha establecido entre nosotros y que se cosechan ya sus primeros frutos [...] a la vez que se cele-

[22] *La Convención Radical*, 1 de mayo de 1887.

[23] *La Convención Radical*, 1 de mayo de 1887. Las medallas fueron confeccionadas en oro, en el anverso tenían cincelada una corona de laureles e inscrito el nombre de cada uno de los homenajeados, debajo del cual se leía: "Protector de los obreros, gratitud". En el reverso se grabó la leyenda: "Colonia sericícola Tenancingo, año de 1887. Recuerdo", dicha inscripción estaba enmarcada por una espiga de trigo y una rama de morera con un gusano en una hoja. Las personalidades que recibieron la condecoración fueron: Porfirio Díaz; Carlos Pacheco, ministro de Fomento; Hermenegildo Carrillo, presidente de la Convención Radical; Pedro Ordóñez, presidente del Congreso Obrero y José Ceballos, gobernador del Distrito.

bran vuestros hechos inmortales en los campos de batalla, que se recuerdan con entusiasmo vuestros rasgos de audacia y valor en la invicta Puebla, se celebran también en vuestro nombre, las primeras fiestas del trabajo y de la paz; de esa paz tan codiciada, que supiste comprar con vuestra sangre para hacer feliz a la República Mexicana.[24]

De esta forma, en 1887 el aniversario por la batalla de Puebla cobró un particular cariz destinado a exaltar la personalidad de Díaz en estrecha asociación con el universo laboral. La organización de la "fiesta de la paz y el trabajo" estaba destinada a realzar la imagen del Presidente como hacedor y garante de la paz nacional y como protector de las clases trabajadoras.

El 5 de mayo de 1862 Porfirio Díaz había protagonizado la liberación de México del dominio napoleónico, por tanto merecía ser reivindicado por su participación como actor destacado en la consolidación de la independencia y la paz nacional. En 1885 Díaz, como presidente de la nación, había asumido su compromiso con los trabajadores, con las clases sociales más vulnerables, mostrando su interés por la superación moral y económica de estos sectores mediante la concreción de un proyecto agrícola. El mensaje era claro, la lucha de Díaz por engrandecer a México había iniciado en los campos de batalla y continuaba con la promoción de acciones que, como la fundación de la colonia de Tenancingo, impulsaban la paz y el progreso social.

Por último, merece subrayarse la precisión de los términos utilizados por el poder político para citar a la movilización popular. Distinguir la carga semántica de los llamamientos permite explicitar los objetivos que en cada manifestación pública guiaban a los organizadores, el formal cuidado frente a los sujetos movilizados y el mensaje que pretendía hacerse extensivo al conjunto social.

En general, cuando el Congreso Obrero o la Convención Radical Obrera movilizaban a los trabajadores para asistir a los festejos patrios, la convocatoria se hacía a las mutualidades, es decir, a los grupos organizados que llevaban su estandarte y actuaban como miembros de una sociedad. Ahora bien, si las manifestaciones se organizaban para demostrar el apoyo a la reelección —como analizamos más adelante—, la convocatoria se hacía con la expresa aclaración de que "no queremos que vayáis en vuestro carácter de miembros de Asociaciones Mutualistas, sino con el de ciudadanos, porque de esta manera nuestra manifestación será más significativa y se hará extensiva a otros obreros que aún no pertenecen a Corporación alguna".[25]

[24] *La Convención Radical*, 1 de mayo de 1887.
[25] *La Convención Radical Obrera*, 27 de mayo de 1888.

Esta distinción, trazada para diferenciar la calidad de los participantes en las movilizaciones, tenía por objeto construir dos imágenes públicas lo más acordes posible con los motivos que impulsaban la manifestación. El apoyo político que se necesitaba en las coyunturas electorales, a diferencia de los festejos patrios, requería de ciudadanos que en su condición de individuos libres e iguales evidenciaran su adhesión al régimen. Era prioritario distinguir entre el sujeto movilizado como parte de un colectivo, como la mutual, del ciudadano que haciendo uso de sus derechos individuales expresaba su apoyo al Presidente y convalidaba la legitimidad del régimen. Por el contrario, las fiestas patrias servían a las aspiraciones del poder político como el ámbito ideal para reforzar la imagen de una sociedad ordenada, organizada y subordinada a los imperativos del poder público. La participación cívica de los socios mutualistas encarnaba el éxito de un proyecto sociopolítico que pretendía hacer de los trabajadores organizados los sujetos por excelencia de la movilización; de esta forma, Díaz se valió de las mutuales para hacer de ellas escuelas de orden y civismo capaces de proveerle del consenso y la legitimidad que todo poder necesita.

## 2. Las celebraciones patrias y la apuesta por la armonía de clases

### a] *La búsqueda de conciliación entre mexicanos y españoles*

Los discursos pronunciados en las celebraciones por la Independencia de México contribuyeron —junto con los textos escolares, los cuadernillos cívicos y las historias patrias—, a instaurar construcciones historiográficas, imaginarios sociales y representaciones colectivas. En gran medida, esta dimensión de significaciones presente en la retórica cívica decimonónica se articuló a partir de dos posturas ideológicas: la hispanofobia y la hispanofilia.[26]

Los discursos septembrinos condensaron y contrastaron dos concepciones o visiones del pasado. Por un lado, se alzaban las voces de los representantes de la colonia española, en sintonía con una buena parte de la élite política porfiriana, para quienes las fiestas patrias se convertían en la ocasión por excelencia para promover la unión y confraternidad entre España y México. Por otro lado, afloraban los discursos patrióticos que, imbuidos por un fuerte sentimiento hispanofóbico, centraban su argumento en los horrores y las cruelda-

[26] Granados García, 2005, pp. 47-97.

des que el régimen colonial español había cometido contra las poblaciones indígenas. En síntesis, la constante actualización de la "leyenda negra", presente en los discursos septembrinos, contribuía a exaltar "la visión catastrófica de la conquista de México" alentando de forma constante "el rechazo popular a España y los españoles".[27]

La hispanofobia, presente en buena parte de los discursos patrios, coadyuvó a alimentar antagonismos sociales que en diversas ocasiones superaron la esfera discursiva para expresarse de forma tumultuosa; tal fue el caso de los apedreos contra las casas comerciales propiedad de españoles, que tenían lugar los días 15 y 16 de septiembre. Más allá del estricto control oficialista, de la pulcra organización de los contingentes mutualistas, un segmento de las clases populares permaneció no sólo ajeno a la movilización organizada, sino que encontró en las fiestas septembrinas una ocasión para manifestar su abierta antipatía por los propietarios españoles. En efecto, "la domesticación no está nunca segura, ni acabada y la fiesta siempre puede girar hacia la violencia contra el orden establecido o por establecer".[28]

Resulta enriquecedor plantear el contrapunto de estas construcciones sustentadas en el rechazo y la antipatía hacia lo español, y establecer la significación que para el poder político y los dirigentes mutualistas tenía el inculcar en las clases trabajadoras —mediante los discursos y los rituales patrios— los ideales de fraternidad y reconciliación con los representantes de la colonia española.

En lo que a discursos cívicos se refiere, nos interesa puntualizar la postura de dos destacados políticos del régimen porfiriano: Ignacio Manuel Altamirano y Justo Sierra.[29] A pesar de los diferentes posicionamientos intelectuales

[27] *Ibídem*, p. 65.

[28] Chartier, 1995, p. 36.

[29] Ignacio Manuel Altamirano nació en Tixtla, Guerrero, en 1834 y murió en San Remo, Italia, en 1893. Tomó parte en diversas campañas militares, en 1854 participó en la revolución de Ayutla y años más tarde defendió al país de las tropas de la intervención francesa. En 1867 fundó el periódico *El Correo de México* y en 1869 creó la revista literaria *El Renacimiento*. En la función pública, durante el gobierno de Porfirio Díaz, se desempeñó como cónsul general en Barcelona y París. Entre sus producciones como escritor se destacan sus novelas *Clemencia* (1869), *La Navidad en las montañas* (1870) y *El Zarco* (1888). Justo Sierra nació en Campeche en 1848 y murió en Madrid en 1912. Destacado político e intelectual porfiriano fue uno de los principales promotores de la filosofía positivista y miembro del grupo conocido como "los Científicos". Colaboró en varios periódicos, como *El Siglo XIX*, *La Libertad* y *El Federalista*. Ocupó diversos puestos públicos: fue diputado suplente y propietario (1880 y 1884, respectivamente) y magistrado de la Corte Suprema de Justicia (1894); en 1905 fue nombrado secretario de Instrucción Pública y Bellas Artes, cargo que desempeñó hasta 1911 y desde el cual propició la fundación de la Universidad Nacional.

que subyacen en sus escritos —particularmente por sus encontradas valoraciones acerca del efecto y el legado de la etapa colonial—, para ambas personalidades las fiestas de la Independencia eran la ocasión para promover la fraternidad con el pueblo español.

Para Altamirano las celebraciones septembrinas, lejos de engendrar odios contra la colonia española, propiciaban el amor a la patria y a los héroes que habían luchado por la libertad de la Nueva España. Sin olvidar que las insoportables condiciones impuestas a las "razas" indígenas y a la "raza" criolla por el sistema colonial habían sido el motor de los procesos independentistas, proponía diferenciar a la España antigua y dominadora, de la España actual y amiga.

En razón de esta distinción, rotas las cadenas de la dominación imperial y fundada la nación mexicana, los rencores sociales —alimentados por las atrocidades del pasado colonial— debían desaparecer. Según Altamirano, los agravios y desavenencias acabaron cuando despareció "la situación que los hizo nacer", por tanto, una vez consolidada la independencia nacional, españoles y mexicanos, como ciudadanos de dos naciones libres, sólo podían estar unidos por fuertes vínculos de amistad y fraternidad. "Los españoles que viven de allende los mares y los que viven entre nosotros no pretenden más que cultivar con nuestro pueblo relaciones comerciales y pacíficas ¿A qué, pues, habrían de conducir los odios que se suscitaran contra una nación que no desea ya más que ser considerada como una de las naciones amigas?".[30]

Desde un lugar de mayor condescendencia frente el legado español, Justo Sierra reivindicaba la figura maternal de la metrópoli, reconociendo que a ella debíamos "la civilización, a ti que en pos del conquistador nos mandaste al misionero; a ti debimos la independencia, a ti que de la sombra del virrey hiciste surgir al tribuno". En consonancia con esta exaltación y luego de repudiar la "voz confusa" y "semianimal" de las turbas de Hidalgo, quienes habían pronunciado: "¡Mueran los gachupines!", reivindicaba el hecho de que superado este arrebato "había venido la razón, y en el primer momento de esa razón libre y serena nos reconocimos y nos amamos: eras como siempre nuestra madre; seguimos siendo tus hijos".[31] En síntesis, a pesar de las diferentes valoraciones del pasado colonial, ambos intelectuales cifraban sus deseos y expectativas en la conciliación entre nacionales y extranjeros.

A mediados de la década de 1880 los líderes mutualistas del Congreso Obrero y la Convención Radical Obrera promovieron la reivindicación de las fiestas septembrinas como el espacio para la reconciliación entre México y

[30] Altamirano, 1989, t. xix, p. 371.
[31] Sierra, 1977, t. ix, p. 109.

España. Lenguajes verbales, visuales y escritos —discursos, oraciones cívicas, carros alegóricos y artículos periodísticos— se complementaron a fin de propiciar la fraternidad entre peninsulares y mexicanos. Esta apuesta por atenuar las diferencias y rencores propios de dos nacionalidades —que habían estado unidas por un vínculo colonial— rebasó los límites de una reconciliación cultural o étnica para impulsar una armonía que era también el intento por neutralizar un conflicto de clases, teniendo en cuenta la posición privilegiada que muchos españoles, como propietarios de fábricas, haciendas, empeños y comercios tenían en la sociedad mexicana de fines del siglo XIX.[32]

En tal sentido, "a lo largo del siglo XIX se fue creando un clima hostil contra la colonia española en México, en virtud del lugar que muchos de sus integrantes ocupaban en algunas de las áreas de la economía sensibles a generar conflictos directos con trabajadores y gente del pueblo".[33] Para la élite mutualista, las fiestas se convirtieron en una estrategia persuasiva mediante la cual intentaron concretar la ansiada armonía entre el capital y el trabajo; en pocas palabras, y en consonancia con los ideales que en reiteradas ocasiones plasmaron en la prensa obrera, se trataba de que en las fábricas no haya "amos, ni siervos [...] sino socios [y] amigos".[34]

El 15 de septiembre de 1887 miembros de diversas sociedades mutualistas se acercaron a los sepulcros de Hidalgo, Morelos y Guerrero para rendir homenaje a los héroes y libertadores de la patria. Luego de pronunciar discursos y honrar sus restos depositando en sus tumbas coronas de laureles, una comitiva se dirigió al Casino Español donde fue recibida con el Himno de Riego, a continuación "el orador de los obreros dirigió la palabra a los españoles en términos conciliadores, cariñosos y entusiastas". Por parte de los peninsulares tomó la palabra Indalecio Sánchez Gavito, quien en su discurso señaló que "los recuerdos del pasado, lejos de crear algún antagonismo entre españoles y mexicanos, forman al contrario, una serie de acontecimientos, una cadena de hechos que los une con lazos indisolubles, que no pueden debilitar algunos pequeños incidentes".[35]

Con estas salutaciones, que se repetían año tras año, se pretendía demostrar que en una fecha tan memorable como el 15 de septiembre, los obreros mexicanos lejos estaban "de un sentimiento que no fuera precisamente el de la amistad a los españoles y que los dominara otra idea que no fuera la de concordia". En efecto,

[32] LIDA, 2006, p. 164.

[33] GRANADOS GARCÍA, 2005, p. 86.

[34] *La Convención Radical Obrera*, 8 de enero de 1888.

[35] *La Convención Radical*, 18 de septiembre de 1887.

> Concentrándose a conmemorar el nacimiento de su patria, los obreros piensan en todo menos en hacer recriminaciones, ni exigir responsabilidades a quienes no existían hace tres siglos. Buscar solidaridad entre el pasado y el presente, sería un absurdo [...] los pueblos, así como los individuos, obran según las circunstancias y si España fue conquistadora obedeció a las teorías científicas de Cristóbal Colón, a la sed de gloria patriótica de su soberana Isabel y a la audacia, valor y ambición de Hernán Cortés.[36]

En síntesis, la dirigencia mutualista, organizada en el Congreso Obrero y la Convención Radical Obrera, contribuyó a convertir las fiestas por la Independencia en un espacio que coadyuvaba a mitigar los rencores entre peninsulares y mexicanos. La posibilidad de estrechar vínculos y promover el acercamiento entre los socios mutualistas y los representantes de la colonia española, en una fecha tan significativa para el pueblo mexicano, favorecía a exaltar la idea de unidad entre las clases sociales y a propiciar la hermandad entre los obreros mexicanos y la colonia española, deseos tan acordes con los anhelos políticos y el discurso mutualista de la época.

### b] *La fraternidad con la colonia francesa*

Si en las celebraciones por la Independencia de México la carga simbólica de la reconciliación estaba cifrada en España, las conmemoraciones por la victoria militar frente a las tropas francesas, el 5 de mayo de 1862, intentaban reafirmar la simpatía entre México y Francia.

> En la procesión del día cinco, nos llenó de contento ver en el carro alegórico que sacaron los obreros, que debajo del gorro de la libertad, dos manos enlazadas, simbolizando la amistad, tenían unidos unos lazos de seda con los hermosos colores de la bandera mexicana y francesa, y que más abajo, otras dos manos, también enlazadas, llevaban los nombres: Juárez, Gambetta.[37]

Así como se llamaba a diferenciar entre la España dominadora de ayer y la España hermana de la actualidad, representantes de la élite política porfiriana y líderes mutualistas coincidían en que el punto de partida para la reconciliación entre mexicanos y franceses consistía en explicitar la distinción entre

[36] *La Convención Radical Obrera*, 23 de septiembre de 1888.
[37] *La Convención Radical*, 8 de mayo de 1887.

"Napoleón, el Pequeño [y] la gran República Francesa".[38] De esta forma, la estigmatización del emperador como la figura "instigadora" y "criminal" que había enfrentado a dos naciones hermanas, permitía celebrar el 5 de mayo como el triunfo sobre el despotismo y la dictadura napoleónica, preservando al pueblo francés y a la Francia republicana, que en nada se vinculaban con aquella aventura imperialista.[39] De este razonamiento se desprendía que "derribado del trono aquel déspota, proclamada la República en aquella nación, el pueblo mexicano olvidó en el acto sus agravios y no tuvo más que sentimientos de simpatía hacia el pueblo que ninguna parte había tenido en la intervención".[40] A pesar de estas intenciones conciliadoras, algunos franceses manifestaron "el deseo de que el gobierno mexicano algún día considere oportuno suprimir esta fiesta, que es un poco hiriente para nosotros", y que no concordaba con las actuales "relaciones de lo más cordiales" que México sostenía con Francia.[41]

De conformidad con esta propuesta, cada año, cuando se acercaba el 14 de julio —fecha en que Francia conmemoraba la toma de la Bastilla— la prensa obrera reafirmaba el anhelo de concordia entre mexicanos y franceses. Desde *La Convención Radical* se recordaba que la independencia de América había sido la respuesta frente a las ambiciones imperialistas de Napoleón I sobre España; en síntesis, había sido "la protesta contra la conquista napoleónica". Por ello, así como los franceses se unían a los festejos del 5 de mayo a fin de celebrar "la derrota de un tirano", México debía acompañar al pueblo francés en la fiesta del 14 de julio, en tanto esa fecha simbolizaba el triunfo de la libertad sobre la monarquía y no era la "fiesta del Imperio napoleónico, sino la fiesta cosmopolita por excelencia, la fiesta de la Humanidad".[42] Asimismo, se argumentaba que era necesario recordar la deuda de gratitud que existía con Francia, que con su proceso revolucionario había nutrido a América del bagaje teórico para la formulación de sus procesos independentistas.

[38] *Ídem.*

[39] A propósito de las fiestas del 5 de mayo, Ignacio Manuel Altamirano señalaba que esa celebración significaba "la conmemoración de una victoria debida al patriotismo de los republicanos de México, que defendían su país invadido de las huestes del tirano que oprimía entonces a la generosa nación francesa [...] Así, pues, al celebrar esta fiesta nacional, no abrigamos el menor resentimiento contra la patria de Thiers, de Julio Favre, de Picard y de Gambetta, sino contra el miserable emperador". ALTAMIRANO, 1989, t. XIX, p. 89.

[40] ALTAMIRANO, 1989, t. XIX, p. 372. Artículo publicado en *La Gaceta de México*, el 15 de septiembre de 1884 y posteriormente en *La Revista de México*, el 14 de septiembre de 1890.

[41] Augusto Génin, citado en DE GORTARI RABIELA y HERNÁNDEZ FRANYUTI, 1988, t. III, p. 503.

[42] *La Convención Radical*, 10 de julio de 1887.

En julio de 1889, la colonia francesa residente en la ciudad de México reafirmó, mediante una celebración en su Casino, esta apuesta por una armónica relación entre ambos pueblos. La fiesta consistió en una cena que, inaugurada con los acordes del Himno mexicano, reunió cerca de "setenta comensales, obreros y dependientes en su gran mayoría, de las fábricas y casas de comercio francesas". El salón fue decorado profusamente con banderas mexicanas y francesas, pero el detalle que resultó significativo fue la cortina tricolor sobre la que se había colgado una litografía que representaba la libertad y que fue flanqueada por dos retratos, uno de Benito Juárez y otro del cura Hidalgo. A la cena fueron invitados los dirigentes mutualistas Pedro Ordóñez y José M. González y González, quienes recibieron "multiplicadas demostraciones de respeto y cariño".[43]

En consonancia con el proyecto diplomático del gobierno porfirista, decidido a restablecer las relaciones exteriores con Francia y con España, la dirigencia mutualista —mediante la resignificación de las fiestas patrias— promovió sentimientos de fraternidad que pretendían convertir a la reconciliación cultural entre nacionales y extranjeros, en el punto de partida para atenuar el conflicto de clases que enfrentaba a los trabajadores mexicanos con los propietarios españoles y franceses. De esta forma, las fiestas cívicas asumieron una particular carga de significaciones que, superando reivindicaciones estrictamente patrióticas, expresaban las intenciones de un gobierno que las utilizó como vehículo de persuasión para la promoción de la armonía de clases.

## 3. El aniversario de la Independencia. Las clases trabajadoras y el culto personalista de Díaz

Porfirio Díaz nació en Oaxaca el 15 de septiembre de 1830, ese mismo día la República mexicana cumplía 20 años de haber iniciado su lucha por la Independencia nacional. Esta coincidencia de celebraciones, que pudo haber significado en la vida del general una simple anécdota, fue transformándose a partir de su llegada a la silla presidencial hasta que, finalmente, su cumpleaños se convirtió en un espectáculo público, en un evento patrio.

Durante los primeros años de su gobierno, y aún durante la presidencia de Manuel González (1880-1884), Porfirio Díaz era saludado el día de su natalicio por diversas personalidades, "artistas, hombres de ciencia, escritores, empleados, militares, comerciantes y propietarios", quienes organizaban

[43] *La Convención Radical Obrera*, 21 de julio de 1889.

pequeñas "procesiones" para ir hasta su casa y felicitarlo públicamente. Esta situación empezó a prefigurar la pérdida del carácter privado y doméstico de esta celebración pero, hasta entonces, la azarosa coincidencia del festejo patrio con el cumpleaños de Díaz intentó ser discriminada. En 1883 la prensa señalaba que se había elegido el 14 de septiembre "para hacer en él la felicitación a [Díaz] a fin de que no se confundiera con las fiestas del 15, que sólo tienen una significación patriótica".[44]

Esta preocupación por distinguir el cumpleaños del Presidente, como festejo privado, y el aniversario del "grito de Dolores", como suceso patrio, fue desapareciendo paulatinamente. A partir de 1887 la celebración por el nacimiento de Díaz cobró una nueva dimensión al unirse los representantes del Congreso Obrero y la Convención Radical al Círculo de Amigos del General Díaz, que desde 1884 iban al domicilio del homenajeado a saludarlo. Este hecho empezó a convertir el natalicio de Díaz en una fiesta pública que, conformada en gran medida por los dirigentes de los artesanos y los socios mutualistas, recorría las calles de la ciudad hasta llegar al Palacio Nacional y felicitar a Díaz.

En septiembre de 1887 el periódico *La Convención Radical* comentaba en sus páginas la "espléndida manifestación de cariño" que los trabajadores habían demostrado al primer magistrado con motivo de su cumpleaños. Según la crónica periodística, cumpliendo con lo programado por la dirigencia del Congreso Obrero y la Convención Radical, el 14 de septiembre a las siete de la noche se habían reunido en la Avenida Juárez alrededor de 3 400 trabajadores, entre artesanos mutualistas y obreros de las fábricas de la ciudad. Formando un compacto y numeroso contingente, y portando cada uno de los manifestantes un pequeño farol, se dirigieron a la plaza de Armas para finalmente ingresar al Palacio Nacional y saludar al general.

En el Salón de Embajadores, Díaz aguardaba a sus visitantes, "la procesión, sin interrumpirse, entraba por una puerta y salía por la otra, saludando con cariño y con respeto al ciudadano Presidente. No pudiendo contener el salón a tan numerosa concurrencia, el mismo ciudadano Presidente dispuso que un individuo de cada sociedad fuera quedándose a su lado, en representación de la misma". Luego que los representantes mutualistas pronunciaron sus

[44] En aquella ocasión, frente a la casa de Porfirio Díaz "se había improvisado un estrado [...] en aquel lugar se situaron los felicitantes. El Sr. general Díaz se presentó en el balcón y fue saludado con una inmensa hurra y vitoreado con entusiasmo [...] En seguida se entonó un coro de Orfeón [...] se cantaron algunas otras piezas con acompañamiento de orquesta, una de ellas compuesta expresamente para la felicitación del general Díaz". *El Diario del Hogar*, 18 de septiembre de 1883.

discursos, recitaron poesías e hicieron entrega de los obsequios que llevaban, la fiesta concluyó "con un entusiasmo que rayó en frenesí".[45]

Para los líderes mutualistas este excepcional festejo ponía fin a la "interposición de aduladores rastreros" y a una serie de "errores injustificables", causa de la separación entre el gobierno y el pueblo.

> El gobernante y el obrero se han conocido, se han estrechado la mano y se han unido de buena fe para hacer la felicidad de la patria [...]
>
> El Presidente de la República [...] ha comprendido perfectamente que la popularidad, que la opinión pública no se busca en los salones aristocráticos [...] sino en el taller, en la fábrica, en la mina, en el campo, en todas aquellas partes adonde están las muchedumbres [...]
>
> Ha visto el General Díaz con qué facilidad el Congreso Obrero mueve a esa muchedumbre y la moraliza aconsejándoles la paz, el amor a la instrucción y al trabajo, el respeto a la autoridad y a la policía, el cariño al buen gobernante y la aspiración al progreso.[46]

En el proceso de resignificación del cumpleaños de Díaz, las connotaciones de este primer viraje revisten particular importancia. Teniendo en cuenta que en 1886 el régimen porfiriano había logrado asimilar y subordinar al Congreso Obrero, y con éxito había instrumentado una segunda estrategia de sujeción laboral, al reestructurar la Convención Radical, podemos decir que los festejos de 1887 sellaron la vinculación entre el poder público y la dirigencia mutualista y le ofrecieron al Presidente una de las primeras muestras de la capacidad de las instituciones del trabajo para movilizar al contingente laboral. Asimismo, con las movilizaciones públicas el pueblo trabajador renovaba su compromiso político y reafirmaba su adhesión al régimen, de esta forma se recreaba una imagen de unidad que le permitía a Porfirio Díaz legitimar periódicamente su autoridad. En tal sentido, esta "manifestación de cariño" sentó las bases de una estrategia política destinada a perdurar e institucionalizarse en la vida pública. Las controladas manifestaciones populares —al implicar la puesta en escena, la representación teatralizada de la armonía entre gobernados y gobernantes— recreaban la idea de un régimen sustentado en un amplio y casi unánime consenso.

Siguiendo con este derrotero de resignificaciones, en 1889 el festejo público por el natalicio de Díaz adquirió una nueva connotación al fusionarse total

[45] *La Convención Radical*, 18 de septiembre de 1887.
[46] *Ídem*.

e intencionalmente con las celebraciones por el aniversario del "grito de Dolores". Las salutaciones por su cumpleaños se transformaron hasta alcanzar la categoría de espectáculo público y fecha patria, elevando al Presidente al rango de héroe nacional.

> Dos acontecimientos notables celebra hoy la nación: el nacimiento de su independencia y vuestro cumpleaños, y vinculándolos, por decirlo así, por ambos se entrega al regocijo y presenta al mundo el hermoso espectáculo de un pueblo que canta y ríe porque es feliz [...] Históricas han sido todas las épocas porque ha atravesado nuestra patria, y cada una de ellas ha tenido su genio, su hombre predilecto. Por eso contamos a Hidalgo, a Juárez, a Guerrero, a Zaragoza y a vos.[47]

De esta manera, "el primer hombre de México fue agasajado en su onomástico con el protocolo correspondiente a los próceres de la patria [...] Así, las fiestas en honor al primer magistrado y las fiestas de la patria son en su estructura simbólica una misma celebración".[48]

Los trabajadores organizados en mutuales y adscritos a la Convención Radical y al Congreso Obrero fueron activos partícipes de esta transición simbólica que terminó de configurarse en 1889. Las manifestaciones septembrinas, al movilizar a un significativo y representativo segmento del contingente laboral urbano, se convirtieron en rituales políticos que proyectaban una imagen de consenso y unidad y socializaban un conjunto de valores sustentados en la idea de armonía social y comunión simbólica entre el pueblo trabajador y su Presidente.

Esta "patriótica alianza", que vinculaba a los obreros con la máxima figura política nacional, encontró su punto culminante en el título de Presidente Honorario de las Sociedades Mutualistas que los dirigentes de la Convención y el Congreso, justamente el 15 de septiembre de 1889, le entregaron a Porfirio Díaz, "eminente liberal y pacificador de la República".[49] El presidente del Congreso Obrero, Pedro Ordóñez, luego de un breve discurso le hizo entrega del diploma, que fue respaldado con la firma de los presidentes de 52 sociedades mutualistas. Con esta mención honorífica se pretendía estrechar las relaciones entre el pueblo y su Presidente, a la vez que rendirle tributo por sus reconocidas "virtudes cívicas y [...] méritos patrióticos" en favor de la nación mexicana y agradecerle "los beneficios de la Paz" alcanzados durante su gobierno.

[47] *La Convención Radical Obrera*, 22 de septiembre de 1889.

[48] Moya Gutiérrez, 2001, p. 63.

[49] *La Convención Radical Obrera*, 22 de septiembre de 1889.

En síntesis, la apropiación y transferencia de la carga simbólica del "grito de Dolores" a la figura presidencial actuó como elemento decisivo para la conformación del culto personalista de Díaz, para la construcción de un imaginario político donde el general se alzaba como el continuador y guardián de la tradición liberal, como el legítimo heredero de la obra independentista de Hidalgo y digno sucesor del liberalismo juarista.

En este proceso de mutaciones y transferencias simbólicas, la presencia del pueblo trabajador cobró un papel destacado. La movilización pública del contingente laboral, que puntualmente llegaba el 15 de septiembre al Palacio Nacional a saludar al Presidente, ratificaba con su presencia y promulgaba con sus discursos y sus diplomas la exaltación del héroe liberal, garante de la paz y el progreso nacional. Asimismo, la vinculación directa que ese día se establecía entre el poder político y los trabajadores permitía renovar públicamente el pacto social que existía entre ambas partes, proyectando una imagen de unidad capaz de regenerar los fundamentos de legitimidad del régimen y fortalecer su hegemonía.

La fiesta cívica a la vez que promovía la idea de comunión entre el pueblo y sus representantes en el poder —exaltando la condición liberal de los participantes— excluía, restándoles legitimidad, a quienes no formaban parte de ella. El impulso que en 1887 el Estado porfirista dio a los aniversarios luctuosos de Benito Juárez es el mejor ejemplo de un acto que propiciado para promover la unidad liberal buscó, por medio de la manipulación de esta emblemática figura del panteón nacional, la conciliación entre los diversos grupos liberales y estigmatizó, restándoles legitimidad, a quienes no participaban en aquellas ceremonias oficiales.[50]

La masiva y controlada presencia de socios mutualistas en las manifestaciones en honor a Juárez reafirmaba la unión entre el pueblo y las autoridades políticas, "rompiendo el divorcio que entre ellas ha existido durante tanto tiempo",[51] y hacía evidentes las convicciones liberales de los trabajadores que participaban en los homenajes al Benemérito de las Américas. Asimismo, este espacio de representación simbólica garantizaba a los obreros y artesanos su integración política y legitimaba su inserción como parte constitutiva de la nación moderna y liberal.

En síntesis, la promovida y organizada presencia de las clases trabajadoras en las fiestas patrias —particularmente en las recicladas celebraciones septembrinas— concentró múltiples funciones. En primer lugar, al proyectar una

[50] Guerrero Zorrilla, 1999, p. 84.
[51] *La Convención Radical*, 24 de julio de 1887.

imagen de comunión y empatía entre los artesanos y obreros mutualistas y la figura presidencial, vértice de los actos patrios, se propiciaba la renovación de los fundamentos de legitimidad del régimen. Por otra parte, la estrategia de fusionar el cumpleaños de Díaz con el aniversario de la Independencia mexicana, colaboraba en la propagación de un ideario que igualaba a Díaz con los héroes de la patria y lo exaltaba como el legítimo heredero de la tradición liberal. No menos importante fue la manipulación de las fiestas cívicas como un espacio que garantizaba a los participantes su integración, su pertenencia a la comunidad política. En tal sentido, los festejos patrios constituyeron un ámbito de representación que permitió a los trabajadores contar con el público reconocimiento que hacía de ellos auténticos ciudadanos de la patria liberal.

## 4. Tiempos electorales: los socios mutualistas se movilizan

Las coyunturas electorales fueron otra de las instancias donde la movilización de los socios mutualistas se hacía presente en las calles capitalinas para manifestar su apoyo a las reelecciones presidenciales. En marzo de 1892, frente a la segunda reelección presidencial de Díaz, José M. González y González reseñaba que "miles de artesanos, operarios de fábricas, agricultores, industriales y socios mutualistas" se habían reunido para manifestar a Díaz su gratitud y sus deseos de que continuara en la presidencia cuatro años más.[52]

> Ayer, todos los que no están dominados por malas pasiones y se preocupan por el porvenir de México se reunieron e hicieron patente su deseo de que el actual presidente continúe rigiendo los destinos de la nación. [...] En la gran reunión desaparecieron las jerarquías, se nivelaron todas las clases, se identificaron las aspiraciones y solamente dominó una idea: la de hacer comprender al Sr. Gral. Díaz que el pueblo le exige su continuación en el poder [...] Nada ni nadie podrá romper esa liga con que se han unido los verdaderos liberales y el hombre singular que ha cimentado en México el primer elemento de la felicidad: la paz.[53]

Las movilizaciones electorales legitimaban la posibilidad de la reelección, otorgaban parte del consenso político para instaurar la necesidad de continuidad de Díaz en el poder y recreaban —como en las fiestas cívicas— la comu-

[52] *La Convención Radical Obrera*, 6 de marzo de 1892.
[53] *La Convención Radical Obrera*, 3 de abril de 1892.

nión existente entre el pueblo trabajador y su Presidente. Casi con la misma puntualidad que los festejos por la Independencia de México, las manifestaciones populares convocadas para expresar el respaldo a un nuevo periodo presidencial fueron parte de un régimen que las instituyó prácticamente como fiestas oficiales.

La asistencia a los comicios constituía, junto con las movilizaciones, una de las prácticas que con mayor insistencia promovía la Convención Radical Obrera, ambas instancias constituían mecanismos decisivos para el fortalecimiento del poder político. En tal sentido, José M. González y González reseñaba que

> Hemos avanzado demasiado en el regenerador terreno de la Democracia [...] para no rendir obediencia al precepto tiránico de que "el obrero no debe mezclarse en política" [...]
>
> Es llegado el momento en que se mezcle en política, si política es cumplir con el precepto constitucional que ordena a todo ciudadano concurrir a las elecciones de los Poderes de la Unión, para emitir su voto a favor de la persona que crea digna de ocupar los altos puestos del gobierno.[54]

Nuevamente la convocatoria se dirigía al ciudadano trabajador, al ciudadano ideal a quien la Constitución le había otorgado derechos políticos, convirtiéndolo en miembro de la comunidad política nacional. En la práctica, los dirigentes de la Convención Radical Obrera y el Congreso Obrero podían utilizar la estructura de sus organizaciones para movilizar a la clientela electoral. Probablemente, estas instituciones funcionaron como una herramienta privilegiada para el reclutamiento de votantes, su capacidad para capitalizar la movilización colectiva de artesanos y obreros fue un aspecto sustantivo de la maquinaria electoral porfiriana.[55]

[54] *La Convención Radical Obrera*, 26 de febrero de 1896.

[55] Si bien es necesario contar con mayor cantidad de información empírica, capaz de corroborar la influencia de los dirigentes artesanales en los procesos electorales de fines del siglo XIX, algunas referencias permiten aventurar que estos líderes cumplieron un destacado papel en el reclutamiento electoral de los socios mutualistas. Para la República Restaurada, Carlos Illades señala que los procesos electorales fueron una de las instancias utilizadas por la dirigencia artesanal para relacionar al mutualismo con la esfera pública, "esta función vinculativa" se concretó en dos planos: "1] en la conformación de las planillas, donde se incorporaban, por lo general, como candidatos a regidores y 2] en los procesos electorales mismos, dentro de los cuales se disputaban un lugar entre los electores (no hay que olvidar que hasta antes de 1912 las elecciones fueron indirectas)". ILLADES, 1996, pp. 145-146. Para un análisis de las elecciones municipales en la ciudad de México durante el porfiriato, véase RODRÍGUEZ KURI, 1996, pp. 51-60.

La Convención Radical Obrera actuaba como un gran club político, una especie de organización operativa que llevaba a cabo las tareas de movilización política de las clases trabajadoras, Pedro Ordóñez —dirigente de la Convención y el Congreso Obrero— señaló que

> La Convención Radical era en realidad un círculo político sin reuniones esencialmente periódicas, sino que celebra sesiones cada vez que se necesita, es decir, que hay asuntos que tratar; las Sociedades de obreros no pertenecen con este carácter a aquel grupo, sino al Congreso Obrero.
>
> Respecto de la Convención Radical insiste que debe considerársele aisladamente del Congreso; [la Convención] es grupo exclusivamente político, al que no sólo pertenecen individuos de la clase obrera, sino todo el que desee ejercitar sus derechos de ciudadano.[56]

Se procuraba diferenciar la adscripción de los trabajadores a la Convención Radical Obrera realizada a título individual, es decir, como ciudadanos, de la vinculación corporativa establecida entre las sociedades mutualistas y el Congreso Obrero. Este permanente llamado a distinguir entre la participación como individuos y las manifestaciones donde se privilegiaba la presencia de las sociedades mutualistas pretendía desligar, cuando así lo requerían las circunstancias, las intervenciones del obrero-ciudadano y las del trabajador-mutualista. El primero era el que decidía participar en círculos políticos y se movilizaba para apoyar las reelecciones presidenciales y asistir a los comicios; el segundo era convocado en su condición de socio mutualista como parte integrante de un todo mayor y, avalado por ese estatus, formaba parte del Congreso Obrero y las celebraciones cívicas.

Hacer efectiva la participación política de obreros y artesanos a fin de renovar periódicamente el consenso y la legitimidad del régimen fue un destacado aspecto del proyecto y acción del Estado porfiriano. Los líderes de los artesanos, desde sus cargos públicos, desempeñaron un relevante papel como agentes de reclutamiento de los trabajadores. Aprovecharon su intermediación entre los espacios civiles laborales y la esfera política, y realimentaron su relación con el régimen político mediante su destreza para la movilización de los trabajadores urbanos.[57]

El férreo control político establecido desde la Convención Radical Obrera y el Congreso Obrero sobre las organizaciones mutualistas logró subordinar la

[56] *La Convención Radical Obrera*, 9 de septiembre de 1894; Villalobos Calderón, 1978, p. 28.

[57] Illades, 1996, pp. 145-146.

actuación pública de gran parte de los trabajadores. Asimismo, consiguió dominar exitosamente las movilizaciones y estimuló la incorporación política de los grupos trabajadores de la ciudad de México. En tal sentido, resulta significativa la tardía conmemoración del primero de mayo en el mundo laboral urbano, celebración que se inició a partir de 1913, durante el gobierno de Victoriano Huerta. Esta prolongada ausencia se consideró un triunfo de la política laboral porfirista en su lucha contra la propagación de las doctrinas socialistas.

> La demostración obrera europea del 1º de Mayo de este año, no tuvo correspondencia en México porque el Congreso Obrero intencionalmente, no le dio importancia, pero no faltaron individuos que quisieron promoverla; y el Congreso Obrero mexicano no le dio importancia, porque comprendió que los enemigos del orden y del actual gobierno hubieran hecho esfuerzos extraordinarios para convertirla en demostración política con objeto de alterar la paz y producir un conflicto en que se hubiera derramado sangre.[58]

En síntesis, a fines del siglo XIX asistimos a una expansión de las movilizaciones que, lejos de convertirse en una amenaza para la paz y el orden, actuaban como un mecanismo de construcción y legitimación del orden político. Dada las características de la convocatoria, el reclutamiento y los propósitos de las movilizaciones, éstas no pueden entenderse como estrategias de intervención de la ciudadanía en la esfera pública o como manifestaciones donde las clases populares de manera autónoma ponían en práctica sus derechos civiles y políticos. Las movilizaciones de los trabajadores organizados en las sociedades mutualistas, estrictamente planificadas y monopolizadas por los líderes de la Convención Radical Obrera y el Congreso Obrero, fueron la enunciación, la puesta en escena de un proyecto político que institucionalizó las manifestaciones obreras restándoles cualquier dosis de espontaneidad o de connotación política que escapara de las estrictamente dictadas por el poder porfiriano.

Durante la década de 1880, procesiones cívicas, festejos patrios y movilizaciones electoralistas fueron objeto de una sustancial mutación simbólica que transformó la participación pública de los artesanos y obreros organizados. Porfirio Díaz capitalizó la formal exclusión política del mutualismo e instrumentó estrategias de asimilación que le permitieron aprovechar la movilización de un importante segmento de las clases trabajadoras. Aprovechó la organización de los socios mutualistas, monopolizó sus instituciones laborales y sus

[58] *La Convención Radical Obrera,* 20 de diciembre de 1891.

espacios simbólicos transformando la participación pública de los trabajadores, quienes empezaron a actuar como promotores de la continuidad del héroe liberal de Tuxtepec en el poder. Como contrapartida, los artesanos adquirieron una presencia y un protagonismo público inusitado hasta esa fecha. Díaz, al apropiarse e institucionalizar las fiestas cívicas como el espacio de representación de las clases trabajadoras, y al convertir a estos sectores en un vértice de legitimidad de su régimen, articuló con el mutualismo un canal de comunicación que le permitió a la dirigencia artesanal compensar su falta de derechos políticos.

Más allá de estas experiencias signadas por la integración política, las clases trabajadoras fueron protagonistas de irrupciones autónomas en la arena pública, participaciones que actuaron como un mecanismo de interlocución con el poder porfiriano. Distantes de las controladas movilizaciones patrias y electoralistas, obreros y artesanos tomaron las calles de la ciudad para reclamar por cuestiones de índole económica que afectaban su capacidad de subsistencia o para expresar su disconformidad ante medidas que, entendían, afectaban la soberanía nacional o los principios del sistema republicano liberal.

Segunda parte

# LA TOMA DE LAS CALLES

# III
# EL NÍQUEL:
# DE LA MANIFESTACIÓN CALLEJERA AL MOTÍN

El 23 de abril de 1881 Manuel González presentó a la Cámara de Diputados un proyecto de ley con el propósito de lograr el consenso legislativo para la acuñación de una nueva moneda, producto de la aleación de cobre y níquel, que pondría fin a la carencia de circulante fraccionario. La iniciativa estipulaba la creación de monedas de uno, dos y cinco centavos y especificaba que una vez aprobada la ley cesaría la fabricación de las piezas de plata y cobre, cuyo valor fuera inferior a los cinco centavos. Finalmente, en diciembre de 1881, el Congreso aprobó la emisión de cuatro millones de pesos y estableció que las ganancias se destinarían a reacuñar las antiguas monedas de plata y a amortizar las de cobre.[1]

La principal motivación de esta propuesta económica era remediar la escasez de la moneda de vellón en la capital y en diversas ciudades de la República, donde se llegó "al extremo de que varios establecimientos particulares [crearan] para representarla y suplir su falta, *contraseñas* especiales que entregaban a sus marchantes, y las volvían a recibir por el valor que les habían asignado: eran esas *contraseñas,* de jabón, de hojalata, de cartón, y hasta de papel".[2] Asimismo, el nuevo centavo de níquel "excluía de todo pretexto a los comerciantes al menudeo para cometer el abuso de dar únicamente 24 centavos por una peseta y el de partirla a la mitad".[3]

[1] "El gobierno de González se empeñó en que la nueva moneda tuviera una apariencia mejor, una mayor durabilidad y en hacer difícil su falsificación. Contrató con una casa metalúrgica de Viena la hechura de las hojas de una mezcla de tres cuartas partes de cobre y una de níquel y en México, después de una certificación de peritos, la casa de moneda procedió a la acuñación propiamente dicha". Cosío Villegas, 1957, t. x, p. 762.

[2] *La Voz de España*, 15 de noviembre de 1883. Cursivas en el original.

[3] Reyna, 1979, p. 34. Recordemos que una peseta equivalía a 25 centavos. En este mismo sentido, en una de las sesiones legislativas donde se debatían las medidas para evitar la depreciación de la nueva moneda, el diputado Sánchez Facio expresó que "los mismos especuladores que hoy declaman contra la moneda de níquel deberían recordar que desde hace veinticinco años, están utilizando un beneficio espurio, consistente en el 4%, que nunca abonan a los infelices que ocurren a sus mostradores a hacer sus consumos". DDD, 29 de noviembre de 1883, p. 295.

A principios de 1883 la nueva moneda ya circulaba por la capital y era inminente su expansión por todo el país. Los ansiados beneficios que se esperaban de la reforma monetaria —particularmente los vinculados con la agilización del comercio al menudeo— no sólo no llegarían, sino que en las pequeñas y cotidianas prácticas mercantiles se profundizarían las injusticias y los desequilibrios. La excesiva cantidad de monedas de níquel puesta en circulación, la incredulidad y resistencia del público a admitir un metálico cuyo valor intrínseco era menor al nominal —sobre todo porque la ciudadanía estaba acostumbrada a una moneda cuyo valor era igual o mayor al que representaba—[4] y la propia actitud del gobierno, que la aceptaba en sus pagos sólo en proporciones limitadas, condujo a la depreciación del níquel y provocó una conflictiva situación social.[5]

La desvalorización implicó el descrédito del nuevo metálico y con él su rechazo generalizado; comerciantes y consumidores evitaban mediante diversos mecanismos admitir el depreciado numerario. Las mayores dificultades que encontró la flamante moneda divisionaria para su circulación se hicieron presentes en las diarias transacciones comerciales. Muchos negociantes rehusaron recibirla; otros la aceptaban, pero aplicándole grandes descuentos. Asimismo, los precios y la mercadería diferencial —según se pagara con plata o níquel— se convirtieron en una de las estrategias mercantiles más socorridas que enfrentaba a los abarroteros, gran parte de ellos de origen peninsular, y a los propietarios de cajones y puestos con la clientela.

> En los últimos días de noviembre, la *defensa* del pequeño comercio se había organizado en terribles condiciones para la clase pobre. Ya los comerciantes se habían reunido para concertar los medios de contrarrestar los efectos de la progresiva depreciación de la moneda, decidiendo recargar los efectos de primera necesidad con un aumento de un 25 por 100.
>
> En las panaderías [...] se colocó el pan dividido en dos compartimentos; en uno de ellos había pan bueno y en el otro pan crudo, duro o quemado; encima del primero decía: *pan por plata*; encima del segundo otro letrero decía: *pan por níquel.*

[4] Muchas veces esta diferencia de valores fue aprovechada por algunos particulares, quienes retiraban de la circulación las piezas de cobre para emplearlas en algún tipo de industria doméstica. Cosío Villegas, 1957, t. x, pp. 759-761.

[5] Francisco Bulnes sintetizó los motivos de la depreciación del níquel de la siguiente forma: "creo que esta situación tiene dos faltas, la emisión y la circulación del níquel; pero estas dos faltas reconocen por origen que la circulación ha sido ilimitada. Sin la circulación ilimitada no hay exceso, sin exceso no puede haber acumulación, sin acumulación no hay depreciación". DDD, 30 de noviembre de 1883, p. 318.

En la mañana del 27 de noviembre unos carteles aparecieron en las puertas de algunas carnicerías de la calle de San Lorenzo, en los cuales se leía: *Sólo en plata se vende.*[6]

Las clases populares fueron los sectores más afectados por la progresiva devaluación monetaria, evidente —con todo dramatismo— cada vez que concurrían a las tiendas y mercados en busca de artículos de primera necesidad. En este contexto de depreciación económica y artilugios mercantiles, y teniendo en cuenta que un destacado número de comercios eran propiedad de españoles, una de las principales formas que asumió el descontento social fue la hispanofobia, sentimiento que signó durante varios meses la vida en la capital de la República mexicana.

Finalmente, la apremiante situación socioeconómica estalló en forma de motín en la ciudad de México, el 21 de diciembre de 1883.[7] Esta coyuntura de movilización popular representa un observatorio privilegiado para analizar y restituir lo político a lo social, para ver de qué forma en la toma de las calles por las clases trabajadoras urbanas había concepciones del orden político. "Tratándose de la escasez o carestía de alimentos, y con todo lo espontánea y virulenta que pueda ser la acción directa de la multitud, dicha acción tal vez no escapa a una valoración cultural y política de lo que significa el orden y el papel de la autoridad en el mantenimiento de ese orden".[8]

En el caso del níquel, la vinculación de las motivaciones socioeconómicas y los factores políticos en la explosión de la protesta requiere ser subrayada. El estudio de las protestas contra la moneda de níquel brinda pistas para adentrarnos en el universo de las causas materiales e inmateriales que desencadenaron la acción colectiva de las clases populares.[9] De igual forma, esta participa-

[6] Quevedo y Zubieta, 1956, pp. 240-241. Cursivas en el original.

[7] La movilización popular de 1883 encuentra en el denominado motín del cobre, sucedido el 11 de marzo de 1837 en la ciudad de México, un antecedente de importancia. En aquella ocasión la especulación, falsificación y devaluación del metálico cuproso desató el descontento popular urbano. Para un estudio detallado de esta coyuntura remitimos a Cacho, 2005.

[8] Rodríguez Kuri, 2005, p. 169.

[9] En sus estudios sobre el siglo xviii, Georges Rudé señaló que en las protestas del *menu peuple* de Francia y los *lower orders* de Inglaterra no estuvieron ausentes los elementos políticos. Si bien su análisis sobre estas coyunturas parece estar dominado por el determinismo económico (cuestiones salariales, impuestos, precios de los alimentos), no deja de reconocer la importancia de los motivos "no materiales" en el estallido de las acciones populares; aunque aclara que en general la irrupción de lo político venía desde afuera y por arriba. Explica cómo el Parlamento parisino y el Consejo Comunal londinense fungieron como una especie de "mentores políticos del pueblo en las calles", lo que hizo que la política de los motines urbanos fuera más conservadora que radical. Rudé, 1998, p. 254. Harvey Kaye, en su estudio introductorio a la obra de Rudé, analiza estas cuestiones. Rudé, 2000, pp. 25-62.

ción puede ser examinada como una instancia que, al otorgar presencia y contundencia a las demandas populares, se convirtió en un canal de interlocución y negociación colectiva con el poder público, dejando entrever las concepciones políticas de la multitud.

## 1. Descontento popular y enfrentamientos sociales

### a] *Prácticas comerciales e hispanofobia*

La hispanofobia, como expresión del antagonismo que definió la relación entre españoles y mexicanos durante la segunda mitad del siglo XIX, se tradujo en diversas manifestaciones públicas, muchas de ellas de carácter violento. La esfera comercial urbana, en gran medida dominada por españoles, fue uno de los sectores más afectados por la xenofobia que, latente en la cotidianidad, estallaba en coyunturas particulares.

El motín del níquel fue uno de los episodios que canalizó las diferencias entre mexicanos y peninsulares, antagonismo que se expresó en actos tumultuosos contra los negocios de españoles y por medio de la violencia escrita que enfrentó, en artículos y editoriales, a diversos periódicos capitalinos.[10] Teniendo en cuenta que este sentimiento de rechazo articuló buena parte de las relaciones entre las clases trabajadoras urbanas y los representantes de la colonia española, vale la pena recuperar los motivos de esta animadversión popular, lo cual implica atender la convergencia de múltiples elementos, inscritos en diferentes niveles de análisis.

En este contexto, merece destacarse el papel que la empresa historiográfica decimonónica desempeñó como promotora de una visión atroz y descarnada de la presencia de los españoles a lo largo de la historia de México. En efecto, muchos de los discursos patrios y los textos historiográficos de fines del siglo XIX expusieron los actos de crueldad y salvajismo llevados a cabo por los conquistadores y colonizadores en la Nueva España, convirtiendo a esta perspectiva de la historia en el nodo de una empresa intelectual que denigraba la presencia de los españoles en tierras americanas. Estas construcciones, a la vez que fomentaron el rechazo a los peninsulares, coadyuvaron a la formación de

[10] A lo largo del siglo XIX, los motines canalizaron el sentimiento antiespañol de buena parte de los sectores populares mexicanos. Las acciones violentas contra blancos peninsulares pueden rastrearse en el motín del Parián, acaecido en la ciudad de México en 1828, y en los levantamientos de Sombrerete, ocurridos en Zacatecas en 1829. Remitimos a Arrom, 2004, y Ríos Zúñiga, 2005, respectivamente.

una conciencia histórica y sumaron un elemento decisivo en la construcción de la identidad nacional.[11]

En este último sentido, en el imaginario popular mexicano de fines del siglo XIX el gachupín fue estigmatizado como "la causa y origen de todos los males que afligían a la nación; el gachupín como origen y causa de la decadencia de México".[12] La construcción de la imagen del español como un ser vil, inescrupuloso, abusivo e inmoral se "ubicaría [...] en el centro de la imaginería nacionalista. No sería un elemento circunstancial e histórico del nacionalismo, sino uno de sus elementos constitutivos fundamentales, uno de sus mitos más seductores y omnicomprensivos".[13]

Ahora bien, la capacidad de los discursos y los imaginarios para engendrar la hispanofobia no puede comprenderse sin tener en cuenta que este sentimiento de rechazo fue alimentado por los conflictos sociales que diariamente enfrentaban a los españoles con los mexicanos en los talleres, fábricas, empeños, haciendas y tiendas de abarrotes. El lugar privilegiado que muchos peninsulares desempeñaron en el ámbito laboral —como dueños, capataces o administradores de diversos espacios laborales— y en la esfera comercial —ya sea como propietarios de tiendas de abarrotes, empeños o cantinas— contrastaba con la posición subordinada ocupada por un amplio sector de las clases populares mexicanas.[14] Por ende, toda explicación que pretenda rastrear las causas de la hispanofobia no puede olvidar que "no sólo había etnicidades en conflicto, sino también clases en conflicto".[15] Los desencuentros entre mexicanos y españoles también se deben analizar teniendo en cuenta que el antagonismo entre etnias, culturas y tradiciones implicaba, muchas veces, un conflicto de clases, imposible de soslayar.

En esta tónica de construcciones historiográficas, imaginarios y realidades socioeconómicas, la estigmatización de la figura del peninsular terminó cuajando en un estereotipo constantemente recreado por la prensa antiespañola, que repudiaba la presencia de estos inmigrantes.

> Nadie ignora [que los españoles] han monopolizado el comercio de los artículos de primera necesidad así como aquellos establecimientos focos del pillaje [...] y que por todas partes pululan con el nombre de empeños.
>
> Una vez que se han enriquecido con la clase menesterosa, se dedican a hacer su *negocio* en grande escala con empleados y comerciantes en pequeño [...] No

[11] Granados García, 2005, pp. 57-73.
[12] Pérez Vejo, 2005, p. 1117.
[13] *Ibídem*, p. 1107.
[14] Véase Gamboa, 1999; Granados, 2005, y Lida, 2006.
[15] Lida, 2006, p. 165.

> satisfecha aún su ambición de oro, apelan a casarse con mexicanas ricas, importándoles poco sacrificar el corazón [...] si al fin sus cajas están henchidas de oro; y con el brillo de él se deslumbran y no ven más allá.
>
> [...] saben que más tarde se alejarán con una fortuna [...] conquistada [...] por miserables especulaciones hechas con la clase menesterosa, con esa pobre gente, cuyo jornal devoran esos vampiros.[16]

Este párrafo sintetiza la representación social que, en gran parte de la comunidad mexicana, primaba respecto del *gachupín*: comerciante ambicioso, hombre inescrupuloso que privilegiaba el dinero, abarrotero que lucraba con las carencias de los más necesitados, en síntesis un "vampiro" social. La coyuntura del níquel reavivó este estereotipo, dada la implementación de estrategias mercantiles puestas en marcha por muchos comerciantes peninsulares para contrarrestar los efectos de la devaluación monetaria.

A partir de mediados de 1883 las tiendas de abarrotes se negaron a aceptar un circulante que, con el correr de los días, se depreciaba cada vez más. En este contexto, y con un imaginario social signado por las representaciones negativas del español, las actividades mercantiles que enfrentaban, mostrador mediante, al abarrotero peninsular con la clientela mexicana alimentaron el resentimiento entre estos dos actores sociales. Como ya se señaló, la aplicación de precios y mercaderías diferenciales fue uno de los primeros mecanismos comerciales que promovió el descontento popular. Otro artilugio utilizado por los comerciantes fue disminuir el peso, la cantidad o el tamaño de las mercancías de primera necesidad que, como los comestibles o las bebidas, eran susceptibles de esta reducción.[17] A los productos que no se les podía aplicar esta estrategia, como el vestido o el calzado, los comerciantes optaron por el encarecimiento de su precio hasta en un 25% o, sencillamente, se negaron a venderlos por níquel.

La diaria insatisfacción popular que, desde el mes de agosto, se encarnaba en cada transacción comercial, en cada compra en la que las clases trabajadoras asistían a la disminución de su salario y su poder adquisitivo, desataron enconadas protestas que provocaron enfrentamientos entre los tenderos y su clientela. Un periodista de la época recreó esta situación de la siguiente forma:

> Lleva él, *el pobre* [...] su pieza de *diez centavos*; el amo se la ha dado por tal [...] llega al tendajo, entrega la moneda y pide comestible *por diez*; pero el tendero que toma la moneda no le da comestible más que por *ocho* [...]

[16] *El Jueves*, 27 de diciembre de 1883. Cursivas en el original.

[17] *El Jueves*, 15 de noviembre de 1883.

> En los dos centavos perdidos estaban vinculadas necesidades cuya no satisfacción se traduce en privaciones y dolor. Interpela al tendero ¿Cómo es posible que lo que es como diez sea como ocho? El tendero le arguye en vano; el pobre pide a gritos el déficit, trata al tendero de ladrón, y las cosas llegan a tal punto que se hace necesaria la intervención del gendarme.[18]

La aversión contra los comerciantes peninsulares fue retomada en los periódicos de la capital, en editoriales y artículos. *El Socialista*, uno de los diarios más destacados de la clase trabajadora, asumió una de las posturas más combativas contra la colonia española. En sus páginas, las denuncias contra los abarroteros se multiplicaron de diferente forma y con distintos objetivos:

> ¿Por qué el tendero de enfrente,
> Que es entre los *gachupines*,
> Un avaro tan notable
> Que no gasta ni narices,
> Está cambiando dinero,
> Dando de premio hasta el *quince*,
> Por la plata que amortiza?
> *Es por el níquel.*[19]

En el caso de este periódico, la hispanofobia superó los límites de la acusación pública para promover entre sus lectores acciones tendientes a perjudicar los intereses de la comunidad española. *El Socialista* propuso dos medidas concretas para "contrarrestar la avaricia especuladora de los abarroteros":

> I. Que el Ayuntamiento abra expendios de efectos de primera necesidad, que se vendan a precios equitativos.
> II. Que el pueblo mexicano se una y no compre nada en ninguna tienda que no sea de mexicanos, y en la que se vendan los efectos sin recargo, a causa del níquel.[20]

*El Jueves*, periódico de fuerte tendencia antiespañola, impulsó la idea de que el gobierno nacional vigilara el cumplimiento de las disposiciones dictadas por la Secretaría de Gobierno, que disponían severas multas para los dueños de

[18] Quevedo y Zubieta, 1956, pp. 239-240.
[19] *El Socialista*, 29 de noviembre de 1883.
[20] *El Socialista*, 20 de diciembre de 1883.

casas de comercio que se rehusaran a aceptar la moneda de níquel o establecieran precios diferenciales. El diario proponía que las autoridades políticas "*cedan a todo denunciante la mitad de las multas impuestas*, para que haya muchos interesados en denunciar y comprobar los abusos que se cometen".[21]

El ataque escrito fue el preludio de la violencia que contra las tiendas de abarrotes explotó el viernes 21 de diciembre, cuando la protesta, que comenzó en el mercado del Volador y La Merced, llegó a las calles céntricas de la ciudad y los manifestantes proclamaron tumultuosamente el rencor hacia los comerciantes al menudeo. Las clases trabajadoras se rebelaron contra los establecimientos españoles, éstos sintetizaban cotidianos rencores étnicos y de clase reavivados como consecuencia de las prácticas mercantiles de los abarroteros.

> Todavía en sábado se veía las huellas del motín; rotas las farolas del alumbrado, estrellados los valiosos cristales de varias tiendas de la avenida de San Francisco; cerrados los aparadores [...] los propietarios de los cafés de Iturbide y Gante; el de la Sastrería bajos del Hotel Iturbide, tendrán que reponer los valiosos cristales de sus aparadores.[22]

El níquel desató la hispanofobia. Ese viejo sentimiento, encarnado particularmente en la persona del tendero, se acrecentó a mediados de 1883 a raíz de las estrategias mercantiles desplegadas por los *gachupines*, quienes hicieron más onerosa la vida de los trabajadores. Finalmente, el 21 de diciembre los amotinados hicieron de las vidrieras comerciales los blancos de su violencia, una vez más, los cotidianos rencores entre la colonia española y los trabajadores urbanos afloraban de manera tumultuosa. En síntesis, la imagen de los españoles se siguió devaluando, esta vez al ritmo de la nueva moneda.

### b] *Las clases trabajadoras.* *Entre la depreciación monetaria y la protesta*

Como señalamos, la moneda de níquel se acuñó para remediar la carencia de circulante fraccionario y los abusos que de esa situación se desprendían. Los diputados hicieron hincapié en que la "clase menesterosa" iba a ser la directa beneficiaria de la reforma monetaria; ya que "con honrosas excepciones, los

[21] *El Jueves*, 27 de diciembre de 1883. Cursivas en el original.
[22] *El Monitor Republicano*, 25 de diciembre de 1883.

jefes de taller, los capataces de cuadrilla, los mercaderes al por menor [...] liquidan con una tira de papel, un lápiz y mucha mala fe el trabajo y los consumos de sus clientes y servidores".[23]

Los prometidos beneficios nunca llegaron, las deficiencias en la implementación del proyecto del níquel, la exorbitante cantidad de moneda que se puso en circulación y que condujo a su depreciación afectó, con mayor virulencia, a aquellos sectores a quienes supuestamente venía a beneficiar: la clase trabajadora.[24]

> El proletario, el que está sujeto a su jornal, exiguo casi siempre: si apenas podía vivir antes, ¿qué hará ahora? Un veinticinco por ciento de aumento en los artículos de primera necesidad, representa para él, una disminución superior en su jornal. Mayores gastos por una parte, y por otra ingresos menores, no pueden menos que ocasionar a esas clases, privaciones que, siendo de los primeros artículos para la vida, constituyen su miseria.[25]

El pan fue uno de los productos de primera necesidad más susceptible a los vaivenes de la crisis monetaria. En las panaderías (la gran mayoría propiedad de ciudadanos españoles) se llegó a dividir el pan, según su calidad, en dos compartimentos: el pan fresco se expendía a quienes podían comprarlo con moneda de plata; el crudo o quemado se reservaba para los compradores que acudían a pagar con níquel.[26] La prensa acusaba a los propietarios de las tahonas de haberse reunido para acordar el aumento del alimento, que llegó a registrar un incremento de 50%; también denunciaba a quienes rebajaban el peso o calidad de las piezas que se vendían por unidad. "El cónclave de los panaderos es terrible, porque como son pocos, fácilmente pueden ponerse de

[23] DDD, 29 de noviembre de 1883, p. 298.

[24] Las fuentes suelen ser esquivas al momento de brindarnos precisiones sobre "los rostros de la multitud"; sin embargo, parece claro que la heterogeneidad de los actores sociales involucrados en las protestas fue una constante: cigarreras, pequeños comerciantes, vendedores ambulantes, jornaleros, artesanos y periodistas fueron algunos de los actores que articularon su disconformidad frente a la devaluación de la moneda. Sin embargo, la depreciación del níquel gravitó con mayor fuerza en aquellos sectores que, como los artesanos y obreros, dependían de un salario, de por sí escaso. También merece destacarse que la coyuntura del níquel, como otros episodios de movilización, son capaces de generar alianzas sociales que superan las barreras de la calificación o el trabajo.

[25] *La Voz de España*, 24 de noviembre de 1883.

[26] Durante el siglo XVIII los censos precisan que entre 70 y 75% de los propietarios de panaderías de la ciudad de México eran españoles. A lo largo del siglo XIX este predominio étnico continuó. Por ejemplo, en 1901 los españoles Arrache y Córdoba eran dueños de ocho tahonas, igual número de panaderías eran propiedad del también español Martínez del Cerro. GARCÍA ACOSTA, 1989, pp. 98-99; PRANTL y GROSSO, 1901, p. 339.

acuerdo, y como además, cuesta buena suma establecer una fábrica de pan, no se encuentra con facilidad quien pueda hacer la competencia".[27]

Esta acuciante situación reanimó la productividad del marginal universo laboral de la Cárcel de Belén; en este espacio convivían diversos talleres (carpintería, zapatería, herrería, bonetería) y una panadería. La prisión aprovechó la demanda de pan que quedaba insatisfecha, por las perjudiciales condiciones impuestas a los consumidores por los propietarios de las tahonas, y reactivó su producción. Los periódicos anunciaron que la panadería del penal recibía la moneda de níquel "sin alterar el peso acostumbrado del efecto".[28] De esta forma, el pan elaborado en la cárcel se convirtió en un paliativo para las clases populares urbanas, para quienes este alimento empezaba a constituir un producto fuera de su alcance.

Los mercados de la ciudad, en razón de las transacciones comerciales que allí se realizaban, también fueron focos de conflicto. No es casual que las primeras expresiones del motín se originaran en los mercados del Volador y La Merced. En estos ámbitos, como en el resto de los espacios dedicados a la compra-venta de productos, los propietarios de puestos esgrimían las mismas estrategias que los abarroteros (disminución del peso de la mercancía, precios diferenciales, etcétera) para compensar la devaluación del níquel. "Hasta la infeliz tortillera dice: con plata doy diez tortillas por cuartilla, pero con níquel ocho".[29] No sólo eso, los dueños de los puestos y tendajones debían enfrentarse a las autoridades municipales, quienes se negaban a recibir la depreciada moneda en el pago de los impuestos.

Los problemas ocasionados por el níquel, y su repercusión en las clases populares, se hicieron sentir en toda la República mexicana. En la aduana de Tampico los trabajadores se resistieron a recibir el níquel como forma de pago, llegando incluso —en los primeros días de diciembre de 1883— a abandonar sus labores por tal motivo.

> Los jornaleros tampoco quieren sólo nikel. De una cuadrilla que se pagó así [...] se volvió la mitad para San Luis. Si no se paga en plata no se podrá sostener a los jornaleros que hay actualmente, ni enganchar más. Si no es posible que todo se pague en plata, sírvase dar orden de que sólo se pague cuando más el diez por ciento en nikel, no tenemos fondos para la raya del día 9.[30]

[27] *El Monitor Republicano*, 25 de diciembre de 1883.

[28] *El Monitor Republicano*, 29 de diciembre de 1883.

[29] *El Monitor Republicano*, 26 de diciembre de 1883.

[30] CMG, caja 81, doc. 1 05280.

Los informes que le llegaban al Presidente desde diversos puntos de la geografía mexicana eran preocupantes. De Zacatecas se comunicaba a Manuel González que los comerciantes se resistían a recibir la moneda de níquel "por su justo valor", lo que provocaba "gran alarma y excitación en el pueblo trabajador". En razón de esta situación, las autoridades políticas estatales temían una inminente alteración del orden público: "si al salir el pueblo de las minas, se les da níquel y el comercio continúa bajo el sistema adoptado", los desórdenes y amotinamientos parecían irrefrenables.[31] En este mismo tono de alarma, el gobernador de Jalisco informaba al Ejecutivo nacional que la cuestión del níquel había dado lugar a la impresión y circulación de anónimos que incitaban al pueblo a la rebelión, pero hacía saber que los autores ya estaban presos.[32]

El desempleo también fue una de las consecuencias directas del níquel. Los diarios anunciaban que muchos propietarios de obras habían suspendido sus tareas hasta tanto el gobierno no resolviera la crisis; "a causa de eso, operarios, carreteros, artesanos y otros carecen de trabajo".[33] En este contexto, algunos periódicos hicieron hincapié en las repercusiones de la devaluación del níquel sobre los trabajadores de la ciudad de México. *El Jueves*, haciéndose eco de un artículo publicado en *La Época*, señaló que la devaluada moneda y las prácticas comerciales de los abarroteros promovían la resistencia de los artesanos a trabajar, fomentando el vicio por el alcohol y desencadenando riñas callejeras. Finalmente, este artículo reseñaba las desavenencias entre el obrero y el tendero, personaje que los enfrentaba cruelmente con su diaria insatisfacción.

> Los artesanos no toman como pretexto el nickel para no trabajar, sino que esa moneda se les convierte en sal y agua.
>
> No son vagos por vicio, sino por necesidad, supuesto que es preferible ser vago, a trabajar por *tepalcates*.
>
> Riñen y se emborrachan? sabe vd. por qué?
>
> Porque la policía declara así a los pobres obreros, cuando los comerciantes los esquilman, bajo el pretexto del nickel y aquellos se resisten a pagar más de lo que en justicia deben.[34]

Antes del 21 de diciembre de 1883, es decir, previo a la última y más desesperada manifestación pública contra la moneda de níquel, la disconfor-

[31] CMG, caja 81, docs. 1 00028 a 1 00030.
[32] CMG, caja 81, docs. 1 05475 y 1 05476.
[33] *La Voz de España*, 8 de diciembre de 1883.
[34] *El Jueves*, 13 de diciembre de 1883.

midad popular asumió diversas formas de expresión que actuaron como válvulas de escape de una población que asistía a la merma de su poder adquisitivo.

En este sentido, la manifestación callejera fue la primera expresión organizada del descontento social. La convocatoria a una reunión pública para discutir posibles medidas destinadas a conjurar la crisis económica partió de Víctor Vanegas y Antonio José Lozano, redactores del periódico *La Integridad de México.* La cita —publicitada en diarios y anunciada en carteles pegados en las principales esquinas de la ciudad— se programó para el domingo 2 de septiembre en la plazuela de Bucareli.[35] Ese día, desde muy temprano

> diversos grupos de honrados ciudadanos, recorrían en fraternal reunión las calles adyacentes y en la plaza numerosos corrillos de pacíficos trabajadores departían amigablemente acerca del objeto de la reunión.
>
> La policía con gran anterioridad, había ocupado las avenidas y calles adyacentes, y grupos de jinetes armados recorrían en todas direcciones la calzada. Llegó la hora de la cita. El Lic. Antonio de J. Lozano, que, a nombre de esta redacción firmó la convocatoria, tomó la palabra, para explicar el motivo de la reunión e invitar al pueblo a que deliberara sobre las proposiciones que le habían sido presentadas.[36]

Los agentes de la gendarmería montada y de las comisiones de seguridad se dieron cita en la plazuela para presenciar los discursos y propósitos de la reunión. Luego de explicar los motivos de la convocatoria, el periodista Lozano dio lectura a las proposiciones tendientes a frenar la devaluación del níquel e invitó "al pueblo a que deliberara" acerca de ellas. Cuando los manifestantes se proponían "comenzar a apoyarlas" se desató la represión. El inspector de policía disolvió la reunión "en nombre de la autoridad y en virtud de las palabras ofensivas" dirigidas contra el gobierno.[37]

Los líderes, acatando las disposiciones policiales, ordenaron a la multitud que se dispersara de manera pacífica. Los redactores de *La Integridad de México* iniciaron su retirada de la plazuela "para llenar sus diarias ocupaciones",

[35] En las diferentes coyunturas de movilización popular la prensa desempeñó un papel significativo: impulsó a la ciudadanía a la participación pública, organizó manifestaciones, informó y *formó* a la opinión pública e hizo posible "que los habitantes de ciudades pequeñas y regiones muy dispersas estuvieran al corriente de sus respectivas actividades, y que se unieran superando grandes divisiones sociales y geográficas, difundiendo los conflictos hasta convertirlos en movimientos sociales a nivel nacional". Tarrow, 1997, p. 94.

[36] *La Voz de España*, 11 de septiembre de 1883.

[37] *Ídem.*

pero en la esquina de la calle Revillagigedo —junto con un manifestante que minutos antes se había acercado a ellos para expresar su adhesión a la causa— fueron aprehendidos por la policía secreta. Se les acusó de perturbar la paz pública y de promover injurias contra la autoridad política. Luego de permanecer tres días en prisión fueron liberados.

El abrupto desenlace de la movilización callejera atentó contra posibles intentos de organizar la participación pública de la ciudadanía, pero la necesidad de manifestar la disconformidad halló otras vías de expresión. Por ejemplo, las hojas sueltas formaron parte de ese universo de protesta que se dio cita en la capital. "Han circulado [...] muchos de esos papeles con que se divierte el pueblo, oyendo leerlo en las plazas públicas, y que contienen burlas y ridículas manifestaciones por lo que llaman la muerte de la plata".[38] Asimismo, poemas, cuentos y canciones retomaban el problema de la devaluación del níquel. Manuel Gutiérrez Nájera publicó en el periódico *La Libertad* un escrito en el que señalaba:

> Las monedas de níquel pertenecen a una familia distinguida; pero han venido a menos y tienen que codearse, en el cesto de compras, con rábanos, zanahorias y lechugas. Viven, por así decirlo, en casa de vecindad. No van a bailes, ni frecuentan los salones del "Jockey Club", ni juegan al póker con Rafael David, ni apuestan a *Colonche* contra *Halcón*, ni salen en tren expreso a recibir al marqués de san Basilio.[39]

El diputado Francisco Bulnes sintetizó de manera elocuente el clima y las formas de disconformidad popular de la siguiente manera: "contra esta moneda se ha hecho una verdadera grita: hay manifestaciones, quejas, comedias y canciones: se silba al níquel como a un payaso trágico que trae en sus coplas la miseria, la desolación y la muerte".[40]

La prensa capitalina no sólo se encargó de reseñar las penurias de las clases trabajadoras y sus diarios enfrentamientos con los abarroteros, también dio cabida a las protestas populares que llegaban a su redacción.[41]

[38] *El Monitor Republicano*, 1 de diciembre de 1883.

[39] Gutiérrez Nájera, 1983, p. 322.

[40] DDD, 13 de diciembre de 1883, p. 317.

[41] Sidney Tarrow, siguiendo a Einstein, señala que "por medio de las cartas al editor y mecanismos similares [...] la prensa periódica abrió un nuevo tipo de foro público y contribuyó —antes de que estallara la Revolución Francesa— a crear algo parecido a una opinión pública". De esta forma, una "comunidad invisible" comenzó a forjarse a partir de la letra impresa, comunidad que materializaba y recreaba permanentemente a la opinión pública. Tarrow, 1997, p. 102.

> Los que suscribimos, vecinos del rumbo de S. Cosme, hombres todos trabajadores, suplicamos a V. encarecidamente, dé publicidad a estos mal hechos renglones [...] tenemos hambre, nuestros hijos están poniéndose cada día en peor estado, de desnudez y de necesidad en sus estómagos, porque no les satisface lo que comen [...] no podemos darles más, que hasta donde nos alcanza para comprar dos y medio reales que es a lo que se nos reducen los cuatro reales de níquel que nos pagan nuestros patrones.[42]

Por su parte, *El Monitor Republicano* publicó un manifiesto titulado "Protesta del pueblo contra los abusos ocasionados por el níquel". Esta proclama —dirigida a los diputados del Congreso de la Unión— fue suscrita por un grupo de comerciantes, sastres, zapateros, sombrereros, pintores, pulqueros, canteros, latoneros, cargadores y fondistas de la ciudad de México. En ella se denunciaba el efecto del nuevo metálico en los comerciantes al menudeo, quienes vendían por níquel pero debían comprar con plata los productos para sus negocios, llegando a perder en este cambio hasta un 10%. Asimismo, no dejaban de reconocer que en peor situación se encontraba el "infeliz proletario que no cuenta más que con unos miserables reales para su diario sustento ¿qué hace cuándo no se le quiere recibir el níquel?". Proponían que la nueva moneda se recibiera por el valor que representaba, que se pusiera coto a los abusos de los especuladores, quienes vendían el nuevo metálico a precios ínfimos y sugerían que "se nombr[ara] una comisión competente que [...] forme un proyecto equitativo para la sustitución de la moneda antigua por la decimal".[43]

Esta tensa situación social, manifiesta en los enfrentamientos con los tenderos, la publicación de hojas sueltas y las protestas, intentó ser sofocada con una ley aprobada por la Cámara de Diputados el 12 de diciembre de 1883. El objetivo de la nueva legislación era el retiro gradual de la moneda de níquel,[44]

[42] *El Monitor Republicano*, 26 de diciembre de 1883.

[43] *El Monitor Republicano*, 30 de noviembre de 1883. Para un análisis de la importancia que revistieron los escritos y la difusión de la información en la movilización popular que tuvo lugar en marzo de 1837 en la ciudad de México, véase Cacho, 2005.

[44] Esta nueva ley proponía que la moneda de níquel fuera "de curso forzoso hasta el 30 de junio de 1884, es decir, durante unos seis meses, para los particulares en la proporción de uno por cada pago total de cien pesos; y después de esa fecha, un peso de níquel en el pago de cualquier cantidad. Por su parte, el gobierno podía hacer en moneda de níquel sólo el 2 por ciento en pagos superiores a cien pesos, y apenas un peso en los inferiores a esa suma. También se preveía que el gobierno recibiría en esta moneda, del 1 de febrero al 30 de abril de 1884, el 20 por ciento y al final el 10. Por último, el proyecto de ley disponía suspender la circulación de la nueva moneda de níquel". Cosío Villegas, 1957, p. 763.

pero el plazo era "demasiado largo en comparación de los que requieren las apremiantes necesidades del pueblo y del comercio".[45] La ineficacia de esta disposición para frenar la devaluación del níquel, y su incapacidad para poner coto a las prácticas comerciales de los abarroteros, siguió engendrando el descontento que estalló el 21 de diciembre de 1883.

## 2. Estallidos de violencia y fin de la nueva moneda

### a] *El motín de diciembre de 1883*

Adentrarse en el estudio de los motines implica recuperar las propuestas de Georges Rudé, Eric Hobsbawm y Edward P. Thompson, quienes llevaron a cabo un viraje fundamental en la práctica historiográfica al repensar la tradicional forma en que se habían interpretado la violencia y los tumultos populares.[46] Estos autores desmitificaron el carácter de la acción colectiva como meramente compulsiva e instintiva y sugirieron estudiar la racionalidad de estas participaciones a partir del análisis de los blancos de ataque y las estrategias utilizadas por los disconformes.

La multitud podía ser "violenta, impulsiva, susceptible a los rumores y propensa al pánico. Pero no fue voluble, particularmente irracional o dada [...] a los ataques sangrientos contra las personas".[47] Por tanto, lejos del esquema interpretativo que hacía de las acciones colectivas "espasmos involuntarios", el desafío se centraba en descubrir el "modelo de comportamiento" que subyacía en las protestas. El objetivo era desentrañar la racionalidad y los propósitos que caracterizaban a este tipo de irrupciones populares.[48]

Para el caso del motín del níquel contamos con referencias que permiten inferir la actuación de las mujeres en la gesta de la protesta. Por ello, retomamos los planteamientos de Thompson, quien destacó la importancia de la participación femenina en los motines de subsistencia de la Inglaterra del siglo

[45] *La Voz de México*, 23 de diciembre de 1883.

[46] Rudé, 1979, 1981; Hobsbawm, 1983; Thompson, 1977, 1984 y 1995.

[47] Rudé, 1979, p. 266.

[48] Thompson, 1995. John Bohstedt sostuvo con E.P. Thompson una discusión acerca del papel desempeñado por las mujeres en los motines de subsistencia. Bohstedt, más que hacer hincapié en el supuesto "monopolio femenino" de la protesta, consideraba pertinente señalar la participación conjunta de hombres y mujeres. Por su parte, Thompson remarcó la importancia de las mujeres en los inicios de los motines y sostuvo que un motín podía pasar por diversas fases, por tanto, la mayoritaria presencia femenina al comienzo de la protesta podía disminuir a medida que el choque con las autoridades se recrudecía. Bohstedt, 1988, pp. 88-122.

XVIII.[49] Entre las causas de esta participación señaló la mayor inmunidad de las mujeres frente a las represalias de la autoridad política e indicó que, al ser ellas las más implicadas en la compra-venta de artículos de primera necesidad, eran las más sensibles a percibir los aumentos de precios y las variaciones en la cantidad y calidad de los alimentos comprados.

En la coyuntura del 21 de diciembre de 1883 se destacó la activa intervención de dos actores femeninos: las cigarreras y las vendedoras del mercado.

> En el motín que acaba de pasar, digno es de notarse, que las mujeres han tomado no pequeña parte; el grito dado por las Vendedoras del Mercado, tuvo eco en los talleres y aun se dice que algunas otras de una fábrica de cigarros, dejaron maltrecho a un gendarme.
>
> En los grupos que apedreaban los edificios de la Avenida de Plateros, pasaban varias mujeres gritando hechas unas furias.[50]

El mercado fue el espacio urbano que dio vida al movimiento de protesta, fue el lugar donde se generó el motín. En él se establecían vínculos económicos y sociales, "era el lugar donde se llevaban a cabo cientos de transacciones sociales y personales, donde se comunicaban las noticias, circulaban el rumor y la murmuración y se discutía la política".[51] Este recinto de sociabilidad, junto con las tiendas de abarrotes, constituía uno de los escenarios principales de la depreciación monetaria; en toda compra-venta se patentizaba cada día con mayor fuerza las injusticias provocadas por el níquel: la devaluación, el rechazo de la moneda, el alza de precios y la mercadería diferencial.

No fue casual que las vendedoras del mercado reclamaran, con el grito de ¡Muera el níquel!, la abolición de una cadena de injusticias que las enfrentaba con los consumidores por resistirse a recibir el níquel como forma de pago y las hacía víctimas de los inspectores, quienes se negaban a aceptar la nueva moneda en su periódica recaudación del "impuesto del viento".[52] En tal sentido, algunos diarios refirieron que "el levantamiento comenzó [...] porque los

[49] THOMPSON, 1995, pp. 365-379.

[50] *El Monitor Republicano*, 25 de diciembre de 1883.

[51] THOMPSON, 1995, p. 291.

[52] El "impuesto del viento" era la contribución municipal que debían pagar los comerciantes establecidos en la vía pública y los mercados de la ciudad. Su recaudación fue motivo de críticas que pedían su abolición teniendo en cuenta que gravaba a los que menos tenían y, a la vez, no representaba un ingreso sustancial para el Ayuntamiento. Diversos artículos refieren las injusticias de los recaudadores encargados de "cobrar el viento" a dulceros, silleros y pasteleros que ocupan un espacio ínfimo de la banqueta y debían pagar tres centavos por un cajoncito que apenas valía dos pesos. *El Obrero Mexicano*, 29 de abril de 1892.

recaudadores del Ayuntamiento no querían recibir la moneda de nickel como pago de los impuestos. Los dueños de los puestos, que en sus ventas al por menor no recogen plata, no podían satisfacer la exigencia de los agentes del municipio".[53]

Las obreras del tabaco, también señaladas como detonantes del motín, sufrían las consecuencias de un exiguo jornal que, pagado en níquel, era doblemente mermado por la depreciación.[54]

> Algunas mujeres, directamente agraviadas, torcedoras de cigarros, que lloraban varios días de jornal en níquel, se agrupaban en torno de un hombre que, sentado en una de las aceras de la plaza del Volador, expendía la depreciada moneda en montones esparcidos sobre su frazada extendida. De repente, como irritadas por el espectáculo de la rondela monetaria [...] tiran de las puntas de la frazada, y la moneda sufre la *manta* de Sancho Panza.[55]

El periodista Salvador Quevedo y Zubieta, retomando el famoso pasaje de la novela *Don Quijote de la Mancha*, se refirió a la actitud desafiante de las torcedoras de cigarros, quienes se dirigieron a una de las "casas de cambio" ambulantes que por esos días se multiplicaban por las calles de la ciudad para cambiar el devaluado níquel. Se acercaron a ese nefasto personaje urbano y tiraron de las puntas de la manta esparciendo por el aire las monedas. Este acto vehemente, pero no irreflexivo, fue la respuesta esgrimida por un grupo de mujeres contra uno de los referentes de la apremiante situación económica que les tocaba vivir: la figura del especulador, aquel personaje que se beneficiaba de sus necesidades cotidianas. Se trató de una acción catalizadora de las injusticias e insatisfacciones diarias, fue "la aplicación práctica y simbólica de un pensamiento y de una acción que ya no tolera[ba] las injusticias que constata[ba] en círculos inmediatos".[56]

[53] *El Noticioso*, 23 de diciembre de 1883.

[54] El carácter combativo de las cigarreras se reveló durante las décadas de 1880 y 1890, cuando las trabajadoras del tabaco protagonizaron múltiples huelgas, la mayoría de ellas de gran fuerza y magnitud.

[55] Quevedo y Zubieta, 1956, p. 242. Este autor también señala que "mujeres había, indias miserables, descamisadas y descalzas, que requeridas por la policía para aceptar el níquel con la depreciación corriente, lo arrojaban con desprecio al suelo, cuando no a la cara del gendarme". Quevedo y Zubieta nació en Guadalajara en 1859 y murió en la ciudad de México en 1935. En 1880 arribó a la capital de la República, donde colaboró en diversos periódicos hasta que fundó el diario *El Lunes*, en el que se dedicó a combatir al gobierno de Manuel González. En 1882 su actitud crítica hacia el poder político lo obligó a exiliarse en Europa.

[56] Farge, 1994, p. 292.

> Casi al mismo tiempo, un tendero del mercado popular de la Merced, acosado dentro del mostrador mismo de su tienda por obreros que le ofrecían níquel en pago de efectos, sin que él quisiese recibir el primero, ni entregar los segundos, [fue] expulsado puertas afuera por sus agresores, que decidieron despacharse de propia mano. Luego ellos y ellas, obreros y cigarreras, son, en pocos momentos [...] los agentes de dos movimientos, que se combinan y concurren.[57]

El descontento social, desatado simultáneamente en los mercados de La Merced y del Volador, confluyó y sus protagonistas se dirigieron al grito de ¡Muera el níquel! en dirección al Palacio Nacional, los cronistas de la época señalaron que no era azarosa la dirección tomada por la multitud. El edificio implicaba una "doble representación", por un lado, como sede presidencial, su estructura cobijaba la desprestigiada figura de Manuel González; por el otro, en aquel recinto se encontraban las máquinas que acuñaban la desmerecida moneda.[58] En esos momentos, en las inmediaciones de la Plaza de Armas apareció el carruaje que conducía al Presidente a Palacio, la multitud se abalanzó sobre el vehículo gritando y protestando contra el níquel y arrojando sobre él algunas piedras. La rápida intervención de los gendarmes evitó la prolongación del difícil encuentro.[59]

El detenerse frente a la sede del poder ejecutivo y el propio enfrentamiento callejero con el Presidente, revela que las motivaciones económicas se asociaban con reclamos políticos. Los blancos de la ira popular pretendían convertirse en acciones destinadas a presionar al poder público, que tenía la potestad de poner fin a las penurias materiales. Estos objetivos evidencian cómo, aun en las coyunturas donde la primacía de las cuestiones económicas parece indiscutible, las acciones populares no estuvieron desprovistas de una valoración sobre el orden político y la responsabilidad de las autoridades en la conservación del mismo.

Los amotinados irrumpieron movilizados por un cúmulo de injusticias económicas, pero conscientes de que el derecho del gobierno y la autoridad a ser tales y comportarse como tales estaba atravesado por la aceptación y legiti-

[57] Quevedo y Zubieta, 1956, p. 245.

[58] *Ídem.*

[59] La prensa oficialista minimizó los acontecimientos y tergiversó los hechos al extremo de escribir que González había sido vitoreado por la multitud, quien lo interceptó cuando se dirigía al Palacio Nacional. Por su parte, el presidente le escribió al gobernador de Puebla, Juan Méndez, explicándole que "en cuanto a lo que aconteció aquí el día 21 diré a ud. que ha habido exageración en las noticias que se han comunicado a los Estados; el pueblo no se amotinó y si hubo desórdenes entre las masas fue debido en gran parte a la imprudencia con que obró la policía. Poco después la ciudad quedó tranquila y asegurado el orden con las medidas que dictó la autoridad respectiva". CMG, caja 81, docs. 1 05567 y 1 05569.

mación del pueblo —como figura elevada a categoría política—, por tanto, basaron en esta concepción soberana el reclamo para la intervención de las autoridades.[60] Este sustrato ideológico legitimador volverá a aparecer en otras coyunturas de movilización popular, por lo que cabe señalar la importancia que la categoría de soberanía popular asumió en la relación entre los individuos y el Estado, entre los gobernados y los gobernantes.

El concepto de "gobierno elegido" fue clave para la apertura de un espacio "donde las clases pobres urbanas podrían desempeñar un papel nuevo dentro del ambiente político".[61] Los motines, como las luchas electorales o las fiestas patrias, fueron instancias que otorgaron a las clases populares cada vez más presencia y una progresiva conciencia de su papel legitimador.[62] En términos de Rudé, es posible advertir de qué forma la "ideología derivada", es decir, ese conjunto de ideas y creencias aprendidas impulsaron y dotaron de sentido a las protestas populares. Volver sobre la trasmisión y socialización de conceptos como soberanía popular o gobierno elegido puede arrojar pistas sobre las concepciones políticas de las clases trabajadoras y, por ende, ayudarnos a entender los móviles de ciertas acciones colectivas.

La hispanofobia, recrudecida en los últimos meses, se manifestó violentamente mediante el apedreo a los comercios propiedad de españoles; sentimiento que se multiplicó a medida que los manifestantes avanzaban por la ciudad. "Doscientos individuos se dirigieron a la casa de un español[63] que [se] ha enriquecido escandalosamente con el níquel, según la exclamación lanzada por el que los capitaneaba".[64]

En este caso, la hispanofobia —como motor de la protesta social— puede ser comprendida como una faceta de la "ideología inherente", esa "especie de

[60] Rodríguez Kuri, 2005, p. 169.

[61] Warren, 1996, p. 41. Para un análisis sugerente de las participaciones populares de la primera mitad del siglo xix, véase Warren, 1994.

[62] Ríos Zúñiga analizó cómo, a principios del siglo xix, la apropiación y asimilación popular de los principios y prácticas de la cultura política republicana fueron clave para promover la movilización de los grupos populares zacatecanos y, por ende, sirvieron para negociar su ciudadanía. Ríos Zúñiga, 2005, pp. 49-86.

[63] Días más tarde, la prensa acusó a Telésforo García como uno de los más grandes especuladores del níquel y solicitó para él y "para honra del país" la aplicación del artículo 33 de la Constitución nacional. Es probable que la multitud se haya dirigido a la casa de este español el día del motín. *El Correo del Lunes*, 31 de diciembre de 1883. Telésforo García llegó de España en 1865 y vivió en la ciudad de México hasta su muerte, en 1918. Fue abogado, literato y empresario comercial. En 1872 fundó, junto con Adolfo Llanos y Alcaraz, el periódico *La Colonia Española* y en 1879 *El Centinela Español.* Entre 1892 y 1894 fungió como presidente de la Cámara de Comercio Española en México. Gutiérrez Hernández, 1999, pp. 307-308.

[64] *El Correo del Lunes*, 24 de diciembre de 1883.

'leche materna' ideológica basada en la experiencia directa, la tradición oral, la memoria colectiva". A diferencia de las ideas y creencias "derivadas" o extraídas de otros, que se aprenden escuchando discursos o leyendo libros (como el *laissez-faire*, el nacionalismo y el socialismo, entre otras).[65] En tal sentido, los motines constituyen coyunturas privilegiadas para observar la interacción de los componentes "inherentes" y "derivados" de la cultura popular, ayudándonos a comprender los móviles de la acción colectiva.

Según esta misma crónica periodística, un grupo de españoles alojados en el hotel del Telégrafo arrojaron ladrillos sobre los manifestantes y la multitud respondió con una fuerte apedreada que destruyó las ventanas del alojamiento. Los ladrillos lanzados sobre los amotinados pueden interpretarse como la expresión del conflicto social y del sentimiento de indofobia presente en muchos de los representantes de la comunidad española. Es decir, la canalización del desprecio que gran parte de los peninsulares, en empatía con la visión de un sector significativo de la élite política mexicana, sentía por las clases populares.[66]

La percepción que los españoles tenían de las clases populares afloraba, con particular virulencia, después de los festejos por el día de la Independencia, luego de que la violencia se expresara mediante el apedreo a las vidrieras de los comercios y negocios propiedad de españoles. "Populacho", "pueblo inculto", "masas ignorantes" y "chusma frenética" fueron algunos de los epítetos con que la prensa calificaba a los protagonistas de estos tumultos. "Estas visiones sobre el 'pueblo bajo' que tenía parte de la prensa local, y que se pueden hacer extensivas a otros grupos influyentes de la sociedad porfiriana [...] se inscriben dentro de una corriente decimonónica que percibía la ignorancia del 'pueblo bajo' como una herencia colonial. Ignorancia que se dejaba ver, entre otros aspectos, en una cierta cultura contestataria, desbordada y anárquica".[67]

Retomando la ruta seguida por los amotinados, otro grupo de manifestantes, como contraparte de los objetivos eminentemente negativos, se dirigió a la casa del diputado Vicente Riva Palacio para vitorearlo por su participación en las sesiones legislativas en que se trataron las medidas tendientes a frenar la depreciación del níquel. Recordemos que Riva Palacio había abogado por "sacar las máquinas con que se troqueló el níquel, y hacerlas pedazos en la plaza pública".[68]

[65] Rudé, 1981, p. 34.

[66] Para conocer la percepción de la comunidad española sobre las comunidades indígenas y los debates racistas que signaron la indofobia, véase Granados García, 2005.

[67] Granados García, 2005, p. 91.

[68] DDD, 1 de diciembre de 1883, p. 341.

En síntesis, el denominado motín del níquel fue la expresión violenta de la desesperación de las clases trabajadoras urbanas. Fue la forma de vengar las injusticias cotidianas, la última y más descarnada manifestación de disconformidad alimentada en cada transacción comercial, en cada frustrada o mermada compra. Los artilugios mercantiles y el enriquecimiento de unos pocos a costa de los más pobres se convirtieron en la causa inmediata del brote de violencia urbana. Cuando las estrategias comerciales afectaron de manera sustancial la economía de los trabajadores, los cotidianos desencuentros entre la comunidad española y las clases populares asumieron características tumultuosas.

Ahora bien, tras la expresión tumultuosa se escondía una lógica coherente y representativa. La trayectoria que asumió el movimiento popular es la más clara evidencia en este sentido. El recorrido de los manifestantes muestra que el motín, lejos de ser una respuesta espasmódica o instintiva, constituyó una "forma muy compleja de acción popular directa, disciplinada y con claros objetivos".[69] Asimismo, los repertorios de confrontación revelan la "economía moral" de las clases trabajadoras, es decir, su visión sobre las normas y obligaciones sociales, las funciones económicas de los distintos actores, las emociones y sentimientos provocados por los artilugios comerciales contra los sectores más vulnerables y la propia responsabilidad de las autoridades políticas en la conservación del orden y las prácticas comerciales justas.[70]

### b] *La respuesta del poder político: las medidas contra la devaluación y los abusos comerciales*

El mismo día que se desató el motín entraron en vigor dos medidas, una emanada del Municipio y otra del Poder Ejecutivo nacional. El Ayuntamiento de la ciudad de México convocó a los comerciantes para que vendieran a la corporación municipal artículos de primera necesidad, que se pagarían en plata y "se destinarían a venderse al menudeo al público, a los precios justos, y conforme a la ley, es decir, en níquel".[71]

Por su parte, el 21 de diciembre de 1883, Manuel González dispuso una serie de medidas contra todos los ciudadanos que se rehusaran a recibir la moneda de níquel o dificultaran su circulación, imponiéndoles una multa que podía ir de 50 a 300 pesos. A los comerciantes que se negaran a recibirla

[69] Thompson, 1995, p. 216.
[70] *Ídem.*
[71] *El Monitor Republicano*, 22 de noviembre de 1883.

o establecieran precios diferenciales se los multaría con un pago que podía oscilar entre 100 y 500 pesos. En caso de que los propietarios cerraran sus tiendas para no recibir la moneda, se estipulaba la clausura del local hasta la realización del pago del derecho ordinario de patente y uno adicional de 100 a 500 pesos.[72]

Para atenuar las consecuencias del alza de precios o alteración de los productos de primera necesidad, los periódicos anunciaron —a fines de diciembre— la apertura de tres panaderías donde el Ayuntamiento garantizaba los precios, la calidad y el peso del pan. Asimismo, el gobierno establecería oficinas para que la ciudadanía pudiera cambiar hasta un peso de níquel por plata.[73] Con estas medidas se pretendía paliar las consecuencias de la devaluación monetaria, particularmente sus efectos en las clases populares, y descomprimir la situación socioeconómica de los grupos más vulnerables.

Las negociaciones previstas entre los comerciantes e introductores de mercancías —casi en su totalidad de origen español— y el gobierno municipal fracasaron en su intento por lograr un acuerdo que permitiera a las clases populares acceder, con mayor justicia, a los productos de primera necesidad.

En una de las reuniones, el presidente del Ayuntamiento propuso a los convocados que ellos, junto con otros comerciantes que se irían sumando hasta alcanzar 50, se comprometieran a vender artículos de primera necesidad a precios justos. Como forma de compensación, el Municipio se obligaba a cambiarles diariamente por plata cierta cantidad de monedas de níquel acumuladas en sus ventas. La propuesta fue discutida y rechazada por los abarroteros, quienes alegaron que al existir cerca de 2 000 tiendas y tendajones, el convenio con 40 o 50 comerciantes sería insuficiente para resolver el problema.[74]

Otra de las propuestas emanadas del municipio fue habilitar por cuenta y cargo del Ayuntamiento expendios para surtir a los más necesitados de los productos básicos. Los comerciantes "demostraron las dificultades que esta medida ofrecería [...] porque el establecimiento de suficientes locales situados a propósito para el efecto no era cosa fácil, ni tampoco se podía disponer del personal necesario [...] todo esto con la premura que las circunstancias requiere".[75]

La falta de acuerdo reanimó una vez más los sentimientos xenófobos, diversos periódicos —entre ellos *El Socialista*— señalaron que los comerciantes españoles se habían reunido con el presidente del Ayuntamiento para ame-

[72] *El Hijo del Trabajo*, 23 de diciembre de 1883.

[73] *El Jueves*, 27 de diciembre de 1883.

[74] *La Voz de España*, 25 de diciembre de 1883.

[75] *Ídem.*

nazarlo con cerrar sus establecimientos, en caso de que el gobierno no procediera a la amortización de la moneda. Una vez más, *La Voz de España* salió en defensa de la comunidad a la que representaba señalando que:

> Un tejido de groseras calumnias contienen las anteriores líneas. Calumnias cuanto más de sentir porque hieren en lo general a una clase numerosa que tiene dadas pruebas de su amor al trabajo [...] y a dar brillo a la República aunque muchos de sus individuos no hayan nacido en ella. [Para evidenciar su buena disposición], varios de los presentes propusieron el siguiente pensamiento:
>
> El comercio entregará a las oficinas federales moneda de níquel hasta amortizar la cantidad excesiva que circula, recibiendo del gobierno vales incondicionales, vales para ser reembolsados sin interés y sin época determinada.[76]

Las medidas del 21 de diciembre reflejan que el principal problema estaba centrado en las transacciones al menudeo. Las multas impuestas a los abarroteros que se resistían a aceptar el níquel y la falta de entendimiento entre las autoridades municipales y los comerciantes, para garantizar la venta de productos de primera necesidad a precios justos, obligaron al gobierno a retirar de circulación el níquel, que desapareció del mercado a principios de 1884. Ahora bien, no pasaría mucho tiempo para que las clases trabajadoras de la ciudad de México arremetieran nuevamente contra el cuestionado gobierno de Manuel González, esta vez el desencadenante sería el arreglo y conversión de la deuda inglesa.

[76] *Ídem.*

# IV
# LOS TRABAJADORES
# FRENTE A LA CONVERSIÓN DE LA DEUDA INGLESA

El derrotero del pago de la deuda inglesa, contraída por la República federal mexicana en 1824, fue largo y controvertido. El 20 de octubre de 1884, a cuarenta días de concluir su mandato presidencial, Manuel González presentó al Congreso un proyecto de "consolidación y conversión de la deuda mexicana en Londres". En las sesiones en que el proyecto era discutido en la Cámara de Diputados (del 12 al 20 de noviembre de 1884) la disconformidad popular se hizo presente por medio de manifestaciones callejeras que, en algunos casos, alcanzaron altos índices de violencia. La presión ejercida por un importante sector de la opinión pública capitalina determinó, el 20 de noviembre, la aprobación de una moción parlamentaria que postergaba la discusión del proyecto de ley hasta la asunción presidencial de Porfirio Díaz, programada para el 1 de diciembre de 1884.

Las jornadas de noviembre de 1884 mantuvieron al país en vilo. Diez días de intensa movilización popular sacudieron a la capital mexicana y a otras ciudades del país. La extensa duración y dinámica de estas participaciones públicas y la falta de una estructura organizativa que liderara y coordinara los movimientos populares, permite inferir que la espontaneidad fue uno de los rasgos distintivos de estas movilizaciones callejeras. En tal sentido, los estudiantes y la prensa independiente desempeñaron un papel decisivo en la publicidad de la causa contra la ley que se debatía en el Congreso; los términos aglutinantes y nacionalistas utilizados para promover la defensa de la "soberanía nacional" resultaron clave para el éxito de la movilización popular.[1]

[1] Las movilizaciones de 1884 no han sido abordadas en profundidad. Con excepción de los aportes de Cosío Villegas, merece destacarse el texto de Pablo Piccato. Este autor analizó —en el contexto de preocupaciones historiográficas vinculadas a la construcción de la ciudadanía y la esfera pública como instancia de interlocución entre la sociedad civil y el Estado— cómo en los motines de 1884 un grupo de "periodistas, estudiantes y plebe urbana simplemente intentaron convertir a la 'opinión pública', el complejo de ideas y prácticas que la definían, en uno de los pilares de la legitimidad política". Cosío Villegas, 1957; Piccato, 2003, p. 534.

## 1. Deuda inglesa, debates parlamentarios y primeras expresiones de protesta

### a] *Endeudamiento y crisis financiera*

A principios del siglo XIX, frente al fortalecimiento de las monarquías europeas y en un contexto internacional dominado por la Santa Alianza, la preservación de la independencia de las nacientes naciones americanas constituía la principal preocupación de sus autoridades políticas. Con el objetivo de resguardar la integridad territorial frente a los peligros externos y subsanar las necesidades económicas internas, el 1 de mayo de 1823 el Congreso Constituyente mexicano autorizó a negociar un empréstito por 8 millones de pesos. Finalmente, México contrajo en Londres dos deudas;[2] la primera con la firma Barclay, Herring, Richardson and Co. y la segunda con la casa Goldschmidt and Co.[3]

"El gobierno aceptaba así una deuda de 16 millones de pesos, cantidad mayor que el presupuesto total de 1824, que ascendía a 15 millones de pesos aproximadamente".[4] Así empezó el endeudamiento exterior de la República mexicana, al que se sumaron los reclamos por daños e injusticias interpuestos por los súbditos ingleses y las exigencias para lograr el reconocimiento de los certificados y bonos convenidos con el gobierno de la Intervención. La liquidación de estas deudas conllevó un proceso político-financiero largo y conflictivo que alcanzó durante la presidencia de Manuel González uno de sus momentos más álgidos.[5]

[2] Para conocer en detalle las condiciones en que fueron adquiridas estas deudas y las vicisitudes de su pago, véase Bulnes, 1885; Casasús, 1885, y Ortiz de Montellano, 1886.

[3] Esta firma londinense otorgaría 2 500 000 libras esterlinas y el gobierno mexicano aceptaría adeudar 4 millones de libras al 6% anual. La casa Goldschmidt se comprometió a suministrar 1 600 000 libras esterlinas, por su parte el gobierno garantizaba emitir bonos por 3 200 000 al 5% anual. Bazant, 1995, p. 35.

[4] *Ídem.*

[5] Las exigencias de pago de Francia, España e Inglaterra para que México cumpliera con la liquidación de su deuda condujo en 1861 a la intervención de estas tres naciones en el territorio nacional. El propósito era apoderarse de los puertos de Veracruz y Tampico para retener las rentas aduaneras y saldar las deudas contraídas por México. Rota la alianza entre las tres potencias extranjeras, las tropas españolas e inglesas se retiraron del territorio mexicano y las francesas avanzaron hacia el interior del país. En 1867, cuando las fuerzas republicanas pusieron fin al Segundo Imperio, el presidente Benito Juárez desconoció la capitalización celebrada por Maximiliano con los tenedores de bonos ingleses, lo que implicó dejar sin efecto los cuatro años de intereses comprendidos entre 1863 y 1867. La cuestión volvió a agitarse en 1875, cuando se conocieron las intenciones del presidente Sebastián Lerdo de Tejada de reconocer la deuda inglesa, esta posibilidad fue capitalizada por Porfirio Díaz quien, mediante el plan de Tuxtepec, denunció el oneroso plan financiero señalando que "el presidente y sus favorecidos han pactado

En 1884 el problema de la renegociación de la deuda inglesa se convirtió en un asunto clave para el gobierno gonzalista. De su arreglo y conversión dependía, en gran medida, la reinserción de México en el mercado internacional y la posibilidad de volver a contar con fuentes de crédito a largo plazo. Simultáneamente, en Gran Bretaña empezó a crecer "la conciencia de los perjuicios derivados de la posición marginal de los intereses ingleses a favor de los franceses y alemanes, pero sobre todo estadounidenses, hasta convertirse en una opinión muy difundida y semioficial".[6]

La afluencia de ingresos crediticios era imprescindible para solventar la política de promoción y expansión económica nacional impulsada por González, una de cuyas máximas expresiones fue, sin duda, la construcción de redes ferroviarias.[7] Estas variables son centrales para explicar la premura del Presidente en la resolución del asunto de la deuda inglesa y para comprender la crisis financiera por la que atravesó el país en los años 1884-1885. En tal sentido, el desfase o "la dificultad existente para reconciliar políticas de intensa expansión económica con recursos fiscales y crediticios limitados" resulta clave para analizar la coyuntura que signó el debate de la negociación de la deuda inglesa.[8]

El gobierno de González se caracterizó por impulsar diversos proyectos de modernización económica. La construcción de importantes líneas férreas fue uno de los emprendimientos que contó con el decidido apoyo y financiamiento del gobierno nacional, que garantizó a los inversionistas —muchos de ellos de origen estadounidense— altos niveles de rentabilidad, gracias al otorga-

el reconocimiento de la enorme deuda inglesa, mediante dos millones de pesos que se reparten con sus agencias; que ese reconocimiento además de inmoral, es injusto, porque a México nada se indemniza por perjuicios causados en la intervención". MATUTE, 1981, p. 324. En lo que respecta a la cuestión de la deuda y a la intervención tripartita en México en 1861, destacamos el trabajo de PI-SUÑER, 1999, pp. 37-103.

[6] RIGUZZI, 1992, p. 374. Este autor señala que "en la década de 1867-1877 se registra la retirada total de las casas comerciales inglesas en México, la disminución de enlaces marítimos, un descenso de las inversiones y del intercambio comercial y la clausura para México de los mercados financieros ingleses y europeos, hasta llegar a la definición de una imagen y consideración sumamente negativas de México en los círculos financieros, en la prensa y en la opinión pública inglesas".

[7] "Durante la década de 1880-1890, siendo ministro de Fomento Carlos Pacheco, la promoción de los ferrocarriles se convirtió en el eje de las políticas de promoción económica de la Secretaría [...] Fue éste un periodo de crecimiento rápido y desordenado de la red ferroviaria [...] No obstante, para fines de la década el país contaba con una red de cerca de 9 000 km de vía construida". MARICHAL, 1998, p. 193. Cabe precisar que en 1880 el país contaba con aproximadamente 1 051 kilómetros de vías ferroviarias, cifra que en 1884 pasó a 5 879 kilómetros.

[8] MARICHAL, 1993, p. 420.

miento de subsidios financieros.[9] Para costear estas subvenciones González echó mano de los certificados de aduanas, lo cual suponía comprometer la principal fuente de ingresos ordinarios del Estado y generar un constante aumento de los egresos fiscales.[10] Asimismo, la imposibilidad de contar con préstamos a largo plazo obligó al gobierno a contraer créditos a corto plazo, hecho que convirtió al Banco Nacional Mexicano (1881-1884) y, posteriormente, al Banco Nacional de México (1884) en los principales prestamistas del Estado, entidades que progresivamente extendieron "su control sobre gran parte de la red fiscal del gobierno federal".[11]

El déficit fue el resultado del papel desempeñado por el Estado en esta promoción económica, éste pasó de 5 millones en 1882-1883 a 14 millones en 1884-1885. Por tanto, las enormes inversiones públicas, particularmente en materia ferrocarrilera, requerían "de una estrategia financiera para obtener recursos extraordinarios con los cuales cubrir los altos subsidios anuales que otorgaba el gobierno a las empresas privadas".[12] Las negociaciones con los tenedores de bonos extranjeros constituían la más certera posibilidad de obtener los fondos necesarios para financiar gastos extraordinarios y, a la vez, ejercer una especie de contrapeso frente a las inversiones estadounidenses, que para muchos miembros de la élite política podían terminar sujetando a la nación "a una tutela irremediable, a la tutela económica que no se sacude nunca".[13]

En el caso de los capitales ingleses, su afluencia suponía el restablecimiento de las relaciones que se habían roto como consecuencia de la intervención tripartita en 1861, y para que ello sucediera era imprescindible renegociar el pago de la deuda exterior. En mayo de 1883 el presidente Manuel González envió a Carlos Rivas, en misión confidencial, para negociar con los tenedores de bonos europeos; su falta de conocimiento financiero hizo fracasar la gestión

[9] Recordemos que dos de las más importantes compañías ferroviarias de la época, el Ferrocarril Central y el Ferrocarril Nacional, eran propiedad de capitalistas estadounidenses. Para un análisis de los mecanismos de financiamiento de la red ferroviaria, véase Riguzzi, 1999b, pp. 56-68.

[10] Los certificados de aduana "eran documentos que podían ser utilizados para pagar impuestos aduaneros y, por ende, tenían un valor monetario real. Entre 1880 y 1890 la Secretaría de Fomento entregó aproximadamente 50 millones de pesos a diversas empresas ferroviarias y quedó debiéndoles otro tanto". Marichal, 1998, p. 194.

[11] Marichal, 1993, p. 432.

[12] *Ibídem*, p. 428.

[13] Sierra, 1984, t. v, p. 105. Discurso pronunciado en la Cámara de Diputados el 12 de noviembre de 1884. "En el periodo caracterizado por la interrupción de las relaciones entre Gran Bretaña y México [1867-1877], los principales movimientos en la vida económica, desde la creación de una red ferroviaria hasta la comunicación telegráfica intercontinental y de las inversiones mineras hasta el crecimiento de los volúmenes comerciales, habían tenido como referencia a Estados Unidos". Riguzzi, 1992, pp. 386-387.

y México postergó, nuevamente, su integración al mercado de capitales europeos.[14] En septiembre de 1884 el presidente comisionó a Eduardo Noetzlin, principal promotor y director del Banco Nacional de México, a negociar personalmente el reconocimiento y conversión de la deuda con Londres; según el acuerdo, el gobierno mexicano debía emitir 17 millones de libras esterlinas (100 millones de pesos plata) en nuevos bonos.

Cuando el proyecto financiero llegó para su discusión a la Cámara de Diputados, el enfrentamiento que el asunto provocó entre los congresistas se hizo extensivo al conjunto de la sociedad que manifestó vivamente su oposición a la conversión de la deuda inglesa. La presión de la opinión pública promovió la suspensión del debate y la postergación de su tratamiento hasta la llegada de Díaz al poder, quien el 1 de diciembre de 1884 iniciaba un segundo periodo presidencial.

El fracaso de las misiones de Rivas y Noetzlin postergó la obtención de fuentes de crédito a largo plazo y, por ende, profundizó el endeudamiento a corto plazo con el Banco Nacional de México y con las empresas ferrocarrileras, que terminaron financiando la inversión pública a cambio de certificados de aduanas y otros títulos públicos.[15]

El regreso de Porfirio Díaz a la presidencia de la nación fue seguido de un paquete de medidas económicas que la prensa denominó un verdadero "golpe de Estado financiero". El 22 de junio de 1885, el secretario de Hacienda de Díaz, Manuel Dublán, elaboró tres decretos destinados a poner fin al déficit estatal; uno de ellos —conocido con el nombre de "conversión Dublán"— incluía un plan para la consolidación de la deuda interna y externa y, por ende, contemplaba el reconocimiento y liquidación de la deuda inglesa.[16] El acuerdo

[14] "La 'opinión pública' afirmaba que las negociaciones en Londres habían sido altamente especulativas, porque González y Rivas habían adquirido a precios muy bajos los valores mexicanos ya devaluados, y que ahora pretendían proponer un reconocimiento a la par, lo que significaría una enorme ganancia para estos nuevos portadores a la vez que una enorme carga a los intereses nacionales". LUDLOW, 1988, p. 60. Un análisis detallado de las negociaciones del gobierno de González con los acreedores británicos se encuentra en VILLEGAS REVUELTAS, 2005, pp. 234-258.

[15] "Hacia fines de noviembre de 1884 el gobierno ya tenía una deuda flotante de cerca de 6 millones de pesos con el Banco Nacional, a lo que habría que agregar un saldo negativo en la cuenta corriente de cerca de 1.5 millones de pesos. Seguir contratando nuevas deudas resultaba ya más que contraproducente, especialmente si se tiene en cuenta que el gobierno iba cediendo cada vez mayor control de la administración fiscal a esta empresa financiera privada". MARICHAL, 1993, p. 433. Para conocer el papel del Banco Nacional de México entre 1884 y 1888 remitimos a LUDLOW, 1988, pp. 57-65.

[16] Los otros dos decretos estipulaban la reducción de los sueldos de los empleados públicos y la suspensión de pagos de la deuda flotante, lo que suponía congelar las subvenciones a las empresas ferrocarrileras y suspender los pagos al Banco Nacional de México.

definitivo, firmado en Londres el 23 de julio de 1886, "representó la premisa para la apertura, en estrecha conexión causal y temporal, de un nuevo ciclo crediticio entre las finanzas europeas y el Estado mexicano".[17]

### b] *Estudiantes y trabajadores por la "honra de la nación"*

Entre el 12 y el 20 de noviembre, el tema de la deuda inglesa promovió un intenso debate entre los diputados oficialistas y aquéllos que se oponían al proyecto de ley presentado por González. Por un lado, la posición del diputado Justo Sierra resume, en gran medida, la postura fijada por el gobierno: la afluencia de recursos crediticios, para financiar el desarrollo económico nacional, dependía del arreglo y conversión de la deuda inglesa; por tanto, era misión prioritaria del Estado acordar una renegociación que terminara con los endeudamientos a corto plazo, pusiera a resguardo las rentas aduaneras y diera continuidad a los proyectos de expansión económica.

> la cuestión para nosotros presentada con toda sencillez es ésta: se trata de restablecer el crédito nacional [...] es preciso traer capitales extranjeros para explotar nuestras riquezas. Y yo pregunto a la Cámara, ¿conseguiríamos este objeto, reprobando el convenio que se consulta? Indudablemente que no, al contrario, tendríamos que prescindir de él, porque reprobando este convenio, precisamente cerramos las puertas a la venida del capital extranjero.[18]

Por otro lado, los discursos pronunciados por Guillermo Prieto en la Cámara de Diputados reflejan las premisas de los congresistas que rechazaban el reconocimiento de la deuda. En efecto, las bases del acuerdo financiero debían ser impugnadas por "injustas y por sospecha de fraudulentas e indebidas"; en caso contrario, el pago de la deuda terminaría afectando la dignidad nacional, "la honra de la nación, porque la honra de la nación está enlazada de

[17] Riguzzi, 1992, p. 380. La firma del acuerdo con los tenedores de bonos ingleses en 1886 fue clave para el arreglo de la deuda exterior española, que se llevó a cabo en 1890. A diferencia de la repercusión pública que tuvo la inglesa, el "contrato [con los acreedores españoles] fue inmediatamente ratificado por el Congreso y el Senado, convirtiéndose en Ley, sin suscitar discusión alguna, a diferencia de lo que había pasado en noviembre de 1884, cuando el gobierno trató de arreglar el problema de la deuda inglesa, lo que demuestra que la cuestión de la deuda española preocupaba mucho menos a la clase política y opinión pública mexicanas, actitud que siempre indignó a los plenipotenciarios españoles". Pi-suñer Llorens, 2003, p. 436.

[18] Sierra, 1984, t. v, p. 105. Discurso pronunciado en la Cámara de Diputados el 12 de noviembre de 1884.

una manera indivisible con la apreciación de ese crédito".[19] De esta forma, "el debate y los hechos posteriores mantuvieron la premisa: el honor de la patria era el valor supremo".[20]

Los primeros en secundar esta denuncia fueron los estudiantes capitalinos (principalmente de la Escuela Nacional Preparatoria, de Medicina y de Jurisprudencia), quienes comenzaron a pronunciar discursos callejeros y a divulgar mediante impresos los peligros que para la nación supondría el reconocimiento de la deuda. En la sesión parlamentaria del jueves 13 de noviembre de 1884 circuló la primera proclama; los términos en que la misma fue redactada irían moderando el tono del debate público. Desde las galerías, ocupadas mayoritariamente por estudiantes, fue arrojado un manifiesto firmado por "el pueblo":

> La nación agoniza, no le deis el golpe mortal [...] ¿Es en realidad el Congreso la Representación Nacional, o es por desgracia una reunión infame de mercaderes sin honra y sin conciencia? [...] No olvidéis que vuestro voto en contra significa el triunfo del deber y de la conciencia, la salvación de la patria [...] no olvidéis que sobre vuestros compromisos personales, que sobre vuestra gratitud individual están los compromisos de vuestra conciencia y vuestra gratitud a la patria.[21]

Los impresos y los discursos estudiantiles popularizaron el principal argumento de la oposición frente a la eventual aprobación del pago de la deuda inglesa: "la pérdida absoluta de la nacionalidad".[22] Los términos en que los estudiantes y la prensa independiente plantearon el controvertido asunto posibilitaron que los sectores populares, lejos de los cálculos financieros que implicaba el arreglo de la deuda, asumieran y se apropiaran de estas consignas al grito de "Mueran los ingleses". El componente xenófobo del nacionalismo mexicano, generalmente encarnado en la figura del gachupín, se trasladó a los ingleses, quienes se convirtieron en la causa directa de la situación que afligía al país y atentaba contra su integridad política.[23]

[19] PRIETO, 1994, p. 324. Discurso pronunciado en la Cámara de Diputados el 15 de noviembre de 1884.

[20] Pablo Piccato profundiza en la importancia que el tema del honor tuvo en los debates parlamentarios de noviembre de 1884, así como su articulación con la categoría de opinión pública. PICCATO, 2003, pp. 546-551.

[21] *El Socialista*, 16 de noviembre de 1884.

[22] *El Tiempo*, 21 de noviembre de 1884.

[23] La vinculación entre hispanofobia y nacionalismo la analiza de forma sugerente PÉREZ VEJO, 2005.

En esos días las conjeturas se multiplicaban:

> Se nos quiere vender a los ingleses, era la frase predominante. [...] Un lépero formulaba así sus deducciones en medio de un corro de oyentes: "Somos diez millones de mexicanos [...] la deuda inglesa es de ochenta millones de pesos, que el Gobierno no podrá pagar. Nos entregará a los ingleses, en cambio. Diez millones, a ochenta millones, salimos a ocho pesos cada uno".[24]

La literatura, el teatro y la música de la época también se hicieron eco del asunto de la deuda. En 1884 la imprenta de Ireneo Paz publicó un breve cuento que parodiaba el gobierno de Manuel González y explicitaba la vinculación entre la deuda inglesa y la actitud "patriótica" de los estudiantes y los artesanos.

> A los gobernantes
> Que consideran proeza
> Arreglar la deuda inglesa
> Sin pagar a pensionistas,
> Puede que falten nihilistas,
> Mas tenemos estudiantes,
> Patriotas brillantes,
> Juntos con artesanos
> Encallecidas las manos,
> Pero de su patria amantes.[25]

En enero de 1885 en el teatro Arbeu se estrenó la comedia en dos actos *La deuda inglesa o un diputado independiente.* La repercusión pública de este conflicto financiero también quedó expuesta musicalmente en una polka autoría de Juan Hernández.[26]

La participación de la prensa capitalina en el debate que sacudió a la sociedad mexicana fue decisiva no sólo para la formación de la opinión pública, sino como instrumento de promoción de la movilización popular.[27] En este contexto de preocupaciones, interesa destacar la posición asumida por los

[24] QUEVEDO Y ZUBIETA, 1956, p. 296.

[25] HOURCADE, 1884, p. 17.

[26] REYES DE LA MAZA, t. 1, 1963, p. 221.

[27] Como señala Tarrow, "los vínculos amplios creados por la letra impresa y las asociaciones, así como por los periódicos y las redes sociales informales, hacen posible un grado de acción colectiva coordinada que no podrían haber logrado los lazos supuestamente 'fuertes' de la clase social". TARROW, 1997, p. 112.

periódicos destinados a la clase trabajadora, que para esa fecha eran dos: *El Socialista* y *El Hijo del Trabajo*.[28]

Frente al proyecto de conversión de la deuda, *El Socialista* favoreció la causa de la "defensa de la patria", en tanto promovió entre los trabajadores la postura de que "es toda una nación que prefiere su libertad y su patria al oro y a cualquier otro amor; que no quiere que mañana llegue el extranjero a arrojarla de su casa, a embargarle sus intereses, a decirle, me debes, págame".[29] En esta misma lógica, defendía a quienes por estar presentes en las puertas del Congreso abandonaban a un familiar enfermo o cerraban los talleres y los establecimientos laborales. Más aún, *El Socialista* rebatió un editorial del oficialista periódico *La Libertad* que cuestionaba la capacidad de entendimiento de los sectores populares para asumir una posición respecto del pago de la deuda pública.

Frente a la incisiva pregunta de "¿Puede un pueblo de la escasa ilustración del nuestro apasionarse de buena fe por una cuestión, ni siquiera económica, sino financiera, y que no comprende?",[30] la respuesta no tardó en llegar. *El Socialista* legitimó la opinión pública, liderada por los estudiantes y los trabajadores urbanos, al considerar que

> El aforismo de *Vox populi vox dei*, no supone que la masa ignorante de un pueblo pueda resolver una cuestión económica, sino que la opinión de la mayoría ilustrada, apoyada por la voluntad de un pueblo, lleva mayor número de probabilidades de acierto que la opinión aislada de dos hombres que no cuentan con ese asentimiento [...] la opinión pública, el cuarto poder que busca *La Libertad* no sólo está sancionada por la Constitución sino que está sobre los otros tres, pues puede modificarlos a su antojo y sobre la misma Constitución, pues que puede destruirla.[31]

[28] *El Socialista* fue fundado en 1871 por Juan de Mata Rivera y se publicó hasta diciembre de 1888. Por su parte, *El Hijo del Trabajo* circuló entre 1874 y 1884, sus directores fueron José Muñúzuri y, más tarde, Francisco de Paula y González.

[29] *El Socialista*, 20 de noviembre de 1884.

[30] *La Libertad*, 27 de noviembre de 1884. En este mismo sentido, el diputado Francisco Bulnes —en uno de sus discursos parlamentarios— afirmaba: "para que la opinión pública rechace una cosa justamente, necesita, ante todo, conocer la cuestión tal como es, y haberla resuelto como debe ser ¿y cómo se puede conocer si la opinión pública ha cumplido con estas dos condiciones? [...] El pueblo tiene derecho a pedir, pero la constitución dice cómo debe pedir, y yo no reconozco el derecho a dar órdenes en cualquier día [...] el pueblo no tiene la autoridad que se le atribuye para que lo obedezcamos a ciegas. DDD, 14 de noviembre de 1884, pp. 300-301.

[31] *El Socialista*, 1 de diciembre de 1884. Pablo Piccato analiza las implicaciones del término opinión pública en los motines de noviembre de 1884. Señala que la categoría de "opinión pública" fue central "porque los actores la invocaban para dar cuenta de un debate que tenía lugar en

En síntesis, el periódico de Juan de Mata Rivera defendió la activa participación popular en las jornadas de noviembre de 1884, sumándose a la postura "patriótica" de los diputados de la oposición y publicitándola en el mundo laboral. Su par, *El Hijo del Trabajo* no sólo tomó distancia del asunto de la deuda, sino que desalentó la intervención de los trabajadores en la toma de las calles. Ante la inminente declaración de huelga y movilización de los obreros de Tlalpan y Tizapán para sumarse a la defensa del "honor nacional" y engrosar las filas de quienes se encontraban combatiendo el proyecto de conversión de la deuda, *El Hijo del Trabajo* expresó en sus páginas que "con el desorden no se conquista el triunfo de la razón [...] ¿qué consiguen entregándose a la holga[nza], privando a sus familias del sustento y dando a sus hijos el mal ejemplo de rebelarse contra la autoridad?".[32]

En lo que atañe a *El Hijo del Trabajo*, el tema de las subvenciones oficiales pudo haber condicionado la postura asumida por este medio frente al problema que sacudía a la sociedad. En este sentido, es elocuente la carta que el director del periódico, Francisco de Paula y González, le envió los primeros días de diciembre de 1884 al ex presidente González:

> Quiero hacer llegar hasta usted la expresión de mi gratitud por el auxilio que durante su administración tuvo la bondad de impartirme [...] todos mis esfuerzos en el periódico se han concentrado a consolidar el respeto a la autoridad, principio que ya va comprometiéndose entre la clase obrera.
>
> Con el auxilio recibido por su benevolencia [...] he podido aumentar mi pequeña imprenta [...] me atrevo a suplicarle acabe de completar su obra benefactora influyendo con el Sr. General Díaz a fin de que se me siga impartiendo el auxilio por ud. acordado con el objeto de poder adquirir la prensa que me hace falta [...].[33]

---

el espacio físico y conceptual que unía a la prensa, la Cámara y las calles donde convivían miembros de la élite política y otros habitantes de la ciudad". En este sentido, señala que "diputados, periodistas, estudiantes y plebe urbana simplemente intentaron convertir a la 'opinión pública' [...] en uno de los pilares de la legitimidad política". Piccato, 2003, pp. 533-537.

[32] *El Hijo del Trabajo*, 23 de noviembre de 1884.

[33] La carta está fechada el 7 de diciembre de 1884. cmg, caja 91, doc. 1 06502. En respuesta a esta misiva, González le escribió al director de *El Hijo del Trabajo*: "celebro que ese pequeño auxilio haya servido para dar mayor desarrollo a su empresa [...] y si en lo particular yo puedo cooperar al sostenimiento de la publicación lo haré con gusto [...] como conozco perfectamente las ideas del Gral. Díaz [...] respecto de la prensa, no es posible hacerle indicación alguna a este respecto en el sentido que ud. me recomienda, lo cual siento mucho pues habría deseado complacerlo [...]". cmg, caja 91, doc. 1 06504.

*El Hijo del Trabajo* dejó de publicarse pocas semanas después de que su director escribiera esta carta a Manuel González. A finales de 1884, instalado Díaz en la presidencia, el periódico ya no circulaba; es posible pensar que la falta de subvención oficial gravitó en la continuidad el proyecto editorial de Francisco de Paula y González. Probablemente, el apoyo financiero otorgado por Manuel González resultaba fundamental para la publicación del diario y, por tanto, pudo haber condicionado la posición asumida por el periódico en las "jornadas de la deuda inglesa".

En síntesis, los estudiantes fueron los primeros en asumir y expandir entre las clases populares los términos en que los diputados de la oposición rechazaban el reconocimiento y conversión de la deuda inglesa.[34] La defensa de la patria, el honor nacional y la pérdida absoluta de la soberanía eran lemas que, al ser tan caros al conjunto de la ciudadanía, fueron rápidamente interiorizados por aquellos sectores que, ajenos a los argumentos financieros, podían comprender la trascendencia del asunto que se discutía en las sesiones parlamentarias. Nacionalismo y anglofobia fueron elementos constitutivos y disparadores de la protesta popular.

Los dos periódicos destinados a la clase trabajadora asumieron posturas disímiles; *El Socialista*, al sumarse a la causa contra el arreglo de la deuda inglesa, constituyó un importante canal de transmisión y divulgación de las consignas políticas y fue fundamental para la movilización del contingente laboral en las jornadas de noviembre de 1884. En cambio, *El Hijo del Trabajo* desalentó la participación pública de los trabajadores y, levantando la bandera del respeto a las autoridades políticas y los principios liberales y republicanos, los animó a optar por otras formas de protesta que —como la manifestación de las ideas por medio de la prensa o la elaboración de un manifiesto elevado al Congreso de la Unión— alejaran a los obreros de los disturbios callejeros.

### c] *El inicio de la protesta callejera*

A partir de principios del siglo XIX, la Cámara de Diputados surgió como un espacio de participación política utilizado por diversos sectores de la sociedad civil para hacer oír su voz en los asuntos de mayor trascendencia.[35] Esto llevó

[34] En Latinoamérica, los estudiantes y la prensa fueron actores protagónicos de las movilizaciones públicas contra la conversión de la deuda externa. Para el caso de Buenos Aires remitimos al artículo de ROJKIND, 2006.

[35] Los debates legislativos de noviembre de 1884 congregaron en la Cámara de Diputados a estudiantes, periodistas, mujeres y artesanos: "representantes de todas las sociedades que van a protestar en contra de aquel abuso". PICCATO, 2003, p. 553.

al periodista Salvador Quevedo y Zubieta a bautizarla con el rótulo de "Cámara-teatro": "Empezó el público a figurar más como actor que como espectador en las sesiones del Congreso: siseaba, hablaba, interrumpía a los oradores del Gobierno, siendo lo más singular que la Cámara pareciese reconocer al público como un contendiente parlamentario".[36]

Inserto en esta modalidad de participación política y ante el inminente reconocimiento de la deuda inglesa por parte del poder legislativo, el lunes 12 de noviembre, cuando se empezó a debatir el acuerdo financiero, las galerías comenzaron a llenarse de estudiantes. Desde allí, manifestaban su repudio a los representantes que apoyaban la conversión de la deuda —tal fue el caso de Francisco Bulnes o Justo Sierra— o su ferviente adhesión a los diputados que, como Guillermo Prieto o Salvador Díaz Mirón, se oponían al proyecto de ley.

Las crónicas parlamentarias y periodísticas reflejan los matices de la participación parlamentaria que iba desde aplausos prolongados, silbidos y abucheos hasta violentas intervenciones, como arrancar algunas molduras del teatro para arrojarlas contra los diputados que argumentaban en favor de la conversión de la deuda inglesa.[37]

Desde el primer día en que se empezó a debatir el asunto de la deuda, los periódicos refieren a la multitud de "gente del pueblo" que se agolpaba en las puertas y calles adyacentes del Congreso para manifestar su oposición al proyecto de ley. Cuando terminó la sesión del día 13, quienes aguardaban noticias en la vía pública se unieron a los estudiantes que salían de la Cámara y juntos recorrieron las calles céntricas de la ciudad articulando un recorrido muy preciso: las casas de los diputados que estaban contra el arreglo de la deuda inglesa. Así desfilaron por la casa de Guillermo Prieto, de Eduardo Viñas "quien salió dos veces del balcón [...] a dar gracias al pueblo, que llenaba por completo toda la calle de extremo a extremo"[38] y por el Hotel Iturbide, donde se alojaba el diputado veracruzano Salvador Díaz Mirón.

Las manifestaciones callejeras continuaron registrándose después de cada jornada legislativa; despectivamente Salvador Quevedo y Zubieta se refirió a los grupos que formaban parte de estas participaciones señalando que "el *artesanito* de pequeña industria, privado de ocupación o en el goce de un día o algunas horas de huelga; el cesante, cuya vida miserable se sostiene sólo con la

[36] Quevedo y Zubieta, 1956, p. 136.
[37] *La República*, 19 de noviembre de 1884.
[38] *El Socialista*, 16 de noviembre de 1884.

esperanza de volver a ser empleado; el *lépero*, ese harapo vivo de nuestras calles, ripio de nuestra poesía y *caló* de nuestra prosa; todo lo que vaga, lo que está sobrando o está de broma".[39]

El sábado 15 de noviembre el proyecto de "consolidación y conversión de la deuda mexicana en Londres" fue aprobado en lo general por 93 votos contra 58. Nuevamente, una vez concluida la sesión, los "movimientos espontáneos del pueblo que es la fortuna y de los estudiantes que son el talento"[40] se dieron cita en las calles céntricas de la capital para manifestar su oposición al proyecto de ley. Algunos de los manifestantes improvisaron discursos en la vía pública hasta que los dispersó la fuerza policial, los periódicos refieren que por lo menos 25 personas fueron aprehendidas.

"Dos potencias [...] encabezan la opinión de este asunto, el pueblo obrero y los estudiantes, es decir, el mundo del trabajo y el mundo de la inteligencia".[41] Juntos, desde el 12 de noviembre de 1884, lideraron la oposición al asunto de la deuda inglesa que se debatía en la Cámara; en las galerías del ex teatro o fuera del recinto hacían oír su descontento.[42]

Del 12 al 15 de noviembre de 1884 la capital fue sacudida por una sociedad civil que presionó al poder político para evitar el reconocimiento de la deuda. La dinámica de la participación pública capitalina, que duró hasta el viernes 15 de noviembre, nos permite inferir que se trató de un movimiento que sin mayores niveles de organización fue liderado por los estudiantes y la prensa independiente —agentes clave de la movilización callejera— y fue asumido por las clases trabajadoras, quienes se sumaron al rechazo de la conversión de la deuda inglesa movidos por el argumento central de la oposición: la pérdida de la soberanía nacional.

En lo que respecta a la participación de este segmento de las clases populares urbanas es pertinente recordar que, poco menos de un año antes, habían sufrido las consecuencias económicas derivadas de la introducción de la moneda de níquel. Frente a la depreciación del nuevo numerario y ante la imposibilidad de surtirse de productos de primera necesidad, la respuesta de los sectores más vulnerables estalló el 21 de diciembre de 1883 en el denominado "motín del níquel". En este contexto, marcado por los apremios económicos y el cuestionamiento al poder político, de abril de 1884 a finales de 1885, otro asunto sacudió a la opinión pública y dejó en entredicho la figura de los gobiernos

[39] QUEVEDO Y ZUBIETA, 1956, p. 296. Las cursivas son del autor.

[40] *El Correo del Lunes*, 17 de noviembre de 1884.

[41] *El Monitor Republicano*, 20 de noviembre de 1884.

[42] A fines del siglo XIX el edificio del antiguo teatro Iturbide servía de recinto a la Cámara de Diputados.

nacional y local: la concesión del control y administración del agua potable de la ciudad a un particular.[43]

En tal sentido, es importante cotejar los argumentos que circularon en 1884 en torno al problema del agua y de la deuda inglesa. Ambas coyunturas hicieron "explícitas algunas de las percepciones socioculturales más importantes sobre los deberes del gobierno" local y nacional, revelando aspectos centrales de las concepciones políticas de los actores en estudio.[44]

En abril de 1884 el empresario Carlos Medina Ormachea presentó al Ayuntamiento un proyecto para que éste le arrendara, por un plazo de 50 años, la infraestructura hidráulica de la ciudad.[45] En julio de 1884 el Ayuntamiento aprobó el contrato, medida que fue ratificada en octubre por Manuel González; pocos días más tarde empezó a debatirse en el Congreso el asunto de la deuda inglesa. La polémica en torno a esta decisión ocupó a regidores y periodistas, quienes esgrimieron su desacuerdo frente al proyecto de arrendamiento, que finalmente en 1885 fue recusado por el nuevo municipio.

La cuestión de fondo que subyacía en la discusión pública era la pertinencia o no de la administración del agua potable por un particular, en tanto suponía "el dilema del lucro o del buen servicio público". En síntesis, lo que se dirimía era "una percepción de lo que *debe ser* la administración de un servicio como el agua, es decir, una economía moral del servicio".[46] Esta percepción que vinculaba los deberes del Ayuntamiento con la idea del bien común dejaba en segundo plano cuestiones como la rentabilidad del servicio y limitaba la delegación del agua a un particular, reivindicando la responsabilidad del gobierno sobre la administración de este ramo.

Los vértices de esta polémica se imbricaron con los argumentos que algunos diputados y un sector importante de la sociedad utilizó para frenar la conversión de la deuda inglesa: ante el dilema de la dignidad de la nación o la afluencia de recursos crediticios exteriores, el gobierno debía anteponer la defensa de la soberanía. La percepción pública sobre las obligaciones del gobierno, expresada en el motín de 1883, volvió a presentarse en la coyuntura de noviembre de 1884. Era deber del gobierno asumir el control y administra-

[43] Para un análisis de las implicaciones de este contrato, véase Rodríguez Kuri, 1999.

[44] Rodríguez Kuri, 1999, p. 177.

[45] El arrendamiento involucraba "el ramo completo del agua potable de la ciudad, incluyendo manantiales, acueductos, represas, tuberías, tomas y demás. A cambio, [Carlos Medina] se comprometía a pagar al municipio 36 000 pesos anuales durante los primeros quince años, 48 000 los siguientes quince, y 60 000 los restantes 20 años, así como aumentar el caudal de agua disponible para la ciudad y a remozar los acueductos y tuberías de distribución". Rodríguez Kuri, 1999, p. 171.

[46] Rodríguez Kuri, 1999, p. 174.

ción del agua privilegiando el bien colectivo, también era el Estado el que debía garantizar la inviolabilidad de la soberanía nacional y, por tanto, la llegada de créditos extranjeros no podía anteponerse a esta primigenia defensa. Los argumentos expuestos en ambos episodios revelan la carga valorativa que la sociedad le asignaba al poder público como garante del orden social y custodio del bien colectivo. En el caso del agua, el gobierno debía privilegiar el "buen servicio" frente al "lucro"; ante los episodios de la deuda inglesa, los diputados debían tener presente que la recuperación del crédito extranjero no podía atentar contra la soberanía nacional.

## 2. Entre el efímero triunfo popular y la represión política

### a] *Movilización pública, violencia y coacción*

La dinámica de la protesta callejera que primó los primeros días del debate parlamentario (del 12 al 15 de noviembre de 1884) y que no había registrado hechos de violencia dio paso, el día 17, a los tumultos y a la represión, sucesos que se repitieron hasta el 21 de noviembre.

El lunes 17 tuvieron lugar los primeros hechos de violencia que se incrementaron con el correr de los días. Después de casi una semana de intensa movilización popular y de la aprobación legislativa en lo general del proyecto de ley de conversión de la deuda inglesa, la sesión del 17 de noviembre se presentaba como una instancia clave para la oposición. Teniendo en cuenta que el 30 de noviembre Manuel González concluía su periodo presidencial, los diputados opositores al proyecto apostaron a la postergación de la aprobación en lo particular del contrato. En tal sentido, en la sesión del lunes 17, el diputado Gachicoa presentó una propuesta para que el proyecto de ley fuera discutido a detalle, es decir, que cada artículo se sometiera a debate y votación.[47] La pro-

[47] El diputado opositor sustentó la moción en el artículo 101 del Reglamento de la Cámara de Diputados, el cual establecía que "si algún artículo constare de varias proposiciones, se pondrán a discusión separadamente, una después de otra, señalándolas previamente su autor a la comisión que las presente". Con base en el artículo 1º del proyecto de ley que decía: "Se aprueba el convenio celebrado en Londres, el 18 de septiembre último, entre el Sr. Eduardo Noetzlin [...] y el comité de bonos mexicanos, para el arreglo y conversión de la deuda de la República en Londres, con excepción del artículo 12 de dicho convenio que se suprimirá"; el diputado argumentó que "la Cámara habrá comprendido fácilmente que el artículo 1º envuelve las 13 proposiciones que son objeto del arreglo celebrado en 18 de Noviembre de este año. DDD, 17 de noviembre de 1884, p. 344.

posición suscitó entre los diputados una gran polémica que excitó a los concurrentes de las galerías, quienes empezaron a gritar y a generar disturbios que llevaron al presidente de la Cámara a levantar la sesión pública para continuar el debate en forma cerrada.

Una vez concluida la sesión parlamentaria, y teniendo en cuenta la repercusión que la expulsión del público de las galerías causó en los manifestantes que aguardaban fuera de la Cámara, las protestas se dieron cita por las calles céntricas de la ciudad. Comisiones de obreros y estudiantes marcharon a visitar a los diputados de la oposición para felicitarlos por su actitud patriótica.[48] Un nutrido grupo de manifestantes se dirigieron a la casa del futuro presidente Porfirio Díaz, donde los estudiantes pronunciaron discursos, pero "viendo el pueblo que el general no salía a contestar las preguntas que querían hacerle los oradores, siguió su camino".[49]

En la esquina del Santísimo la represión policial empezó a actuar, los gendarmes abrieron fuego contra los manifestantes pero "cuando el grupo vio que ninguno del pueblo había sido herido gravemente volvió a reunirse y siguió gritando mueras".[50] Las detonaciones, las piedras y los gritos hicieron que las casas comerciales cerraran sus puertas, "la alarma cundía de un modo rápido". En la calle Tacuba la policía nuevamente disparó contra los manifestantes, dando lugar a la primera muerte de las jornadas de la deuda inglesa, la víctima fue un "hombre del pueblo", un jicarero de 23 años de edad, llamado Manuel Palacios.[51]

Este primer brote de violencia fue la antesala de otros sucesos tumultuosos. La moción del diputado Gachicoa no había llegado a votarse en la sesión anterior y, por tanto, debía procederse a su votación en la reunión legislativa del martes 18 de noviembre. La trascendencia de la proposición, en un clima caracterizado por la activa participación pública, condujo al gobierno a redoblar las medidas de seguridad; desde las dos de la tarde el edificio de la Cámara de Diputados y las calles colindantes fueron ocupadas por batallones de infantería, regimientos de caballería y agentes de gendarmería montada. En el recinto legislativo fuerzas policiales y agentes secretos acataban las órdenes del gobernador del Distrito Federal, Carlos Rivas, y del jefe de policía, Lagarde.[52]

[48] *El Monitor Republicano*, 18 de noviembre de 1884.

[49] *El Nacional*, 19 de noviembre de 1884.

[50] *Ídem.*

[51] *Ídem.*

[52] El despliegue policial en las galerías y de la policía y el ejército en las calles llevó a un grupo de diputados a exigirle al presidente de la Cámara la reducción y contención de las fuerzas

En la puerta de la Cámara "grandes masas de gentío, desprendidas de los barrios pobres y los alrededores de la ciudad, acudían al centro y se agolpaban hacia las calles adyacentes [...] entre las camisas de los léperos, las chaquetas de los artesanos y los uniformes de soldados y gendarmes, se veía aquí y allí bullir a los estudiantes".[53] Estos últimos habían impreso una serie de proclamas que hacían circular entre los manifestantes y que luego, como en otras oportunidades, arrojaron desde las galerías de la Cámara.

Llegó finalmente el momento de votar la propuesta de Gachicoa y una vez más el resultado fue adverso a la oposición; la moción de discutir cada artículo del convenio fue rechazada por 82 votos contra 71. Cuando esta resolución llegó a las puertas del antiguo teatro Iturbide, "se [oyeron] fuera del edificio de la Cámara, varios tiros de pistola"; el diputado Díaz Mirón "hace escucharse diciendo: ¡Vamos a morir con el pueblo!".[54] El tumulto se hizo presente y la represión policial empezó a actuar, según algunas noticias periodísticas el saldo de la jornada fue de cuatro heridos y dos muertos.

La espontánea adhesión de quienes aun cuando se encontraban trabajando se movilizaron, quizás por primera vez, al enterarse de la resolución parlamentaria fue reseñada por la prensa. Por ejemplo, los presidentes de las sociedades mutualistas de panaderos y de meseros, Felipe López y Demetrio Orozco, "al agregarse a los amotinados también fueron arrollados". Por otro lado, la prensa reseñó que "en varias fábricas se salían los empleados y muchos de ellos se unían a los grupos".[55]

Los diputados de la oposición cuestionaron los métodos utilizados por la fuerza pública contra los manifestantes y buscaron, por intermedio del presidente de la Cámara de Diputados, poner fin a la violencia.[56] Por su parte, Guillermo Prieto se refirió a los sucesos y a la posición asumida por algunos diputados en aquella sesión tumultuosa, de la siguiente forma:

públicas. Guillermo Prieto señaló que: "el artículo 181 del reglamento [...] dice que cada Cámara tendrá una fuerza de treinta hombres a su disposición y que se aumentará esa fuerza, en caso necesario, según lo acuerde la Cámara [...] El Sr. Presidente no puede por sí y ante sí, y antes de que haya la deliberación de la Cámara, mandar a aumentar la fuerza pública, por rectas que sean sus intenciones". DDD, 18 de noviembre de 1884, p. 355.

[53] QUEVEDO Y ZUBIETA, 1956, p. 304.

[54] DDD, 18 de noviembre de 1884, pp. 366-367.

[55] *El Nacional*, 19 de noviembre de 1884.

[56] El presidente de la Cámara, el diputado Díaz Mirón y otros diputados se dirigieron a las puertas del Congreso para frenar la ola de violencia. Al reintegrarse a la sesión, el presidente dijo: "el orden queda restablecido. Las órdenes más expresas y terminantes se han comunicado a la policía, para que no dispare sobre el pueblo". DDD, 18 de noviembre de 1884, p. 367.

> la circunstancia de encontrarnos todos dispuestos a abandonar este sitio en los momentos en que se quiera y se deseara humillar la dignidad del pueblo, son bastantes garantías de que no nos conformaremos ni un momento con la presencia de la fuerza armada, si esa presencia en las actuales circunstancias se prolongara comprometiendo las deliberaciones de la Asamblea.[57]

Ante el interrogatorio de los diputados sobre lo sucedido en la calle, el presidente de la Cámara respondió que "habiéndose echado un pelotón del populacho sobre la fuerza armada, ésta había tenido que hacer uso de las armas".[58] Finalmente, la sesión fue suspendida a las seis de la tarde.

Los sucesos del día 18 de noviembre confirman la culminación de la movilización pacífica —cuyo antecedente lo encontramos en la jornada del lunes 17— y el inicio de una nueva etapa signada por la violencia y la difusión espacial del conflicto. Por un lado, la intensidad de la represión, que en aquella jornada obligó a suspender el debate parlamentario, siguió en aumento hasta el 21 de noviembre. Por el otro, la propagación geográfica del movimiento de protesta superó las fronteras del radio céntrico de la ciudad y se hizo presente en algunos de los barrios más populares. En este sentido, las noticias refieren que a las ocho de la noche en el barrio de San Pablo se produjo un motín, "cambiando el pueblo con las caballerías del Gobierno, pedradas por balazos".[59] Las noticias de enfrentamientos entre policías y ciudadanos se repitieron los días siguientes por diferentes rumbos; el barrio de la Soledad de Santa Cruz y el rumbo de San Juan también fueron escenarios de movimientos de protesta popular.

En la sesión del 19 de noviembre el Ministro de Gobernación fue interpelado por el diputado Marcelo León sobre los sucesos que habían tenido lugar desde el sábado 15 en la puerta de la Cámara y en las calles capitalinas, su informe no reconoció ninguna víctima fatal y sólo reportó un "ciudadano del pueblo" herido, cuando en la calle de Tacuba un grupo de manifestantes atacó a "una escolta de gendarmes del ejército [...] queriéndoles quitar sus armas".[60]

[57] Prieto, 1994, p. 328. Discurso pronunciado en la sesión del 20 de noviembre de 1884.

[58] *El Nacional*, 19 de noviembre de 1884.

[59] *Ídem*.

[60] DDD, 19 de noviembre de 1884, p. 372. En esa misma sesión se leyó un parte del teniente coronel Gonzalo Ríos, en él se señalaba que "las detonaciones que se oyeron, fueron por disparos hechos por la gendarmería municipal: manifestando a ud. además, que al retirarme con la fuerza fue apedreada la última sección de ella [...] y que ni aun en ese caso se ha dejado de obrar con la moderación debida, pues me he limitado aprehender ocho de ellos, sin maltratarlos, que fueron entregados en la guardia del Principal a disposición de la Comandancia militar".

El día miércoles 19 los tumultos se repitieron. Las espontáneas y pacíficas manifestaciones populares (que habían primado del 12 al 15 de noviembre) cedieron paso —desde el lunes 17 de noviembre— a la desorganización y a la violencia que se hicieron extensivas a gran parte de la capital. Terminada la sesión del 19, no sólo las calles adyacentes al Congreso fueron escenario de protestas,

> el pueblo atumultado dividiéndose en diversas fracciones, recorrió las avenidas del Refugio y Plateros rompiendo los vidrios de los faroles del alumbrado y apedreando a los *wagones* y los coches [...] a eso de las ocho y media de la noche, el tumulto se había generalizado, recorrían los barrios muchos grupos gritando desordenadamente: unos se dirigían por el rumbo de Santa Inés, con intención de apedrear la imprenta de *La Libertad* [...] otros corrían por la calle de Vergara [...] otros tronaban el rumbo del Puente de San Francisco.[61]

Siguiendo la propuesta de Pablo Piccato, probablemente el que los manifestantes rompieran las farolas públicas se vinculara con la provisión del servicio de alumbrado eléctrico monopolizado por una compañía de origen inglés. Cabe precisar que la década de 1880 estuvo marcada por los conflictos entre la empresa de alumbrado y el Ayuntamiento de la ciudad. Los motivos de esta puja se centraron en las exigencias de las autoridades políticas para que la firma inglesa extendiera la instalación de lámparas eléctricas por el centro de la ciudad y las intenciones del Ayuntamiento de otorgar nuevas concesiones de luz a otras empresas.[62] No sólo esto, la firma inglesa también era blanco de fuertes críticas por el deficiente servicio que prestaba. En síntesis, "nacionalismo y nuevas demandas urbanas [...] se combinaban en el gesto de destruir las farolas".[63]

La movilización popular se extendió por los barrios de la ciudad e intentó rebasar los límites de la capital. Por la plazuela de Loreto, los tumultos y la represión policial dejaron como saldo varios heridos y un carpintero muerto.[64] Las crónicas periodísticas de esos días refieren que 3 000 obreros de las fábricas textiles de Tlalpan y Tizapán se habían declarado en huelga, hasta tanto no se resolviese el asunto de la deuda inglesa.[65] Los estados de la República tampoco

[61] *El Monitor Republicano*, 21 de noviembre de 1884. *La Libertad* fue uno de los periódicos oficialistas que con mayor énfasis promovió el arreglo de la deuda inglesa.

[62] Para un análisis detallado de la concesión del alumbrado público durante el porfiriato en la ciudad de México, véase Rodríguez Kuri, 1999, pp. 165-190.

[63] Piccato, 2003, p. 557.

[64] *El Nacional*, 20 de noviembre de 1884.

[65] *El Hijo del Trabajo*, 23 de noviembre de 1884; *La Voz de México*, 22 de noviembre de 1884.

fueron ajenos a este asunto y las protestas se extendieron por diferentes ciudades del país.[66]

A lo largo de estos diez días de protesta, la movilización popular tuvo dos fases claramente diferenciadas. En la primera, del 12 al 15 de noviembre, la protesta callejera se circunscribió al radio céntrico de la ciudad, con la Cámara de Diputados como eje, y estuvo exenta de episodios violentos. En la segunda, que comprendió del 17 al 21 de noviembre, los tumultos y la coacción del aparato estatal imprimieron a las jornadas su sello distintivo; asimismo, en esta etapa asistimos a la propagación del conflicto que desbordó el centro para extenderse por algunos barrios populares de la capital.

El punto de inflexión que marcó el tránsito entre estas dos etapas se gestó entre el 17 y 18 de noviembre de 1884. El lunes 17 —cuando tuvo lugar la primera jornada violenta— la efervescencia social, dentro y fuera del Congreso, llevaba cinco días aguardando la resolución del acuerdo. La expulsión de los estudiantes de las galerías de la Cámara y la continuación de la sesión en forma secreta, seguramente irritaron aún más el ánimo de los manifestantes, dando lugar a los hechos de violencia reseñados.

El martes 18, a la desaprobación de la medida de la banca opositora presentada en la sesión anterior —para discutir artículo por artículo el proyecto de ley y postergar la votación en lo particular—, debemos sumarle la expansión del conflicto que, ante la noticia de la derrota parlamentaria, se manifestó violentamente por distintos barrios de la capital. La severa represión policial de esos días no hizo más que recrudecer la violencia que se extendió hasta el 21 de noviembre de 1884. En esas jornadas, y estrechamente vinculado con lo que parecía la derrota definitiva de la causa patriótica, se produjo el viraje que cambió el rumbo de las manifestaciones callejeras y determinó la postergación del debate hasta la instalación del gobierno de Porfirio Díaz.

### b] *El desenlace de las "jornadas de la deuda inglesa"*

La declaración de huelga de los obreros de Tlalpan y Tizapán y la magnitud alcanzada por las manifestaciones callejeras hizo suponer a las autoridades que nuevos manifestantes podían llegar de la zona fabril del Valle de México. Frente a la eventual propagación del conflicto, y como medida preventiva, el

[66] En las Colecciones Manuel González y Porfirio Díaz, resguardadas en la Universidad Iberoamericana, se localizan expedientes sobre la repercusión del asunto de la deuda inglesa en diversas ciudades mexicanas. Por ejemplo, para el caso de la ciudad de Mérida, véase CMG, caja 91, doc. 1 06637; para San Luis Potosí, CPD, legajo 9, caja 2, docs. 000820 y 000824.

gobierno ordenó suspender el tren que unía la capital con Tlalpan, de esta forma se pretendía evitar que los obreros del Valle de México llegaran a "aumentar el número de descontentos".[67]

Probablemente los trabajadores, en consonancia con los discursos promovidos por la prensa independiente y los estudiantes, consideraron que el arreglo de la deuda no era más que una negociación de un ominoso grupo de diputados dispuestos a enajenar la soberanía a manos de los ingleses. En este escenario político se insertaba una eventual rebaja salarial que un puñado de propietarios, la mayoría de ellos de origen español, pretendía consumar sobre las precarias condiciones materiales de los obreros textiles del Valle de México.[68]

La lesión de los intereses laborales, producto de la disminución de sus salarios, y la convicción de que el arreglo de la deuda inglesa atentaba contra la soberanía nacional tenían un común denominador: la figura del extranjero, del otro. Por tanto, podemos decir que en la declaración de esta huelga confluyeron la lucha contra el capital inglés y el combate contra los propietarios españoles.[69] Es posible pensar que esta suma de agravios, enraizada en un fuerte sentimiento nacionalista, catalizó la participación política y la protesta laboral. Recordemos que la xenofobia constituyó "un componente importante del viejo y profundo nacionalismo popular que desafiaba la postura oficial del gobierno de Porfirio Díaz hacia los extranjeros".[70]

La resolución del conflicto laboral se produjo algunas semanas más tarde de la medida suspensiva votada en el Congreso para la aprobación de la deuda inglesa. En tal sentido, es posible pensar que más allá de la probable adhesión de los obreros del Valle de México a la "causa patriótica", la simultaneidad de

[67] *La Voz de México*, 22 de noviembre de 1884.

[68] Documentación primaria nos permite inferir los importantes niveles de organización de los trabajadores huelguistas del Valle de México: juntas de obreros —autorizadas por el presidente municipal—, conformación de una mesa directiva para llevar adelante las negociaciones de la huelga, adhesión del contingente laboral femenino de las fábricas. Asimismo, uno de los trabajadores, acusado de "instigador de los obreros", fue encarcelado y enviado a Yucatán. AHDF, Fondo Tlalpan, Ramo Gobernación, caja 18; exp. 66a y 64a. Mario Trujillo Bolio se refiere en su libro a esta huelga tomando como eje de su explicación la cuestión salarial. TRUJILLO BOLIO, 1997, p. 273.

[69] Ante la escalada de violencia popular un periódico reseñaba que "muchos diputados que están en el sucio negocio de la deuda inglesa han suplicado al Gobierno les dé alguna fuerza para custodiar sus casas, pues temen que el pueblo les vaya a hacer frente a ellas manifestaciones muy distintas de las que se han hecho a los dignos diputados Viñas, Díaz Mirón y Prieto". AHUNAM, Fondo Carlos Basave del Castillo Negrete, leg. 8, inv. 1802. Carlos Basave del Castillo Negrete (Guadalajara, 1863-ciudad de México, 1947) participó como estudiante en las movilizaciones públicas contra el reconocimiento y conversión de la deuda inglesa en la ciudad de México en noviembre de 1884 y en julio de 1885.

[70] BLOCH y ORTOLL, 2004, p. 245.

conflictos fue motivo suficiente para que el gobierno desplegara medidas preventivas tendientes a evitar la movilización de los obreros textiles de Tlalpan y Tizapán a la capital.

En relación con la participación de artesanos y obreros de la ciudad de México en el asunto de la deuda, más allá de la movilización callejera, los trabajadores capitalinos articularon otros medios de protesta. Los manifiestos fueron una de las alternativas puestas en marcha para expresar el descontento; en este sentido, hicieron llegar a los periódicos dos impresos. Uno de ellos fue firmado por un grupo de artesanos, quienes refutaban un artículo aparecido en *La Libertad* por la forma despectiva e insultante en que el periódico oficialista se refería a quienes acudían a las galerías de la Cámara de Diputados para presenciar el debate, de esta protesta sólo contamos con referencias periodísticas. El otro impreso, firmado por un grupo de obreros, parcialmente se publicó en la prensa:

> El pueblo mexicano ha despertado, ya de su letargo y no necesita por cierto redentores que lo salven.
>
> Necesita, sí, que se le deje en pleno ejercicio de sus derechos para ejercer su soberanía […] desconoce (el pueblo) el derecho de tutela y va a desconocer a sus señores y sacudirse el yugo que le postra. El gobierno, el detestable y ya moribundo gonzalismo, lo mismo que el porfirismo de funestísimos recuerdos, no son los que han de salvar la dignidad nacional. Por eso protestamos contra esa dualidad diabólica que ha querido perpetrarse en el poder.[71]

Este fragmento del manifiesto, imbuido de una fuerte crítica política no sólo contra el gobierno de Manuel González, sino también contra su antecesor y sucesor presidencial, Porfirio Díaz, exalta los principios republicanos y la defensa de la soberanía popular —vinculada con el ejercicio de derechos ciudadanos— como la herramienta capaz de "salvar la dignidad nacional". Es clara la alusión y defensa de la "soberana" participación popular en las jornadas de la deuda inglesa y la aversión a la clase dirigente a quien no sólo desconoce, sino frente a la que propone "sacudirse el yugo". Asimismo, constituye una muestra del arraigo y apropiación de los principios republicanos por las clases trabajadoras urbanas.

Finalmente, en la sesión del jueves 20 de noviembre el diputado Jesús Fuentes y Muñiz presentó una proposición suspensiva para postergar el debate

[71] Ambas referencias hemerográficas se encuentran en el AHUNAM, Fondo Carlos Basave del Castillo Negrete, leg. 8, inv. 1830.

del arreglo y conversión de la deuda inglesa hasta que Porfirio Díaz asumiera la presidencia de la nación. La moción fue aprobada y los festejos populares no se hicieron esperar; "diversos grupos del pueblo, artesanos y estudiantes recorrían las calles gritando vivas y mueras".[72]

> Celebró México aquella revocación [...] se iluminaron las casas con farolillos izados en los balcones, el pueblo bajo de los barrios apartados y de los pueblecillos circundantes acudió al centro de la ciudad [...] y los jóvenes de las escuelas declarados héroes desfilaron por las calles principales de la ciudad en una procesión que las damas de la ciudad saludaron desde los balcones con lluvias de flores.[73]

La celebración se extendió hasta el sábado, día programado para una gran manifestación callejera, pero el viernes 21 de noviembre el tumulto y la violencia se hicieron presentes. El objetivo de la movilización del día viernes era subir a las torres de la Catedral para repicar y así anunciar públicamente el triunfo de la defensa de la patria. Para evitar inconvenientes los manifestantes solicitaron el permiso pertinente al Gobernador del Distrito Federal, quien autorizó la petición.

Una vez reunidos en el atrio, las fuerzas de caballería y los gendarmes se interpusieron y comenzó la coacción, uno de los heridos fue Ignacio Enríquez, sastre de profesión, quien en la Plaza de Armas recibió un disparo y diversos golpes. Asimismo, en medio de la balacera "un hombre de condición pacífica y humilde, músico que venía a tocar el salterio en una barranca de pequeños espectáculos levantada junto a la Catedral, cae en tierra herido mortalmente".[74] Los manifestantes indignados improvisaron una camilla y en silenciosa "procesión fúnebre" trasladaron a la víctima a la casa del gobernador del Distrito Federal, Carlos Rivas, frente a la Alameda. Un grupo de estudiantes, encabezado por Diódoro Batalla, se entrevistó con el Gobernador, quien minutos más tarde, presionado por los gritos del pueblo, salió al balcón para pronunciar un breve discurso en el que se comprometía a apresar al culpable de la muerte del músico y castigarlo severamente.[75]

[72] *El Monitor Republicano*, 21 de noviembre de 1884.

[73] Quevedo y Zubieta, 1956, p. 311.

[74] *Ibídem*, p. 312. Recordemos que en los meses de noviembre y diciembre, los jacalones o teatros provisionales se levantaban en el Zócalo y otras plazas principales de la ciudad de México. Por las referencias recabadas, el músico muerto en la jornada del 21 de noviembre se dirigía a trabajar en uno de estos espacios de diversión popular.

[75] *El Correo del Lunes*, 24 de noviembre de 1884. Los informes de la prensa acerca del número de muertos, heridos y presos —a lo largo de estas jornadas— varían considerablemente. En las noticias más alarmantes se llegó a afirmar que el saldo había sido de 18 muertos, 30 heridos

En medio de esta conmoción popular apareció el coche de Manuel González, un "joven obrero se lanza a la brida de un caballo con intención de detenerlo, [pero] el cochero [...] saca su revólver y hace fuego sobre el joven imprudente, hiriéndole en una pierna". El Presidente bajó de su carruaje e improvisó algunas palabras a fin de calmar los ánimos de los manifestantes, en ese momento, "las tropas que se hallaban cerca del lugar de los acontecimientos recibieron orden de retirarse [...] los gritos de aprobación del pueblo resonaron estrepitosamente" y González emprendió nuevamente su camino.[76]

El sábado 22 tuvo lugar la última manifestación popular, estudiantes, obreros y artesanos recorrieron desde las 10 de la mañana las calles céntricas de la ciudad. En esa ocasión, los obreros hicieron circular un impreso que bajo el título de "¡Gloria a los estudiantes y diputados de la oposición!" rezaba lo siguiente:

> Cuando los corazones de todos los patriotas mexicanos se sentían estremecer de rabia por la nefasta venta que se trataba de hacer de nuestra querida patria [...] los estudiantes, esos dignos jóvenes [...] sin más armas que el corazón y la inteligencia, sin más apoyo que la opinión popular, se han puesto frente a frente de las tropas, en compañía del pueblo enardecido [...] y han lanzado a la faz del mundo, sus anatemas en contra del proyecto, apoyando la santa causa del pueblo [...] recordad siempre que el pueblo es soberano, y si algunos ambiciosos tratan de vendernos, todavía conservamos la palabra, tenemos el corazón y habemos de protestar [...] ¡Vivan los estudiantes que han dado muestras de patriotismo y valor! ¡Viva la democracia! ¡Vivan los dignos diputados que velando por los intereses del pueblo han sabido conservar la independencia, prefiriendo mil veces la odiosidad de esos inicuos traficantes, antes que vender a su patria.[77]

En consonancia con el anterior manifiesto también firmado por los obreros, esta proclama retoma y reivindica el tema de la soberanía popular y el ejercicio de los derechos del pueblo. En efecto, la palabra (derecho de expresión) y la protesta (derecho de petición) fueron utilizadas y exaltadas por las clases trabajadoras como instancias clave en el ejercicio de los derechos ciudadanos y la práctica republicana. "El derecho de petición ofrecía

---

y que los aprehendidos habían sido remitidos a Yucatán. *El Tiempo*, 20 y 21 de noviembre de 1884; *El Monitor Republicano*, 20 de noviembre de 1884; *El Nacional*, 21 de noviembre de 1884, y *La Voz de México*, 26 de noviembre de 1884.

[76] Quevedo y Zubieta, 1956, p. 312.

[77] AHUNAM, Fondo Carlos Basave del Castillo Negrete, leg. 8, inv. 1827. El manifiesto fue firmado por Rafael García, Carlos Rojas, J.C.N. y treinta obreros más.

formas de ejercer una acción pública de supervisión sobre el Estado más allá del acto de votar",[78] acción que los trabajadores urbanos supieron capitalizar en diversas coyunturas convirtiéndola en una estrategia de presión que, avalada y reconocida por el poder público, se convierte en una prueba más del arraigo de la cultura liberal y republicana entre los artesanos y obreros capitalinos.[79]

Esta coyuntura de movilización revela la alianza establecida entre los estudiantes y las clases trabajadoras.[80] Esta vinculación puede explicarse teniendo en cuenta dos variables: la debilidad de un discurso de clase que identificara de manera plena a los artesanos y obreros capitalinos y la impronta nacionalista presente en las consignas de las "jornadas de la deuda inglesa", formulación que seguramente gravitó en la convergencia y toma de las calles por los estudiantes y obreros. La anglofobia reactualizó la "teoría de la conspiración" al ubicar los intereses ingleses como la causa de los males que afligían al país, de esta forma la xenofobia siguió nutriendo el *corpus* del nacionalismo mexicano.[81]

### c] *Díaz y la deuda: de la "conversión Dublán" a la cárcel de Belén*

El 22 de junio de 1885, es decir, seis meses después de las convulsionadas manifestaciones callejeras contra el arreglo de la deuda inglesa y de que fuera aprobada la moción suspensiva que aplazaba su debate hasta que Díaz asumiera la presidencia, el reelecto primer magistrado publicó tres decretos elabora-

[78] PICCATO, 2003, p. 573.

[79] Para el caso de Zacatecas, la difusión y alcance de la cultura republicana entre los grupos populares de principios del siglo XIX, y su manifestación en coyunturas de movilización pública, ha sido detenidamente analizada por RÍOS ZÚÑIGA, 2005, pp. 49-86.

[80] Las coyunturas electorales fueron otra de las instancias en que los estudiantes y las clases trabajadoras estrecharon vínculos. En este sentido, Carlos Basave del Castillo Negrete recordaba que "era el año de 1887 y se trataba de elecciones municipales [...] Los estudiantes [...] resolvimos en nuestra pretenciosa arrogancia, iniciarnos en la elección de un Ayuntamiento para la Capital, elección de verdad, decíamos, creyendo que el pueblo a nuestro conjuro iría a votar [...] A mí me tocó trabajar en mi barrio. Vivía por el Carmen, en un cuarto de una casa de vecindad [...] Para el domingo de las elecciones, me había preparado con dos compañeros de que eché mano como auxiliares y que ni siquiera vivían en mi barrio [...] hablé además con unos carpinteros que vivían en mi misma vecindad y convinieron en ayudarnos y en hablar con otros amigos". AHUNAM, Fondo Carlos Basave del Castillo Negrete, leg. 7, inv. 1327-1328.

[81] Un análisis detallado de la "teoría de la conspiración" como nodo del nacionalismo mexicano, se encuentra en PÉREZ VEJO, 2005.

dos por su secretario de Hacienda, Manuel Dublán. El tercero, y más importante de ellos, estipulaba la consolidación y conversión de la deuda nacional, es decir, de toda la deuda pública, desde la Independencia hasta el 1 de julio de 1882. Esta ley difería del proyecto presentado al Congreso por González, el cual sólo involucraba la liquidación de la deuda inglesa.

El decreto, conocido como "conversión Dublán", al evitar que el reconocimiento fuera discutido en el Congreso, impidió seguir dilatando uno de los asuntos financieros que más afligía al poder político porfiriano y cuya resolución era decisiva para la obtención de nuevos préstamos exteriores. Asimismo, esta facultad resolutiva del poder ejecutivo restringió la capacidad de movilización y presión popular que habían caracterizado las pasadas jornadas de noviembre de 1884, cuando el asunto se debatió en la Cámara de Diputados. Esta estrategia político-financiera se imbricó con fuertes medidas represivas contra los estudiantes y periodistas independientes, quienes intentaron infructuosamente reorganizar un frente de oposición pública al reconocimiento de la deuda.[82]

El 3 de julio de 1885 los estudiantes hicieron circular una protesta contra la "conversión Dublán":

> Los sucritos nos vemos en la imperiosa necesidad de protestar con toda la energía que demanda nuestra dignidad de mexicanos contra semejante ley, sin duda alguna, es uno de los mayores atentados que se registran en la historia de los gobiernos tiránicos y arbitrarios.
>
> En efecto, por la mencionada ley se aprueba el proyecto de reconocimiento de la DEUDA INGLESA cuya reprobación en noviembre próximo pasado se escribió con la sangre del pueblo [...] nos limitamos a protestar en nuestro nombre, esperando que el pueblo todo de la República secundará nuestra protesta con la energía y patriotismo que deben ponerse al servicio de intereses tan sagrados.[83]

[82] Al igual que en noviembre de 1884, la repercusión de este asunto se hizo sentir en algunas capitales de la República mexicana; la publicación de proclamas y algunos intentos fallidos de movilización tuvieron lugar en Puebla y San Luis Potosí. CPD, leg. 10, docs. 007511 y 007870. En julio de 1885 fue publicado en Puebla un impreso que, firmado por "varios honrados artesanos" y bajo el título "¡A las armas ciudadanos!", llamaba a levantarse contra el presidente de la nación quien "con el cinismo digno de este atentado y desafiando al país entero, consumó por fin la obra que su digno predecesor comenzara ¡Porfirio Díaz! [...] será en lo adelante el más odioso para nosotros y para nuestros hijos y todos los esfuerzos nuestros [...] deben encaminarse a procurar su exterminio y de toda su camarilla [...] haciendo espiar [*sic*] al gran criminal su crimen en una picota, pues que la venganza popular justa y merecida es la justicia de Dios que castiga a estos delincuentes". CPD, leg. 10, doc. 007512.

[83] AHUNAM, Fondo Carlos Basave del Castillo Negrete, leg. 5, inv. 838.

Ese mismo día, cuando algunos estudiantes se encontraban repartiendo en la vía pública este manifiesto fueron aprehendidos.[84] La prensa independiente, como en noviembre de 1884, secundó el llamado de los estudiantes. Enrique Chavarri, periodista de *El Monitor Republicano*, interpretó el silencio de la opinión pública como un alarmante signo político, expresó que esa cautela ciudadana

> consiste en que en el primer momento nadie quería creer que en los cinco renglones de un artículo se hubiera concluido la cuestión más grave y de mayor trascendencia que agita al país [...] valiera más que hubiera en estos momentos muchos faroles rotos [...] esto sería una válvula de seguridad que serviría de desahogo a la indignación popular que ahora fermenta en una caldera cuyo estallido es bien temible.[85]

Antes de que Juvenal —seudónimo con el que Chavarri firmaba sus publicaciones— terminara de escribir este artículo fue aprehendido y conducido a la cárcel de Belén. El encarcelamiento de los periodistas continuó y las siguientes víctimas de la represión fueron Adolfo Carrillo (*El Correo del Lunes*), Rafael O'Horan (*El Valedor*), Gándara de Velasco (*El Pabellón Español*), Ricardo Ramírez y Enrique de los Ríos (redactores de *El Tiempo*). El propietario del establecimiento tipográfico donde los estudiantes habían impreso su manifiesto, Benito Nichols, también fue llevado preso. La causa de las detenciones fue sustentada en el delito de sedición.

El 5 de julio un grupo de estudiantes hicieron llegar al Secretario de Gobernación un petitorio reclamando la libertad de los estudiantes y periodistas presos. Fundamentaban su pedido en el derecho constitucional que los amparaba para "escribir y publicar escritos sobre cualquier materia, sin más limitaciones que el respeto a la vida privada, a la moral y a la paz pública". Esta nueva protesta volvió a recrudecer la represión policial y ocho jóvenes más se sumaron a las bartolinas de la cárcel de Belén.[86] Al día siguiente estudiantes y "gente del pueblo" marcharon por las calles céntricas de la ciudad reclamando la libertad de los presos políticos, pero no pasó mucho tiempo cuando "la manifestación fue disuelta por la policía, pistola en mano, frente a la Diputación".[87]

[84] Entre los estudiantes aprehendidos se encontraban Diódoro Batalla, Adrián Garay y Carlos Basave del Castillo Negrete. Muchos otros fueron detenidos días después. Los alumnos mayores de edad fueron consignados al juez de distrito, a los menores de edad se les impuso una pena correccional y se les expulsó de la escuela. CPD, Copiadores, leg. 41, caja 2, tomo 3, fojas 142-143.

[85] *El Monitor Republicano*, 8 de julio de 1885.

[86] *El Monitor Republicano*, 11 de julio de 1885.

[87] *El Monitor Republicano*, 8 de julio de 1885.

A finales de julio un grupo de mujeres, la mayoría de ellas madres de los estudiantes detenidos, le escribieron a Porfirio Díaz solicitándole

> romper los hierros de la cárcel [...] y volver la calma y la alegría en el seno de muchas familias, hoy conturbadas hondamente [...] En nombre pues, de las madres cuyo corazón reboza de amargura con los sufrimientos de sus hijos, en nombre también de la tranquilidad del país [...] pedimos a Ud. apresure el desenlace del proceso.
>
> Y esperamos no ser desoídas, también Ud. Sr. Presidente ha disfrutado de las caricias de una madre y siente y ha sentido las tiernas efusiones del amor paternal. Esos sentimientos santos invocamos para que [...] devuelva a los prisioneros a una sociedad a quien son útiles y benéficos.[88]

La petición de indulto, firmada por más de 200 mujeres, fue llevada a la casa del Presidente y al Palacio Nacional por una comitiva que infructuosamente intentó entrevistarse con Díaz, quien respondió de manera tajante que: "ni está en mis facultades interrumpir o suspender la acción del Tribunal que las juzga, ni se ha declarado si existen o no los delitos que se les imputa, faltando por lo mismo las sentencias sobre las cuales pudiera revocar dicho indulto".[89]

En esta misma línea de acción política, en respuesta a una carta enviada por el gobernador de San Luis Potosí —lugar donde los estudiantes también promovieron movilizaciones contra el decreto—, Porfirio Díaz expuso la necesidad y las formas que debía asumir la represión contra aquellos que atentaran contra la paz pública. Esta misiva deja al descubierto una de las premisas básicas de la teoría y la práctica de la coacción que implementara Díaz a largo de su administración.

> En cuanto a los estudiantes de que me hablas es bueno tener pocas ocasiones de castigarlos para que no se lleguen a familiarizar con este procedimiento; pero cuando se haga conviene que sea con toda la severidad posible, porque de este modo sabrán a qué atenerse y lo que podrán esperar también las personas que los azuzan [...] es necesario emplear todo rigor cuando se invite a la rebelión porque [...] ataca la tranquilidad pública cuya responsabilidad es la primera que pesa en todos los Gobiernos.[90]

[88] CPD, leg. 10, doc. 006975.
[89] CPD, leg. 10, doc. 006974.
[90] CPD, Copiadores, leg. 41, caja 2, tomo 3, fojas 176-177.

Los principales referentes de las organizaciones laborales y las mesas directivas de distintas sociedades mutualistas capitalinas se unieron al reclamo público en favor de la liberación de los estudiantes y periodistas aprehendidos en julio de 1885. Con fecha 15 de septiembre, José María González y González —secretario del Congreso Obrero— hizo llegar a las redacciones de los periódicos una circular en la que solicitaba al presidente Díaz la libertad de los presos políticos, deseando que en "esta fecha memorable, no haya una sola nube que empañe el sol de la alegría de un pueblo que ante el ara de la Patria jura conservar incólume la herencia de los que le hicieron libre e independiente".[91]

Días después, el Congreso Obrero promovió la apertura de una suscripción para ayudar a los detenidos a pagar las multas que les había impuesto el juez de distrito. En la circular señalaban que

> la mesa Directiva de esta R. Corporación [...] acordó, en sesión celebrada la noche del 22 del corriente, que habiendo sido sentenciados los periodistas y estudiantes presos por asuntos políticos, a varios meses de prisión y pago de multas, desde cien a trescientos pesos, se abra una suscripción en las Sociedades y Fábricas, para auxiliar, hasta donde sea posible, a los estudiantes y periodistas que estén imposibilitados de hacer el pago de esas multas.[92]

También se proponía la formación de una comisión para estrechar vínculos con las "señoras" que habían solicitado al presidente "la libertad de los citados presos, para que, secundando la idea del Congreso Obrero, abran otra suscripción entre los particulares".

Es importante destacar la posición asumida por el Congreso Obrero frente a los periodistas y estudiantes presos en 1885. En tal sentido, el reclamo por su liberación y la búsqueda y promoción de apoyo económico, para ayudarles a solventar el pago de las multas aplicadas, constituye una de las últimas muestras de autonomía política de la dirigencia mutualista. Esta actitud, si bien no

[91] AHUNAM, Fondo Carlos Basave del Castillo Negrete, leg. 8, inv. 1857. En este mismo sentido, se pronunciaron la Sociedad de Conductores, la Sociedad Unión y Concordia de Señoras, la Sociedad Unión y la mutual Unión y Amistad del ramo de panadería. Esta última, con fecha 13 de septiembre, se dirigió al presidente de la República solicitándole "humildemente como una gracia especial, que estando próximo el canto glorioso de la Independencia Mexicana [...] tenga bien concedernos la libertad de los presos políticos que sufren en la cárcel de Belén, a quienes lloran sus desconsoladas familias".

[92] La circular tiene fecha 23 de septiembre de 1885 y fue suscrita por Carmen Huerta, presidente del Congreso Obrero, así como por Pedro Ordóñez y José M. González y González, tesorero y secretario, respectivamente. AHUNAM, Fondo Carlos Basave del Castillo Negrete, leg. 8, inv. 1836.

puede ser catalogada como un enfrentamiento hostil hacia Díaz, sí puede interpretarse como la asunción de una postura crítica e independiente, que pronto se diluyó frente al proceso de subordinación política que hizo de estos dirigentes y del segundo Congreso Obrero uno de los bastiones del régimen. Recordemos que estos líderes de los artesanos, quienes en 1885 abogaron por la libertad de los presos políticos, a finales de 1886 se encontraban asimilados al poder porfiriano y, consecuentemente, la principal confederación de trabajadores del país se convirtió en un organismo dócil a los mandatos políticos del gobierno de Díaz.

La toma colectiva de las calles, los imprevisibles alcances de la protesta popular siempre fueron un motivo de preocupación para las élites políticas. En tal sentido, cabe remarcar la importancia y las implicaciones de las medidas tomadas en 1885 por Díaz para inhibir la participación pública, dado que constituyen la primera evidencia de un cambio de actitud destinado a acotar los canales autónomos de la movilización ciudadana.

En diciembre de 1883 y noviembre de 1884, con menores o mayores dosis de violencia, González cedió frente a las exigencias populares y revocó sus decisiones políticas. En junio de 1885 Díaz, mediante el decreto de conversión de la deuda y de la inmediata represión estatal, logró inhibir las manifestaciones opositoras de la opinión pública (de la prensa, los estudiantes y, eventualmente, de las clases populares), concretando su proyecto financiero y sustrayendo a su gobierno de las protestas y tumultos.

El control que Díaz implementó sobre las organizaciones laborales, la canalización de la participación política de estos sectores por medio de la Convención Radical Obrera, el monopolio ejercido por el periódico *La Convención Radical Obrera*, prácticamente el único medio impreso de los trabajadores urbanos hasta principios del siglo XX, y la apropiación y resignificación por parte del gobierno de las fiestas cívicas del mutualismo fueron mecanismos clave para lograr inhibir la movilización pública y autónoma de las clases trabajadoras. Una vez más, "el cierre parcial o total de diversos medios de la sociedad civil" y el estricto control ejercido sobre los mecanismos de participación popular fueron decisivos para contener la movilización urbana.[93]

[93] Ríos, 2005, p. 272.

# V
# EL MOVIMIENTO ANTIRREELECCIONISTA DE 1892

Luego de que Porfirio Díaz ocupara la silla presidencial durante ocho años consecutivos y una vez aprobada la reforma constitucional que posibilitaba la reelección indefinida, el año 1892 se presentaba como una instancia clave en el proceso de consolidación del régimen porfiriano.[1]

En un contexto marcado por la idea del "necesarismo", rótulo con el que la prensa independiente ironizaba acerca de los argumentos oficialistas sobre la permanencia de Díaz en el poder, el debate acerca de la pertinencia o no de la reelección presidencial sacudió, una vez más, a la República mexicana. Recordemos que a lo largo de la segunda mitad del siglo XIX y a principios del XX, la defensa de la alternancia en el poder, como principio básico para la preservación del sistema democrático, se hizo presente en distintas coyunturas electorales con diferentes mecanismos y matices hasta culminar a fines de la década de 1900 con la Revolución mexicana.[2] En tal sentido, 1892 constituye un punto de inflexión en el derrotero de la tradición antirreeleccionista; durante la primera mitad de ese año, de abril a junio, por primera vez se organizó una importante corriente de participación popular que expresó públicamente su disconformidad por la tercera reelección de Porfirio Díaz a la presidencia de la nación.

[1] Recordemos que en 1887 el Congreso nacional aprobó la enmienda constitucional para habilitar la reelección presidencial por un periodo, y en 1890 se votó finalmente la reforma que posibilitó la reelección indefinida.

[2] El movimiento político de 1892 encuentra su preludio en las polémicas y luchas armadas que tuvieron lugar en 1871, 1876 y 1888 en torno al tema de la sucesión presidencial. La reelección de Benito Juárez en 1871 y de Sebastián Lerdo de Tejada en 1876 desataron la lucha armada que, encabezada por Porfirio Díaz, se proponía evitar la perpetuación de estos magistrados en el poder. Mediante los planes políticos de La Noria (1871) y Tuxtepec (1876), el militar oaxaqueño enarboló la bandera de la no reelección. En 1888 sería el propio Díaz quien, traicionando los argumentos de sus pasadas confrontaciones y los principios promulgados en sus planes, reivindicaría la reelección y tomaría posesión de la silla presidencial por segunda vez consecutiva. Estos sucesos fueron articulando una tradición política antirreeleccionista que puede ser considerada como el precedente del movimiento de 1892, que si bien no llegó al enfrentamiento armado, como sucedió en 1871 o 1876, sí superó los márgenes de la protesta escrita, que en otras ocasiones, como en 1888, había tomado fuerza en la prensa de la época.

La defensa de dos de los principios básicos del sistema representativo y republicano, es decir, la renovación de los cargos públicos y la necesidad de alternancia en el poder generó formas y mecanismos de participación popular que hasta entonces no habían tenido lugar en la lucha contra la reelección. Los promotores de esta movilización pública fueron un grupo de estudiantes y periodistas independientes, quienes pronto contaron con el apoyo de un importante segmento de la clase trabajadora urbana, que se convirtió en parte fundamental de la alianza política contra el régimen.

La oposición se organizó en clubes y dio a conocer por medio de la prensa sus principios programáticos y los móviles de su acción. Asimismo, diversas estrategias de propaganda fueron implementadas con el propósito de movilizar a la opinión pública capitalina. Reuniones de discusión interna —en las que se tomaban las decisiones que competían a la organización y estructuración del grupo—, sesiones públicas —que permitían ir midiendo la adhesión que la causa concitaba en la opinión pública— y una intensa actividad publicitaria —que pretendía alcanzar a toda la República— articularon un activo movimiento que, encabezado por estudiantes, obreros y periodistas, estuvo destinado a evitar la segunda reelección continua de Porfirio Díaz en la presidencia. En lo que respecta a la participación callejera de quienes luchaban por la no reelección, el grupo opositor a Díaz tomó las calles de la ciudad para encabezar tres jornadas de intensa movilización popular que tuvieron lugar los días 15, 16 y 17 de mayo de 1892 y alcanzaron altos índices de violencia.

## 1. Las clases trabajadoras frente a la candidatura presidencial de Díaz

### a] *Los obreros mutualistas se movilizan*

En 1892 el Gran Círculo Porfirista organizó la Unión Nacional Liberal (partido afirmado en los principios del positivismo comtiano) con el objetivo de consolidar, en vísperas de la próxima elección presidencial, el régimen de Díaz. Los "científicos", como se le empezó a denominar a esta camarilla, entendían la tercera reelección como un sacrificio que se imponía a la "democracia" y una necesidad para la reafirmación de la paz, imprescindible para el desarrollo económico y el progreso material del país.

Los miembros de la Unión Liberal, encabezados por Justo Sierra, intentaron equilibrar su apuesta por la reelección con una serie de reformas que pudieran brindar al gobierno un sustento institucional más duradero y sólido. En efecto, la propuesta acerca de la inamovilidad de los jueces y la creación de la figura del vicepresidente pretendían, a la vez que fortalecer al régimen, evitar la crisis política que podría sobrevenir una vez ausente la figura hegemónica del caudillo oaxaqueño. La falta de observancia de estas propuestas y la reticencia de Díaz a reformar las bases institucionales de su gobierno terminaron por convalidar un gobierno personalista y centralizado.

En este marco de preocupaciones electorales y continuistas, a principios de 1892 el clima político oficialista estuvo signado por la organización y puesta en marcha de manifestaciones públicas, cuya función era hacer explícito el apoyo a la permanencia del General en el poder. Esta empresa contó, como en otras oportunidades, con la anuencia de los principales dirigentes de la Convención Radical Obrera y el Congreso Obrero. En tal sentido, los principales líderes de los artesanos —como Pedro Ordóñez, Juan N. Serrano y Domínguez y José M. González y González— se constituyeron en los agentes privilegiados de la movilización pública del contingente mutualista, que tomó las calles para expresar su apoyo a Díaz. El domingo 28 de febrero de 1892 los líderes mutualistas inauguraron el año electoral con una gran manifestación que, a decir de los organizadores, congregó a unos 10 000 participantes entre artesanos, operarios de fábricas, agricultores, industriales, sociedades mutualistas y alumnos de escuelas nocturnas.[3]

Como en otras ocasiones, la sombra de la coacción recayó en los trabajadores organizados y movilizados por la Convención Radical Obrera y el Congreso Obrero.[4] Así lo deja ver el propio discurso del segundo secretario de la Convención, Juan N. Serrano y Domínguez, quien brindó al general Díaz un encendido discurso en apoyo a la reelección presidencial, allí expresó que:

> Ni el más ligero viento de coacción, ni el más insignificante ápice de impulso extraño, motiva la presente manifestación que en estos momentos solemnísimos el pueblo obrero del Distrito Federal verifica con entusiasmo inusitado.
>
> [...] este puñado de pueblo obrero, en ejercicio de esa soberana voluntad, os aclama por cuarta vez su digno Mandatario en el periodo constitucional 1893-1896

[3] *La Convención Radical Obrera*, 6 de marzo de 1892.

[4] La prensa independiente cuestionó constantemente los métodos de movilización popular instrumentados por la Convención Radical Obrera. En aquella oportunidad, el periódico *El Monitor Republicano* irónicamente reseñó que: "el domingo pasado tuvo lugar en esta Capital una *manifestación espontánea de obreros* a favor de la reelección del Gral. Díaz". *El Monitor Republicano*, 2 de marzo de 1892. Cursivas en el original.

> [...] cada voto [...] llevará consigo una convicción más de paz interior, una esperanza más de progreso para la Nación y una seguridad más de Unión entre la gran familia mexicana.[5]

Dos meses más tarde, el 2 de abril de 1892 (coincidiendo con el aniversario de la reconquista de Puebla en 1867, batalla decisiva en la carrera militar de Porfirio Díaz) asistimos a una nueva manifestación política que se hizo presente en las calles citadinas para apoyar la tercera reelección de Díaz, organizada por el Comité Central Porfirista y el presidente del Congreso Obrero, Pedro Ordóñez. Las críticas de la prensa independiente apuntaron, como en otras oportunidades, a los métodos empleados para reclutar a la concurrencia:

> Cerca de mil individuos de la obrería; cargadores de la ciudad, aguadores, y sobre todo eso, la gran mayoría de indígenas de los pueblos, reclutados de una manera muy expresiva [...]
>
> — Pero ¿quién les paga a ustedes el trabajo de este día?
> — Nadie, siñor.
> [...]
> Nos dijeron que nos juntáramos todos.
> — ¿Quiénes dijeron eso?
> — Los del pueblo.
> — [...] ¿Los señores del ayuntamiento?
> — Sí, siñor.[6]

Coacción y subvenciones —por las que se calificó a los manifestantes reeleccionistas como la "pandilla pesetera"— confluyeron para promover la compulsiva movilización de gran parte de los participantes que se daban cita en los actos promovidos por el gobierno.[7] En estos actos públicos, el respaldo de los líderes de los artesanos y obreros, así como de los miembros del ayuntamiento capitalino, resultaba de fundamental importancia para concretar la participación de los trabajadores urbanos.

De esta manera, el oficialismo inauguró un año clave para la afirmación del poder personalista de Díaz; mientras la Unión Liberal intentaba sentar las bases institucionales del régimen, garantizando y promoviendo la "necesidad" de la continuidad del militar tuxtepecano en el gobierno, la dirigencia mutua-

[5] *La Convención Radical Obrera*, 6 de marzo de 1892.
[6] *El Monitor Republicano*, 5 de abril de 1892.
[7] *El Hijo del Ahuizote*, 22 de mayo de 1892.

lista movilizaba por las calles de la ciudad a un importante segmento de la clase trabajadora. En este sentido, las manifestaciones públicas se convirtieron en una herramienta política para la promoción de la candidatura presidencial de Díaz y el fortalecimiento y legitimación de la hegemonía porfiriana.

### b] *Los primeros brotes estudiantiles y obreros opositores a la reelección*

El clima preelectoral, dominado por las movilizaciones populares oficialistas y el debate político acerca de la pertinencia o no de que Díaz continuara en el poder, sacudía a la opinión pública. La prensa independiente fue, como en 1888, la primera en cuestionar la perpetuación del General en la presidencia; desde sus páginas alertaba sobre la peligrosidad de un gobierno indefinido, que había transformado las costumbres democráticas en "instituciones *personales* de la necesidad [...] concepto impuro e indigno de la conciencia de un verdadero republicano".[8]

Ahora bien, frente a las muestras de adhesión popular que la candidatura de Díaz concitaba desde principios de 1892, la movilización pública de los antirreeleccionistas, encabezada por los estudiantes, no se hizo esperar. El 7 de abril, liderados por Joaquín Clausell,[9] José Antonio Rivera y Francisco Mascareñas[10] salieron a manifestar por primera vez su oposición a la tercera reelección, en la Alameda congregaron a un grupo de estudiantes y "gente del pueblo" y al grito de ¡Muera la reelección! —y custodiados por agentes policiales— pronunciaron sus discursos.

[8] Roeder, 1981, t. ii, p. 41. El autor refiere que la cita corresponde al periódico *El Monitor Republicano*. En este cuestionado contexto electoralista, Emilio Vázquez Gómez publicó un folleto titulado *La reelección indefinida*, a decir de Cosío Villegas, "no es que Emilio Vázquez sea el primer mexicano que condenara en un escrito público la reelección indefinida, pero sí fue el que lo hizo fuera de los periódicos y en una obra que, a pesar de su brevedad es el esfuerzo mejor organizado de tratar a fondo este problema". Cosío Villegas, 1957, t. x, p. 644.

[9] Joaquín Clausell, uno de los más destacados pintores impresionistas de México, nació en Campeche en 1866 y murió en las Lagunas de Zempoala en 1935. En noviembre de 1884 y en julio de 1885, como alumno de la Escuela Nacional de Ingeniería protestó, junto con otros estudiantes, periodistas y trabajadores, contra el reconocimiento y conversión de la deuda inglesa. En 1892 terminó la carrera de abogacía pero no pudo cumplimentar su examen profesional por encontrarse en la cárcel, a raíz de las manifestaciones antirreeleccionistas. También se desempeñó como articulista de *El Monitor Republicano*, periódico que desde sus páginas combatió la tercera reelección de Díaz. Un análisis de la participación de Clausell en su lucha contra el régimen porfiriano, se encuentra en Gantús y Gutiérrez, 2009.

[10] José Antonio Rivera era estudiante de la Escuela de Jurisprudencia y Francisco Mascareñas, alumno de la Escuela Preparatoria.

Clausell, principal orador aquella mañana, manifestó que el objetivo de la reunión era hacer pública la oposición estudiantil al principio de reelección, para ello convocaba a los estudiantes a conformar un comité encargado de dirigir los trabajos políticos para combatir la tiranía, empresa que requería organizar a ese "grupo inmenso de ciudadanos independientes que no acepta el actual orden de cosas".[11] El joven estudiante expresó su felicitación

> a la juventud estudiosa aquí reunida porque está dando pruebas en estas épocas de abyección y cobardía [...] que tiene valor y patriotismo, y porque es capaz de levantar [...] su frente en estos tiempos en que la apatía y el temor públicos están consolidando un orden de cosas que la Nación execra.
>
> De lo que se trata simplemente es de trabajar dentro de los límites estrictos de la ley en pro de la República, de la democracia y del pueblo mexicano.[12]

Luego de varios discursos, los manifestantes recorrieron las calles céntricas y se dirigieron a las redacciones de la prensa independiente (*El Monitor Republicano, El Diario del Hogar* y *El Hijo del Ahuizote*) para saludar y felicitar a sus directores, quienes se unirían a los estudiantes en pro de la causa antirreeleccionista.[13]

Esta primera manifestación prefiguró el escenario de las siguientes jornadas de movilización popular: la Alameda y las calles del centro de la ciudad como puntos de referencia y circulación, la estrecha asociación entre los estudiantes y la prensa independiente y la estricta vigilancia y represión policial. Asimismo, esta marcha anunció la más notable carencia de la oposición: la incapacidad de proclamar una candidatura presidencial opositora a Díaz. Esta ausencia fue señalada por la prensa oficialista que expresó sentir que los estu-

[11] A mediados de abril de 1892 los estudiantes organizaron su club antirreeleccionista y dieron a conocer la formación de su mesa directiva, la cual quedó compuesta de la siguiente forma: J. Antonio Rivera, presidente; Francisco Mascareñas, vicepresidente; Querido Moheno, secretario y Alejandro Luque, prosecretario. Este último era estudiante de la Escuela de Medicina.

[12] *El Hijo del Ahuizote*, 10 de abril de 1892.

[13] El malestar por la tercera reelección de Porfirio Díaz se extendió por distintas ciudades de la República mexicana. Desde Campeche se le informó a Díaz que alumnos de la Escuela Náutica "hicieron escandalito en algunas calles, a título de antirreeleccionistas, la policía los recogió y el jefe político los mandó por veinte días al hospital de San Juan de Dios, que es el castigo correccional que aquí se impone a los borrachitos". CPD, leg. 17, doc. 008764. El 9 de abril de 1892 *El Monitor Republicano* señalaba que los primeros estudiantes en manifestar "la profunda antipatía que les inspiraba el pensamiento de la reelección" habían sido los de Guanajuato. Por otro lado, los informes policiales refieren diversos vínculos entre el Club Antirreeleccionista de la ciudad de México y los estudiantes de la Sierra de Puebla, de Veracruz y Salvatierra. AHUNAM, Fondo Amado Aguirre, caja 9, exp. 30.

diantes "no hayan dicho, ni siquiera dejado entrever, cuál es la candidatura que sostienen, o presentado varias para discutirlas. Porque un *no* será imposible que llegue nunca a Presidente de la República".[14]

A los pocos días de esta primera manifestación, los trabajadores pasaron a formar parte de esta alianza política contra el régimen porfirista. A mediados del mes de abril, reunidos en el teatro Guerrero, los obreros reforzaron la propuesta de los estudiantes dando a conocer públicamente la formación de su club político y los integrantes de su mesa directiva. Esta última quedó conformada de la siguiente forma: Jesús Huelgas y Campos, presidente; Luis B. Cardeña, vicepresidente; Víctor Becerril, secretario y Esteban Vidal, prosecretario.[15]

El periódico *El Diario del Hogar* señaló que en la lucha por la defensa de los derechos del hombre se encontraban unidos "desde el niño que lucha por sus derechos [...] hasta el obrero que como Huelgas y Campos, quieren que no se malogren los sacrificios de aquellos hombres que supieron morir noblemente para darnos garantías". En este sentido, sobresale la actitud de Huelgas quien, ante la coyuntura política de 1892, "creyó que era un deber enseñar al obrero el ejercicio de las prácticas republicanas a la hora de los comicios, y fundó un club con los hijos del trabajo, sus hermanos".[16] Por otro lado, Víctor Becerril es descrito como "un luchador incansable" quien, originario de Zinapécuaro (Michoacán), a los 12 años abandonó los estudios para ayudar al sostén de su madre y entró a trabajar como aprendiz en una carpintería, más tarde "comprendió que en su tierra natal, nada debía esperar, y buscó un empleo en las líneas de ferrocarriles entonces en construcción". Finalmente, decidió viajar a Estados Unidos, allí trabajó "en un ferrocarril" y gracias al apoyo de sus superiores también pudo estudiar "matemáticas, algo de ciencias naturales e idiomas". Cuando regresó a México se "puso de acuerdo con Huelgas y Campos, Cardeña y algunos otros artesanos" para luchar contra la continuidad de Díaz en la presidencia.[17]

El Club de Obreros, consolidado como un referente de la Liga Antirreeleccionista, manifestó que su intención era desenmascarar a quienes abusando del pueblo han "simulado representaciones populares", haciéndole creer

[14] *El Partido Liberal*, 8 de abril de 1892.

[15] *El Hijo del Ahuizote*, 19 de junio de 1892. En tiempos electorales los clubes funcionaron como instancias relacionales entre la sociedad civil y el Estado, sirvieron como redes operativas destinadas a la concientización de la ciudadanía, a la formación de la opinión pública y a la movilización de los votantes.

[16] *El Diario del Hogar*, 23 de julio de 1893.

[17] *El Diario del Hogar*, 30 de julio de 1893. Cabe precisar que Huelgas y Campos, Becerril y Cardeña formaron parte de diferentes proyectos periodísticos antiporfiristas, como *El 93* y *El Demócrata*, desarrollados en la ciudad de México entre 1892 y 1893.

a Díaz que el principio de la reelección gozaba de una "popularidad de que real y efectivamente carece". Asimismo, hacía un llamamiento para que el pueblo mexicano "despertar[a] de ese sueño letárgico" y "empuñando el estandarte de la soberanía popular" ejercitara sus derechos políticos.

Las bases de su club, denominado Soberanía Popular, constituyen un importante punto de partida para conocer los principios programáticos y los móviles de acción de los obreros capitalinos. Así expresaron los términos de su iniciativa,

> considerando que es un deber ineludible de todo mexicano tomar participación activa en los asuntos que afectan los intereses generales de la patria, siendo uno de ellos la renovación del personal de los funcionarios de su administración pública [...] y para cuyo acto el pueblo debe poner en práctica el ejercicio de la libertad de sufragio para expresar su voluntad suprema a ese respecto [...] que habiendo sido en gran parte la indiferencia del pueblo en el ejercicio de ese derecho, el origen de la conculcación de su soberanía [...] que siendo de funestas consecuencias para la estabilidad de las instituciones democráticas [...] el principio de la reelección [...] convirtiendo la administración pública en Dictadura [...] deben los hijos de [la patria] poner en acción cuantos medios legales estén a su alcance para prevenir [...] la alteración del buen orden social, cuyo primer eslabón es el respeto a los derechos del pueblo soberano.
>
> [...] se convoca a todos los ciudadanos de la República [...] se apresuren a organizar [...] clubs de carácter puramente político e independientes, cuyos trabajos se encaminen a uniformar la opinión nacional, a efecto de presentar una candidatura para la Presidencia [...].[18]

La filiación de la propuesta con el ideario del credo liberal es evidente. El propio nombre del club de obreros —Soberanía Popular— y la retórica de su manifiesto remiten a uno de los principios básicos del liberalismo: la soberanía popular como origen de legitimidad y la libertad de sufragio como la forma representativa de llegar a los cargos públicos. El programa fue una amplia convocatoria, un llamado al conjunto de la ciudadanía, para que ejercitara sus derechos políticos, es decir, para promover la participación de los ciudadanos y evitar que "la soberanía y los derechos del Pueblo Mexicano [...] dejen de ser conculcados".

Los obreros, secundando a los estudiantes capitalinos, intentaban concientizar al resto de los ciudadanos de la importancia de su intervención en los asuntos políticos que sacudían al país. Entendían que el pueblo, al asumir y

[18] *El Monitor Republicano*, 3 de mayo de 1892.

ejercer sus derechos, colaboraba con la preservación de las "instituciones democráticas" y el "orden público". La intención no era la transformación del modelo político sino su afirmación al amparo de los pilares del liberalismo (libertad de sufragio, renovación de los cargos públicos, derecho de asociación, etc.), que para los opositores de la continuidad de Díaz se corromperían de concretarse la tercera reelección presidencial. Para poner en marcha la maquinaria antirreeleccionista convocaban a organizar clubes independientes "en las capitales de los Estados, en los Distritos, Municipios y Territorios", a fin de que sus "trabajos se encaminen a uniformar la opinión nacional" y presenten un candidato para que compita electoralmente por la primera magistratura nacional.[19]

En este contexto destacamos el análisis que Richard Warren realizó a partir de la inserción política del concepto de soberanía popular, en la transición de la Colonia al Estado nacional mexicano, y la transformación que esta categoría operó en el papel desempeñado por las clases populares.[20] Warren señala que estos sectores, movilizados por el aglutinante principio de la soberanía popular, empezaron a intervenir en las prácticas políticas (elecciones, movilizaciones, etc.) de la incipiente comunidad nacional generando tensiones entre la necesidad política de su participación y su imprescindible control social.

A fines del siglo XIX un importante sector de las clases populares, representado por los obreros antirreeleccionistas de la ciudad de México, había asumido el concepto de soberanía popular —que significó desde las primeras décadas de vida independiente un viraje fundamental en la relación entre gobernantes y gobernados— y exigía el cumplimiento de los derechos y obligaciones políticas inherentes a esta revolucionaria categoría política.

La apropiación del principio de soberanía popular, inseparable de la preservación y de las prácticas de la república representativa, refleja el arraigo del ideario liberal en el mundo del trabajo urbano. Por lo expuesto, la impronta del liberalismo no sólo permeó a los trabajadores mutualistas organizados en el Congreso Obrero y la Convención Radical Obrera, instituciones controladas por una dirigencia adicta al régimen, sino que también fue el discurso asumido por los sectores contestatarios y combativos al régimen porfiriano.[21]

[19] *Ídem.*

[20] WARREN, 1996, pp. 37-54.

[21] A lo largo del siglo XIX, la progresiva adopción y asimilación del lenguaje y los procedimientos liberales y republicanos también fue evidente en las poblaciones rurales de México. La paulatina sustitución del orden jurídico colonial por un *corpus* legislativo nacional, donde el igualitarismo y el individualismo se constituyeron en la piedra angular de la nueva forma de impartir justicia, fungió como una escuela cívica que dotó a los habitantes de los pueblos de los discursos, las herramientas y los mecanismos jurídicos para plantear, dentro de los parámetros de la modernidad liberal, sus demandas y litigios. MARINO, 2005.

De esta forma, el movimiento de 1892 colabora en la comprensión del denominado "liberalismo popular", al cuestionar la dicotomía entre ideología liberal y cuerpo social y al contribuir a responder una pregunta clave: "¿cómo y cuándo se originó el encuentro entre el liberalismo y los pueblos?".[22]

### c] *Convocatorias, sesiones y estrategias propagandísticas contra la continuidad del régimen*

Durante el mes de abril tuvieron lugar diversas reuniones promovidas por los clubes de estudiantes y obreros. En estas asambleas comenzó a planificarse la gran manifestación antirreeleccionista programada para el día 5 de mayo, que fue postergada para el 15 de ese mismo mes debido al "temor [de los líderes] de que el gobierno les prepare algo malo".[23] La convocatoria, paso previo a toda manifestación, fue publicada en los periódicos independientes y fijada en las esquinas más importantes de la ciudad. La misma quedó redactada en los siguientes términos:

> ¡Al pueblo!
> Manifestación antireeleccionista [*sic*] de estudiantes y obreros.
> Se verificará el domingo 15 de mayo de 1892, a las ocho de la mañana.
> Punto de partida: Jardín de San Fernando.
> ¡¡ACUDID!![24]

Este llamado fue el resultado de una cuidadosa y profusa actividad política por parte de los clubes antirreeleccionistas. La movilización formaba parte de un entramado de prácticas y estrategias (conformación de mesas directivas, redacción de proclamas, publicación de periódicos, mecanismos de propaganda, etc.) destinado a poner fin a la continuidad de Díaz en el poder.

Como señalamos, el manifiesto —primera exposición pública del carácter y los objetivos del Club de Obreros— estaba imbuido de un ideario marcadamente liberal. A este primer paso le siguieron varias reuniones en las casas de los principales dirigentes. Según los informes policiales, desde el 17 de abril, fecha en que se fundó el Club de Obreros, hasta el 15 de mayo, día de la movilización, se realizaron 10 reuniones, siete de las cuales tuvieron lugar en la casa

[22] GALANTE, 2004, pp. 161-187.
[23] AHUNAM, Fondo Amado Aguirre, caja 9, exp. 30.
[24] *El Monitor Republicano*, 14 de mayo de 1892.

de Joaquín Clausell. Además de las reuniones, se llevaron a cabo tres sesiones, dos de ellas se efectuaron en el teatro Guerrero y la tercera, ante la negativa del dueño de la sala Ángela Peralta de alquilar su teatro a los antirreeleccionistas, se verificó en el taller de Trinidad Sánchez, ubicado en la calzada de Campo Florido; las noticias refieren que cada uno de estos actos alcanzó a convocar alrededor de 200 personas.

Las reuniones —efectuadas mayoritariamente en casas de los estudiantes— se caracterizaron por su índole interna, es decir, por ser especies de asambleas, clave para la toma de decisiones que competían a la organización y estructuración del grupo y a la forma de promocionar su propuesta política mediante distintos medios y mecanismos. A diferencia de las reuniones, las sesiones tuvieron un sesgo multitudinario y aglutinante, fueron actos —la mayoría de las veces en lugares públicos— que se convirtieron en canales de publicidad del antirreeleccionismo y se consolidaron como un termómetro que permitía medir, antes de salir a la calle, la adhesión que la causa concitaba en la opinión pública.

Estudiantes y obreros se encargaron de llevar adelante una activa campaña propagandística que contó con el apoyo de la prensa independiente. Los principales referentes del universo periodístico capitalino que secundaron esta lucha política fueron *El Monitor Republicano*, *El Diario del Hogar*, *El Fandango* y *El Hijo del Ahuizote*; en sus columnas se reseñaban los actos de los clubes políticos, se daban a conocer los manifiestos, se denunciaban las arbitrariedades de la fuerza policial capitalina y se anunciaban las convocatorias para la movilización. En lo que a la prensa se refiere, cabe señalar la aparición de dos periódicos: *El 93* y *La Guillotina* que, de muy corta vida, fueron impulsados por los antirreeleccionistas para propagar su causa. El diario *El 93* fue el portavoz del club de obreros y *La Guillotina* nació por iniciativa de un grupo de comerciantes opositores a la segunda reelección continua de Díaz.

Los comerciantes, liderados por Olvera y Moreira, donaron un carro alegórico que sirvió de tribuna a los oradores el día de la manifestación y tenían intenciones de ofrecer, para ese mismo acto, una carretela con las figuras de Marat, Danton y Mirabeau.[25] Los nombres de los periódicos (*El 93* y *La Guillotina*) y los personajes que figurarían en este segundo carro indican la fuerte referencia que, para estos sectores de la oposición política al porfiriato, constituía la Revolución Francesa. Si tenemos en cuenta que el año de 1793 comen-

[25] Ernesto Olvera participó en varias reuniones políticas, entre ellas, la que tuvo lugar el 10 de mayo en la casa de Clausell. Allí expresó que el comerciante que "donaría más recursos" a la causa antirreeleccionista sería Moreira, propietario de la carnicería "La Corriente de Oro", ubicada en la calle de S. Hipólito. AHUNAM, Fondo Amado Aguirre, caja 9, exp. 30.

zó en París con la ejecución de Luis XVI en la guillotina y en junio de ese mismo año los montañeses, liderados por Robespierre, Danton y Marat, dominaron la Convención, que en un contexto dominado por la política de terror decretó medidas de carácter popular, es posible afirmar la influencia de la causa revolucionaria francesa en el imaginario antirreeleccionista que se apropió de estos sucesos para reivindicarlos.

Además de los diarios, otra de las vías utilizadas para la publicidad de las ideas y de los actos públicos fue repartir las invitaciones para la movilización en las casas de vecindad, en los paseos, así como pegar los avisos en las esquinas y en algunos comercios de la ciudad; para este fin, en la reunión del día 12 de mayo se conformaron cuatro comisiones encargadas de llevar adelante dichas tareas. Estas actividades fueron severamente perseguidas y censuradas por la policía capitalina,[26] si "lo hacen de día se les enseña la pistola y se arrancan los avisos que pegan, y si lo hacen de noche, se les aplica la *psicología sospechosa*".[27] Para evitar estas represalias, algunos decidieron —no con mejor suerte— caminar por las calles desplegando a su paso los avisos de la manifestación.

La lectura del manifiesto y la recolección de firmas, en señal de adhesión, fue uno de los medios publicitarios más utilizados por los estudiantes y los trabajadores. En efecto, pocos días antes de la manifestación, el presidente del club Soberanía Popular, Jesús Huelgas y Campos, se encontraba leyendo en el portal de Mercaderes la proclama a un grupo de obreros cuando un agente de las Comisiones de Seguridad le arrebató el documento, que luego fue arrojado a la imprenta de *El Hijo del Ahuizote*.[28] Los periódicos informaron que un grupo de obreros denunció por escrito este atropello al Gobernador del Distrito.

A la hora de promover la causa política que los unía, no sólo la represión policial aquejaba la tarea de los dirigentes antirreeleccionistas, la falta de recursos fue otro de los escollos que tuvieron que afrontar para darse a conocer. A fin de recaudar los fondos necesarios para la impresión de volantes y manifies-

[26] La prensa independiente denunció la censura y la represión que se abatía sobre los promotores de la causa antirreeleccionista. Días antes de la manifestación, programada para el 15 de mayo, estudiantes y obreros recorrieron la ciudad con el propósito de fijar los carteles que anunciaban la marcha. "La policía cumpliendo una orden superior, se apoderó de varios de los individuos que se ocupaban de fijar estos anuncios, y los condujo a la Inspección correspondiente [...] en la noche del jueves 12 del actual, fueron víctimas [...] dos individuos llamados Ansencio Trejo y Juan Peralta. Al día siguiente por la mañana corrieron igual suerte un papelero [...] y un obrero de apellido Becerril. *El Monitor Republicano*, 14 de mayo de 1892.

[27] *El Diario del Hogar*, 15 de mayo de 1892. Un pormenorizado análisis de la "función psicológica" se encuentra en Gantús, 2009, pp. 337-383.

[28] *El Monitor Republicano*, 13 de mayo de 1892.

tos y la elaboración de los cartelones y estandartes que portarían el día de la manifestación, los dirigentes pusieron en marcha una comisión de cuotas encargada de recoger las contribuciones entre los asistentes a las reuniones y diseñar las estrategias para promover los aportes indispensables para la continuidad del movimiento. La prensa señaló que las alumnas de la Escuela Preparatoria y de Jurisprudencia fueron las primeras en contribuir económicamente a la causa "patriótica". Además, como ya se indicó, un grupo de comerciantes comprometió dos carros alegóricos para la marcha del día 15 de mayo; por su parte, el cajón de El Sol estaba haciendo a escondidas un carro que representaba la paz encarcelada.[29]

En el marco de las tareas propagandísticas, los socios de los clubes se encargaron de publicitar la causa y de buscar simpatizantes que con su firma comprometieran su presencia en la movilización; así lo hizo Nicolás Zúñiga y Miranda, quien presentó "una lista de individuos que se han filiado en Xochimilco en contra de la reelección" y comunicó "que él mismo ha invitado a varios indios de ese lugar".[30] De la misma forma, el presidente del Club de Obreros, Huelgas y Campos manifestó en una de las reuniones, probablemente de forma exagerada, que contaba con 2 000 obreros y 200 trabajadores del Ferrocarril Nacional. Otros dirigentes refirieron que ya habían comprometido a varios estudiantes del Conservatorio y de la Escuela de Artes y Oficios.[31]

Asimismo, en la reunión que el 13 de mayo tuvo lugar en la casa de Clausell se presentó Pablo Salazar, quien recordó que había participado en las manifestaciones contra el arreglo de la deuda inglesa y se comprometió a movilizar a un nutrido grupo de trabajadores del Ferrocarril, para lo cual solicitó le fueran obsequiadas varias invitaciones.[32]

La participación de los obreros en las actividades de los clubes constituyó una preocupación fundamental para los dirigentes. La ausencia de muchos de ellos en la tercera sesión, debido a la falta de medios económicos para su traslado, advirtió a los líderes sobre la posibilidad de su inasistencia a la moviliza-

[29] AHUNAM, Fondo Amado Aguirre, caja 9, exp. 30.

[30] Nicolás Zúñiga y Miranda fue un personaje excéntrico de la vida de la ciudad de México de fines del siglo XIX y principios del XX. Se destacó en la prensa y en la opinión pública de la época por vaticinar sismos y por su oposición a Porfirio Díaz, llegando a presentarse en varias oportunidades como candidato presidencial opositor. En 1892 era propietario de una imprenta en la calle de Santa Isabel, donde probablemente se imprimieron los volantes, los manifiestos y las invitaciones del movimiento antirreeleccionista. *El Tiempo*, 20 de mayo de 1892.

[31] AHUNAM, Fondo Amado Aguirre, caja 9, exp. 30.

[32] *Ídem*. Probablemente se trate de Pedro Salazar, estudiante preso en julio de 1885, junto con Joaquín Clausell, por protestar contra el decreto presidencial que estipulaba el arreglo y conversión de la deuda inglesa.

ción del 15 de mayo. Este problema fue tema de debate en las reuniones previas. A una semana de la gran jornada, Huelgas y Campos lamentó la ausencia de muchos de los obreros en la sesión antirreeleccionista y explicó que el motivo era "que no les habían dado su raya en los talleres", luego habló Cerdeña diciendo "que si para el domingo no les daban a los obreros su raya, el sábado se declararían en huelga".[33] La adhesión que la causa había obtenido entre los trabajadores del Valle de México, donde se ubicaban muchas de las fábricas textiles, llevó a los organizadores a "mandar dos vagones especiales a Tlalpan para que vengan los obreros de las fábricas de San Fernando y La Fama que ya están comprometidos a venir".[34]

Otro problema que merece ser destacado, en el contexto de las propuestas y discusiones internas de los dirigentes antirreeleccionistas, fue el vinculado con la posibilidad de hacer uso de la violencia el día de la movilización. La violencia fue un tema de preocupación y debate en las reuniones previas a la manifestación. El día 7 de mayo, cuando los líderes de los clubes se encontraban ultimando la dinámica de la gran marcha, el estudiante Querido Moheno expresó que se comprometía "a comprar a los pelados algunas botellas de aguardiente y excitar a apedrear algunas de las casas de los principales en el Gobierno y meter un escándalo grande". Luis Cerdeña, vicepresidente del Club de Obreros, señaló que "contaban con los obreros para tener de su parte si es necesaria la fuerza bruta". A medida que se acercaba el día programado para salir a la calle, la posibilidad de hacer uso de la violencia se fue incrementando, algunos organizadores propusieron ir "armados con pistolas y palos para no dejarse insultar, ni quitar la bandera",[35] propuesta que suscitó diferencias y oposiciones entre los asistentes a la reunión.

Podemos decir que la lucha antirreeleccionista fue un movimiento que empezó bajo el liderazgo de un grupo de estudiantes capitalinos y pronto sumó a la protesta a un importante contingente de la clase trabajadora urbana, movilizado por la defensa del credo liberal. Como sucedió en las "jornadas de la deuda inglesa", la alianza entre los estudiantes y los obreros encontró en la prensa independiente no sólo a importantes figuras que supieron acompañar y acaudillar la lucha política, sino al más poderoso aliado en la campaña de promoción de la causa contra la continuidad de Díaz en la presidencia.

La referencia a las mutuales o la participación de los trabajadores como miembros de sociedades de ayuda mutua, tan marcada en las convocatorias

[33] AHUNAM, Fondo Amado Aguirre, caja 9, exp. 30.
[34] *Ídem.*
[35] *Ídem.*

oficialistas, fue la gran ausente en el discurso antirreeleccionista. Quizás esto obedeció a dos razones: por un lado, la fuerte presencia del gobierno —por medio del Congreso Obrero y la Convención Radical Obrera— en las sociedades mutualistas y la capacidad de estas organizaciones para movilizar a sus afiliados, dejaba escaso margen de acción para convocar a los socios mutualistas de manera autónoma del poder público. Por otro, la identificación de los obreros antirreeleccionistas con el liberalismo imponía que el sujeto de la movilización fuera un ciudadano libre, capaz de ejercitar sus derechos políticos, tanto al momento de sufragar como al de expresar su descontento público contra la reelección. Esta empatía con el ideario liberal excluía reivindicaciones o convocatorias en términos de identidad de clase, identificación todavía débil en el discurso de los obreros capitalinos.

En síntesis, la organización de los obreros en un club político, la redacción de su manifiesto, la publicación de un periódico, la preocupación por contar con la presencia de las clases trabajadoras el día programado para la gran marcha y la campaña de promoción del antirreeleccionismo por los espacios laborales, evidencia la existencia de una cultura política popular que, ajena y contestataria a los lineamientos porfirianos, supo organizarse y dar vida a una estructura de oposición encuadrada en los principios liberales.

## 2. La movilización pública

### a] *Obreros y estudiantes se manifiestan*

Finalmente, la manifestación programada se llevó a cabo el día 15 de mayo. Obreros y estudiantes —liderados por miembros de las mesas directivas de sus clubes—, algunos de los directores y redactores de la prensa independiente y "gente del pueblo" se reunieron desde las 8 de la mañana en la plazuela de San Fernando.[36] Joaquín Clausell, Querido Moheno y Antonio Rivera pronunciaron los primeros discursos del día, acto seguido empezaron a marchar hacia el centro de la ciudad.

La movilización fue encabezada por los dirigentes de los clubes políticos, en segundo lugar marchaba la banda de música y "después la formación de estudiantes y obreros con sus bandas y numeroso pueblo por ambos lados".[37]

[36] Entre los periodistas se encontraban: Daniel Cabrera, director de *El Hijo del Ahuizote*; Gabriel González Mier, redactor de *El Monitor Republicano* y Aurelio Reyes, colaborador de *El Fandango*.

[37] *El Monitor Republicano*, 17 de mayo de 1892.

Los manifestantes, portando diversos estandartes y banderas con los lemas: "El respeto al derecho ajeno es la paz" y "Muera el centralismo" recorrieron las calles citadinas. Como parte de los símbolos de la causa, los comerciantes donaron una carretela —la cual sirvió de tribuna a los oradores— que llevaba una bandera con la inscripción "No a la reelección", misma denominación de la marcha que compuso la esposa del presidente del Club de Obreros, Concepción López de Huelgas.[38] Los vivas, en consonancia con los principios liberales sostenidos por los antirreeleccionistas, iban dirigidos a la democracia, la libertad y la Constitución de 1857.[39]

La participación pública fue interrumpida en varias ocasiones para que algunos de los manifestantes pudieran pronunciar sus discursos; en calle de la Mariscala —frente a una casa propiedad del general Vicente Riva Palacio— Balmaceda, estudiante de medicina, y Páez, de la Escuela Preparatoria, pronunciaron discursos y poesías. Las muestras de adhesión a la causa política se hacían evidentes a medida que la movilización avanzaba por las calles y se unían a ella diferentes columnas de participantes. Por ejemplo, en la "calle de Tacuba ingresó a las filas antirreeleccionistas una inmensa parte del pueblo de Tlalpan, inclusive los obreros de San Fernando", quienes fueron entusiastas opositores del "necesarismo".[40] La amplitud de la adhesión a la causa política se dejaba ver en los balcones, ventanas y techos de las casas desde donde los vecinos aplaudían y arrojaban flores.

En la calle del Empedradillo un obrero "pronunció un discurso alusivo al acto, y en la misma tribuna habló con energía, patriotismo y valor, un obrero de Tlalpan, siendo muy aplaudido".[41] Probablemente, el primer orador mencionado fuera Agustín Arroyo, integrante del club Soberanía Popular, quien expresó "que como no habían tolerado testas coronadas como las de Maximi-

[38] Concepción López de Huelgas compuso la música de la marcha antirreeleccionista y los estudiantes Rivera y Mascareñas fueron los autores de la letra.

[39] La identificación con el ideario liberal surgió nuevamente el día 8 de mayo, aniversario del natalicio del libertador Miguel Hidalgo y Costilla. Ese día estudiantes y obreros celebraban en un taller su tercera sesión, teniendo en cuenta esta coincidencia de fechas decidieron visitar el monumento "del padre de la patria" para "depositar humilde ofrenda de admiración y gratitud". *El Diario del Hogar*, 10 de mayo de 1892. En consonancia con este ideario, uno de los discursos preparados para la manifestación del 15 de mayo expresaba: "si los héroes de nuestra Independencia y la Reforma salieran de sus tumbas, muertos caerían de nuevo al mirar el actual estado de su obra. Mal dije no morirían, sino que se indignarían, nos prestarían su aliento para levantar nuestro espíritu y ayudarnos a echar por tierra el malhadado principio de la Reelección". AHUNAM, Fondo Amado Aguirre, caja 9, exp. 30.

[40] El día 15 de mayo fueron aprehendidos Juan Gómez, Salvador Luna, Rafael Herrera y Felipe Tenorio, obreros de la fábrica de San Fernando que habían participado en la manifestación.

[41] *El Monitor Republicano*, 17 de mayo de 1892.

liano, tampoco admitiría el pueblo mexicano las de kepí y machete".[42] Los manifestantes siguieron su camino hasta llegar al Zócalo de la ciudad pero, al pasar por las puertas de la Catedral, la pacífica marcha se vio alterada por un grupo de aproximadamente 13 manifestantes quienes

> empezaron a gritar "A la torre" "A repicar" [...] y empezaron con piedras a romper la puerta de la torre [...] El general Carballeda, el coronel Castillo y Ocampo cerraron el paso y Cabrera detuvo el grupo que quería repicar, dejándolos detenidos y remitiéndolos a la cárcel a disposición del Sr. Gobernador, tanto por este escándalo cuanto porque al entrar gritaron mueras al Sr. Gral. Díaz.[43]

La presencia de las clases trabajadoras urbanas queda expuesta en la composición social de quienes perpetraron la toma de la Catedral. Como se puede observar, la mayoría de los aprehendidos pertenecían al universo laboral y un elevado porcentaje de ellos formaba parte de la ola inmigratoria que fluía de los Estados hacia la capital de la República, favorecida por la centralización política y el crecimiento económico de la ciudad de México.[44] La edad de la mayoría de los detenidos oscilaba entre 19 y 26 años, a excepción de dos niños, uno de ellos identificado como bizcochero, y un adolescente.

**Cuadro 1.** Detenidos por el asalto a la torre de la Catedral

| *Nombre del detenido* | *Lugar de origen* | *Oficio* | *Edad* |
|---|---|---|---|
| Kerlegand, Luis | Tamaulipas | — | 26 |
| Pérez, Jorge | Mazatlán | Marinero | 24 |
| Gutiérrez, Mariano | Guanajuato | Comerciante | 26 |
| Lozano, Pedro | Guanajuato | Comerciante | 29 |
| Zaragoza, Albino | León | Tejedor | 17 |
| Lares, Emilio | México | Carpintero | 19 |
| Galván, Leandro | Jilotepec | Jornalero | 19 |
| Mendoza, Cándido | Milpas | Jornalero | 26 |
| Mauriño, Enrique | México | Sastre | 22 |
| Díaz de León, Benjamín | — | — | 19 |
| Lara, Teófilo | — | Bizcochero | 12 |
| Martínez, José | Puebla | — | 11 |
| Moreno, Teodoro | — | Sastre | 23 |

Fuente: AHUNAM, Fondo Amado Aguirre, caja 9, exp. 30.

[42] AHUNAM, Fondo Amado Aguirre, caja 9, exp. 30.
[43] *Ídem.*
[44] De Gortari Rabiela, 1987, pp. 49-52.

El resto de los manifestantes, la gran mayoría ajenos e ignorantes de lo sucedido en la Catedral, siguieron su marcha y al pasar por la redacción del periódico *El Universal* gritaron mueras al diario y a su director Spíndola, por el apoyo brindado a la continuidad de Díaz en el poder. Cuando atravesaban la segunda calle de la Monterilla, "dos caballeros arrojaron de un balcón algunos avisos de cigarros. Esto provocó gran indignación y se escuchó al instante el clamoreo terrible de ¡Mueran los gachupines!".[45]

Estos primeros gritos de muera fueron la antesala de otros sucesos violentos que tuvieron como blanco a los españoles; tal fue el caso del apedreo a la fábrica de cigarros El Modelo, que tuvo lugar el 16 de mayo de 1892 y fue encabezado por manifestantes antirreeleccionistas.[46] Si recordamos que varios de los propietarios de las fábricas de cigarros de la capital eran españoles, podemos suponer que la hispanofobia, puesta de manifiesto en los gritos de mueras a los gachupines, debe insertarse en el marco de las relaciones laborales que vinculaban en muchas fábricas a patrones y capataces peninsulares con obreros mexicanos.

Alrededor de las 12 del día la movilización terminó donde había comenzado, en la plazuela de San Fernando. Más tarde, algunos líderes del movimiento "comieron en el restaurante Central [...] y propusieron ir a pedir al Sr. Gobernador la libertad de los que estaban presos y que si no lo conseguían ir a los barrios y llevar al pueblo para atumultuarse frente a la Cárcel y a la casa del Sr. Presidente hasta obtener la libertad de todos".[47] Una vez más, el uso de la violencia parecía ser evaluado como una herramienta de presión política, en este caso, para reclamar al poder público la liberación de los aprehendidos.

La movilización del día 15 cerraba, después de un mes de actividades políticas, la primera etapa de los trabajos de los clubes antirreeleccionistas. A dos meses de la elección presidencial, los sectores que se oponían a la continuidad de Díaz habían demostrado capacidad para organizarse, para dar a conocer sus propósitos, para publicitar su causa, más allá de la censura y el control

[45] *El Universal*, 17 de mayo de 1892.

[46] *El Universal*, 17 de mayo de 1892. La fábrica de cigarros El Modelo fue fundada en 1884 y desde sus inicios fue considerada ejemplo de la modernización y tecnificación industrial porfiriana. Sus dueños introdujeron "las famosas máquinas 'Comas' que elaboraban 120 000 cigarrillos de uña por día, sin que la mano de la obrera entre para nada en la *confección* del cigarro [...] Más tarde, viendo la preferencia que algunos fumadores tenían por el cigarro de hebra introdujeron las máquinas Bonsac que fabrican 100 000 cigarros diarios cada una". *Estadística Gráfica*, 1897, p. 134. En la industria cigarrera, como en otras ramas de la producción, la tecnificación trajo aparejada una serie de conflictos y resistencias laborales; en tal sentido, en 1894 las obreras de El Modelo se declararon en huelga al grito de: ¡No queremos máquinas! *El Noticioso*, 19 de octubre de 1894.

[47] AHUNAM, Fondo Amado Aguirre, caja 9, exp. 30.

policial, y culminaban esta fase con una de las pocas movilizaciones populares efectuadas de forma autónoma del poder público. Parecía que quedaba abierto el camino de la consolidación, de la expansión del movimiento por el resto de la República y la presentación del candidato que competiría electoralmente con Díaz, pero este segundo proceso no llegó a concretarse, y para julio de 1892 ambos clubes ya se habían disuelto. Seguramente las detenciones de estudiantes y obreros, quienes permanecieron en la cárcel hasta pasadas las elecciones, tuvieron una injerencia decisiva en la desarticulación del movimiento.

### b] *La "revolución del pambazo". Antirreeleccionismo e hispanofobia*

A la marcha del domingo 15 de mayo le siguieron, los días lunes y martes, movilizaciones populares signadas por los tumultos que enfrentaron en las calles de la ciudad a reeleccionistas y antirreeleccionistas[48] y desataron, por parte de las clases trabajadoras, expresiones violentas, más emparentadas con reivindicaciones de tipo social que con luchas de carácter político.

Líderes estudiantiles y obreros, promotores de la continuidad de Díaz en el poder, convocaron para el lunes 16 día de mayo a una movilización popular en un claro intento por medir la fuerza y la adhesión de su causa frente a la pasada marcha antirreeleccionista. A las ocho de la mañana empezaron a reunirse en la Alameda los estudiantes reeleccionistas —pertenecientes a las escuelas nacionales de Agricultura, Comercio, Bellas Artes—, así como representantes de las escuelas nocturnas de obreros y gran cantidad de trabajadores organizados en sociedades mutualistas bajo la égida de la Convención Radical Obrera. Algunos estudiantes opositores al "necesarismo" se dieron cita en el tradicional paseo y comenzaron a vociferar contra el gobierno y su continuidad, generando disturbios que llevaron a la detención de varios de ellos por los agentes de las Comisiones de Seguridad, "así como gendarmes vestidos de paisanos que los ayudaron en sus tareas".[49]

[48] La gran intensidad y violencia de las manifestaciones populares de esos días de mayo dio lugar a la publicación de *La Gaceta Callejera*, "hoja volante que se publicará cuando los acontecimientos de sensación lo requieran". Esta hoja suelta, de gran circulación popular, se imprimía en los talleres de la editorial de Antonio Vanegas Arroyo y contaba —como en el caso que nos ocupa— con ilustraciones de José Guadalupe Posada. Una reproducción de estas hojas se encuentra en Posada, 1992.

[49] *El Tiempo*, 18 de mayo de 1892. Al parecer, agentes secretos, gendarmes vestidos de civil y policías infiltrados llegaron a tener una activa participación en las reuniones antirreeleccionistas.

El acontecimiento que desató la violencia, una vez que la marcha circulaba por las inmediaciones de la Catedral, tuvo lugar cuando un obrero reeleccionista arrojó el estandarte que lo identificaba y "dio la señal de deserción", actitud seguida por gran número de obreros que empezaron a gritar contra la reelección".[50] A partir de allí, las calles se convirtieron en un campo de batalla. Cuando los manifestantes reeleccionistas pasaron por la acera de Plateros, sus opositores políticos les arrojaron pambazos desde el balcón de una casa. El grito que se oía era: "Tomen hambrientos, ¡hártense que bien lo necesitan! [...] días después el periódico *Las Novedades,* por espíritu de buen humor, designó aquel episodio con el nombre de «La Revolución de los Pambazos»".[51] Probablemente el motivo que originó el ataque con panes lo hallamos en uno de los periódicos independientes que, en respuesta a los insultos que un diario oficialista profirió contra los obreros antirreeleccionistas, señaló que los trabajadores "pobres y todo, no tienen más delito que vivir de su trabajo honradamente y no ir a pararse a las puertas de la Tesorería a mendigar una torta de pan".[52] Podemos suponer que los pambazos aludían a una de las formas que asumían las subvenciones que recibían quienes participaban de las manifestaciones oficialistas, y que constantemente fueron denunciadas por la prensa independiente.

Los pambazos y algunas piedras se hicieron extensivos a los representantes de las Comisiones de Seguridad. El jefe de estas fuerzas, el general Carballeda, se dirigió a los periodistas Cabrera y González Mier para que intervinieran en las filas antirreeleccionistas y calmaran a los manifestantes, situación que fue difícil de controlar y se recrudeció cuando, al pasar frente a la Diputación, la multitud advirtió que desde la azotea del palacio municipal los saludaban los estudiantes detenidos en la Alameda. Finalmente, una comisión compuesta por Cabrera, Clausell, Huelgas y Campos y Rivera fue la encargada de intentar entrevistarse con el gobernador del Distrito para obtener la libertad de los presos.

Por la tarde los sucesos se agravaron y se propagaron por distintos barrios, como el Santa Ana, el Manzanares, La Merced, La Palma, San Antonio Abad y La Acequia. La violencia, sin abandonar las principales calles del centro de la

[50] *El Tiempo*, 18 de mayo de 1892; *El Monitor Republicano*, 17 de mayo de 1892.

[51] AGEC, Cuaderno inédito sobre Joaquín Clausell, sin clasificación. Esta referencia fue extraída de un texto escrito por Gabriel González Mier, quien fuera amigo de Joaquín Clausell y parte integrante de la redacción de *El Monitor Republicano* en 1892. Precisamos que el pambazo o "pan bajo" era un tipo de pan elaborado con la mezcla de los restos de harina cernida y harina proveniente de trigos de calidad inferior.

[52] *El Diario del Hogar*, 18 de mayo de 1892.

ciudad, se extendió y multiplicó asumiendo diversas formas que se concretaron en elocuentes objetivos.

> A eso de las cinco y media y en varios barrios de la ciudad reuníanse grupos en aptitudes hostiles [...] comenzaron a arrojarse piedras por las calles de Santa Catarina.
>
> Por el rumbo de Santa Ana el tumulto del pueblo tomó serias proporciones [...] la multitud se entregó a excesos que fueron reprimidos por la Gendarmería montada [...] la masa de gente creció y a eso de las siete de la noche dirigióse en tumulto a la calle del puente de Legizamo con objeto de felicitar a los miembros de la junta antireeleccionista [*sic*]. En el trayecto arrojaron algunas pedradas a los faroles del alumbrado público [...] No contentos con romper los faroles algunos individuos lanzaron piedras contra los wagones.

Al pasar por la tercera demarcación el blanco de la violencia se centró en la fábrica de cigarros El Modelo; recién a las once de la noche "la ciudad estaba en calma [...] pero se siguió toda la noche rondando con patrullas de caballería todos los barrios".[53] De los enfrentamientos con la policía resultó un manifestante muerto —a consecuencia de un balazo en la cabeza—, otro herido de gravedad, más de 50 presos y algunos gendarmes lesionados.

Los ataques perpetrados contra los comercios y la fábrica de cigarros, todos ellos propiedad de peninsulares, merecen particular atención. Uno de los comerciantes damnificados por la violencia popular fue el español Ambrosio Sánchez, dueño del almacén El Universo, quien exigió al gobierno 2 000 pesos de indemnización por la rotura de los cristales y el robo de mercadería. En el barrio de Santa Ana, el establecimiento de ropa de José Maza —también español— fue víctima de la violencia de los manifestantes. Su propietario envío una carta al comisario de la tercera demarcación exponiendo los daños sufridos por esa multitud de gente que, alrededor de las siete de la tarde, pasó frente a su negocio, rompió los cristales de sus aparadores y sustrajo los productos expuestos. Por tal motivo, calculaba que los perjuicios ocasionados ascendían a 500 pesos y confiaba en las autoridades públicas para resarcir las pérdidas causadas.

Podemos decir que el grito de ¡Mueran los gachupines! fue la primera explosión de la hispanofobia que terminó fijando su blanco en los comercios y en la fábrica El Modelo. La violencia y xenofobia que las clases populares mexicanas externaron hacia los referentes peninsulares pueden interpretarse

[53] AHUNAM, Fondo Amado Aguirre, caja 9, exp. 30.

como la forma de "vengar" cotidianas situaciones de injusticia que, inscritas en la esfera laboral y comercial, afloraban en distintas ocasiones, pero que con frecuencia aprovechaban las multitudes y los tumultos para darse cita.[54] Por tanto, al explorar los móviles del rechazo hacia el español —que, como en esta oportunidad, superaban los gestos y las palabras ofensivas para manifestarse de forma violenta— debemos recordar que la relación entre españoles y mexicanos implicaba no sólo una confrontación cultural y étnica, sino, como ya señalamos, un conflicto de clases, difícil de soslayar. Creemos que el sentimiento y las acciones de rechazo y aversión hacia los españoles pueden comprenderse como resultado de experiencias comunes, como parte de ese proceso histórico, real y empírico en el cual un grupo de hombres y de mujeres empieza a descubrirse y a definirse como clase.[55]

Ante esta ola de sucesos contra los españoles, el periódico *El Universal*, en defensa de los propietarios damnificados, respondió que el "motín del Pambazo" no era más que un "San Lunes" aprovechado por algunos grupos para manipular la "cruda" de los desertores del taller e incitarlos, aguardiente mediante, a proferir insultos, gritos, hurras y una serie de actos vandálicos. Remataban diciendo que el movimiento antirreeleccionista "no va contra el Presidente [...] va contra el gachupín abarrotero que no quiere fiar más, va contra el gachupín que tiene abierto empeño y no es culpable de que, para beber algunas copas de tequila, haya empeñado el antirreeleccionista su reloj de níquel, va contra el que tiene dinero, contra el que ha sabido levantarse por medio del trabajo".[56] Frente a la violencia antiespañola se levantaron los prejuicios contra las clases trabajadoras urbanas. El desprecio que muchos peninsulares sentían por los nativos fue recuperado en los sucesos del 16 de mayo de 1892, cuando se actualizó la estigmatización de los trabajadores mexicanos como sujetos ociosos y holgazanes, quienes se endeudaban para satisfacer su vicio por la bebida.

[54] Granados, 2005. Otra cara de la hispanofobia afloró en la respuesta que algunos periódicos capitalinos esgrimieron frente a la solicitud de los comerciantes españoles de ser indemnizados por las pérdidas ocasionadas en sus comercios. La protesta de los redactores de *El Siglo Diez y Nueve* se expresó en los siguientes términos: "No nos encontramos ya en la época en que la reclamación de *sesenta mil pesos de pasteles* determinaban una invasión extranjera [...] La ley mexicana no reconoce a los ciudadanos daños y perjuicios por causas de guerra [...] La reclamación de este miembro de la colonia española sería irritante si ante todo no fuera ridícula. ¡Basta ya de ser tratados como un conjunto de idiotas, que al cabo de más de medio siglo de nación independiente no tienen acceso a las leyes, sumamente morales, del derecho público internacional! ¡Basta ya de *guerra de pasteles* y de *castas privilegiadas*!". *El Siglo Diez y Nueve*, 26 de mayo de 1892.

[55] Thompson, 2002, p. 103.

[56] *El Universal*, 18 de mayo de 1892.

El martes 17 de mayo, el comercio bajó sus persianas por temor a nuevos incidentes que hicieran peligrar sus casas. Las pulquerías, acatando disposiciones de la Inspección General de Policía, cerraron a las tres de la tarde y el jefe de las Comisiones de Seguridad dio órdenes para que no se consintieran en las calles a grupos que superaran las tres personas. "Los destacamentos de fuerzas armadas y patrullas que recorrían las calles, sembraban la alarma entre los pacíficos transeúntes [...] cerca de las cuatro de la tarde comenzaron a formarse grupos compactos de individuos que [...] comenzaron a gritar mueras y a cometer desórdenes".[57] El Zócalo y la Alameda fueron dos de los sitios donde tuvieron lugar los mayores disturbios y enfrentamientos entre los manifestantes y la policía.

Las aprehensiones de estudiantes y obreros ocurridas los días 15 y 16 de mayo se intensificaron el martes 17. Algunos periodistas, como Daniel Cabrera, sufrieron las consecuencias de su antirreeleccionismo; asimismo, en la calle segunda del Reloj fueron detenidos varios artesanos, "recogiéndoles a uno de ellos una larga chaveta, con que había amagado a un gendarme".[58] Las actividades políticas fueron restringidas al máximo, a tal grado que la noche del 17 de mayo estaba prevista una reunión del Club de Obreros, pero el taller donde iba a tener lugar la cita fue allanado por la policía y varios de los participantes fueron llevados presos. El 20 de mayo la prensa dio a conocer que eran 60 los manifestantes detenidos y que las acusaciones que recaían sobre los aprehendidos eran dos: delito de sedición y perturbación del orden público.

Teniendo en cuenta lo sucedido en estas tres jornadas, es evidente señalar la discontinuidad entre la primera y pacífica manifestación antirreeleccionista y la violencia desatada los días 16 y 17 de mayo. A partir de esta disrupción cabe preguntarse por los móviles de la violencia presente en "la revolución del pambazo". En este sentido, evaluando la fuerte movilización popular extendida por amplios sectores de la capital y en razón de los blancos escogidos por los manifestantes para expresar su violencia, es posible pensar que el contexto de la movilización política fuera capitalizado por los trabajadores urbanos, quienes se manifestaron y protestaron contra una situación que, superando los límites del antirreeleccionismo, hundía sus raíces en motivaciones de tipo social. La hispanofobia constituye una evidencia en esa dirección.

Retomando el tema de la posible injerencia que los líderes del movimiento pudieron tener sobre los trabajadores para incitarlos al tumulto (recordemos los debates internos sobre el uso de la violencia), no podemos perder de vista los

[57] *El Tiempo*, 19 de mayo de 1892.
[58] *El Universal*, 19 de mayo de 1892.

objetivos materiales de la violencia urbana. Más allá de la instigación de ciertos líderes a la violencia, los ataques contra las propiedades de españoles, lejos de constituir un hecho extraordinario, fue el común denominador de muchas de las jornadas de movilización urbana de fines del siglo XIX. Los disturbios y la rotura de las vidrieras comerciales propiedad de españoles en los festejos por el día de la Independencia, son una muestra de que la violencia popular contra los españoles no necesitaba de promotores.[59] En este sentido, es posible pensar que los acontecimientos reseñados, más que un ataque preparado y motivado por los líderes, fueron una expresión genuina de las clases trabajadoras.

## 3. El desenlace

### a] *Las debilidades internas del movimiento*

Pasadas estas tres jornadas de intensa movilización popular, la ciudad —poco a poco— fue recuperando la calma pero los días del antirreeleccionismo estaban contados. A principios de julio los clubes políticos ya habían desparecido como organización opositora al gobierno y, a finales de ese mes, pasadas las elecciones presidenciales, los estudiantes y obreros presos en la cárcel de Belén fueron puestos en libertad.

A fines de mayo la lucha antirreeleccionista, significativamente mermada por la prisión de un nutrido grupo de sus integrantes, entre ellos sus principales dirigentes, estaba llegando a su fin. A pesar de la inevitable desarticulación interna, provocada por la represión policial, el 21 de mayo un grupo de estudiantes se reunió en la casa de Leandro Valle con el objetivo de reorganizar la mesa directiva del club y nombrar a las nuevas autoridades encargadas de retomar los trabajos políticos.

Asediados por la vigilancia y la represión policial decidieron convocar a una reunión que contara con las suficientes medidas de seguridad para impedir la filtración de agentes de la policía secreta. En tal sentido, pergeñaron para el día 22 de mayo un encuentro bajo el carácter de un día de campo. Una vez allí, los asistentes serían recibidos por una persona vestida "con corbata negra y un fistol negro de vidrio", a quien le debían decir la contraseña *Fe* y, en respuesta, contestaría *Constancia no desmayéis*, cumplido este intercambio de claves se les indicaría a los participantes el lugar de la reunión".[60] En esta sesión

[59] Granados García, 2005, pp. 73-89.
[60] AHUNAM, Fondo Amado Aguirre, caja 9, exp. 30.

se debatió el tema del posible candidato presidencial que competiría con Díaz. Las discusiones que se suscitaron en las tres últimas reuniones antirreeleccionisas nos ayudan a comprender la incidencia de las debilidades internas en la desaparición de esta lucha política.

Ya señalamos que una de las carencias del movimiento de 1892 fue no haber proclamado una candidatura presidencial opositora a Díaz. Las reuniones internas nos permiten medir la falta de acuerdo que primó al momento de decidir quién sería la figura electoral que competiría con Porfirio Díaz. El 20 de mayo, Gustavo García, impresor de *El Monitor Republicano*, propuso postular a Bernardo Reyes; un día después se volvió a hablar de las candidaturas presidenciales de la República, "unos propusieron a Vallarta, y otros a D. Justo Benítez, diciendo Balmaceda que proponía a D. Justo porque los que están presos tenían ya arreglado el proponerlo; quedando al último decidido proclamar a Vallarta y escribir a los Estados proponiéndolo, para lo cual se nombraron comisiones para ese objeto".[61] Por último, el 22 de mayo un grupo de obreros y estudiantes sugirió "dar un manifiesto del círculo de Obreros proponiendo candidato para la presidencia de la República y después de fijarse en Vallarta, quedó resuelto que fuera el Gral. D. Manuel González".[62]

La ausencia de un candidato presidencial constituye un elemento clave para comprender las debilidades internas del movimiento, de ella se desprenden varias consideraciones. Este vacío dejó al descubierto la premura con la que actuaron los líderes del movimiento en estudio; a tres meses de los comicios, a la dificultad interna de lograr un consenso capaz de definir quién sería la figura que enfrentaría a Díaz se sumó el hecho de que, frente a la proximidad de las elecciones y con una organización política en vías de consolidación, probablemente ninguno de los candidatos mencionados hubiera aceptado competir con el General. Estas condiciones dejaban prácticamente sin margen de acción y, por ende, con pocas posibilidades de éxito cualquier campaña presidencial contraria a la oficialista.

Para comprender las debilidades inherentes al antirreeleccionismo, también resulta significativo conocer que las diferencias internas no sólo se vinculaban con la elección de un candidato presidencial, al parecer no todos los que estaban comprometidos en esta empresa política creían que el objetivo último era llegar a competir electoralmente. En respuesta a un artículo aparecido en el periódico *El Partido Liberal* que afirmaba que los antirreeleccionistas levantarían la candidatura del periodista Vicente García Torres, *El Monitor*

[61] *Ídem.*
[62] *Ídem.*

*Republicano* señaló "que los estudiantes no han pensado en candidato alguno" porque "sólo han querido mostrar que son partidarios del principio de la no reelección".[63]

El vacío dejado por la falta de un candidato presidenciable —capaz de cohesionar al grupo e institucionalizarlo frente a la opinión pública como una alternativa política viable— no hizo más que debilitar al emergente movimiento opositor a Díaz que, desde un principio, contó con desventajas difíciles de subsanar. Esta carencia repercutió negativamente en la credibilidad y legitimidad de los antirreeleccionistas y se convirtió en un punto de constante ataque por parte de los sectores enrolados en el oficialismo. En síntesis, la cuestión de la candidatura presidencial dejó al descubierto las debilidades de un movimiento que, a escasos tres meses de las elecciones y frente a las fortalezas de un régimen que se encontraba en pleno proceso de consolidación, no alcanzó a estructurarse sólidamente.

### b] *La represión política*

Entre los elementos que nos permiten dar cuenta de los motivos de la disolución del antirreeleccionismo, es indudable que el encarcelamiento de los principales líderes políticos del movimiento en estudio debilitó, en gran medida, la estructura de un grupo opositor que carecía de una arquitectura organizativa consolidada. Si recordamos que este brote oposicionista empezó a manifestarse y a buscar sus bases de apoyo en el mes de abril de 1892, es de suponer que el arresto de los dirigentes actuó como una poderosa variable desarticuladora y que, frente a la inminencia de los comicios, les fuera imposible rearmarse.

Es de destacar la particular interacción existente entre el poder judicial y el poder ejecutivo nacional, así como la relación entre los delitos inculpados a los aprehendidos y el tiempo de prisión que efectivamente cumplieron. Ambos elementos coadyuvan a una mejor comprensión del contexto político, elemento clave para entender la descomposición del grupo contrario a la tercera reelección de Díaz.

La relación entre el juez de distrito, Ricardo Rodríguez, quien debía juzgar a los aprehendidos por los disturbios antirreeleccionistas y el presidente de la nación fue significativa. A principios del mes de mayo de 1892, Rodríguez le escribió a Díaz solicitando su intervención para ingresar como magistrado

[63] *El Partido Liberal*, 12 de abril de 1892.

de la Corte Suprema de Justicia, dado que "mis más vehementes deseos son los de complacerlo incondicionalmente [...] si a ella ingresare, contará Ud. con un amigo leal y sincero y con un partidario decidido que secundará siempre, como el que más, su patriótica política".[64] A finales de ese mismo mes, sería Rodríguez el encargado de demostrarle a Díaz su lealtad e incondicional apoyo; misivas, informes y entrevistas se sucedieron en esos agitados días entre el presidente y el juez de distrito. La carta que le enviara Rodríguez a Díaz, con fecha de 23 de mayo, es por demás elocuente:

> Muy querido y respetable amigo:
>
> El sábado fueron declarados formalmente presos como complicados en los desórdenes habidos en esta Capital los días 15 y 16 del corriente, los individuos a que se refiere la lista que tengo el honor de remitirle. Faltan otros que de hoy a mañana correrán igual suerte [...] He trabajado sin descanso para que dentro del término constitucional se les declare formalmente presos.
>
> Si algo de importancia ocurriese en la causa, en el acto me será grato comunicárselo.[65]

La injerencia del poder ejecutivo en la elección de los jueces resulta clave para comprender la imparcial y tendenciosa administración de justicia, convertida por Díaz en un eficaz mecanismo de control político.[66] El contubernio entre ambos poderes supuso para el régimen porfiriano ventajas en términos de coacción y censura de grupos opositores y estudiantes díscolos, entre otros muchos referentes de ese heterogéneo universo que no se subordinó a los imperativos de su gobierno.[67]

[64] CPD, leg. 17, doc. 008109. En respuesta a la carta de R. Rodríguez, Díaz le contestó: "tendré presente en su oportunidad el deseo que me indica con la mejor disposición de obsequiarlo". CPD, leg. 17, doc. 008110.

[65] CPD, legajo 17, doc. 008114.

[66] Entre 1855 y 1882 los jueces eran nombrados por el poder ejecutivo a partir de una terna propuesta por el Tribunal Superior de Justicia del Distrito Federal. Entre 1882 y 1904 eran electos por el voto popular en elecciones indirectas. Ahora bien, más allá de los diferentes procedimientos, el "Ejecutivo tuvo una injerencia directa" en el nombramiento de los magistrados, "cuando la ley le encargaba el nombramiento de los jueces pero, en la práctica, también la tenía [...] cuando 'los elegía el pueblo', pues el fraude electoral era reconocido y aceptado". SPECKMAN, 2006.

[67] La maquinaria de control y represión estatal se extendió por diversos espacios vinculados al antirreeleccionismo. Ejemplo de ello fue la expulsión de Mauro Clausell, prefecto de la Escuela Nacional Preparatoria, quien le solicitó a Díaz una entrevista y la reconsideración de la separación de su cargo. Clausell señaló al presidente que entre los motivos que pudieron haber influido en la decisión del director de la Escuela fue "que por tener un pariente inmediato que lleva el

A decir del juez Ricardo Rodríguez, la ley por la que se debía juzgar a los detenidos era la del 6 de diciembre de 1856, es decir, aquella que castigaba los delitos contra la nación, el orden y la paz pública con una pena que podía oscilar entre cuatro y ocho años de prisión e, incluso, podía llegar al destierro o confinamiento de los declarados culpables.[68] Cabe señalar que los castigos previstos por esta ley contrastan con la sanción estipulada por el Código Penal de 1872, que fijaba una pena de seis meses a un año de prisión y una multa de 100 a 1 000 pesos por el delito de sedición.[69] El tono de las misivas enviadas por el juez y la evidente manipulación legal, tendiente a reforzar la severidad de la condena, revelan la arbitrariedad de los magistrados al momento de impartir justicia y deja entrever la influencia que en estos asuntos tuvo el ejecutivo nacional.

Por otro lado, la dureza de los castigos que podían pesar sobre los detenidos contrasta con el tiempo que efectivamente cumplieron en las bartolinas. A fines del mes de julio, luego "de haber sufrido dos meses y medio de persecución, fueron puestos en libertad bajo fianza, los estudiantes, obreros y demás personas" que se hallaban presas en Belén.[70] Es posible que frente a un desarticulado brote de oposición política que ya no tenía posibilidades, ni objetivos inmediatos para rearmarse y, probablemente, ante la falta de pruebas que ameritaran los castigos previstos por la ley de diciembre de 1856, la liberación de los detenidos fuera concebida como la alternativa más acertada para un régimen en plena consolidación. De cualquier manera, la arbitraria aplicación de la ley de 1856 (probablemente negociada y consensuada con Díaz) y la pronta salida de los encarcelados revelan la discrecionalidad de los jueces al impartir justicia.

---

mismo apellido que yo, y el cual escribe como Boletinista del 'Monitor Republicano' creía el Sr. Director que yo les suministraba datos a la prensa de oposición, que ésta aprovechaba para atacar a la Escuela y al Gobierno; nada de eso es cierto, pues aun cuando las relaciones de parentesco estrecho nos unen no tenemos las mismas ideas en asuntos administrativos y políticos". CPD, leg. 17, doc. 008817.

[68] La ley del 6 de diciembre de 1856, artículo 3º, fracción VII expresaba que: las asonadas y alborotos públicos [...] cuando tienen por objeto la desobediencia o el insulto a las autoridades, perpetrado por reuniones tumultuarias [...] vociferando injurias, introduciéndose violentamente en cualquier edificio [...] arrancando los bandos en los lugares en que se fijan [...] fijando en los mismos proclamas subversivas o pasquines que de cualquier manera inciten a la desobediencia de alguna ley o disposición gubernativa [...] Serán circunstancias agravantes, en cualquiera de los casos referidos, forzar las prisiones, portar armas o repartirlas, arengar a la multitud, tocar las campanas y todas aquellas acciones dirigidas manifiestamente a aumentar el alboroto". CPD, leg. 17, doc. 008111.

[69] Código Penal, título decimocuarto, delitos contra la seguridad interior, capítulo II, artículos 1123 a 1126.

[70] *El Hijo del Ahuizote*, 31 de julio de 1892.

En la coyuntura de 1892 se reiteraron las estrategias institucionales desplegadas por el poder porfiriano para controlar la participación pública de los artesanos y obreros capitalinos, principalmente mediante la Convención Radical Obrera, a la vez que quedaron expuestos los mecanismos de represión instrumentados para acallar la disconformidad popular. Las estrategias de asimilación política de la clase trabajadora, la coacción policial y la actuación de los jueces como ejecutores de la represión porfiriana ayudan a entender por qué la movilización antirreeleccionsita fue, en el periodo de estudio analizado, la última ocasión en que los trabajadores de la ciudad de México tomaron las calles de forma autónoma y refractaria al aparato estatal porfiriano. Habría que esperar a los albores de un nuevo siglo para volver a encontrar participaciones públicas que contaran con una mayoritaria presencia obrero-artesanal.

Asimismo, el análisis de esta coyuntura evidencia la alianza de los artesanos y obreros con los estudiantes capitalinos, vinculación atravesada por la común identificación y defensa de los principios liberales y por la débil conciencia de clase de los actores en estudio. Sin embargo, la impronta aglutinante del liberalismo no impidió el surgimiento de manifestaciones que, como la xenofobia, pueden leerse como expresiones de una incipiente lucha de clase. En síntesis, antirreeleccionismo e hispanofobia fueron parte de esa experiencia que, cruzada por los conflictos, las tensiones y las paradojas, fueron definiendo la "ideología popular", en este caso, la propia de las clases trabajadoras de la ciudad de México.

## Tercera parte

# LOS TRABAJADORES FRENTE A LA MORALIZACIÓN Y LA DISCIPLINA PORFIRIANA

# VI
# EL PROBLEMA DE LAS APARIENCIAS Y LAS "BUENAS COSTUMBRES"

La apuesta por la modernización económica y la centralización política, bajo la tutela del conocimiento científico, fueron los tópicos en los que las élites porfirianas confiaban para encaminar al país por la senda del progreso y asimilar a la ciudad de México al modelo urbano y cosmopolita de las grandes capitales europeas. En tal sentido, las exposiciones universales de fines del siglo XIX y principios del XX y la literatura propagandística y promocional subvencionada por el régimen porfiriano constituyen dos alternativas que, desde ópticas complementarias, nos permiten conocer la preocupación oficial por la proyección de un México moderno, industrial y capitalista.[1]

Las élites políticas mexicanas, al igual que sus pares latinoamericanas, se apropiaron de la metáfora civilización-progreso, la cual marcó la construcción del Estado-nación a lo largo del siglo XIX. Ese binomio se constituyó en parámetro de modernidad de las nuevas naciones, ya que a la vez que suponía la idea de perfectibilidad y evolución, indicaba un estado, una circunstancia observable y deseable en las sociedades. Inserto en este contexto, en el mundo laboral confluyeron diversos mecanismos destinados a erradicar determinados hábitos y conductas que contravenían la consolidación de una disciplina laboral de tipo moderna y, por ende, dificultaban la consolidación de individuos acordes con las exigencias del progreso. La lucha contra la embriaguez, la preocupación por las cuestiones vinculadas al vestuario e higiene de los trabajadores y la estricta reglamentación de ciertos espacios de sociabilidad informal —pulquerías, figones y cantinas— pretendían insuflar en los trabajadores una ética laboral moderna, sustentada en la disciplina, la moral y la obediencia.

[1] Los trabajos de Mauricio Tenorio Trillo y Paolo Riguzzi permiten conocer la preocupación por la proyección internacional de un México moderno. El primer autor centra su investigación en la participación de los pabellones mexicanos en las exposiciones universales que tuvieron lugar entre 1880 y 1930. La propuesta de Riguzzi avanza en la red propagandística del porfiriato, particularmente en la construcción de una imagen nacional de exportación que sobre un México próspero intentaron brindar libros, folletos y artículos subsidiados por el poder público. TENORIO TRILLO, 1998, y RIGUZZI, 1999a.

Cabe señalar que gran parte de estas preocupaciones se encontraban presentes en la Nueva España desde finales del siglo XVIII, cuando la impronta de la Ilustración conllevó a la proliferación de reglamentos, decretos y reales cédulas destinados a lograr que los sectores populares interiorizaran un código de conducta basado en la "moral" y las "buenas costumbres". El propósito era erradicar, o al menos reformar, lo que los ilustrados consideraban relajadas y viciadas conductas populares y, por ende, desterrar de la ciudad ciertos espacios de diversión pública discordantes con la emergente modernidad del Siglo de las Luces, que encontraba su correlato en la moderación de los comportamientos sociales.[2]

Las autoridades virreinales reprimieron ciertos ámbitos de sociabilidad, como las corridas de toros, y sometieron a una estricta reglamentación otros espacios y espectáculos populares, como el teatro y el carnaval, por considerar que poco tenían que ver con el ideal de la eutropelia. Es decir, "con la prudencia moral que nos enseña a dar treguas a nuestras fatigas [...] mediante una moderada diversión que restableciendo con la alegría la natural laxitud de nuestro espíritu, nos vuelva más alegres y entonados al trabajo".[3] Asimismo, "los ilustrados arengaron en sus escritos a los artesanos para que mostraran más entusiasmo por el trabajo y no perdieran su tiempo y su dinero en merendonas ni embriagueces" que convertían al lunes en un día de fiesta.[4] La vestimenta y el aseo de las clases populares también fue una preocupación del poder político colonial que, entre otras medidas que detallamos más adelante, reglamentó para los indígenas el uso de la casaca o capa para asistir a las funciones públicas.

Heredera y continuadora del discurso ilustrado, la prensa obrera del porfiriato llamaba a los trabajadores a abandonar el hábito de emborracharse y los conminaba a presentarse a trabajar el lunes aduciendo que la "taberna no produce nada bueno; en ella se pierde el dinero, la vergüenza y la salud".[5] Más allá de las diferencias, ilustrados y liberales coincidieron en su afán normativo y regularizador de los hábitos y costumbres de las clases populares.[6] Ahora bien,

[2] Destacamos el trabajo de Juan Pedro Viqueira Albán. Este autor analiza el discurso moralizador de los ilustrados y los mecanismos implementados en la ciudad de México contra el "relajamiento" de las costumbres populares. VIQUEIRA ALBÁN, 1987. En este contexto, para el caso guatemalteco remitimos al texto de Tania Sagastume Paiz, quien estudia la regulación y el control sobre el trabajo y la vagancia en la ciudad de Guatemala de fines del siglo XVIII a principios del XIX. LIDA y PÉREZ TOLEDO, 2001, pp. 19-65.

[3] Fernández de Lizardi, citado en VIQUEIRA ALBÁN, 1987, p. 267.

[4] *Ibídem*, p. 273.

[5] *La Convención Radical Obrera*, 6 de septiembre de 1891.

[6] Es preciso señalar que en el siglo XVIII, la nueva moral burguesa entendía que "los pobres se habían forjado su triste destino por su ociosidad, su inmoralidad, su falta de decencia. Reprimirlos con paternal severidad, no constituía un acto de crueldad, sino por el contrario era una

paradójicamente, a la vez que el discurso liberal hacía hincapié en la igualdad jurídica y los derechos individuales, desterrando los vínculos y privilegios de carácter corporativo, articulaba mecanismos coactivos destinados a cercenar y restringir ciertas conductas.[7] En síntesis "vemos que, por una parte, se formulaban los derechos y las libertades individuales, incluyendo la libertad de trabajo [...] a la vez que, por la otra, se creaban los instrumentos que coartaban aquellas actividades individuales y colectivas que se percibieran como contrarias al orden y los valores de quienes dominaban la esfera pública".[8]

Al igual que la preocupación por el alcoholismo, la reglamentación y restricción de ciertos espacios de sociabilidad y la intención de adecuar la vestimenta de los sectores populares a los nuevos cánones de "decencia" y modernización, fueron tópicos retomados por las autoridades municipales y por los periódicos de los trabajadores del siglo XIX.[9]

La mayoritaria y casi homogénea identificación e interiorización de los postulados de la "civilización" y "moralización" en el universo de los periódicos laborales, implicó la puesta en marcha de diversos mecanismos y estrategias destinados a consagrar una imposición cultural que estuvo mediatizada por la resistencia, la asimilación y el consenso por parte de los obreros y artesanos capitalinos.[10] En tal sentido, las connotaciones de la vestimenta y la higiene de

forma de ayudarlos a abandonar sus relajadas costumbres, de encarrilarlos por el buen camino, en resumen, de educarlos". VIQUEIRA ALBÁN, 1987, p. 269.

[7] Durante el porfiriato, esta contradicción —o tensión entre libertad y coacción— se hizo evidente con la promulgación de diversas leyes y códigos que "se convirtieron en el instrumento mediante el cual el Estado buscó regular prácticamente todos los planos y los eventos de la vida social, incluso algunos del ámbito privado. [Los códigos legales] se ocuparon del perfil que debían presentar los mexicanos delineando muchas de las costumbres o de los hábitos que en su opinión debían adoptar. Asimismo, se encargaron de dictar los principios éticos o de velar por la moral de los individuos. SPECKMAN, 2001a, pp. 243-244.

[8] LIDA y PÉREZ TOLEDO, 2001, p. 6.

[9] Sobre estas preocupaciones en la ciudad de México en la primera mitad del siglo XIX, véase LIDA y PÉREZ TOLEDO, 2001.

[10] Cabe señalar que el discurso moralizador de la prensa obrera formó parte de una amplia preocupación por las conductas y comportamientos sociales que signó los debates y discusiones de las élites políticas, jurídicas y médicas de finales del siglo XIX. Por ejemplo, los grupos católicos y las asociaciones filantrópicas, por medio de sus publicaciones periódicas, "emprendieron una ardua campaña en pro de la reforma social y combatieron toda manifestación de amoralidad, sin hacer diferencia entre vicios, pecados o delitos". Para ambos grupos, la pérdida de los valores éticos había provocado el dominio de los hombres por los instintos y pasiones, haciéndolos proclives al alcoholismo, el juego, las prostitución y los actos delictivos. "Por tanto [católicos y filántropos] coincidieron en la urgencia de una campaña moralizante. Para los católicos esta cruzada tendría como fin reforzar los principios éticos basados en la religión y para las asociaciones filantrópicas, dotar a las sociedades de un esquema de conducta emanado del civismo". SPECKMAN, 2002, pp. 150-160.

los obreros —inserta en el juego de las apariencias y la preocupación por la conservación del orden social— y las implicaciones del alcoholismo en el discurso moralizador y coercitivo de la élite mutualista, fueron dos preocupaciones medulares del proceso "civilizador" porfiriano.

## 1. La coacción, la moralización y la resistencia en el juego de las apariencias

### a] *Las implicaciones del vestido*

Según Daniel Roche, la comprensión de la indumentaria como un "hecho social global" nos permite descubrir las múltiples connotaciones del vestuario. Es decir, posibilita aprehenderlo como "un conjunto de objetos a partir del cual el historiador puede ver el conjunto de la realidad social, su entorno material, sus dispositivos económicos, sus jerarquías distintivas, las prácticas comunes, así como las costumbres personales de los individuos". La vestimenta permite dar cuenta de una constelación de prácticas socioculturales (costumbres, imposiciones culturales, modas, resistencias y modalidades del consumo) y, por tanto, constituye una vía de acceso para comprender, desde una óptica singular, ese proceso siempre "sensible e intelectual de apropiación del mundo".[11]

En este caso, el vestido se aborda como un medio para entender de qué manera se entrelazaron y condicionaron mutuamente los ideales y proyectos modernizadores del poder político, compartidos y avalados por la dirigencia mutualista, con las costumbres y los hábitos de los trabajadores urbanos. Este elemento de la cultura material se convierte en un punto de partida capaz de dar cuenta de las interacciones entre las coerciones y las resistencias, entre los ideales y las realidades, entre los prejuicios y los hábitos que diariamente enfrentaban a las clases populares con las élites porfirianas.[12]

[11] Roche, 1996, pp. 80-81. Con el estudio del vestido "c'est donc un peu l'histoire des logiques de médiation que l'on voudrait éclairer. Pour cela, passer des modalités de consommation à l'évocation du système parisien de fabrication, de distribution permet de franchir une étape, interrogeant fabricants, vendeurs, clientèles. Enfin, tenter de voir entre le réel et l'imaginaire le rôle social des apparences, de l'économie stationnaire à celle de la consommation, suppose qu'on interroge d'autres modes de présentation et d'autres logiques révélatrices de l'existence sociale". Roche, 1989, p. 27.

[12] Tomando como referente las hojas sueltas y cuadernillos de la editorial de Antonio Vanegas Arroyo, Elisa Speckman señala que "los principios, los modelos y las pautas de conducta [...], plasmados en los impresos, fueron formulados por y eran característicos de la clase privilegiada y de los sectores medios, pero resultaban lejanos a las prácticas e incluso a las posibilidades de los grupos

Es innegable que el atuendo constituyó una instancia de integración y homogeneización social, así como un instrumento de diferenciación y discriminación.

> Así aparecían indumentadas las gentes de mediados de la centuria pasada, exhibiendo con sus trajes las desigualdades, las enormes desigualdades de las capas de la estratificación social, marcadas por el "lépero", envuelto en su sábana a medio vestir; el pueblo, la gran masa; cubriéndose apenas con la camisa y los calzoncillos de manta; la anémica clase media luciendo las chaquetas blancas, los pantalones de tapabalazo, los zapatos de rechinido [...] y la "gente decente" emperifollada con fracs y levitas, chisteras de altura, redingotes tornasoles, sombreritos "babets", manteletas y sombrillas de alto precio.[13]

La ropa desempeñó un papel catalogador que sirvió para convalidar determinada pertenencia a un sector social, pero también para descalificar a quienes su vestimenta los vinculaba con ciertos comportamientos y conductas que permitían prejuzgar la moral y la dignidad de su portador. Por ejemplo, en la Nueva España de 1790 la élite ilustrada llevó adelante una campaña para combatir entre los trabajadores de las fábricas de cigarros y los empleados del Estado la "desnudez de la plebe". La indecencia de la vestimenta reflejada en los calzoncillos y la manta que envolvía el cuerpo de los trabajadores se consideraba un exponente "vehementísimo de ociosidad o malas costumbres". Con el fin de ampliar el alcance social de esta medida, el virrey Branciforte expidió una reglamentación para "que en las juntas de gremios y en las de cofradías o hermandades que hay en el reino, no se admita persona alguna que no vaya decentemente vestida conforme a sus facultades [...] que ni en las procesiones, ni en las calles por donde pasen éstas, ni en los paseos públicos [...] pueda haber persona alguna que no tenga cubiertas las carnes con decencia según su clase".[14] Este afán moralizador de los ilustrados, encarnado en la preocupación por las apariencias, pretendía interiorizar en amplios sectores de la población un código de "decencia" acorde con los requisitos que la "civilidad" exigía.

Durante el porfiriato el interés por el vestuario de las clases populares retomó la impronta ilustrada, que asociaba el vestido con la decencia, pero profundizó ciertas connotaciones al vincular con una fuerza inusitada la moralidad y limpieza de la indumentaria con la conservación del orden social y la preservación de la salud de la sociedad en su conjunto. A fines del siglo XIX la indumen-

populares [...] Se enaltecían el matrimonio y las prácticas de higiene, mientras que el amasiato era el vínculo más usual, y el lavado del cuerpo y las ropas eran poco frecuentes". SPECKMAN, 2001b, p. 448.

[13] BENÍTEZ, 1946, p. 193.

[14] Lempérière, en GUERRA y LEMPÉRIÈRE, 1998, pp. 65-66.

taria de las clases trabajadoras constituyó una preocupación política, en tanto fue considerada un parámetro que servía para medir la civilización y el progreso citadino; en este contexto, no fueron menos trascendentes las implicaciones del vestido vinculadas con la moralidad, la higiene y el orden social. Retomando el estudio de la limpieza corporal de Georges Vigarello, podemos decir que en el México decimonónico "finalmente se va imponiendo con insistencia desconocida hasta ese momento una asociación: la limpieza del pobre se convierte en garantía de moralidad que, a su vez, es garantía de *orden*".[15]

La ropa pasó a ser un elemento constitutivo en la conformación del imaginario social finisecular capitalino, ésta se vinculó cada vez con mayor énfasis con un singular conjunto de ideales, percepciones y prejuicios. Para las élites nacionales el calzón de manta, los huaraches y el sarape, en pleno centro de la ciudad, impugnaban la marcha de los proyectos modernizadores y cuestionaban la inserción de México en el mundo cosmopolita. A principios del siglo xx, Julio Sesto sentenciaba que el uso del calzón entre los indígenas de la ciudad y la "carencia de agua" que evidenciaban las ropas de "ciertas clases obreras de mayores recursos que el indio", equiparaban a estos sectores con "turbas abigarradas [...] que salpican la cultura mexicana, destacándose en medio de una calle asfaltada, recortando su silueta contra una fachada suntuosa, mezclándose, de manera que hiere la retina, con los caballeros de gabán inglés y las damas de vestido *directorio* y constituyendo, en una palabra, la nota discordante".[16]

Esta cita condensa el contraste que existía entre la preocupación por dotar a la capital de la República con los símbolos del progreso (los esfuerzos de las élites por adoptar la moda, los deportes y las diversiones de las grandes capitales europeas) y la imagen que proyectaban, principalmente en lo tocante a su vestuario e higiene, las clases populares urbanas.[17] Ahora bien, el vestido no sólo ponía en entredicho los logros y adelantos del país, sino que constituía una amenaza para la moral, la higiene y el orden social.

### b] *La higiene como garantía de la paz porfiriana*

> Se notan en el pueblo de México [...] dos padecimientos idiosincráticos que desagradan: la paupérrima y sucia indumentaria y la extremosa inclinación a la embriaguez [...]

[15] Vigarello, 1997, p. 240.
[16] Sesto, 1910, p. 232.
[17] Remitimos a los trabajos de Beezley, 1983, y Beezley *et al.*, 1994.

> El indio anda en calzoncillos por las ciudades [...] y siquiera esos calzoncillos fueran limpios y ... sin ventanas... [El calzón blanco] al ceñirse en sus ondulaciones flexibles a las flacideces masculinas, denuncia relieves o muestra por sus agujeros impudicias de cafrería.
>
> Quienes así se visten [...] perciben un salario de un peso al día, en las capitales; de este peso injieren en alcohol o pulque la mitad diariamente, y el resto se lo beben el sábado de una sentada.[18]

Para las élites porfirianas la falta de moral entre las clases trabajadoras explicaba la continuidad del calzón de manta, así como la falta de hábitos higiénicos y el no menos preocupante problema del alcoholismo.[19] Estos tópicos, fuertemente interrelacionados, repercutían negativamente en la salud y la moral del resto de los ciudadanos y restaban crédito a la imagen de ciudad moderna y cosmopolita que las autoridades políticas deseaban exportar por el mundo.

La falta de limpieza que la ropa dejaba traslucir y la carencia de costumbres y preceptos higiénicos corporales se consideraban síntomas de la ignorancia e inmoralidad de las clases populares, que afectaba no sólo la salud de su portador, sino de la población en general. Por ello, para evitar la difusión de enfermedades y epidemias era necesario transformar los hábitos de aseo de estos sectores. "Las libertades que la ley fundamental garantiza al ciudadano tienen un límite al redundar en perjuicio de terceros, y perjuicio y muy grande ocasiona a la higiene pública el desaseo de nuestro pueblo, fuente y origen [...] de que las enfermedades se recrudezcan, de que se conviertan en epidemias".[20]

Por tanto, "la teoría y la práctica de la higiene", estrechamente vinculada al juego de las apariencias, no sólo constituyó una imperiosa necesidad para la consolidación de una moderna cultura urbana, sino que "se convirtió en una herramienta indispensable mediante la cual se quería modificar o eliminar hábitos, prácticas y costumbres consideradas por los médicos como peligrosas para la salud de la colectividad".[21] Los afanes higienistas encontraron en la población múltiples obstáculos para su concreción, uno de los principales pro-

[18] Sesto, 1910, p. 232.

[19] "¿Es posible que el obrero, que lleva los pantalones rotos, la camisa sucia, los dedos de los pies fuera de los zapatos, el cabello saliéndosele por los agujeros del sombrero, en lugar de ir poco a poco reponiendo esas prendas de su vestido, se meta en la pulquería y esté en continuo estado de embriaguez durante 48 horas, todas las semanas?". *El Socialista*, 18 de marzo de 1888, reproducido de *La Paz Pública*.

[20] *El Nacional*, 10 de junio de 1888.

[21] Agostoni, 2001, p. 96. También remitimos a Agostoni, 2003, especialmente a los capítulos 2 y 3.

blemas radicaba en las arraigadas usanzas de las clases populares, en sus prejuicios y falsas concepciones acerca de lo que era higiénico.

En los sectores más pobres de la ciudad la falta de hábitos de aseo corporal, junto con prejuicios en torno a las dañinas consecuencias que podrían sufrir en caso de bañarse todos los días, constituyó uno de los problemas para lograr la anhelada consolidación de ciudadanos limpios y sanos. El caso de los trabajadores de la fábrica de tabaco El Buen Tono es un ilustrativo ejemplo de la confrontación sociocultural entre las prácticas y concepciones populares y los preceptos higiénicos imperantes a fines del siglo XIX.

> Ayer en la mañana, los cargadores de maniobras de la fábrica de cigarros "El Buen Tono" no entraron a trabajar [...]
>
> Se desprende de sus informes que el enojo provenía de que los obligaban a cortarse el pelo y lavarse todos los días, con lo cual podían contraer enfermedades, y además los hacían maniobrar los domingos, sin remuneración.
>
> [...] fue uno de nuestros compañeros a la citada fábrica y allí le informó el Sr. D. Baldomero Prida que, en efecto, antes que empezaran sus labores que son, entre otras, las de verificar revolturas de tabaco, cuya limpieza y aseo son indispensables, debían lavarse todos los días, los pies, cara, cabeza y manos; pero que esta operación lejos de ser un peligro para la salud, implicaba una de las principales reglas de higiene.[22]

En este contexto, en 1892 la preocupación gubernamental por la higiene de los sectores populares se materializó en un proyecto destinado a la impresión de un periódico denominado *La Higiene Popular*, que estaría subvencionado por las secretarías de Justicia y de Fomento. Sus promotores, los médicos Secundino Sosa y Samuel Morales Pereira, señalaron que el objetivo del periódico era la "propaganda y vulgarización de las nociones y preceptos de la higiene [...] para hacerlos cumplir por persuasión suave y por convencimiento profundo". El fundamento de los ideólogos del proyecto evidencia la densa trama que en los tiempos porfirianos vinculaba la higiene con la moral y la modernización.

> Ya tenemos Consejo de Salubridad y Código Sanitario, o lo que es lo mismo ya tiene la salud pública autoridad y ley; pero falta el pueblo para esa ley y para esa autoridad. Porque es inconcuso que en vano existen la prescripción y el encargado de hacerla observar, si el obligado al cumplimiento no sabe cuál es su obligación, ni cómo ha de cumplirla [...]

[22] *El Noticioso*, 22 de mayo de 1895.

> Tras largo y doloroso bregar hemos conseguido leyes, sosiego, ferrocarriles y bancos: ahora necesitamos tener pueblo, pero no el pueblo harapiento y enfermizo, sino el pueblo viril y sano que sabe trabajar y ahorrar, vestir y comer, educar a la familia y tener aspiraciones para el porvenir.[23]

Según los impulsores de esta empresa editorial, el gobierno había brindado el sustento legal y el marco institucional que la salubridad pública necesitaba, lo que seguía era inculcar en el pueblo la necesidad, los hábitos y los valores de la higiene y la salud. En este sentido, el diario se convertiría en una herramienta para la divulgación de estos principios y preceptos, complemento ideal de la obra educativa brindada en las escuelas. Para los médico-editores, el efecto social y los resultados que de la divulgación de la higiene se podían obtener eran equiparables con los adelantos que, durante la paz porfiriana, se habían alcanzado en materia de transporte, finanzas y legislación. De esta forma, la propagación de la higiene pública se convertía en un reto para hacer de la anhelada modernidad una realidad.

No menos trascendente era la concepción que argumentaba que debajo de una pobre, sucia y descuidada indumentaria se encontraban latentes dudosos y amenazantes comportamientos. En el caso de las clases populares urbanas, para las élites porfirianas la falta de higiene personal estaba estrechamente asociada con el problema del alcoholismo. El obrero que se dejaba "dominar por el vicio", que gastaba la raya el sábado por la noche en los figones y el lunes no iba a trabajar, se acostumbraba a la suciedad y a la miseria, vestía harapos, llevaba el calzado roto y el cabello hirsuto. En consecuencia, la embriaguez repercutía en todos los ámbitos de la vida del trabajador y alcanzaba a la sociedad: "el obrero que llega ebrio a su casa, que golpea su esposa y la tiene hambrienta, la obliga a prostituirse; el obrero que abandona a sus hijos, que no los envía a la escuela, que les da mal ejemplo, que no los alimenta, ni viste [...] en vez de entregar a la sociedad hombres útiles, le arroja con cinismo perverso [sujetos] cuyo porvenir es la cárcel y muchas veces el patíbulo".[24]

Un escaso aseo personal delataba falta de moralidad, y frente a esa carencia de principios la vinculación con ciertos vicios, como el alcoholismo, parecía obligada; en esta cadena de suposiciones y prejuicios el destino final de estos sujetos no podía ser otro que la delincuencia. En la taberna el obrero perdía "la reputación, la moral, tal vez la tranquilidad de conciencia, y

[23] CPD, leg. 17, doc. 008215.

[24] *La Convención Radical Obrera*, 6 de septiembre de 1891.

acaso la felicidad", en la taberna podía verse inmiscuido "en una disputa causada por los humos del licor y acaso [cometer] un crimen o se[r] cómplice en él".[25]

En el caso de la vestimenta de las obreras mexicanas de fines del siglo XIX, el jurista y sociólogo Julio Guerrero afirmó que acostumbraban abrigarse con rebozos, vestían enaguas y sacos de percal, gustaban de adornarse con anillos de cobre y ebonita y acudían a sus trabajos peinadas con dos trenzas que unían por la espalda.[26] En una interesante nota a pie de página, Guerrero retoma la descripción elaborada por José Tomás de Cuéllar acerca del rebozo y sus usos. El autor define esta prenda como:

> Un chall [*sic*] escurridizo y cuya docilidad confianzuda la da el aspecto de usado desde antes de venderse. Debajo del rebozo se oculta la cabeza desgreñada, la camisa de semanas, la falta de abrigo para el cuello, la del corsé, la del corpiño y la de las mangas [...] si llueve la propietaria se cubre la cabeza no para no mojarse, sino para aprovechar el agua filtrada; si hace frío el rebozo tapa la nariz, no para abrigarse, sino para hacerse la ilusión de que se defiende del frío, respirando su propio aliento [...] si se roba algo se esconde debajo del rebozo.[27]

Con una mirada signada por el clasismo, Cuéllar describe el rebozo como una prenda de dudosos, variados y antihigiénicos usos. Esta especie de chal se asociaba con un conjunto de prácticas y hábitos que, no exentos de prejuicios, permitían que la mujer encubriera la falta de hábitos higiénicos, la carencia de un vestuario limpio y adecuado y, en el peor de los casos, pudiera ocultar hasta lo robado.

Resulta interesante destacar la carga valorativa que envolvía a esta prenda cuya descripción variaba significativamente según la condición social de su portadora. Decimos esto porque, en algunos casos, el rebozo podía convertirse en una prenda de "exquisita elegancia [...] que sirve de atavío a la belleza y a la juventud". Tal era el caso de las jovencitas de las colonias de la capital y de los pueblos, quienes usaban rebozos de seda de múltiples colores, los cuales "cruzan como banda sobre el pecho, ciñendo la cintura y dejando caer las puntas sobre la espalda". Paradójicamente, mientras que a algunas mujeres el

[25] *El Socialista*, 17 de enero de 1875.

[26] Guerrero, 1996, p. 136.

[27] *Ídem*. José Tomás de Cuéllar (1830-1894) fue un renombrado periodista y novelista mexicano. Entre sus novelas se destacan: *Baile y cochino*, *Ensalada de pollos* y *Estampas del siglo XIX*. Como periodista fundó el diario *La Ilustración Potosina* y colaboró en los periódicos *El Siglo XIX* y *La Ilustración Mexicana*.

rebozo les permitía lucir "toda la elegancia de su talle y cabeza",[28] en otras, servía para ocultar la cabeza desgreñada, la falta de ropa limpia y adecuada y podía llegar, incluso, a encubrir el producto del latrocinio. La indeterminación en lo referente al uso y a los atributos de la prenda se explica atendiendo a las cuestiones de clase que subyacen en el discurso de Cuéllar. La prenda no se define por sí misma, por el contrario, es su portadora quien imprime y determina su carácter, su utilidad, sus virtudes o defectos.

También merece destacarse que, en algunos casos, la indumentaria de las clases populares fue la excusa para excluir de determinados ámbitos a quienes no vestían según los códigos y pautas consideradas deseables. Por ejemplo, en 1895 un grupo de indígenas del Valle de México presentaron a las autoridades del Ayuntamiento capitalino un escrito denunciando que, en razón de su "miserable traza", los policías les impedían el acceso a determinados lugares públicos o los echaban "para que no avergoncemos a los ricos, a sus queridas, a sus lacayos y a sus directores de conciencia". La petición fue redactada en los siguientes términos:

> Tratamos, señor, de que vuestra Ilustrada Honorabilidad, se digne a fijar su atención en un bando de policía, donde se hace patente la superioridad real o afectada que se tiene con respecto a nosotros. El pordiosero yankee, el clérigo español, la comparsa de leprosos que nos vienen de Italia, los vagos y leprosos de profesión [...] todos se disputan la libertad de mezclarse con el público transitando cómodamente por las calles de la ciudad y teniendo libre acceso a las reuniones [...]
>
> Por lo expuesto, y en atención a que la miserable traza de los indios no es un efecto de sus vicios, sino del orgullo y la vanidad de la casta que los oprime [...] A V. E. suplicamos se digne declarar insubsistente el bando que prohíbe que los indígenas pobres transiten por determinados centros de la ciudad, tomen asiento en determinados sitios de recreo, y puedan, pagando como todos, ocupar un palco en el teatro de la ópera o un reclinatorio en los templos llamados aristocráticos.[29]

En este caso "la miserable traza de los indios" era el estigma de una situación que sobrepasaba, en mucho, las cuestiones vinculadas con el vestido. En el juego de las apariencias, la indumentaria era una de las expresiones de la discriminación social y de las diferencias de clase, un motivo para prejuzgar la moral y dignidad de su portador, una excusa para calificar, marginar y en oca-

[28] *Ibídem*, pp. 136-137.

[29] AHDF, Fondo Policía General, vol. 3639, exp. 1126.

siones excluir a quienes —por su condición social— se les pretendía segregar de determinados espacios públicos.

En la petición elevada a las autoridades reconocemos un discurso con tintes nacionalistas y anticlericales, que estigmatizaba de igual forma a los ricos, a los clérigos y a los extranjeros. El repudio hacia esos sectores, así como la intención de modificar las bases del imaginario social construido alrededor de la figura del indígena, tradicionalmente identificado con los vicios y la inmoralidad, resulta evidente. De igual forma, es manifiesto el deseo de denunciar las condiciones de desigualdad que primaban en las relaciones sociales y la responsabilidad de quienes anteponiendo su "orgullo y vanidad" oprimían a los indios. Por ello, los más de 1 000 firmantes acusaron de su "miserable" apariencia a sus opresores y exigieron poder transitar libremente por las calles de la ciudad y asistir a los espectáculos públicos.

Recapitulando, podemos decir que para las élites porfirianas la descuidada vestimenta y los escasos hábitos de higiene delataban la ignorancia y escasa moralidad de las clases populares urbanas. Aquellos cuerpos, asociados con la enfermedad, el alcoholismo y la delincuencia, ponían en peligro la estabilidad y continuidad de la paz porfiriana y atentaban contra la salud de la sociedad en su conjunto. Según esta concepción, la propagación de una cultura higiénica no sólo alcanzaría a transformar hábitos y costumbres de limpieza, en beneficio de la colectividad, sino que formaría parte de una campaña moralizadora que disciplinaría cuerpos y conductas. En síntesis, la limpieza y pulcritud de la piel y la ropa representaban, a los ojos de las élites, una tranquilizadora imagen portadora de morales y aceptables comportamientos, sustento imprescindible del progreso y orden porfiriano.

### c] *El vestido de las clases trabajadoras: imperativos externos y coacciones internas*

En este contexto, en el que el atuendo de las clases populares constituyó uno de los parámetros para medir la civilidad y la modernización urbana, nos interesa rescatar las particularidades y connotaciones que el tema del vestido alcanzó en el universo artesanal mutualista y entre los trabajadores ambulantes, dos segmentos destacados del mundo laboral de la ciudad de México a fines del siglo XIX.

En lo que respecta a la benéfica influencia del mutualismo en la clase trabajadora, es pertinente destacar la reseña elaborada por el periodista y líder de los artesanos José María González y González, en ocasión de la fundación de una sociedad mutualista en el pueblo de Santa Anita. Allí, y ante la numerosa presencia de trabajadores indígenas, el dirigente argumentó que "ya la blusa de lino o de dril, perfectamente limpia, ha sustituido a la legendaria cotona y al indispensable sarapito embrocado al cuello o echado al hombro izquierdo, lo mismo que el pantalón ha desterrado al ancho calzón de manta, y el calzado al típico huarache".[30] Asimismo, señalaba que

> Otra lucha ha sido necesario sostener contra la costumbre inveterada de l[as] indígenas en el vestido. Acostumbran a enredarse de la cintura para abajo un trozo de lienzo de lana que apenas les permite tener algún movimiento en las piernas [...] pues bien esa costumbre ha sido vencida por la enagua blanca y la de encima, lo mismo que por el saco que cubre hasta abajo del talle y por la mascada alrededor del cuello [...] La civilización las va transformando y creando necesidades que las obliga a ser consumidoras y a tener aspiraciones.[31]

La transformación del vestuario, aunada a otros comportamientos, fue considerada como un indicador de la positiva injerencia que para los trabajadores aparejaba la integración a las sociedades mutualistas. La clase gobernante interpretó el mutualismo como uno de los ámbitos de sociabilidad que constituía "un elemento de orden y progreso para la nación y de auxilio eficaz y moralización para los obreros que la forman".[32] Este tipo de asociacionismo, sujeto a los mandatos porfirianos, se convirtió en uno de los instrumentos civilizadores por excelencia.

> El obrero que se asocia comienza por dignificarse [...] mejora su traje, se peina, se asea, usa reloj, no bebe, aunque en la calle le insisten, porque tiene la noble aspiración de parecer bien en la junta [...] ocupa la tribuna con desembarazo, le pierde miedo al público que va a escucharlo, y como desea que su discurso sea aplaudido, se empeña en hablar correctamente [...] para esto tiene que leer, que buscar un lenguaje adornado de galas oratorias, tiene en fin, que civilizarse, y sin otro maestro que la necesidad, aprende de hombre lo que no aprendió de niño en la escuela.[33]

La condena dirigida a ciertas formas de vestir, hablar o asearse formó parte de un proceso "civilizador" que muchas veces implicó una transformación

[30] *La Convención Radical Obrera*, 8 de julio de 1898, en Villalobos Calderón, 1978, p. 65.
[31] *La Convención Radical Obrera*, 1 de enero de 1888.
[32] *La Convención Radical*, 22 de mayo de 1887, en Villalobos Calderón, 1978, p. 44.
[33] *Ibídem*, p. 42.

de los comportamientos y las conductas de los individuos, no únicamente sustentada en la coacción, sino también en el consenso.[34] Retomando los aportes de Norbert Elias podemos decir que los mandatos sociales —en este caso los vinculados con la vestimenta—, al pautar lo correcto de lo que no lo es, configuran en los sujetos un aparato de costumbres, de autocontrol. "El individuo teme perder el aprecio o la consideración de otros cuyo aprecio y consideración le importa o le ha importado".[35] Por tanto, el conocimiento de las posibles consecuencias de su conducta lo lleva a ejercer sobre sí mismo una regulación que termina conformando un proceso modelador de lo social ya que, finalmente, "las coacciones sociales externas van transformándose en coacciones internas".[36] En síntesis, el entramado de relaciones interpersonales teje un aparato social donde las coacciones que unos hombres ejercen sobre otros se convierten en autocoacciones.[37] El siguiente párrafo condensa este problema:

> El hombre asociado procura desde luego presentarse dignamente, anhela por su propia conveniencia que nada sea censurable en la conducta que observe y tiene como estímulos entre otros, para su adelanto, el ver que aquellos por su instrucción, buenos principios y honradez, son acreedores a las consideraciones públicas y que la corporación de la que forman parte los distingue aprovechando sus útiles servicios, confiriéndoles los cargos principales. Esto hace que los antes obreros rudos, sin ambición, sientan el deseo de hacerse dignos [...] y voluntariamente se dedican a instruirse, logrando al fin y al cabo su objeto, y como la instrucción es la base de una buena moral, se moralizan, se avergüenzan de ser viciosos y se regeneran, transformándose en hombres útiles.[38]

[34] Durante el porfiriato, esta contradicción —o tensión entre libertad y coacción— se hace evidente con la promulgación de diversas leyes y códigos que "se convirtieron en el instrumento mediante el cual el Estado buscó regular prácticamente todos los planos y los eventos de la vida social, incluso algunos del ámbito privado. [Los códigos legales] se ocuparon del perfil que debían presentar los mexicanos delineando muchas de las costumbres o de los hábitos que en su opinión debían adoptar. Asimismo, se encargaron de dictar los principios éticos o de velar por la moral de los individuos". SPECKMAN, 2001a, pp. 243-244.

[35] ELIAS, 1994, p. 500.

[36] *Ibídem*, p. 449.

[37] La subversión a las normas o convenciones muchas veces presenta un carácter ambiguo, dejando entrever las tensiones de la autocoacción con la resistencia. Un ejemplo ilustrativo lo constituyó la movilización popular que tuvo lugar el 17 de octubre de 1945 en la ciudad de Buenos Aires cuando varios de los manifestantes, en su mayoría obreros, se lavaban los pies en la fuente de Plaza de Mayo, apropiándose y desacralizando un espacio simbólico de la tradición política, pero vestían saco, respetando las normas que imponían su uso para ir al centro de la ciudad. PLOTKIN, 1994.

[38] *La Convención Radical Obrera*, 15 de julio de 1888.

Asimismo, en consonancia con los imperativos de las élites políticas, los líderes mutualistas remarcaron la importancia de la moderación y el ahorro entre los trabajadores como una premisa que colaboraría en la consolidación del mercado interno y la industria. En este sentido, la prensa obrera de fines del siglo XIX reflejó una preocupación central: la pronta consolidación de una sociedad de consumo necesitaba de obreros y artesanos conscientes de los beneficios del hábito del ahorro y la templanza, condiciones ineludibles para alejarlos de los derroches de la taberna, el juego y el alcoholismo y acercarlos, en calidad de consumidores, a la industria nacional. Un artículo aparecido en la prensa obrera estimaba que en la capital de la República mexicana alrededor de 8 000 obreros se hallaban completamente ajenos a toda "regla social". Ahora bien, si se lograba transformar sus perniciosas costumbres

> darían doble vida a la industria y al comercio; es decir, ayudarían de una manera extraordinaria a esos dos elementos de la riqueza; y si ese cálculo que hemos hecho de la capital, lo hacemos extensivo a la República, resultaría que las actuales fábricas y los establecimientos de comercio hoy existentes, no darían la suficiente cantidad de productos que solamente la clase obrera necesita para sí.[39]

Otra arista de las estrategias coercitivas vinculadas con el vestuario de las clases populares fueron las articuladas para uniformar al contingente laboral urbano. "A la organización oficial de los voceadores de periódicos siguieron los cocheros, luego los billeteros, después los cargadores, enseguida los aguadores y en fin los individuos de cada ramo tendrán un vestido especial que les distinga y sirva de contraseña en el oficio profesado".[40] La disposición de uniformar a los vendedores ambulantes comenzó con los voceadores de periódico, reglamentación donde los prejuicios se entrecruzaban con la necesidad de organizar, regular y controlar el mundo del trabajo urbano. Estos papeleros, como también se les llamaba, eran en su mayoría niños y jóvenes que pasaban gran parte del día en la calle y, a decir de la prensa, "no sabían leer, usan un lenguaje tabernario, visten harapos sucios, no se lavan ni peinan el cabello [...] pier-

[39] *La Paz Pública*, reproducido en *El Socialista*, 18 de marzo de 1888, en FERNÁNDEZ, 1979, p. 9. Gómez Galvarriato subraya que Fernando Rosenzweig fue uno de los primeros historiadores en señalar que "el principal freno al desarrollo industrial de México [durante el porfiriato] fue el limitado crecimiento del mercado interno, provocado por el lento progreso en el nivel de vida de las clases medias y bajas [...] que eran sus principales consumidores". GÓMEZ GALVARRIATO, 2003, p. 777.

[40] *Diario del Hogar*, 15 de marzo de 1888. Este problema lo aborda Sonia Pérez Toledo para la primera mitad del siglo XIX, en LIDA y PÉREZ TOLEDO, 2001, pp. 157-198.

den el amor al hogar y al trabajo [...] de lo que hemos deducido que son verdaderamente vagos con tendencia a ser nocivos, si es que no lo son ya".[41]

La voluntad de uniformar evidenciaba la necesidad de regular el trabajo de los voceadores, para cuyo fin, según la disposición gubernamental, se escogería a 100 voceadores a quienes el Ayuntamiento les proporcionaría el uniforme y la placa que permitiría su identificación y los distinguiría del resto de esos "pequeños bohemios, que son, sin poderlo negar, unos verdaderos vagos".[42] El uniforme y la patente pretendían convertirse en requisitos ineludibles para ejercer el "voceo de papeles", la ausencia de estos símbolos de la coacción implicaba la aprehensión del infractor, quien asimilado a la categoría de vago pasaba a la escuela correccional o a realizar trabajos en la penitenciaría.[43] Asimismo, la disposición se justificaba teniendo en cuenta que el uniforme colaboraría en la adquisición de hábitos de aseo que, como ya mencionamos, no eran menos importantes en una ciudad que pretendía erigirse como símbolo del progreso.[44]

En este caso, la regulación del trabajo estaba impregnada de prejuicios, de una carga moral que levantaba sobre estos jóvenes la permanente sospecha de la trasgresión, el escándalo y la vagancia. La definición de voceador se movía en límites imprecisos, fluctuaba entre la condición de vago y la propia de un trabajador urbano. Ahora bien, en la regulación de este oficio, la coacción asumía claras connotaciones de censura, el gobierno consideraba que los papeleros alarmaban a "la población con noticias falsas o adulteradas" y, lo que podía ser peor, daban publicidad a actos delictivos y conductas sociales reprobatorias.[45] El contrapunto de esta medida fue denunciado por los periódicos independientes de la capital, los cuales señalaban que sus noticias no eran

[41] *La Convención Radical*, 23 de octubre de 1887.

[42] *Ídem.*

[43] *Diario del Hogar*, 21 de enero de 1888. Sonia Pérez Toledo señala, para la primera mitad del siglo XIX, que los vagos "estuvieron sujetos a una legislación que castigaba el ocio y la mendicidad. En la ciudad de México, eran juzgados en el tribunal de vagos desde su creación en 1828 y —si nos atenemos sólo a la legislación— tenían como destino la cárcel, las obras públicas, las armas o el exilio, así como el aprendizaje de un oficio en el Hospicio de Pobres o en un taller público, cuando se trataba de menores de edad", LIDA y PÉREZ TOLEDO, 2001, pp. 180-181.

[44] *El Siglo Diez y Nueve*, 5 de marzo de 1888. En 1901 la falta de higiene personal de los vendedores ambulantes "inspiraba repugnancia" en los transeúntes. En tal sentido, las señoras evitaban que sus hijos compraran golosinas a los vendedores desaseados, circunstancia que condujo a un grupo "de damas acomodadas a proporcionarles los medios de que se presenten aseados, lo que indudablemente aumentará su clientela. Les suministrarán lo necesario para que laven sus ropas". *El Imparcial*, 27 de diciembre de 1901, en DE GORTARI RABIELA y HERNÁNDEZ FRANYUTI, 1988, t. III, p. 207.

[45] *La Convención Radical*, 23 de octubre de 1887.

voceadas porque "nadie se atreve a anunciarlas ni siquiera en voz baja" por temor a las acciones represivas del gobierno.[46] De esta manera, el uniforme se convertía en el símbolo de la vigilancia, de la coacción y del control del trabajo ejercido sobre las clases populares; era la marca visual que distinguía a los vagos de los laboriosos y era el estigma de la censura del régimen sobre la prensa independiente y la libre circulación de información.[47]

En este mismo sentido, otro ejemplo de las medidas tendientes a consolidar apariencias acordes a la anhelada modernidad lo constituyó la reglamentación del uso del pantalón. Esta prescripción, promovida en 1887 por el gobernador del Distrito Federal, nació vinculada con el mundo del trabajo. "El Gobierno ha prevenido que en el término de ocho días usen pantalón todos aquellos individuos a quienes se les inscriba en la sección respectiva de la Secretaría para el ejercicio de diversas industrias, como los vendedores ambulantes de billetes y periódicos, aguadores, cargadores, etc.".[48] Ahora bien, si retomamos algunas coyunturas en el derrotero de la preocupación gubernamental por desterrar el uso del calzón de manta, podemos decir que esta empresa estuvo signada por una recurrente resistencia de los sectores populares a vestir pantalones.

Tres años después, en 1890, el municipio de la ciudad de México aprobó nuevamente una medida que pretendía generalizar el uso del pantalón entre los trabajadores del Ayuntamiento. La disposición fue dirigida, en primer lugar, a uniformar a aquellos trabajadores ocupados en la manutención y construcción de obras públicas urbanas, así como a la multitud de operarios que laboraban en las comisiones municipales, como la de Limpia o la de Paseos. El Ayuntamiento, a fin de hacer extensiva esta reglamentación al conjunto de las clases trabajadoras capitalinas, buscaría la alianza con los dueños de fábricas y talleres, así como con ingenieros, arquitectos e industriales, quienes —en estrecha colaboración con las autoridades políticas— obligarían a sus trabajadores a vestir pantalón, generalizando así su uso.

Según las autoridades capitalinas, la obligatoriedad del uso de esa prenda de vestir contrarrestaría la "desagradable impresión que recibe el extranjero cuando al llegar a nuestra ciudad observa el estado que guarda la parte más pobre de sus habitantes y señaladamente el traje con que éstos se cubren". Esta vez los prejuicios de las élites porfirianas aparecían disfrazados tras la supuesta mirada del visitante extranjero; ahora bien, más allá de los disimulos era claro

[46] *Diario del Hogar*, 3 de marzo de 1888.

[47] Para un análisis de los mecanismos y estrategias de censura del gobierno de Porfirio Díaz sobre la prensa independiente, véase Gantús, 2009, pp. 279-336.

[48] *El Hijo del Ahuizote*, 3 de julio de 1887.

que para ciertos sectores de la población capitalina, la falta de pantalón hacía que "la vista de la clase social a que antes nos referimos sea desagradable y en no pocos casos impúdica". A decir de los promotores del proyecto, la conjunción de esfuerzos destinados a imponer el uso del pantalón entre las clases trabajadores, promovidos por la complementariedad de intereses públicos y privados, redundaría en bien de la "cultura social [...] y hasta en bien de la moral".[49]

Ahora bien, a pesar de las reglamentaciones y disposiciones, a principios del siglo XX el uso del calzón de manta por los sectores populares seguía siendo un estigma para los proyectos modernizadores y el cosmopolitismo propugnado por las autoridades políticas. En 1904, Arturo Ruiz, alumno de la Escuela de Medicina, retomaba en su tesis esta preocupación y anhelaba que "en nombre de la Higiene y de la Moral [...] se declare obligatorio el uso del pantalón. Hay en esto una cuestión moral que interesa a la sociedad, y una cuestión higiénica que incumbe al individuo".[50] Al parecer, más allá de los bandos, las disposiciones y la obligatoriedad con que las autoridades intentaron generalizar el uso del pantalón, la negativa de las clases populares a "forrarse las piernas, y ceñirse la cintura" revela la persistencia de una costumbre que intentó resistir los embates coactivos y modernizadores porfirianos.[51]

## 2. Disciplina laboral y códigos de conducta. El problema de la embriaguez y del *San Lunes*

Los contenidos de índole moral permearon el discurso de los dirigentes mutualistas, quienes atendieron el problema de la embriaguez y se preocuparon por la moralización y modernización de las clases trabajadoras en los mismos términos que el poder político, es decir, en clave liberal y "civilizadora". A partir de la prensa es posible seguir un debate preocupado por desterrar un hábito que repercutía directamente en la ética del trabajo, convirtiendo "el lunes en un día de orgía, cuyo remate es ir entre dos corchetes a la cárcel". Influía también en la moral doméstica porque los ebrios convierten el hogar "en una escuela de prostitución [...] escandalizan a la esposa y pervierten a sus propios hijos" y, finalmente, repercutía en el conjunto social que asistía horrorizado a "ver pasear por nuestras calles, plazas y paseos una turba de

[49] AHDF, Fondo Policía General, vol. 3638, exp. 975.
[50] Ruiz, 1904, p. 26.
[51] *El Hijo del Ahuizote*, 10 de julio de 1887.

borrachos [...] motivo de sonrojo para la familia y un motivo de escándalo para la sociedad".[52]

Editoriales y artículos de la prensa obrera reflejan la percepción y la preocupación por un problema social que contravenía la idea de progreso y se manifestaba como una amenaza directa para la instauración del orden porfiriano. Si bien se hacía hincapié en que la inclinación a la bebida no distinguía entre clases sociales y era igual de condenable en el rico que asistía a la elegante cantina que en el pobre que se emborrachaba en la pestilente taberna, el discurso se dirigía a condenar y erradicar un vicio, entendido básicamente como un problema moral. Por ello se insistía en que éste repercutía en la disciplina laboral, en la dignidad del trabajador, en la armonía familiar y la paz social y, por ende, en la concreción de un ciudadano forjado en los principios de la modernización porfiriana. La prensa mutualista destacaba también la positiva repercusión que la renuncia al alcohol por parte de los trabajadores tendría sobre la industria y el comercio, pues potenciaría la capacidad de ahorro y de consumo de los obreros y artesanos.

### a] *El alcoholismo en los espacios laborales*

A fines del siglo XIX, la introducción de pulque en los ámbitos laborales fue una práctica bastante extendida. Obreros y artesanos capitalinos esperaban la hora del almuerzo, ocasión en que sus familiares podían acercarles una ración de comida y un poco de pulque. En otros casos, como sucedía en la fábrica de cigarros El Negrito, la maestra Julieta Torres obligaba a las trabajadoras a consumir las tortillas y el pulque que ella vendía, "prohibiendo a la vez que en las comidas que llevan de sus casas algunas trabajadoras se introduzcan dichos efectos, con objeto de monopolizar el consumo de tortillas duras y pulque aguado".[53] En el caso de las panaderías capitalinas, sus propietarios se quejaban diciendo que "por mucha que sea la vigilancia [...] entre los alimentos pasa luego pulque o cualquier otra bebida", situación que terminaba engendrando conductas violentas y propiciaba conflictos entre los trabajadores y de éstos contra sus superiores.[54]

Más allá de lo habitual que podía ser la introducción y el consumo moderado de pulque en los espacios laborales, en las panaderías capitalinas este

[52] *La Convención Radical Obrera,* 28 de junio de 1891.
[53] *El Hijo del Trabajo,* 26 de mayo de 1878.
[54] *El Mundo,* 11 de agosto de 1898.

problema revistió particulares connotaciones vinculadas con las condiciones laborales.[55]

> Ayer en la tarde los panaderos que trabajaban en un amasijo de la Espalda de los Gallos tomaron pulque en gran cantidad durante las horas de descanso. Llegada la hora del trabajo se presentaron en la panadería; pero poco después pretendieron que sus patrones los dejaran introducir un cubo de pulque para seguir bebiendo y como esto se les impidiera se declararon en huelga y salieron tumultuosamente, arrastrando a los dependientes que les impedían la salida.[56]

En tal sentido, la embriaguez fue uno de los argumentos más utilizados por los dueños de las panaderías para negar a sus operarios la salida diaria del amasijo, a fin de que descansaran en sus casas. Los propietarios alegaban que los trabajadores se emborrachaban y no llegaban al horario establecido o lo hacían en un estado "inconveniente".[57] "El ensayo que se hizo en las panaderías del Factor y Reloj, para dar libertad a los operarios a la hora del trabajo, según éstos pretenden hoy, dio pésimos resultados, pues en vez de regresar puntuales a las horas señaladas, la mayor parte no volvieron más y algunos pocos que acudieron estaban enteramente ebrios".[58]

En el caso de las tahonas el alcoholismo se puede entender como un paliativo que ayudaba a los operarios a soportar las extenuantes jornadas laborales y las miserables condiciones de vida presentes en esos espacios. Quizá la embriaguez actuó como un recurso que, al ayudar al trabajador a evadirse momentáneamente de su realidad, le permitía sobrellevar el agobiante ritmo laboral y los prolongados encierros a los que estaba sometido. Asimismo, la supuesta incapacidad de los dueños de las tahonas para controlar el acceso de bebidas embriagantes en sus establecimientos —dada las reiteradas quejas de los propietarios sobre el consumo de alcohol por parte de los trabajadores—, indica que la ingesta de pulque pudo considerarse una prerrogativa ineludible

[55] A finales del siglo XIX los trabajadores panaderos debían cumplir largas jornadas, mientras que las tahonas carecían de las "habitaciones sanas, bien ventiladas, aseas y cómodas" que el bando de noviembre de 1867 estipulaba para estos espacios laborales. Por las denuncias vertidas en los periódicos, es posible afirmar que las 10 horas de trabajo eran superadas con creces por los operarios, a quienes se les obligaba a permanecer encerrados en las panaderías hasta 24 horas y, en algunos casos, no podían salir "para nada del interior de la fábrica durante la época de la contrata" que, en general, no era menor de un mes. *El Imparcial*, 8 de junio de 1900; *El Mundo*, 11 de agosto de 1898. Véase también Gutiérrez, 2006, 2008, y Rojas Hernández, 2007.

[56] *El Imparcia*l, 6 de enero de 1902.

[57] En las fuentes de la época la palabra amasijo se usa como sinónimo de panadería.

[58] *El Diario del Hogar*, 1 de agosto de 1895.

para retener a la mano de obra; en síntesis, un mal necesario. En razón de las extenuantes jornadas laborales, la permisividad del consumo de alcohol en las panaderías coadyuvaba a mantener a los operarios en los centros de trabajo.

El consumo de alcohol y los hechos de violencia constituían una dupla irreductible. Esta relación se sintetiza en el episodio vivido por el operario Crispín González quien, después de haber bebido grandes cantidades de pulque, pretendió salir del amasijo sin contar con la autorización del administrador, "pues lo vieron en estado de embriaguez y podía dejar *tirado* el trabajo".[59]

En casos extremos, como el acontecido en la panadería El Alma de la Virgen en junio de 1890, la violencia podía llegar a costar la vida de los trabajadores. En aquella oportunidad, el administrador de la tahona mencionada, el español Gregorio Goñi, tuvo que ir a declarar ante las autoridades policiales por la muerte del oficial David Martínez. En su comparecencia Goñi señaló que Martínez "durante tres días no había llegado a salir de dicho establecimiento, pretendiendo hacerlo ayer tarde, de lo cual desistió al fin". Por la mañana, del día 30 de junio de 1890, Martínez amaneció recostado en la boca del horno de la panadería, motivo por el cual sus compañeros lo increparon para que se levantara y trabajara, pero él contestó "que no podía". Goñi observó que Martínez "tenía convulsiones, y no habiendo contestado [a sus preguntas] lo registró y encontró herido cerca de una tetilla".[60]

En su declaración, el aprendiz Vicente Lango señaló que el panadero Ramón Ramírez "por el solo hecho de que David Martínez no quiso colocar unos huacales en el lugar que le designó aquel, [...] le dio de bofetadas a Martínez y sacando de un cajón un clavo [...] le dio con él la herida". También precisó que ambos operarios "se pegaron bofetadas recíprocamente y no dejaron avisar al que expone lo ocurrido entre ellos".

Las condiciones de encierro, descritas por el propio administrador de la panadería, confirman que el pasar varios días sin salir de los amasijos constituía un aspecto habitual del trabajo. Las contradicciones entre las condiciones laborales y la permanencia de los operarios en las panaderías afloraron en las declaraciones policiales de los administradores y los propietarios. En primera instancia, Goñi señaló que Martínez no había salido de la panadería durante tres días y que cuando intentó hacerlo finalmente desistió. En una declaración posterior argumentó que los operarios de la panadería salían todas las tardes a descansar a sus casas.

[59] *El Mundo*, 27 de mayo de 1898. Cursivas en el original.
[60] AGN, Fondo Tribunal Superior de Justicia del Distrito Federal, año 1890, exp. 143.

La muerte de Martínez se debe interpretar teniendo en cuenta el contexto y las condiciones laborales descritas. Es decir, debemos considerar los prolongados encierros —a pesar de que la jornada de trabajo no debía exceder las 10 horas—, los precarios y, con frecuencia, inexistentes dormitorios con que debían contar para el descanso de los operarios y, probablemente, la ingesta de alcohol. Estos elementos configuraron un contexto laboral proclive a la violencia física y verbal que, en situaciones extremas, podía terminar con la vida de los trabajadores.

Merece subrayarse la ambigüedad que encerraba el problema del alcoholismo entre las clases trabajadoras de fines del siglo XIX. Mientras la prensa obrera condenaba el consumo de alcohol, por entender que atentaba contra la consolidación del ciudadano honrado y moderno, el consumo de pulque en los espacios laborales constituía una práctica común, consentida por los dueños de muchas fábricas capitalinas. En el caso de los amasijos este consumo revistió características propias, vinculadas con los prolongados encierros a los que era sometida la mano de obra panadera. El alcohol, al ayudar a los operarios a soportar los largos periodos de reclusión, terminó por convertirse en una concesión que los dueños de las tahonas tuvieron que otorgar para retener a los trabajadores. En síntesis, la condena que públicamente exteriorizaba la prensa obrera en relación con el consumo de alcohol coexistía con la tolerancia implementada por muchos propietarios de talleres o fábricas, quienes convirtieron al pulque en un aliado de la explotación laboral.

### b] *De cantinas y panteones*

La prensa obrera atacaba el alcoholismo y sus ámbitos específicos de sociabilidad: la taberna, la pulquería y la cantina, los cuales eran considerados "focos de prostitución" y de "desmoralización", donde las malas compañías promovían en los trabajadores la ejecución de actos réprobos, que incluso podían traducirse en crímenes. "Porque en ese lugar hipócrita la reunión de los bribones con los buenos es tolerada [...] en ese foco de infamias y de conspiración contra la quietud de la conciencia, se confabulan todos los vagos para sangrar el cuerpo y el alma, a la vez que el bolsillo del trabajador".[61] Aquel hombre "que en el fondo es honrado"[62] perdía su dignidad cuando entraba en estos espacios de sociabilidad donde los efectos del pulque, unido a las

[61] *La Convención Radical Obrera,* 24 de septiembre de 1893.

[62] *El Socialista,* 17 de enero de 1875.

dudosas compañías, terminaba corrompiendo la moral de quien diariamente podía ser enaltecido por el trabajo. Además, al emborracharse, el trabajador perdía la posibilidad de inserción laboral porque "el obrero que se embriaga [...] no inspira confianza, por más hábil que sea y está desterrado de los talleres".[63]

No sólo las tabernas, los figones y las pulquerías fueron espacios severamente criticados por la prensa obrera. El Día de Muertos o de los Fieles Difuntos fue otro ámbito de sociabilidad cuestionado por la estrecha vinculación que este festejo promovía entre las clases trabajadoras y el alcohol.[64]

> Ese ahínco de *festejar a los difuntos*, es un pretexto hipócrita que elude el verdadero dolor y que abre libre campo al lleno del nunca matado apetito de comer y beber con entera holganza.
>
> Mas la celebración de la *Fiesta de los Muertos* por nuestro pueblo, es una antítesis de las bondades de las costumbres nacionales y la que provoca la actual degeneración de aquellas; porque si es justo rendir culto a la memoria de los que fueron, es irrisorio sensibilizarse por medio del alcoholismo, para *poder derramar llanto* en la tumba de los difuntos [...]
>
> Y la avalancha de visitantes a los panteones, cual furia desencadenada *hace del panteón* una feria, en donde sin respeto, se come bien y se bebe más en un tendido de tierra o lápida en que se extiende una servilleta que recibe todas las groserías y aun la baba asquerosa del ilusionado *festejador* de los muertos.[65]

[63] *La Convención Radical Obrera*, 6 de septiembre de 1891.

[64] Entendemos el término sociabilidad como una categoría que remite a "la aptitud de vivir en grupos y consolidar los grupos mediante la constitución de asociaciones voluntarias". Siguiendo a Agulhon, es posible distinguir dos modalidades de sociabilidad: la informal y la formal. En la primera categoría se inscriben las instancias de sociabilidad que carecen de estatutos o reglas escritas para su funcionamiento (los ámbitos de diversión o recreación, así como los despachos de bebidas, los cafés o las fondas). Por el contrario, las prácticas de sociabilidad formal, como el mutualismo, poseen una lógica de mayor organización y reglamentación. Agulhon, 1994, p. 55. Las investigaciones de Argieri y Chía, y Gayol, centradas en la sociabilidad de los cafés y pulperías, son una muestra de la fecundidad de esta categoría en la historiografía latinoamericana. Argieri y Chía, 1993, y Gayol, 2000.

[65] *La Convención Radical Obrera*, 2 de noviembre de 1902. Asimismo, en 1884 uno de los periódicos más importantes de las clases trabajadoras señalaba: "Desde que tengo uso de razón, hasta la fecha, no he oído jamás que algún sacerdote católico condene desde el púlpito esa profanación de los cementerios que se efectúa cada año, ese insulto a los cadáveres, sobre cuyas tumbas se devoran las cabezas de horuo [*sic*] y la barbacoa, empapándose la tierra en que duermen nuestros ancestros, con el pulque curado o sin curar [...] Para un filósofo hay materia muy vasta. Difícilmente se podrá comprender este extraño carácter mexicano que en presencia de la muerte celebra los misterios de Ceres y Baco y se dispone a la postre rendir culto a la madre del amor". *El Hijo del Trabajo*, 9 de noviembre de 1884.

Una de las múltiples hojas sueltas de la imprenta de Vanegas Arroyo, dibujada por José Guadalupe Posada, representa esta costumbre nacional que extendida por todas las clases sociales vinculaba en el panteón a los sectores acomodados con los populares.[66] Los primeros, vestidos según la moda francesa —los hombres con frac y sombrero de copa alta y las mujeres con capas y sombreros— bebían licores en finas copas; los segundos, con la vestimenta propia de los días de trabajo se sentaban en las lápidas para beber pulque y comer en los tradicionales recipientes de barro.

Esta imagen remite a la heterogénea convivencia social que se daba en el panteón el Día de Muertos, diversidad y fragmentación signada por las diferencias de clase, que ni la propia muerte lograba igualar, y que se veía reflejada en las contrastantes vestimentas y en las diversas modalidades festivas, es decir, en el tipo de sociabilidad que cada sector de la población asumía en dicha celebración, y que en las clases populares se asociaba con el alcohol y la comida abundante.

*Gran comelitón de calaveras*, ilustración de José Guadalupe Posada.

[66] Publicada por Antonio Vanegas Arroyo en 1902.

Diversas referencias de la prensa y la literatura ayudan a construir un panorama más acabado de este típico acontecimiento. En tal sentido, la expresión de ir a "llorar el hueso" se hizo famosa para designar el Día de Muertos:

> Hoy el pueblo en romería,
> sin enlutados crespones,
> visita los panteones
> con la mayor alegría
> [...]
> y sin que se sueñe un Creso,
> lo que ganó en la semana,
> lo bota de buena gana
> en ir a llorar el hueso.
> [...]
> Al cementerio convierte
> en solaz, en un paseo,
> y hallar procura recreo
> en la mansión de la muerte.[67]

El Día de Muertos se convertía en una fecha asociada con la bebida, con las comilonas y, como veremos, con los trajes nuevos:

> Entran a las tiendas de ropas, viejas y pollas, pobres y ricos en busca de telas para vestidos, desde el raso de clase superior hasta la humilde manta estampada.
>
> Es de ver cómo las pollas cursis se afanan en transformar sus sombreros y trajes cambiando flores y cintas, encogiendo o alzando mangas [...] en cada casa se oye el ruido de las máquinas de coser, ahogando las lamentaciones del desgraciado padre de familia que ha empeñado hasta la camisa o ha recurrido al auxilio de los usureros para que estrene trajes su numerosa familia y se compren ceras y coronas para los parientes muertos.[68]

Podemos suponer que el 2 de noviembre los trabajadores se despojaban del haber de la semana, sin preocupaciones por el futuro, para festejar a sus difuntos. Pulque, calaveras de azúcar, mole de guajolote, tamales y vestido de estreno confluían en los cementerios generando una particular sociabilidad donde los trabajadores se olvidaban de sus aprietos económicos y, dejando de lado la opre-

[67] *La Tribuna*, 2 de noviembre de 1880.
[68] *El Centinela Español*, 31 de octubre de 1880, en Ríos *et al.*, 1995, p. 91.

sión cotidiana de la pobreza, se disponían a derrochar parte de su salario y quizás, en no pocas ocasiones, recurrían al empeño. Es probable que las escasas posibilidades de movilidad social y la ausencia de fluidas fronteras sociales internas, hicieran que muchos trabajadores llegasen a considerar su penosa situación como definitiva. En ese contexto, la exaltación de la fiesta —distante de todo sentido utilitario— se convertía en una válvula de escape, en una fuga pasajera que, por un par de días, le permitía al obrero evadirse de su agobiante rutina.

En estas celebraciones confluían dos prácticas populares que atentaban contra los hábitos del trabajador disciplinado y consustanciado con la racionalidad laboral propia de la modernidad. Por un lado, el vicio del alcohol alejaba al obrero del lugar de trabajo revelando su falta de moderación y templanza. Por el otro, la escasa predisposición al ahorro los alejaba del modelo de trabajador moral y precavido, tan caro a los ideales de la época. Si bien el empleo del dinero, es decir, la lógica del trabajador para establecer la prioridad de sus gastos constituye un problema todavía no estudiado para el caso mexicano, sin duda es un aspecto importante de las pautas y valores de conducta sociales, el cual ayudaría a definir con precisión el complejo entramado cultural artesanal y obrero de fines del siglo XIX.[69]

Ahora bien, el "viejo mal de la embriaguez" incitaba a otros vicios, principalmente al juego; entonces,

> ¿no es muy doloroso que un hombre que pasa trabajando toda la semana, vaya el lunes, y por pasar un rato, ponga sobre la mesa y juegue a los albures, al *rentoy*, a cualquier otro juego del azar, el resto de sus haberes, que economizándolos, podían llegar a formar un ahorro, que sirviesen a él y a su familia para salir de uno de tantos apuros que viven en la vida?[70]

El juego y la bebida atentaban contra el hábito de ahorro y, lo que era peor, implicaban el abandono de la familia del trabajador, que se veía privada de cubrir sus necesidades más imperiosas. Sus esposas "andan descalzas, con un hilacho por rebozo, con las enaguas hechas jirones, con el cabello enmarañado, sucias, pálidas, flacas [...] vuestros hijos [...] están desnudos, hambrientos,

[69] Para el caso inglés, Gareth Stedman Jones señaló que la preocupación por la ostentación, por demostrar "respetabilidad" y por guardar las apariencias era una característica de la clase obrera inglesa de fines del siglo XIX, más atenta a estas cuestiones que en ahorrar previendo gastos futuros. STEDMAN JONES, 1989. Para la Francia de principios del siglo XIX, William SEWELL propone que el "lujo" de la ropa usada por los obreros textiles los domingos "servía para mantener el respeto y el honor a pesar de la pobreza, para ennoblecer el único día que podían llamar suyo". SEWELL, 1992, p. 318.

[70] *El Socialista*, 17 de enero de 1875.

llenos de insectos asquerosos, deseándolo todo, recogiendo en las calles las pisoteadas cáscaras de frutas".[71]

El último y más terrible eslabón de esta cadena de perjuicios engendrada por el alcohol era la consumación de un crimen; diversos artículos de la prensa obrera reproducen esta vinculación entre violencia y alcoholismo. En 1885, *El Socialista* insertó un texto anónimo dirigido a los niños obreros haciéndoles saber que "la embriaguez es el más terrible mal en este mundo". El relato reproduce las palabras de un joven que a punto de ser ahorcado dijo: "¡Tengo que morir! Tuve un hermanito [...] un hermoso niño a quien amé tiernamente; pero un día me emborraché, y al llegar a casa lo encontré recogiendo fruta del jardín. Sin razón me enojé y le maté. La bebida lo ha hecho. Me ha arruinado".[72]

El problema del alcoholismo traspasaba los umbrales públicos y privados para repercutir negativamente en la esfera laboral y productiva, menguada por el ausentismo encarnado en el *San Lunes*. Afectaba la ética de quienes sucumbían a la tentación etílica y faltaban al trabajo, convirtiéndose en lacras fácilmente asociadas con la vagancia, el crimen, el robo, el maltrato familiar y la violencia. Manuel Payno en *Los bandidos de Río Frío* señalaba que los trabajadores

> [los domingos] salen muy planchados y limpios a la misa de doce en la parroquia; regresan, sacan sus sillas al patio de la casa de vecindad y se sientan al sol, a platicar con los vecinos. A la tarde, como buenos padres de familia, van a la maroma de la calle de Arsinas o a los títeres o entremeses del teatro de Alconedo; pero siempre hay algo secreto y reservado entre ellos y la familia, y es el san lunes. Guardan lo que pueden de dinero, se marchan de la casa a escondidas, porque las mujeres o queridas se oponen generalmente a las festividades de san lunes, y regresan las más de las veces heridos o contusos, sin un ochavo en la bolsa, si no es que van a pasar la noche en la diputación.[73]

A través de esta cita, Payno condensa gran parte de las implicaciones del alcoholismo en el mundo laboral, tópicos recuperados por el discurso de la pren-

[71] *La Convención Radical Obrera,* 6 de septiembre de 1891.

[72] *El Socialista*, 15 de mayo de 1885.

[73] Payno, 1982, p. 89. El *San Lunes* "provocó la censura y resignación hacia 'el poder de la costumbre' por parte de los escritores mexicanos: era negativo pero hasta cierto punto inevitable". En tal sentido, las obras de José T. Cuéllar, Manuel Payno, Federico Gamboa, entre otros, recrearon la vinculación de los trabajadores con la bebida. Por ejemplo, "Gamboa insiste en sus consecuencias negativas en *Suprema ley* [al escribir]: 'muy adulterada, incognoscible ya, salía por la millonésima vez la leyenda del populoso caserón; el uxoricidio de un herrero, cierto lunes que en lugar de irse al trabajo hizo la de casi todos los obreros mexicanos, huir del taller a pasarse la mañana en la taberna'". Illades y Sandoval, 2000, p. 115.

sa obrera. Por un lado, aparece sintetizada la decencia del obrero, quien vestido pulcramente acudía a misa y asistía con su familia a sanos espacios de diversión popular, hasta aquí el trabajador honrado. Pero al día siguiente, al huir de su casa para ir a la cantina y consumar el *San Lunes*, podían aparecer una multitud de posibilidades que iban desde el empobrecimiento y las lesiones físicas, como consecuencia de alguna riña, hasta la cárcel. Desvirtuado por el alcohol, el trabajador sucumbía a la violencia, se ausentaba del trabajo y descuidaba a su familia.

Las ilustraciones plasmadas en las hojas sueltas de la imprenta Antonio Vanegas Arroyo reafirman la presencia del alcohol entre los trabajadores; destacamos la imagen que reproduce la entrada de una cantina o taberna, en cuyo portal se lee: "El mero Lunes".[74] En ella aparecen, por un lado, dos hombres —uno de ellos con un vaso en la mano— cuya vestimenta compuesta por sombrero de palma y camisa blanca asociamos con los sectores populares; muy cerca de ellos aparece un ranchero bebiendo, acompañado de una china. Podemos decir, entonces, que el dibujo de Posada sintetiza la liga entre alcoholismo y ausentismo laboral recreada, en este caso, mediante la presencia de las clases populares en una cantina que, como su nombre lo indica, no deja dudas acerca de su relación con la práctica y los motivos del *San Lunes*.

*El mero Lunes*, ilustración de José Guadalupe Posada.

[74] Publicada por Antonio Vanegas Arroyo.

Asimismo, vinculado con este último problema, es decir, los motivos que desencadenaban el *San Lunes*, interesa hacer una última precisión. En gran medida, la naturaleza de ese día, como la disponibilidad y el uso del tiempo libre, estaban condicionados por el tipo de trabajo desempeñado, los despidos laborales, los trabajos esporádicos y la alternancia entre periodos de ocupación y de desempleo. Asimismo, las escasas posibilidades y disposición al ahorro entre las clases trabajadoras y la concepción acerca del trabajo, "regulado con base en las necesidades más inmediatas, no tomando en consideración un objetivo de más largo plazo"[75] confluyen para explicar los móviles que desencadenaban esta práctica.

### c] *La sanción pública y las medidas coercitivas*

En muchos casos, la prensa obrera promovió sanciones para quienes caían en el vicio del alcohol. "En mi infancia me entretuve muchas veces en ver a los ebrios armados de grandes escobas barrer [...] el atrio de la catedral y observé también que los transeúntes se reían de aquellos hombres viciosos que se exponían a la vergüenza. En la actualidad he sabido que los adoradores del maguey y del aguardiente de caña son condenados a los trabajos públicos y aplaudo, con entusiasmo, esa disposición".[76]

Esta penalidad fue retomada en cancioneros populares, ilustraciones y piezas teatrales de la época. En la obra *Manicomio de cuerdos*, estrenada en 1890 en el teatro Arbeu, se representaba un diálogo sostenido entre dos ebrios obligados a resarcir su culpa barriendo las calles de la ciudad:

> Somos pobres ciudadanos
> que limpiamos la ciudá [*sic*],
> solamente por ser pobres
> nos obligan a limpiar.
> Así coesta [*sic*] más barato
> al siñor [*sic*] municipal.
> Dialtiro [*sic*]
> la tronchan verde,
> no la dejan madurar.[77]

[75] Illades, 1996, p. 65.
[76] *El Socialista*, 16 de abril de 1883.
[77] Gutiérrez Nájera, 1990, p. 109.

Las hojas sueltas y los cancioneros publicados por la imprenta Vanegas Arroyo también aluden a este tipo de sanción pública. José Guadalupe Posada dedicó varias ilustraciones a los "patinadores", como se apodaba a los infractores que, como castigo, eran obligados a barrer la vía pública. En la siguiente imagen observamos a un grupo de hombres que, forzados a limpiar las calles, es observado por una nutrida concurrencia.[78]

*Los patinadores*, ilustración de José Guadalupe Posada.

[78] *Colección de Canciones Modernas* publicadas por Antonio Vanegas Arroyo, 1890-1899.

Estos personajes se encuentran barriendo en la puerta de lo que suponemos es una cantina, en cuyo interior distinguimos a un hombre bebiendo; en tal sentido, es posible pensar que esta asociación no es casual y remite a la vinculación de los "patinadores" con el alcoholismo. Asimismo, otra variable que presenta esta ilustración remite a lo que era una constante referencia en la prensa obrera de la época: la vergüenza y la humillación pública de los sujetos obligados a reparar su comportamiento a la vista de todos, en plena calle.

Desde el periódico *La Convención Radical Obrera*, José M. González y González le preguntaba al obrero: "¿por qué [...] salís degradado a barrer las calles para que todo el mundo sepa que sois unos perdidos y os desprecien y no tengan confianza en vos otros y ni siquiera les inspiréis compasión?".[79] El carácter de "cosa pública" que asumía el castigo implicaba connotaciones vinculadas a aquello que, como se hacía "a la vista de todos", repercutía y comprometía el honor de quien, al hacer manifiesta su vinculación con el alcohol, perdía la dignidad propia de todo trabajador honrado y merecía la reprobación generalizada de la sociedad.

Durante el periodo en estudio, también fue significativa la profusa legislación destinada a evitar la embriaguez. "Para que el hombre pudiera mantener el autocontrol, los legisladores buscaron eliminar los escenarios o las circunstancias que, en su opinión, coadyuvaban en la pérdida de la razón o la templanza".[80] En tal sentido, la prohibición "del estacionamiento de los parroquianos en las pulquerías" fue una de las medidas preventivas exaltadas por la prensa obrera:

> Esta medida preventiva de inmoralidad, tiene razón de ser, ya considerada como de buen gobierno, ya como simplemente de taxativa a los desmanes de los escandalosos [...] La medida preventiva del Señor Gobernador, asume un principio de moralidad para las clases populares, que a la vez que reprime los desmanes del vicio, pone coto a las tentaciones de los desocupados para con los laboriosos.[81]

Esta cita remite a otro problema central de la época: el alcoholismo y la delincuencia como un problema asociado, particularmente, a las clases populares. Si bien la ley consideraba la embriaguez como un atenuante e incluso como una variable exculpante de la responsabilidad criminal, los magistrados, al momento de impartir justicia, fueron especialmente rígidos y severos con los

[79] *La Convención Radical Obrera*, 6 de septiembre de 1891.
[80] Speckman, 2001, p. 256.
[81] *La Convención Radical Obrera*, 24 de septiembre de 1893.

miembros de los sectores populares. Los jueces, en consonancia con buena parte de las élites porfirianas, "consideraban que [estos sujetos] tenían mayor tendencia al crimen, además de que seguramente pesaban en ellos diversos prejuicios, así como el imaginario o las representaciones que identificaban miseria con criminalidad".[82]

Asimismo, con base en los parámetros de la "civilización", la adopción de un modelo de conducta alejado de las bebidas embriagantes implicaba la moderación del comportamiento y el control de las manifestaciones instintivas y emocionales. En tal sentido,

> no basta que un artesano sea aventajado en su arte, es necesario además, que la formalidad, la decencia en el lenguaje, en el vestido, en la manera de entrar y salir del taller lo hagan respetable [...] un buen carpintero [...] pierde mucho de su mérito si se presenta sucio, andrajoso, con la barba y el pelo descuidados, si se pasea dos o tres días a la semana, si lo ven en la taberna, si su lenguaje es torpe y soez, si todo el día está silbando, riendo o conversando en el taller.[83]

El autocontrol o autorregulación acaparó la atención de los grupos dominantes quienes, mediante diversos mecanismos, intentaron promover y socializar un modelo de conducta capaz de igualar a los ciudadanos mexicanos con el resto de sus pares de las naciones modernas y "civilizadas".

El *San Lunes* fue un tema recurrente en la prensa obrera, asociado directamente con la embriaguez de quien ese día no asistía al taller o la fábrica, los mecanismos coercitivos destinados a desterrar este hábito se multiplicaron. Destacamos el proyecto de creación de un Comité de Artesanos que, conformado por maestros o jefes de talleres que emplearan a tres o más oficiales, instrumentaría enérgicas medidas contra el vicio del alcohol. Entre las disposiciones propuestas se encontraban las siguientes:

> 1. En la liquidación de oficiales al fin de semana, resérveseles el haber de un día para dárseles el primer día de trabajo. [...]
>
> 2. Comprométanse todos los maestros y jefes de taller a no admitir más oficiales que los que se presenten el lunes [...] so pena de perder el haber de un día reservado, y de carecer de trabajo el resto de la semana.
>
> 3. En cada taller expídase patentes de trabajo a cada uno de los oficiales, en cuya patente consten los días de cada semana que han trabajado o la justificación

[82] Speckman, 2002, p. 309.
[83] *La Convención Radical Obrera*, 15 de febrero de 1891.

de los que hayan faltado [...] habrá unas páginas para observaciones que expresen la conducta [...] del oficial. Esta patente servirá de recomendación en cualquier oficina o taller.[84]

Dicho proyecto destinado a poner fin a la "vagancia de los artesanos el lunes" proponía, por un lado, medidas coercitivas vinculadas a la modalidad que debía asumir el pago de los haberes;[85] por otro, hacía hincapié en el peso que las referencias y el cumplimiento de la asistencia laboral debían tener al momento de contratar un trabajador, es decir, pretendía convertir las recomendaciones y la puntual asistencia al taller en un filtro que encontraría su formalización institucional en un Comité de Artesanos o Bolsa de Trabajo.[86] De manera complementaria, diversas estrategias vinculadas con la educación fueron fomentadas por una prensa que pretendía colaborar con el destierro del ausentismo laboral. Los periódicos fueron voceros de los constantes llamados destinados a propiciar la asistencia de los trabajadores a las escuelas nocturnas, a promover espacios de sociabilidad instructivos y saludables, ya fuera concurriendo a bibliotecas públicas o participando en las conferencias dictadas en las mutualidades y, en última instancia, exaltando el descanso dominical en el hogar o el "honesto" paseo en compañía de "escogidos" amigos.[87]

En el contexto de esta construcción social del alcoholismo, interesa puntualizar las particularidades del discurso de la prensa obrera mexicana en torno a este problema vinculado con las clases trabajadoras. Cabe destacar que la argumentación de los órganos periodísticos de los obreros contra el alcoholismo se enroló detrás de los intereses patronales y del discurso liberal y positivista de las élites porfirianas, es decir, fue muy ajeno a otras visiones que asocia-

[84] *La Convención Radical Obrera*, 7 de junio de 1896. Este proyecto fue tomado del periódico *Anunciador* de Michoacán, que a su vez lo tomó del *Pueblo Católico*. Seguramente, los intereses patronales estaban detrás de esta iniciativa, que se encargó de remarcar que "el funcionamiento de todo esto debe ser la formalidad de los maestros, comprometiéndose su honor y aun imponiéndose penas para no faltar por debilidad, condescendencia o interés a lo pactado y acordado, una vez comprometidos a pertenecer a esta sociedad".

[85] Con este mismo propósito, otra propuesta destinada a erradicar el *San Lunes* consistía en que "los dueños de los talleres paguen a sus trabajadores todos los días el importe de sus tareas o sueldos", *La Convención Radical Obrera*, 6 de junio de 1890.

[86] *La Convención Radical Obrera*, 15 de febrero de 1891.

[87] "El Sr. Luis G. de la Sierra merece hoy nuestra primera atención, por el empeño que ha formado en ilustrar a las masas, explicándoles el Código Penal, en las pláticas orales que da los domingos en la mañana, en el Casino del Círculo de Obreros [...] Si se multiplicasen esas lecciones y se dieran en varios barrios de la ciudad ¡cuánto bien no alcanzarían los de nuestra clase, tan deseosa y tan necesitada de ilustración!". *La Unión de los Obreros*, 5 de agosto de 1877.

ban este mal como un obstáculo para la concreción de la revolución socialista y la emancipación obrera del capitalismo.[88]

En efecto, el socialismo español consideraba que el trabajador que se emborrachaba se distanciaba de los centros obreros y se convertía en un traidor de su clase incapacitado para llevar adelante la labor revolucionaria del Partido.[89] Por su parte, el anarquismo también deseaba alejar a los obreros de este vicio; paradójicamente, como señala Juan Suriano para el caso argentino, el discurso libertario en favor de la erradicación del hábito del alcoholismo se acercaba "a las recomendaciones de austeridad y templanza de los manuales de economía doméstica para hogares obreros que circulaban por Buenos Aires [...] Claro que mientras éstos pensaban en un trabajador integrado al capitalismo, los anarquistas pretendían emancipar al obrero de ese sistema".[90]

Frente a las propuestas antialcohólicas del socialismo y el anarquismo, asociadas con la lucha política y de clase, el discurso presente en los principales periódicos obreros de la ciudad de México del siglo XIX, *El Socialista* y *La Convención Radical Obrera*, refleja otro tipo de correlaciones. En el caso mexicano, la embriaguez fue un vicio emparentado exclusivamente con la inmoralidad, la falta de trabajo, la miseria, la criminalidad y el ausentismo laboral que, encarnado en el *San Lunes*, era sinónimo de ocio e improductividad. Por ende, quedó desvinculado de cualquier confrontación política y terminó asumiendo los lineamientos generales de la mirada liberal y positivista del poder público porfiriano. Acorde con los postulados de orden, paz y progreso, los principales periódicos representantes de los trabajadores asumieron el discurso de las élites, sumándose a la empresa porfiriana a la cual secundaron en su proyecto "civilizador".

En síntesis, los argumentos y la acción sistemática para normar y reglamentar el consumo del alcohol se fragmentaron en múltiples y complementarios objetivos que apuntaban a interiorizar en las clases trabajadoras hábitos

[88] Como señalamos, las publicaciones de las agrupaciones católicas y las asociaciones filantrópicas de fines del siglo XIX también sumaron su esfuerzo a las campañas de moralización y reforma social. Remitimos a SPECKMAN, 2002, pp. 157-171.

[89] CAMPOS MARÍN, 1998. Para el caso argentino, Recalde analiza la preocupación y la lucha contra el alcohol llevada a cabo por los socialistas. En tal sentido, destaca las conferencias que Augusto Bunge impartió en el Centro Socialista Obrero en 1899, las cuales fueron publicadas y reeditadas por la Sociedad Luz. El autor señala que la vinculación entre el alcoholismo y la lucha política se hizo presente en el mundo laboral argentino de la mano de los socialistas, quienes entendían que el alcohol era un elemento de dominación que había que combatir para lograr la emancipación de los obreros. RECALDE, 1994, t. 2, pp. 176-209.

[90] SURIANO, 2001, p. 147.

laborales, de aseo y de ahorro capaces de moldear una disciplina y una ética individual que, reflejada en la armonía de las relaciones familiares y las "buenas costumbres", colaboraría en la conservación del orden social. El esfuerzo coercitivo y moralizador impulsado por la prensa obrera, destinado a regular el uso del tiempo libre y los ámbitos de sociabilidad potencialmente peligrosos, repercutiría favorablemente en la consolidación de hábitos de trabajo que, propios de una disciplina laboral moderna, ayudarían al sostenimiento de la paz porfiriana.

# VII
# LOS ESPACIOS PÚBLICOS ARTESANALES. ENTRE EL TRABAJO Y LA DIVERSIÓN

En su afán por convertir a la ciudad de México en un referente del orden y el progreso, las élites políticas no sólo intentaron transformar los hábitos y comportamientos de los sectores populares, sino que arremetieron contra algunas de las tradicionales prácticas laborales de las clases trabajadoras urbanas. En este contexto, la apropiación de las calles citadinas por el artesanado fue severamente cuestionada, por lo que se intentó restringir su uso.

Esta preocupación, como muchas otras, no fue exclusiva de la época porfiriana. La élite de la sociedad novohispana del Siglo de las Luces se enfrentó con las clases populares por el dominio de las calles, "luchó por arrancarlas de las manos del pueblo para acabar con el desorden que en ellas reinaba, y por volverlas agradables y acogedoras a la élite colonial".[1] En este contexto, ciertas diversiones callejeras —como el Carnaval, las posadas o las jamaicas— fueron reprimidas por las élites coloniales, que lucharon por el control de la vía pública y por lograr la imposición de un orden, acorde con los ideales de la razón, la moderación, la higiene y la belleza.

La calle, actor protagónico de la historia urbana de la ciudad de México, se consolidó a lo largo del siglo XIX como un escenario estrechamente asociado con la cultura laboral. Multitud de artesanos recorrían las vías citadinas ofreciendo el producto de su trabajo, en tanto otros, de forma estratégica, se establecían día tras día en los mismos lugares con la finalidad de asegurarse una clientela. Las calles no sólo servían para la comercialización de los productos, también bajo los portales, en las banquetas o en cualquier esquina céntrica los artesanos podían, con un par de herramientas, improvisar un taller. Tal fue el caso del zapatero remendón y del entulador, quienes deambulaban para ofrecer sus servicios al grito de: "¡Zapatos que remendar!" o "¡Sillas que entular!".[2]

[1] VIQUEIRA ALBÁN, 1987, p. 138.

[2] Los entuladores o tejedores de tule circulaban por la ciudad cargando las hojas del tule, que utilizaban para remendar o hacer los asientos y respaldos de sillas y sillones. Ángel de Campo describe esta planta como "de tan buena pasta, que lo mismo crece en la zanja de una curtiduría que en el baño público de un arrabal; el tule es fresco, verdenilo, liso por fuera y fofo por dentro; es primo político del nopal sufrido y generoso y del maguey". DE CAMPO, 1991b, p. 167.

Cotidianamente un importante número de artesanos se daba cita en la vía pública para desempeñar sus oficios o comercializar sus productos.

En lo que respecta a la vinculación de los artesanos con los espacios públicos, una particular coyuntura se iniciaba con la llegada de las fiestas y celebraciones de fin de año. Para muchos de estos trabajadores, durante los meses de noviembre y diciembre, la mayor demanda de juguetes, dulces y múltiples artesanías suponía la reactivación de su actividad productiva y comercial. El éxito de esta corta pero alentadora temporada laboral dependía de la apropiación de determinados espacios urbanos que, como el Zócalo y otras plazas de la ciudad, se convertían en estratégicos puntos de venta. Allí los artesanos levantaban sus barracas, esas sencillas instalaciones de manta y madera, donde ofrecían a los transeúntes el producto de su trabajo. En esas fechas, otra posibilidad para muchos artesanos que por diversas razones (edad, problemas de salud, desocupación) no podían vivir de lo producido por su tradicional oficio, era instalar precarias construcciones y convertirlas en teatros provisionales donde brindar funciones de títeres o zarzuela a precios módicos.[3]

## 1. Los artesanos, la calle y la lucha por el espacio público

### a] *De talleres, artesanos y artesanías*

El taller público, uno de los ámbitos más importante y regulado del trabajo artesanal, era un establecimiento dedicado a la elaboración de productos, dirigido y administrado por un maestro, con frecuencia el propietario del mismo, quien para el desarrollo de su actividad productiva contaba con la asistencia de oficiales y aprendices.

Lejos de ser un espacio cerrado, indiferente a la vida exterior, el taller se erguía en el paisaje urbano estableciendo una fuerte interdependencia con la calle, desde donde los transeúntes y los clientes podían "mirar hasta adentro [de

[3] Cabe indicar que no se analizará la multitud de vendedores ambulantes (de comida, de flores, de frutas y verduras, de aguas frescas, de libros, entre muchos otros) y de trabajadores urbanos (como los cargadores o aguadores) que diariamente se daban cita en las calles ofreciendo sus productos o servicios. Sólo serán abordados aquellos oficios que —si bien se desarrollaban en la vía pública— requerían de cierta calificación, es decir, suponían la existencia de mano de obra especializada. Asimismo, se estudiarán las prácticas de comercialización de los productos artesanales ya que, en muchas ocasiones, el propio trabajador era quien asumía la venta de sus artículos, vinculando la fase productiva con la de comercialización.

los] talleres y observar las distintas actividades que [los artesanos] desempeñan". Los sastres, por ejemplo, solían realizar sus labores con las puertas abiertas y "frecuentemente, cuando no hay suficiente luz en el interior, salen a la banqueta".[4]

La conquista de la calle por los talleres artesanales motivó la queja de los transeúntes, los comercios establecidos, los vecinos y las autoridades municipales. Los periódicos de la época se hicieron eco de esta crítica que iba dirigida principalmente a los talleres de carpintería o herrería que se establecían "al aire libre" y perjudicaban la libre circulación y limpieza de la vía pública.[5] Las acusaciones no sólo censuraban a los talleres que avanzaban sobre el espacio citadino y obstaculizaban el tránsito, las condenas —muchas de ellas con una fuerte carga clasista— se multiplicaban especialmente los días sábado, en que las banquetas eran invadidas "por una chusma de sastres, albañiles y zapateros [...] sin que la policía trate de evitar esta infracción".[6]

Para quienes no contaban con el capital suficiente para instalar un taller pero deseaban acceder a una opción laboral que les brindara autonomía e independencia económica, la alternativa fue convertir una habitación de su vivienda, comúnmente rentada en alguna vecindad, en un modesto taller familiar. "En las accesorias y en los cuartos interiores de las casas de vecindad, habitan porción de artesanos, ya construyendo zapatos, sentados sobre banquillos alrededor de una mesita, ya tejiendo o dedicados a otras artes".[7]

Ya fuera en un taller establecido o en una pequeña habitación, la ayuda de los familiares resultaba decisiva para los artesanos, mujer e hijos auxiliaban al padre de familia asumiendo el papel de aprendices y oficiales, colaborando con la comercialización del producto, la entrega de la mercancía o la búsqueda de clientes. En la novela *La Rumba* esta realidad fue recreada con auténtico realismo por Ángel de Campo, quien describió el rudo trabajo desempeñado por la hija de don Cosme en la herrería de su progenitor. "Remedios trabajaba como un hombre: su padre el herrero, ebrio consuetudinario, la ocupaba en el oficio como a un oficial cualquiera; levantaba grandes barras, golpeaba con pesados martillos, mordíase la lengua, se bebía el sudor, pero no daba tregua al golpear constantemente de barandales y pies de cama".[8]

[4] Nebel, en De Gortari Rabiela y Hernández Franyuti, 1988, t. iii, p. 365.

[5] *El Correo Español*, 2 de agosto de 1890.

[6] *El Correo Español*, 14 de agosto de 1890. Otras referencias a esta misma situación se encuentran en *El Hijo del Trabajo*, 27 de agosto y 3 de septiembre de 1882.

[7] Rivera Cambas, en De Gortari Rabiela y Hernández Franyuti, 1988, t. iii, p. 377. Las accesorias son habitaciones bajas que tienen entrada distinta y uso separado del resto del edificio principal.

[8] De Campo, 1999, p. 193.

Una tercera posibilidad la constituía el taller ambulante. Recordemos que el taller como "unidad productiva puede tener dimensiones variables y se conforma por la simple presencia de las herramientas del artesano. Son talleres tanto el pequeño cajón del zapatero que trabaja en la calle, como la máquina de coser y las tijeras del sastre que labora en su casa o en un local habilitado especialmente".[9] Un puñado de utensilios, imprescindibles para el desarrollo del trabajo manual, daba vida a un oficio y convertía casi cualquier espacio en una unidad productiva.

En tal sentido, a fines del siglo XIX, muchos artesanos acostumbraban deambular por la vía pública prontos a hacer de la calle su taller. La figura del zapatero circulando por la ciudad con una pequeña cesta llena de pinzas, hilos, trozos de piel y cera en busca de piezas que remendar fue una presencia constante pero, claro está, no fue el único personaje del mundo artesanal en las calles. Una antigua modalidad —cuya vigencia podemos constatar en la actualidad en el Zócalo y otros puntos de la ciudad de México— hacía que carpinteros, pintores y albañiles desde "muy temprano y con sus herramientas respectivas, espera[ran] 'hueso' frente al portal de las Flores"[10] o se anunciaran en las puertas de las casas y vecindades en busca de algún cliente. Asimismo, tejedores (de petates, medias o rebozos), herreros, cesteros, entuladores de sillas, hojalateros —entre muchos otros— constituyeron parte de ese contingente que día a día se apropiaba de las plazas, calles y portales para hacer de ellas su ámbito de producción y de comercialización, no sólo de sus mercancías, sino de su fuerza de trabajo.[11]

Una de las tantas hojas sueltas publicada por la casa editorial de Antonio Vanegas Arroyo, e ilustrada por José Guadalupe Posada, condensa la precaria e inestable condición laboral de estos trabajadores urbanos.[12] Como se puede observar, un petatero (con sus mercancía al hombro) y una vendedora de tortillas comparten en la vía pública, y frente a la imagen del Señor de las Maravillas, su desdichado día de trabajo. Mientras la mujer se queja por no haber

[9] ILLADES, 1996, p. 38.

[10] DE CAMPO, 1991a, p. 279.

[11] Ahora bien, la autonomía con que desarrollaban sus actividades (la libertad en el manejo del tiempo dedicado a la elaboración y comercialización del producto, el pactar el precio de la mercadería con el cliente) contrastaba con la de otros artesanos, como los albañiles, pintores o carpinteros, quienes muchas veces eran empleados en alguna obra de mayor envergadura, donde el contratista de antemano fijaba el jornal, los horarios y el plazo en el cual la obra debía concluirse, convirtiendo a estos artesanos en simples asalariados.

[12] *Loa dicha por un petatero y una tortillera en honor del Señor de las Maravillas*, hoja suelta ilustrada por Posada y publicada por Vanegas Arroyo, 1904.

vendido las tortillas, aparece en escena un petatero anunciando su mercancía y lamentándose de su situación.[13]

Petate de cinco varas
O de seis; lo doy barato,
Que el tule lo está más fuerte
Que si lo fueras un palo.
(Descarga sus petates)
Y no lo vendes hoy nada
Según el paso que llevas.
Pues ora sí que la vieja
De siguro me lo pegas.
Y ya me lo arde el garganta
De tanto andarlo gritando,
Que ya mi pobre cabeza
Te lo estás atarantando.

*Loa dicha por un petatero y una tortillera*
*en honor del Señor de las Maravillas*, ilustración de José Guadalupe Posada.

[13] El petatero fue un tradicional personaje urbano quien, hasta entrado el siglo XX, vendía los petates que él mismo tejía por las calles de la ciudad. El petate era una estera tejida con palma u hojas de tule que cumplía múltiples funciones ya que "durante la noche, es un lecho; a ciertas horas del día sustituye a los manteles; en la siesta, presta sombra, y si el aguacero se desencadena, resguarda del diluvio cobijando al matrimonio de la casa y a la pareja de animales que un consorcio de desheredados puede mantener". DE CAMPO, 1991b, p. 168.

La ilustración y los versos, en lenguaje coloquial, retratan la incierta situación laboral de quienes se apropiaban de la calle para hacer de ella su ámbito de subsistencia. El petatero vocea su mercancía resaltando, como seguramente muchos lo hacían, la calidad y el precio de su producto. Al finalizar la jornada, y sin haber conseguido efectuar ninguna venta, el cansancio y las dolencias físicas hacían su aparición.[14]

Esta amplia gama de trabajadores que, con un ínfimo capital y un par de herramientas, desarrollaban sus oficios de forma independiente vivían, en general, en una precaria situación económica. En muchos casos, la inestabilidad laboral obligaba al artesano a desempeñar más de un oficio; asimismo, alternar de trabajo para aprovechar las coyunturas de mayor demanda podía convertirse en una estrategia de supervivencia.

Un caso que nos sirve para constatar la diversidad de oficios que podía desempeñar un artesano es el de José Guadalupe Brito, natural de Pachuca, de 37 años de edad, quien en mayo de 1887 fue acusado por el homicidio de su hijo. En el expediente judicial, por medio de las declaraciones del propio Brito y de los testigos consignados, descubrimos que el inculpado desempeñaba varias actividades laborales. Por ejemplo, el testigo Miguel Carrillo, militar de 32 años, declaró que había "ocupado [a Brito] en distintas ocasiones para pintar unas lápidas", señaló también que en diversas oportunidades fue a la casa de éste a solicitarle "trabajos de fantasía", que el mismo Brito fabricaba. Otro de los testigos, Genaro Soberanes, militar de 45 años, declaró que conocía a Brito desde hacía ocho años "con motivo de haberlo ocupado como pintor, [así como] en alguna compostura u obra de su casa". También declaró a favor de Brito el comerciante Ignacio Trejo, de 62 años, quien aseguró "que conoce a José G. Brito a causa de ser vecinos [...] y le consta que mediante su trabajo ha adquirido el terreno donde tiene su casa, en la cual ha trabajado personalmente y con gran empeño para mejorar a su familia, haciendo gran parte de ese trabajo los fines de semana".[15]

De estas declaraciones inferimos la multiplicidad de oficios desarrollados por Brito, quien trabajaba no sólo como pintor, al parecer su principal actividad, sino que también se desempeñaba como albañil, pues brindó estos servi-

[14] Esta imagen del petatero agobiado la retoma Ángel de Campo al señalar que cuando se disponía a escribir uno de sus artículos semanales "acertó a pasar por la calle un hombre humillado al peso de una torre, o chimenea, o cosa por el estilo, de un rollo tres veces más grande que él, un hombre que avanzaba lentamente, expuesto a ser automovilizado, pelando tamaños ojos a diestro y siniestro, y lanzando ese grito nacional: ¡Petaaateees de a tres varas y de a ciinco vaaras! ¡El mero petate!". De Campo, 1991b, p. 171.

[15] AGN, Fondo Tribunal Superior de Justicia del Distrito Federal, año 1887, exp. 102.

cios a su vecino Soberanes y, según otro de los testigos, la casa donde vivía Brito con su familia había sido levantada por el propio acusado. Además, por la declaración de Carrillo, queda claro que también producía algún tipo de artesanía decorativa.

La calle siempre era importante ya que, cuando no fungía como taller o como espacio de comercialización de los productos, era el sitio por el que muchos artesanos transitaban buscando ser contratados por algún maestro. Conforme el mercado de trabajo de la ciudad de México empezó a contraerse y, por tanto, a restringir las posibilidades de acceder a un empleo, los artesanos encontraban una opción de trabajo y subsistencia en las municipalidades vecinas. Tal fue el caso de Jesús Galán y Vicente Pérez, zapateros de 36 y 22 años, respectivamente, con domicilio en la ciudad capital, quienes tomaron la decisión de ir a Tacubaya a solicitar trabajo. Interesa puntualizar que si bien ambos personajes residían en la ciudad de México, su lugar de origen era otro. Pérez había nacido en la referida municipalidad y Galán era natural de Guadalajara. Una vez en Tacubaya, Vicente Pérez se encontró con su amigo Lázaro Rincón, también zapatero, y "fueron a tomar con él pulque a la pulquería «La Judía»"; Rincón —como amigo de Pérez— "ofreció a éste y a Jesús que se quedaran en la noche en la zapatería".[16]

Con los datos expuestos se puede empezar a reconstruir fragmentos de las historias de vida de los artesanos que, como en los casos de Galán y Pérez, ponen de manifiesto la fuerza de la migración interna.[17] Un importante número de trabajadores había llegado a la ciudad de México, particularmente en la segunda mitad del siglo XIX, esperanzados en una mejor calidad de vida. Ahora bien, si la migración —desde el interior del país a la capital de la República— revela la aspiración de beneficios y mejores condiciones de supervivencia, el regreso al lugar de origen, la más de las veces, provocado por la falta de oportunidades, deja entrever el funcionamiento de las redes sociales, la reactivación de los vínculos personales dejados con la partida y que —en caso de verse frustradas las expectativas en el nuevo espacio social— siempre constituían una posibilidad para la supervivencia.

[16] *Ibídem*, año 1890, exp. 1645.

[17] En 1895 la ciudad de México contaba con 330 000 habitantes, en 1910 alcanzó más de 470 000. "A su incremento contribuyó decisivamente la centralización y el recibir los beneficios de una economía en expansión que la convertían en uno de los polos de atracción migratoria más importante del país. La migración explica en gran medida el crecimiento de la capital [...] El contingente más numerosos de migrantes que arribaba a la capital provenía de las localidades vecinas, aunque también las hubo de lugares distantes". DE GORTARI RABIELA, 1987, p. 50.

En síntesis, podemos decir que para un importante sector del mundo artesanal la calle constituyó su cotidiano ámbito laboral. Sitio de tránsito obligado para ir al trabajo o en busca de él, lugar de referencia en el que se podía establecer el improvisado taller artesanal, espacio donde se esperaba para ser contratado (como en el caso del Zócalo capitalino), o por el cual se circulaba diariamente voceando los servicios o productos que se ofrecían.

Estas múltiples y variadas formas de apropiación de la vía pública originaron una alternativa laboral para muchos artesanos quienes, por diversas razones (edad avanzada, desempleo, falta de recursos para establecer un taller, búsqueda de una salida laboral autónoma) hicieron de la calle su espacio de reproducción económica. Esta alternativa estuvo marcada por reiterados conflictos que terminaron signando esta posibilidad con una fuerte carga de inestabilidad y precariedad.

### b] *El deambular por las calles. Conflictos y estrategias*

En el caso de los artesanos que trabajaban por cuenta propia (como los reboceros, tejedores, silleros, dulceros, talabarteros, etcétera), la comercialización de su mercancía constituía la última y más significativa fase de la cadena productiva, del éxito de la venta dependía la subsistencia del núcleo familiar, la mayor parte de las veces involucrado en la fabricación del producto.

Una primera posibilidad era cargar con la mercancía y salir por las calles de la ciudad en busca de clientes. Las fuentes utilizadas dejan ver que esta alternativa de comercialización, dadas las continuas dificultades que ocasionaba el enfrentamiento con las autoridades públicas por la apropiación de la calle, representaba una inestable forma de subsistencia. La reacción y resistencia articulada por los artesanos frente a la policía municipal —que pretendía impedir la ocupación del espacio público— constituye un observatorio privilegiado para medir la confrontación entre los intereses de los trabajadores y los ideales de las élites modernizadoras.

En 1897 un grupo de tejedores de rebozos presentaron al Gobernador del Distrito una petición en la que exponían los inconvenientes y malos tratos que sufrían por parte de la policía, que llegaba al extremo de golpearlos "como si fuéramos unos criminales" cuando intentaban vender sus productos en la calle de Portaceli.[18] Aquella petición evidencia la condición de muchos artesanos quienes

[18] AHDF, Fondo Policía General, vol. 3640, exp. 1176.

"no teniendo elementos para abrir un establecimiento, con nuestra mercancía al hombro recorremos todas las calles de la ciudad, con preferencia aquellas en que desde hace años el público está habituado a ir en busca de la expresada mercancía".[19] A falta de un establecimiento, la permanencia en determinado punto geográfico de la ciudad constituía una de las pocas garantías para la venta. El habituar a los clientes a localizarlos en ciertas calles o esquinas terminaba brindando a los artesanos un margen de seguridad basado en la costumbre, en el hábito. La estabilidad en la ubicación espacial —asediada constantemente por las autoridades del Ayuntamiento y el cumplimiento de los bandos de policía y buen gobierno— era parte del patrimonio inmaterial de muchos trabajadores urbanos.

En muchas de las peticiones elevadas a las autoridades municipales, los artesanos defendían su posición amparándose en el artículo cuarto de la Constitución de la República, "que declara que todo hombre es libre para abrazar profesión, industria o trabajo que le acomode, siendo útil y honesto y para aprovecharse de sus productos".[20] Una vez más, la identificación de los trabajadores urbanos con los principios liberales salía a relucir, esta vez como expresión genuina de un grupo de artesanos que reivindicaban los ideales liberales y constitucionales para defender su derecho a trabajar en la vía pública.

Los enfrentamientos entre los policías y los reboceros, quienes denunciaron malos tratos por parte de los agentes del orden, exponen otra de las aristas del problema. La policía representaba los intereses del Ayuntamiento de la ciudad, constituía el brazo ejecutor de la política modernizante de las élites porfirianas para quienes la ocupación del espacio público —por esa multitud de vendedores y trabajadores urbanos— era un agravio al orden y a la "civilización" que debía primar en la ciudad, principalmente en el casco céntrico, referente de las miradas y vidriera del progreso para conciudadanos y extranjeros. En estas cotidianas pugnas el Ayuntamiento, por medio de la policía, intentaba el cumplimiento de viejos bandos de policía y buen gobierno.[21]

[19] *Ídem.*

[20] *Ídem.*

[21] "Entre esas numerosas prevenciones bastará recordar dos cuya aplicación es en este caso de una oportunidad indiscutible: el bando del 20 de Marzo de 1833 que prohíbe el expendio de toda clase de efectos en los parajes que no estén destinados a ese objeto y el del 7 de Febrero de 1825 que ya había sancionado una prohibición igual, con el fin de poner obstáculos a la libre circulación y dejar expedito el tránsito en los lugares públicos. El Ayuntamiento cree que esos bandos de policía y buen gobierno [...] no pugnan en lo más mínimo con las garantías constitucionales que dicen violadas con el acuerdo contra el cual se pide el amparo, y que mientras no estén derogados, mientras no dejen de ser un precepto obligatorio, tanto para el Ayuntamiento que debe hacerlos cumplir como para los habitantes de la Capital que están obligados a obedecerlos, no hay razón alguna plausible para dispensar su observancia". AHDF, Fondo Rastros y Mercados, vol. 3736, exp. 818.

En el caso de los reboceros, la actuación policial expresaba la posición política del Ayuntamiento, cuyas autoridades procuraban brindar una solución a la protesta escrita presentada por un grupo de vecinos y comerciantes de la calle de Portaceli, quienes señalaban que la presencia de los tejedores estorbaba el libre tránsito y molestaba a los transeúntes.[22] Este pedido se sustentaba en los bandos de policía y estaba en consonancia con los ideales de orden y progreso que las autoridades municipales pretendían instaurar en el espacio público citadino.

Esta perspectiva del problema, es decir, el enfrentamiento con los vecinos y con el comercio establecido constituye un sugerente vértice de análisis por las implicaciones que tuvo para las clases trabajadoras urbanas, para quienes la subsistencia económica pasaba, en gran medida, por la apropiación de la calle.

Los comerciantes establecidos argumentaban que la presencia de artesanos y vendedores ambulantes provocaba sustanciales pérdidas de ganancias a sus negocios. Una reiterada razón era la obstrucción del libre tránsito por "esa aglomeración de gente que impide el pasaje de este lugar y causan que a la gente decente no les parece digno de pasar por ese lugar".[23] También aducían que dada la profusa presencia de estos trabajadores urbanos, sus negocios quedaban ocultos y sin luz, impidiendo el libre acceso de los clientes a sus tiendas y almacenes.[24]

Asimismo, remarcaban que los artesanos y vendedores ambulantes no sólo perjudicaban el libre tránsito, sino que su constante ir y venir por las calles contribuía a propiciar tumultos y aglomeraciones, "siendo esto la oportunidad para que los rateros hagan sus fechorías con las personas que se detienen en busca de algún objeto".[25] También se esgrimieron motivos higiénicos a la hora de luchar contra la presencia ambulante, argumentaban que quienes trabajaban en la vía pública no sólo no cuidaban la limpieza de esos espacios, sino que los ensuciaban, ya que "hasta tiran sus excrementos humanos de una manera escandalosa".[26] Estas deficiencias higiénicas no sólo espantaban a los clientes, sino que hacían temer a los comerciantes la propagación de enfermedades.

Finalmente, en el caso de los reboceros el Municipio emitió una resolución para intentar garantizar a ambas partes sus derechos. En tal sentido, resolvió que los tejedores podían expender sus mercancías por las calles de la ciudad "pero sin situarse en ningún punto, ni detenerse más del tiempo preciso para hacer alguna venta". De esta forma, el Ayuntamiento pretendía mediar en la

[22] AHDF, Fondo Policía General, vol. 3640, exp. 1176.
[23] AHDF, Fondo Portales, vol. 3692, exp. 68.
[24] AHDF, Fondo Policía General, vol. 3640, exp. 1175.
[25] AHDF, Fondo Policía General, vol. 3641, exp. 1300.
[26] AHDF, Fondo Portales, vol. 3692, exp. 68.

disputa y resguardar los derechos de las partes en conflicto pero, sin duda, la resolución afectó los intereses de los reboceros, quienes podían deambular pero no establecerse en un punto fijo, atentando de esta forma contra una permanencia que era, en gran medida, garantía de sus ventas.

Otras veces, cuando los artesanos ya contaban con la autorización del Ayuntamiento para establecerse en determinados sitios dentro del casco urbano, las autoridades municipales —amparándose en los bandos de policía y buen gobierno y reafirmando la necesidad de orden y libre tránsito que debía primar en las calles— imponían a los trabajadores continuos desalojos y traslados, que implicaban serios enfrentamientos con la policía. El traslado forzoso de los trabajadores ambulantes a lugares especialmente diseñados para la venta, que por lo regular se situaban fuera del radio céntrico, se traducía en irreparables pérdidas económicas para los artesanos.

Tal fue el caso de los sombrereros de palma, establecidos en el callejón del Mercado de Jesús, quienes manifestaron en 1879 ante las autoridades del municipio que "con motivo del cambio de lugar que ha habido en este giro, haciéndonos situar dentro de la plaza [hemos] sufrido graves perjuicios [...] pues en los pocos días que van transcurridos, hemos visto a nuestras familias carecer de los recursos necesarios para cubrir las atenciones de la vida, a consecuencia de dicho cambio de localidad".[27]

Para muchos artesanos, la calle —como espacio laboral— fue un ámbito esencialmente inestable. Al cumplimiento y aplicación de las reglamentaciones y bandos, que conllevaba a un diario y desgastante enfrentamiento con la policía, se le debían sumar variables aleatorias —como las inclemencias del tiempo y las eventuales reformas o arreglos de la traza urbana—. Por ejemplo, Margarito Álvarez tenía un banco de herrador situado en el Callejón de Luna, Barrio de Santa Anna. En junio de 1880, ante la noticia de inminentes obras de nivelación expuso al Ayuntamiento que "tal vez llegado ese caso se me obligaría a mudarlo a otro lugar en que no moleste el paso a los transeúntes, ni perjudique mis intereses. En esa virtud busqué un sitio conveniente para trasladar aquél, el cual es el Callejón que continúa desde Luna al poniente".[28]

La incertidumbre laboral no sólo era provocada por la inestabilidad propia de un espacio por naturaleza sujeto al capricho de factores impredecibles —como el clima— y a la aplicación de los bandos de policía, sino que provenía también de otra de las opciones con que contaban los artesanos para vender sus productos: la entrega de sus mercancías a los comerciantes que tenían

[27] AHDF, Fondo Rastros y Mercados, vol. 3736, exp. 844.
[28] AHDF, Fondo Policía General, vol. 3636, exp. 819.

establecidas sus alacenas en los portales de la ciudad. Tal operación comercial estaba sujeta a los vaivenes de la rivalidad que caracterizaba la relación entre los dueños de las alacenas y los comerciantes de las tiendas y almacenes.

"Las cuarenta y seis alacenas que tenía [el portal de Mercaderes] eran la vida y el carácter porque sólo dos o tres estaban destinadas a la venta de tabaco y billetes: las demás vendían juguetes y dulces".[29] Entre los objetos que se podían comprar se hallaban caballos de cartón con ruedas de madera, carritos de diversos tamaños, pelotas pintadas y sin pintar, trompos de madera, baleros, norias, víboras de tejamanil, cajas con ajuares de sala, recámara y comedor hechas con cajas de puros, dulces en bandejas de hojalata "adornadas con sencillos repujados, pero muy típicos y muy nuestros, porque eran el arte de nuestros hojalateros".[30]

El conflicto se centraba en las disputas generadas entre los alacenistas y el comercio establecido, el enfrentamiento afectaba indirecta, pero sustancialmente, los intereses de los artesanos de la ciudad, quienes surtían con sus productos a las alacenas. En enero de 1896 los propietarios de los almacenes del portal de Mercaderes presentaron al Ayuntamiento un pedido para que fueran retirados la multitud de puestos que se ubicaban bajo los arcos, ya que afectaban el tránsito y propiciaban el robo. Esta vez el Ayuntamiento se negó a acceder a las peticiones de los comerciantes establecidos "porque con ellos se perjudicaría a tantos pobres comerciantes que de allí sacan con su trabajo el sustento para sus familias, sólo por beneficiar a comerciantes de mayor escala".[31] Enterados de la actitud asumida por el Municipio, los alacenistas escribieron a las autoridades políticas en los siguientes términos:

> Como los sucritos somos los propietarios de los comercios de las alacenas a que la precitada resolución se refiere, hubiéramos sufrido positivos perjuicios en nuestros intereses que constituyendo los elementos de vida con que contamos para sostener a nuestras familias, *y aunque de un modo indirecto a la de los artesanos que nos proporcionan para su venta los productos de sus pequeñas industrias*, por ser el portal de Mercaderes el sitio de más tránsito y concurrido para ese género de comercio (o ventas) repetimos hubiéramos sufrido verdaderos perjuicios si la decisión del H. Ayuntamiento no hubiese venido a tranquilizarnos en alto grado con tal justificada y oportuna resolución.[32]

[29] Cossío, 1935, pp. 143-144.

[30] *Ídem*.

[31] AHDF, Fondo Portales, vol. 3692, exp. 68.

[32] *Ídem*. Las cursivas son nuestras.

Regresando a la dinámica de las calles de la ciudad, en ese perpetuo deambular las opciones con que contaban los artesanos para lograr la venta o la contratación de sus servicios fueron múltiples y en todas ellas las calles céntricas, los portales, las plazas y plazoletas constituían puntos medulares del tráfico de la producción artesanal. Ciertas épocas del año posibilitaban a los artesanos mejores y más redituables perspectivas de venta.[33] Particularmente, los últimos dos meses del año implicaban para muchos trabajadores una coyuntura económica favorable, buena parte del artesanado cifraba sus esperanzas en las renovadas ventas de juguetes, dulces y pequeñas artesanías. En efecto, desde la celebración del Día de Muertos hasta la del Día de Reyes, la Plaza de la Constitución asistía a la proliferación de barracas. Muchas de estas instalaciones eran levantadas por los propios trabajadores, quienes elaboraban los dulces y los juguetes que ponían a la venta; otros artesanos preferían consignar su mercadería a los puesteros esperando que ellos las comercializaran.

Estas precarias construcciones albergaban juguetes y "muchas curiosidades de distintas materias; desde las de quebradizo barro hasta las de duro fierro estaban allí, labradas por la paciencia del hombre y revestidas de colores".[34] Caballos de cartón, trompos, piñatas, muñecos de cera y panderos de hojalata se entremezclaban con los adornos y representaciones propios del Día de Muertos (tumbitas de tejamanil, esqueletos de barro) y con las figurillas y objetos necesarios para la recreación del nacimiento de Jesucristo. Otras barracas exhibían para su venta los tradicionales dulces mexicanos: camotes, plátanos y piñas abrillantadas, cajeta, macarrones, pastillas, confites y colaciones multicolores.

Este conjunto de construcciones de madera y lienzo blanco fue percibido por las élites como un símbolo de atraso que no sólo perjudicaba la libre circulación y el tránsito que debía primar en todo espacio público, sino que afeaba la imagen de la ciudad, pues la equiparaba con un villorrio y la alejaba

[33] La Semana Santa constituía otra de las coyunturas que alentaba la producción y venta de diversas artesanías. Durante estos días circulaban por la calles los matraqueros, figura que remite al laborioso trabajo de talabarteros, talladores, hojalateros y orfebres, quienes eran los encargados de darle vida a ese tradicional instrumento que circulaba por las calles para su venta enclavado en un carrizo. Las matracas podían ser de madera "presentando en sus remates objetos de mueblería", también existían las de hojalata "cuyos dijes adheridos consistían en espejitos, tinas con sus calentadores, regaderas y otros objetos análogos". Asimismo, existían aquellas de marfil o hueso y estaban las de oro y plata, las cuales demostraban un "arte en el cual siempre han sido muy hábiles nuestros plateros" y que remataban con diminutos objetos de filigrana. García Cubas, 1950, pp. 432-433.

[34] *El vendedor de juguetes*. Cuento publicado por Antonio Vanegas Arroyo, ilustrado por José Guadalupe Posada.

de los anhelados parámetros de progreso y civilización. En tal sentido, diversas disposiciones municipales intentaron infructuosamente terminar con esa costumbre que, a decir de los puesteros, al ser muy antigua ya se había convertido en ley.[35]

En 1898 las autoridades del Cabildo prohibieron el establecimiento de puestos de dulces y juguetes en el Zócalo de la ciudad, habilitando para tal fin la calle de San Juan de Dios. Al año siguiente los puesteros presentaron un pliego petitorio señalando las desastrosas consecuencias económicas que ese traslado había significado, dado que los clientes "por la distancia en que se nos ha mandado a colocar no quieren concurrir y especialmente los de fuera que por lo general no conocen las calles". Este hecho revela que la ubicación espacial de los artesanos podía constituir la garantía de una buena venta o la ruina de la temporada. Si las herramientas y la materia prima eran requisitos indispensables para el desarrollo de un oficio, la garantía de comercialización de sus productos dependía de la permanencia en los sitios a los que la clientela estaba acostumbrada a acudir para surtirse de la mercadería.

En estos dos meses la precariedad económica en que se movía el mundo artesanal brindaba una breve tregua. El aliciente de una exitosa venta de temporada llevó a muchos artesanos a solicitar préstamos o a recurrir a casas de empeño para obtener el dinero que les permitiera elaborar sus productos.

> Debe tenerse muy en cuenta que en lo general los que establecemos los referidos puestos, tenemos necesidad de pedir dinero a premio para elaborar los dulces y demás objetos que expendemos con la esperanza de obtener alguna utilidad para cubrir las necesidades de nuestras familias. Los que colocan puestos con tumbas, muertos y otros objetos para los niños también son muy perjudicados, porque haciendo sacrificios [...] habilitan su mercancía con la esperanza de remediar su triste situación, esperanza que saldrá fallida otra vez si no se nos permite colocarnos en la plaza de la Constitución.[36]

Finalmente, las autoridades municipales accedieron a la instalación de los puestos de dulces y juguetes "como una gracia especial y sin que sirva como precedente para lo futuro".

A lo largo de este recorrido, hemos repasado las principales prácticas y estrategias que pusieron en marcha los artesanos que trabajaban por cuenta propia para comercializar sus productos. El artesano independiente, a la vez

[35] AHDF, Fondo Policía General, vol. 3640, exp. 1184.
[36] *Ibídem*, vol. 3641, exp. 1273.

que elaboraba su producto buscaba las alternativas de venta, vinculando la etapa de producción con la de comercialización. Los espacios públicos —la calle, las plazas, los portales, las plazoletas— fueron, por tanto, los ámbitos por excelencia a los cuales recurrir para ofertar la mercancía. Ahora bien, esta alternativa laboral estuvo asediada por diversas reglamentaciones que terminaron haciendo de esta posibilidad una precaria e inestable forma de ganarse la vida.

La preocupación por igualar la imagen de la ciudad de México con la de las capitales europeas implicó la aplicación de políticas que tenían por objeto librar al centro de la ciudad de la presencia de vendedores ambulantes, trabajadores urbanos y artesanos independientes, quienes hacían de la calle su cotidiano referente laboral. Las políticas instrumentadas para la concreción de este renovado proyecto de modernidad fue uno de los principales obstáculos para quienes pretendieron apropiarse de la calle para hacer de ella su espacio de reproducción económica. En este mismo sentido, la confrontación de muchos artesanos con los propietarios de comercios establecidos terminó por prefigurar la calle como una inestable e incierta alternativa laboral.

Expulsiones violentas y traslados programados fueron resistidos legalmente por los artesanos mediante peticiones que, sustentadas en los principios liberales, fueron elevadas a las autoridades políticas. Ahora bien, una estrategia de mayor eficacia frente a las medidas gubernamentales de desalojo fue la intransigencia articulada con la reiterada apropiación de los espacios públicos. Como en una ocasión señalaran los puesteros, quienes tenían instaladas sus barracas en la Plaza de la Constitución, la fuerza de la costumbre había convertido en ley esa cotidiana ocupación espacial; por tanto, la sistemática conquista de la calle terminó convirtiéndose en la más socorrida y eficaz estrategia de resistencia.[37]

## 2. Los jacalones. Entretenimiento popular y alternativa laboral

La historia de los jacalones nació asociada con la figura de José Soledad Aycardo, titiritero y empresario mexicano, quien en 1860 solicitó permiso al Ayuntamiento para ubicar en la Alameda una pequeña construcción donde presentar sus funciones de títeres.[38] Estos teatros, comúnmente instalados en

[37] Un sugerente estudio de las formas e implicaciones de la apropiación y uso de las calles de la ciudad de México a principios del siglo xx, se encuentra en Barbosa Cruz, 2008.

[38] Gutiérrez Nájera, 1985, p. 143.

los meses de noviembre y diciembre en el Zócalo y otras plazas principales de la ciudad, se caracterizaron por su precaria fabricación, de madera y manta, hecho relacionado con la provisionalidad de su funcionamiento.[39] Su estudio permite conocer una forma de sociabilidad que da cuenta de una modalidad de diversión popular y de un circunstancial recurso laboral para los sectores artesanales que, tradicionalmente ocupados en diversos oficios, por distintas razones no encontraban redituable su actividad productiva. Asimismo, el uso del tiempo libre posibilita conocer las mutaciones culturales que acompañaron la convivencia y final sustitución de los jacalones por otros espacios de sociabilidad informal, como el teatro por tandas.

La existencia de estos espacios de diversión popular fue cuestionada —al igual que la presencia de los artesanos que trabajaban y comercializaban sus productos en las calles— por la renovada concepción modernizadora y moralizadora de las élites de la época. En tal sentido, los teatros provisionales se convirtieron en un sitio de esparcimiento popular que las clases trabajadoras intentaron preservar y legitimar como un ámbito recreativo y una opción laboral, frente al afán "civilizador" porfiriano.

### a] *La diversión popular: títeres y cancán*

Siguiendo la propuesta de Maurice Agulhon, bajo el común denominador de sociabilidad es susceptible agrupar diversas formas de asociación voluntaria que remiten a espacios de reunión e intercambio y que, sustentadas en relaciones interpersonales, llegan a consolidar, entre otras posibilidades, lugares de distracción y recreación popular. Analizar los jacalones o teatros provisionales, como enclaves de sociabilidad informal, nos permite descubrir cómo se divertían y qué opciones laborales existían para los sectores de artesanos.[40]

[39] Las similitudes por el tipo de construcción suele provocar la asociación entre los jacalones y las carpas, pero es necesario puntualizar que los primeros fueron el antecedente de las segundas. Para el periodo 1870-1890, las fuentes hacen referencia únicamente a la instalación de jacalones o teatros provisionales, pero en ningún momento se denomina a estos espacios carpas. Por otra parte, el contexto político, las motivaciones económicas y sociales que dieron origen a las carpas y el tipo de espectáculos representados en ellas difieren sustancialmente de los espectáculos brindados en los jacalones. El auge de las carpas en el mundo artístico mexicano, entre 1930 y 1950, es abordado por MERLÍN, 1995.

[40] Las formas de sociabilidad se caracterizan por la inexistencia de estatutos o reglas escritas. En tal sentido, con esta formulación es posible agrupar los despachos de bebidas, los cafés, las plazas y paseos, las fondas y los figones, es decir, ámbitos de recreación y encuentro informales y abiertos.

Hacia noviembre de 1874 en el Zócalo y sus alrededores había instalados, aproximadamente, ocho jacalones; en ellos se representaban funciones de títeres, de zarzuela, así como obras sicalípticas. Dichos espectáculos, junto con las corridas de toros y las peleas de gallos, constituían uno de los lugares de diversión de la clase trabajadora de la ciudad de México, que acudía alentada por los módicos precios de sus boletos.[41] La prensa artesanal defendió, en repetidas ocasiones, la continuidad de estos espacios que brindaban entretenimiento a los artesanos y a sus familias, "quienes no pueden ir a la ópera a divertirse, al mismo precio que pueden hacerlo en uno de esos ridículos jacalones".[42]

Algunos de los teatros provisionales más concurridos fueron La Zarzuela, el Tívoli, el Santa Clara, el Novedades y el Teatro de Invierno, llamado así "porque estando construido con tablas mal avenidas, el aire [se] colaba por él, llevando a sus diversas localidades, catarros, resfriados y pulmonías como cualquier invierno del norte".[43] La primera función daba comienzo a las cuatro de la tarde, a las once de la noche el ciclo se cerraba con la "tanda de confianza", que con ribetes sicalípticos estaba destinada a divertir a un público eminentemente masculino.[44] En relación con los espectáculos puestos en escena, los cronistas de la época coinciden en señalar la dicotomía de las representaciones. "No sé aún, a punto fijo, cuál es el género de espectáculos escogidos por los señores empresarios de esa jaula para atraer al público, pero indudablemente, no pueden ser sino uno de estos dos: zarzuela mala [...] o funciones de títeres".[45]

Al adentrarnos en el universo de la recreación popular encontramos que buena parte de los jacalones destinaban sus funciones matinales y vespertinas a la diversión infantil. Los títeres, el panorama estereoscópico, los autómatas "vestidos con la mayor decencia" constituían algunos de los espectáculos que, instalados en los dos últimos meses del año en las más importantes plazas de la ciudad y en el Zócalo, destinaban sus funciones a los niños:[46]

> Los gritos que se escuchan en los títeres suenan a cascaditas de jardín, a chorros de fuentes, a greguería de pájaros que van ya a dormirse. Es la inocencia que parlotea en voz alta. Es la risa que todavía no se ríe de ninguno. Es la alegría que

[41] Bryan, 1983. En 1874 la entrada al jacalón costaba medio real, es decir, aproximadamente 0.12 centavos. Un operario de la fábrica La Magdalena percibía 0.75 centavos diarios; en las fábricas que mejor se pagaba a los operarios, el salario oscilaba entre 1.00 y 1.50 pesos. Trujillo Bolio, 1997, p. 89.

[42] *La Unión de los Obreros*, 30 de septiembre de 1877.

[43] Olavarría y Ferrari, 1961, p. 1191.

[44] Reyes de la Maza, 1963, p. 19.

[45] Gutiérrez Nájera, 1985, p. 145.

[46] ahdf, Fondo Diversiones Públicas, t. 6, exp. 584.

> todavía no sabe porque está alegre [...] quieren volar, brincotean, retozan y se tienden como si quisieran coger al títere travieso [...] Los títeres siguen siendo nacionales, pinturas cuyas figuras se mueven, de escenas peculiares de México, pinturas de género en miniatura.[47]

Los espectáculos de zarzuela y las obras de carácter sicalíptico eran otras de las atracciones que se daban cita en los jacalones de la ciudad de México. Frente a las funciones de zarzuela, que convocaban a un público básicamente familiar y desarrollaban sus tandas en horarios vespertinos o en las primeras horas de la noche, se levantaban las tandas sicalípticas que comenzaban a las nueve de la noche, pero a partir de las once era cuando la concurrencia llegaba a su apogeo. Estas diversiones nocturnas generaban otra forma de sociabilidad informal, donde la prostitución, el cancán y las bebidas terminaban de articular un espacio destinado a recrear a un público mayoritariamente masculino.

> Hay en esos lugares de depravación, algunas desgraciadas mujeres que se entregan sin vergüenza a degradantes ejercicios de lubricidad [...] hay artistas que hacen tan poco aprecio de su propia dignidad, que no vacilan en bajar hasta presentarse en público al lado de aquellas infelices criaturas. Y lo peor de todo es que haya público para semejantes espectáculos [...]
>
> Pues, señor, si hay mujeres bastantes prostituidas para bailar en público, sin taparse siquiera con las plumas de los Aztecas, si hay artistas que las ayudan y si por fin hay cierta clase de un público especial [...] que busquen otros lugares que la plaza pública.[48]

La presencia femenina era el mayor atractivo del espectáculo. La cercanía de las cantantes y bailarinas con el público impuso una forma de sociabilidad centrada en el cuerpo femenino y caracterizada por la participación e interacción de los asistentes con las artistas. Las descripciones al respecto son elocuentes: "los cuellos se tendían desmesuradamente; los sarapes caían al suelo; inmensos estallidos de salvaje regocijo contestaban a las piruetas imbéciles de las bailarinas".[49] A igual que lo que acontecía en el "teatro pobre" de la España de fines del siglo XIX, los jacalones se caracterizaron por la integración del cuerpo femenino en la industria del ocio, "por una exteriorización frenética

[47] Gutiérrez Nájera, 1985, pp. 125-127.
[48] *La Humanidad*, 1 de octubre de 1877.
[49] Gutiérrez Nájera, 1975, p. 211.

(y festiva) de pulsiones y libidos solicitadas por el espectáculo y legitimadas por el uso".[50]

Las tandas nocturnas pertenecían "por completo al sexo fuerte y a ese otro sexo que no llamo femenino por respeto a las señoras".[51] Algunas crónicas de la época señalan que las prostitutas tenían asignados determinados espacios en los teatros y "desde él vocean y gritan insolencias, con gran regocijo de algunos espectadores que asisten a ese lugar como se va a los toros, para oír desvergüenzas".[52] Esta integración en el espacio teatral supuso la circulación y preocupación pública de varios tópicos que al menos merecen ser apuntados: la comercialización del sexo, el consumo sexual de los sectores populares, el temor de las autoridades por la propagación de las enfermedades venéreas y la independencia y sexualidad de las mujeres.

Los testimonios presentados permiten reconstruir la particular identidad de los denominados jacalones o teatros provisionales. Como ámbitos de sociabilidad informal articulados para la recreación popular es posible analizarlos atendiendo a un modelo dual de recreación.[53] Es decir, es posible distinguir dos formas de sociabilidad en el interior de los jacalones; una de índole familiar, circunscrita a un horario matutino y vespertino y asociada con las funciones de títeres y zarzuela, y otra, esencialmente masculina, limitada a las horas nocturnas y estrechamente vinculada a lo sicalíptico. En síntesis, la diferencia sustancial radicaba en el tipo de espectáculo brindado en estos precarios y provisionales espacios de diversión popular y en la sociabilidad allí generada.

En el caso de los jacalones, el tipo de espectáculo prefiguraba una pauta de sociabilidad que otorgaba a lo femenino connotaciones propias y disímbolas. Las tandas matutinas y vespertinas, centradas en las recreaciones con títeres

**Cuadro 2.** Dinámica de los jacalones

| | *Dedicados a los espectáculos de carácter sicalíptico* | *Dedicados a los espectáculos de títeres y de zarzuelas* |
|---|---|---|
| *Tipo de público* | Mayoritariamente masculino<br>Presencia de prostitutas | De índole familiar |
| *Horarios* | Nocturno hasta la madrugada | Matutino, vespertino<br>y primeras horas de la noche |

[50] SALAÜN, 2001, p. 141.
[51] GUTIÉRREZ NÁJERA, 1985, p. 120.
[52] *Ibídem*, p. 146.
[53] AGULHON, 1994, pp. 62-63.

o zarzuelas, integraban al grupo familiar y su contenido no significaba motivo de alarma para los cánones de la sociedad porfiriana. Contrariamente, las funciones nocturnas, donde bailarinas y prostitutas interactuaban con los espectadores, representaban una amenaza para la estructura familiar y el tradicional papel doméstico de las mujeres, circunscrito al ámbito privado.

Los módicos precios de la entrada permitían el acceso de un público mayoritariamente popular, en gran medida, conformado por los sectores de obreros y de artesanos. Asimismo, buena parte de las solicitudes presentadas al Ayuntamiento para la instalación de los teatros provisionales correspondían a artesanos, quienes recurrían al montaje de las funciones de zarzuelas y de títeres como una alternativa laboral capaz de paliar las consecuencias de las adversas condiciones de trabajo. En síntesis, los jacalones como espacios de recreación y opción laboral vinculaban y relacionaban a los sectores de artesanos frente y detrás del escenario.

### b] *Defensa y legitimación de los jacalones*

Inscritas en el afán modernizador de las élites porfirianas, las disposiciones municipales tendieron a restringir la instalación de los jacalones, afectando a quienes laboraban en estos espacios. La amenaza dirigida contra estos ámbitos de diversión ocasionó que desde 1877 algunos diarios cuyo público mayoritario eran artesanos, como *La Unión de los Obreros*, comenzaran una campaña en defensa de estos lugares cuya continuidad peligraba. Otros periódicos, como *El Hijo del Trabajo*, se sumaron al proyecto de los dirigentes políticos y secundaron la negativa de otorgar los permisos para la instalación de los teatros provisionales.[54]

> El Ayuntamiento [...] ha dicho que este año no habrá tandas, es decir; que no se formará los pequeños teatritos en la Plaza de Armas que según costumbre funcionaban en la temporada de Noviembre.
>
> ¡Que atrocidad! [...]
>
> Este año algunos artesanos no podrán ganar lo poco que aquel trabajo les producía [...]
>
> Y la razón que alega el Ayuntamiento es que no se pueden construir jacalones en el centro de la ciudad por los temores de un incendio.[55]

[54] *El Hijo del Trabajo*, 29 de septiembre de 1878.
[55] *La Unión de los Obreros*, 23 de septiembre de 1877.

La defensa de estos ámbitos por algunos referentes de la prensa capitalina se puede explicar atendiendo a diversas variables. En primer lugar, si analizamos la composición socioprofesional de quienes estaban a cargo de la construcción de los jacalones, encontramos que muchos de ellos eran artesanos. Recordemos que el emplazamiento de estos teatros provisionales, construidos con materiales perecederos, no necesitaba de grandes inversiones. Asimismo, muchos de los que acudían al Ayuntamiento para solicitar el permiso de instalación también abogaban por la exención o reducción de los impuestos. En 1877 el artesano José Panganiva expresó a las autoridades municipales que

> con el fin de proporcionar algunos recursos que remedien la escasez que estoy sufriendo a consecuencia de la falta absoluta de trabajo que hoy se resiente en todas las clases de la sociedad y muy especialmente entre la de artesanos a la cual pertenezco, he resuelto abrir un pequeño teatro en la calle de las Escalerillas [...] para dar funciones de zarzuela por tandas [...]
>
> suplico [...] se sirva concederme licencia respectiva por tres meses que deberá durar mi empresa, sirviéndose a la vez considerarme en el *minimum* de la cuota que deba pagar, por ser yo un artesano pobre que no cuento con más capital que mi escaso trabajo y los pocos recursos de mi industria.[56]

Este testimonio refleja las vicisitudes que se ocultaban detrás del montaje de títeres y de zarzuelas. Muchos artesanos, dada la imposibilidad de continuar con su oficio como medio de subsistencia, optaron por los jacalones como una alternativa laboral. Los alegatos esgrimidos para lograr la habilitación de los teatros provisionales constituyen un indicador de la situación y de las opciones de trabajo de los sectores de artesanos.

La escasa productividad del ejercicio artesanal para atender las necesidades familiares,[57] la avanzada edad, o los problemas físicos que impedían a muchos trabajadores continuar con sus oficios[58] pueden sintetizarse en el pedido que José Fernández presentó en 1880 al Ayuntamiento para obtener la autorización municipal y establecer un "saloncito portátil en el atrio de la Catedral" y dar funciones de títeres:

> Básteme decirle Señor, soy un hombre anciano cargado de familia y aunque mi ejercicio es la carpintería ya no puedo desempeñarla en virtud de mi escasez de

[56] AHDF, Fondo Diversiones Públicas, t. 6, exp. 577. Subrayado en el original.
[57] *Ibídem*, exp. 578.
[58] *Ibídem*, t. 7, exp. 657.

> vista y que me faltan los recursos, en consecuencia un padre amoroso no puede ver con ojos serenos que sus hijos sufran por la falta de alimentos y un pobre anciano no encuentra un mendrugo de pan que darles y por lo mismo debe hacer cuantos esfuerzos estén a su alcance para poder de alguna manera subsanar sus necesidades.[59]

Por otro lado, los jacalones eran defendidos en tanto los módicos precios de su entrada promovían un espacio de recreación para los sectores de menores recursos. El alegato se reforzaba teniendo en cuenta que constituían una fuente de trabajo para los actores que participaban en dichos espectáculos. En este sentido, se hacía hincapié en los efectos negativos que produciría la supresión de estos lugares, ya que "muchos actores y cantantes que tenían [que] ser ajustados para la temporada, no gozarán de ese auxilio [y una] porción de familias a quienes sus facultades no permiten asistir a los teatros, por lo numerosas que son, no tendrán donde pasar las largas veladas de invierno".[60]

Rechazando la analogía que pretendía equiparar a los jacalones con la inmoralidad, parte de la prensa obrera reivindicó esos ámbitos como espacios de distracción que por sus bajos precios alejaban de las pulquerías y las cantinas a multitud de trabajadores:[61] "No se diga que somos partidarios del *Can Can*, o de las *obscenidades*, cuando como ahora censuramos una disposición que tal vez ha sido poco meditada. Si ha habido hechos malos en estos teatritos también los ha habido buenos".[62]

Pero no siempre resultaba provechosa la instalación de los jacalones. El endeudamiento ocasionado por una mala temporada o por las adversas condiciones climáticas terminaba con las expectativas laborales de los artesanos, quienes acudían al Ayuntamiento abogando por la prórroga del permiso de instalación. Este fue el caso de Rufino Bonilla, quien en agosto de 1888 se expresaba ante las autoridades municipales de la siguiente manera:

[59] AHDF, Fondo Diversiones Públicas, t. 6, exp. 605.

[60] *La Unión de los Obreros*, 23 de septiembre de 1877.

[61] En tal sentido se refieren algunos de los expedientes consultados en el AHDF, especialmente en el Fondo del Consejo Superior del Gobierno del Distrito. Diversiones Públicas.

[62] *La Unión de los Obreros*, 23 de septiembre de 1877. Esta cita remite a un debate presente en la prensa capitalina a lo largo de la década de los setenta y ochenta. Por un lado, gran parte de los rotativos capitalinos, incluidos algunos periódicos obreros, argumentaban en cuestiones de índole moral su negativa frente a la instalación de los jacalones. Por el otro, periódicos como *La Unión de los Obreros* no sólo apoyaba el montaje de los teatros provisionales como una alternativa laboral para los artesanos, sino que vinculaban esta cuestión con la "libertad de comercio" que consideraban debía primar.

No obstante los dos meses concedidos en primero de Diciembre recibimos orden para tirar los jacalones [...] el día dos a las seis de la mañana se presentaron operarios de la Obrería Mayor tirándolos a punta de barreta y recibiendo en esto una pérdida considerable.

De entonces acá, no obstante el trabajo mío de artesano he tenido que estar pagando el rédito del dinero que me prestaron obligando a perecer a mi familia por haber tenido que cortar los alimentos y sufriendo miserias para poder salir de este caos en que estoy sumergido de día trabajando en mi ejercicio y en la noche insistiendo en trabajar más para poder presentar en este año cosas absolutamente nuevas y sorprendentes con el loable objeto de que la sociedad disfrute de verdaderos ratos de solaz.[63]

### c] *Los teatros provisionales entre la modernización y la moralidad*

La preocupación por equiparar la vida urbana nacional con el estilo de las grandes ciudades europeas se manifestó en múltiples y complementarios sentidos. Las construcciones públicas, la adopción de diversiones y deportes, la presencia de México en las exposiciones universales y las transformaciones urbanísticas constituyen algunos de los indicadores de la labor emprendida con la finalidad de obtener el reconocimiento como una nación moderna.

Cambiar la imagen de la ciudad era un requisito ineludible para convertirla en la vidriera del progreso nacional y acelerar su comparación con las principales capitales del mundo. Acorde con estas pretensiones, muchos de los voceros de la élite modernizadora consideraban que los "galerones de madera que daban a la ciudad un aspecto de villorrio en día de feria" debían desaparecer en honor del buen gusto y de "civilización".[64] En consonancia, las autoridades del Ayuntamiento y algunos representantes de la prensa de los trabajadores hacían saber que "nuestras diversiones se reducen, en algunas épocas del año a inmundos jacalones y juegos de caballitos, que con mengua del buen gusto y la civilización se han permitido en nuestra plaza de la Constitución".[65]

En esta renovada preocupación modernizadora, que intentaba imponer las pautas de un nuevo estilo de vida, el uso de la calle con fines de divertimento y recreación fue restringido. Teniendo en cuenta que los jacalones se halla-

[63] AHDF, Fondo Diversiones Públicas, t. 7, exp. 626.
[64] GUTIÉRREZ NÁJERA, 1985, p. 145.
[65] AHDF, Fondo Diversiones Públicas, exp. 699.

ban ubicados en el Zócalo y en las principales plazas de la ciudad, puntos de referencia por excelencia del espacio citadino, las razones que bregaban por su desaparición afirmaban que su presencia daba a la ciudad un aspecto pueblerino y su ubicación causaba desorden y obstruía la libre circulación. A esto se añadía, en razón de los materiales de su construcción, la preocupación por el peligro latente de los incendios.

Los críticos teatrales coincidían en señalar que los jacalones atentaban contra la salubridad convirtiendo a la ciudad en una urbe comparable con las "poblaciones de tercer orden". Del salón de la Alameda nos llega esta descripción de Gutiérrez Nájera.

> Considerado desde el punto de vista húmedo, debe observarse en él, y sólo en él, es preferible el agua al vino. Los sedientos deben abrevar en la fuente, por más que esto sea inusitado, de preferencia intoxicarse en la cantina. El Consejo Superior de Salubridad puede encargar al primer clarinete de la banda que toque, cada vez que alguien salga de la cantina, el conocido trozo de Lucrecia "¡Infeliz el veneno que bebiste!" [...] pero el agua de la cantina no es un agua pura, sino un agua que se pinta como cualquier señora.[66]

Renovadas cuestiones de moralidad se conjugaban con las aspiraciones modernizadoras para atacar la continuidad de los "infectos" teatritos provisionales y eran apoyadas por ciertos periódicos de la clase obrera, como *La Humanidad*, que afirmaba:

> No comprendemos, en efecto, que para satisfacer a dos o tres artesanos, para satisfacer la sórdida y degradante codicia, de unos empresarios sin pudor, un órgano de la interesante y digna clase obrera pida el permiso de degradar el arte teatral, para ofender a la moral y corromper a los mismos artesanos que tiene por misión ilustrar y sostener.[67]

La concepción de la función teatral como estrategia de regeneración social destinada a cultivar al público, a difundir valores y a educar no había perdido vigencia; por el contrario, fue revitalizada por los imperativos porfirianos que redoblaron esfuerzos para intentar hacer del teatro un medio formativo. Un defensor del teatro como vehículo de educación y progreso, como Ignacio Manuel Altamirano lo sintetizó del siguiente modo: "el teatro es una escuela,

[66] Gutiérrez Nájera, 1985, p. 143.
[67] *La Humanidad*, 15 de octubre de 1877, p. 4.

no sólo de buen gusto, ésta es la forma, sino de virtud y progreso, ésta es la esencia. El dramaturgo debe discutir los intereses de la humanidad, debe formar el espíritu de un pueblo, debe procurar su perfeccionamiento".[68]

Según los parámetros de las élites modernizadoras, el teatro popular distaba mucho del modelo de moralidad y de ilustración que se intentaba expandir por el conjunto social. Se argumentaba que las representaciones lascivas y las coplas obscenas corrompían a los artesanos y a los obreros que accedían a estos espacios de diversión alentados por los bajos precios de su entrada. De esta manera, el contenido inmoral de las obras puestas en escena atentaba contra los valores de ética y honestidad en los que la clase trabajadora mexicana se debía recrear y formar.

Para los partidarios de la erradicación de los jacalones, esta medida supondría la elevación de los espectáculos teatrales que eran denigrados en estos "galerones de madera".[69] Esta elevación se traduciría en el perfeccionamiento moral de la población. Por último, y no menos importante, la desaparición de esos precarios espacios colaboraría en la configuración de una imagen citadina acorde con los lineamientos de progreso y civilización que para la élite gobernante representaba, cultural y materialmente, Francia.

### d] *De los jacalones al teatro por tandas*

La irrupción del teatro por funciones o por horas llegó a México a fines de 1878.[70] La nueva peculiaridad teatral implicaba la fragmentación de las largas representaciones en funciones de una hora, modalidad que ayudó a reducir los precios de las entradas, equiparándolos con los cobrados en los jacalones. Esta novedad familiarizada con el nombre de "teatro por tandas" fue adoptada en los principales escenarios de la ciudad de México, como el Principal o el Nacional.

El efecto de esta nueva dinámica teatral fue sustancial. Las tandas trastocaron el tradicional espectáculo culto popularizando las funciones y, por ende, transformaron la composición social del público. Aquellos espacios tradicionalmente reservados para un restringido segmento de la sociedad fueron abier-

[68] Altamirano, 1988, p. 201.

[69] Gutiérrez Nájera, 1985, p. 145.

[70] En España el teatro "por horas" hizo su entrada en la temporada 1867-1868. Serge Salaün señala que "el pasar de una unidad cultural larga (ópera, zarzuela grande, alta comedia) de unas cuatro horas de promedio a una unidad de una hora [...] implica una revolución en el consumo cultural vinculado con el teatro". Salaün, 2001, p. 130.

tos a los sectores populares generando una convivencia que, hasta ese entonces, no había alcanzado a las grandes salas teatrales.

Artesanos y obreros, antes circunscritos a las funciones brindadas en los jacalones durante los meses de noviembre y diciembre, se beneficiaron con una ampliación inusitada de la oferta teatral. A partir de finales de 1878, podían optar por asistir a las funciones de zarzuelas brindadas en los principales teatros desde las ocho de la noche hasta la una de la mañana.[71]

> En los palcos segundos se agolpa una compacta muchedumbre, compuesta de tenderos y de calaveras [...] En los palcos primeros varía la concurrencia. Ya en ellos puede distinguirse, entre las masas de levitas negras y sombreros de copa, una que otra coraza mujeril y uno que otro sombrero a la Artagnan [...]
>
> Sin embargo, ¡cuantas fisonomías desconocidas! Recorre usted con los anteojos todos los palcos en donde hay señoras, sin conocer a nadie. Lo primero que piensa el curioso es que está fuera de México.[72]

La irrupción de los sectores populares en los tradicionales teatros 'cultos' desarticuló la exclusividad social introduciendo comportamientos ajenos a la dinámica de los principales salones de la ciudad. Los cronistas de la época señalaban que aquello "huele a gente ordinaria",[73] "se fuma en el salón como pudiera fumarse en la calle, el que quiere conserva puesto su sombrero, se habla en voz alta durante la representación".[74] Estos críticos entendían que el "público aguardentoso y tabernario" transgredía los cánones de la decencia y la moral, corrompiendo a la gente honrada y decente con la que se confundía.[75]

Si las obras de carácter sicalíptico, como el baile del cancán, puestas en escena en los jacalones fueron cuestionadas por corromper a la clase trabajadora, las críticas se redoblaron ante las representaciones brindadas en el teatro por tandas.

> Un poco de can-can, algo de sal y pimienta, mucho de barato, esto es únicamente lo que nosotros los espectadores exigimos [...] La bailarina, en cambio, puede ser francamente vieja y fea: no reñiremos por eso con tal de que su pierna pueda alzarse donairosamente hasta tocar con la punta de la bota el sombrero abollado de su compañero.[76]

[71] Reyes de la Maza, 1963, p. 274.
[72] Gutiérrez Nájera, 1985, p. 114.
[73] *Ídem.*
[74] Reyes de la Maza, 1963, p. 275.
[75] Gutiérrez Nájera, 1985, p. 351.
[76] Gutiérrez Nájera, 1975, p. 113.

La introducción de esta modalidad teatral revivió la preocupación por la inmoralidad de las costumbres y por la carencia de un teatro destinado a interactuar como un mecanismo formativo de la sociedad. Asimismo, las tensiones provocadas por la democratización de este espacio, antes monopolizado por la élite social, modificó y alteró las pautas de sociabilidad existentes, en razón de la forzosa convivencia establecida.

Las irrupciones con gritos y aplausos en busca de un bis solían no terminar bien; la intervención de los gendarmes o la caída del telón antes de tiempo no eran buenos augurios.[77] Frente a una interrupción intempestiva, como sucedió en el Principal ante el pedido de bis de *El proceso del can-can*, "el público, que aullaba y pateaba, quedó a oscuras, sin atinar con la puerta, y empezó a lanzar sillas y cojines al escenario".[78] De esta forma, los principales teatros de la ciudad se convirtieron en espacios difícilmente controlables para las autoridades municipales.

En síntesis, el estudio del uso del tiempo libre y las múltiples formas de la recreación en los jacalones se convierte en un vértice de análisis privilegiado para reconstruir aspectos del entramado cultural y laboral de los sectores de artesanos del México de la segunda mitad del siglo XIX.

En tal sentido, de acuerdo con el afán modernizador porfiriano, las autoridades capitalinas intentaron restringir el uso de los espacios públicos con fines recreativos. Parte de la prensa se hizo eco de las propuestas del Ayuntamiento y avaló la prohibición de los jacalones argumentando que esta medida repercutiría en la elevación moral de los artesanos y obreros, quienes ya no serían corrompidos por propuestas teatrales lascivas y obscenas. Como contrapunto, algunos referentes de la prensa obrera articularon una enconada defensa a favor de los teatros provisionales, en sus argumentos apelaban al derecho a trabajar y a la libertad de comercio, tópicos reconocidos constitucionalmente, así como a la necesidad de acceder a un tipo de diversión popular a precios módicos.

Al calor de este debate irrumpió el teatro por tandas. Su implementación permitió que los sectores de artesanos y obreros encontraran en esta nueva modalidad teatral un espacio recreativo alternativo, el cual progresivamente reemplazaría a las barracas de manta y madera. Con la democratización de la función teatral se desarticuló el tipo de sociabilidad que solía primar en las grandes salas de la ciudad y se generó una nueva convivencia no exenta de conflictos y de prejuicios morales y sociales.

[77] AHDF, Fondo Diversiones Públicas, exp. 622.
[78] GUTIÉRREZ NÁJERA, 1985, p. 194.

# CONSIDERACIONES FINALES

A fines del siglo XIX, la interlocución entre las clases trabajadoras y el poder político porfiriano se inscribió en el marco de renovados proyectos de disciplinamiento y moralización. El universo laboral de la ciudad de México adquirió un lugar de singular importancia para el gobierno de Díaz, la posibilidad de capitalizar políticamente la fuerza numérica y organizativa del mutualismo, el poder incidir en la forma en que los artesanos y obreros articulaban sus reivindicaciones laborales, así como la capacidad de modificar los hábitos y conductas considerados atentatorios de las aspiraciones modernizadoras, fueron parte de un proyecto bifronte que le permitió a Díaz incidir en la identidad de los trabajadores capitalinos y contribuyó a la consolidación de su régimen.

Las debilidades y necesidades políticas del mutualismo, los imperativos reeleccionistas y las exigencias de legitimación de Díaz y, finalmente, la preocupación del gobierno por modelar los comportamientos y costumbres de las clases trabajadoras fueron parte de ese juego de imposiciones, resistencias y consensos que marcaron la relación entre los trabajadores y el gobierno porfiriano.

Desde la República Restaurada, las mutualidades, como consecuencia de la fragilidad jurídica con que nacieron, quedaron desvinculadas del ámbito político y tuvieron que circunscribir su radio acción a la sociedad civil. Esta particular condición limitó la formulación de un discurso asociacionista que rebasara las coordenadas de la ideología liberal de los gobiernos de turno, con quienes la dirigencia artesanal buscó afanosamente relacionarse, y restringió la posibilidad de que las organizaciones de trabajadores cuestionaran el monopolio del poder público.[1] En este contexto, el gobierno de Díaz supo capitalizar la apremiante necesidad del mutualismo y diseñó un conjunto de estrategias destinadas a profundizar la sujeción del contingente laboral organizado que, ávido de suplir y compensar su normada exclusión política y acostumbrado desde sus orígenes a buscar la asimilación e intermediación del Estado, fue proclive a la subordinación pública. A la postre, esta anuencia a la mediación y negociación sirvió para fijar el horizonte asociacionista en clave liberal, con-

[1] Illades, 1996, p. 204.

dicionando el desarrollo de una conciencia de clase entre los trabajadores urbanos de fines del siglo XIX y obstruyendo el surgimiento de partidos obreros.

Los mecanismos de domesticación porfirianos se implementaron a partir de 1886, una vez superada la lucha facciosa y las coyunturas electorales que enfrentaron a las organizaciones de artesanos con las aspiraciones políticas de Díaz,[2] y cuando se hicieron patentes las intenciones de continuidad del General en el poder. En esta coyuntura, el control de las organizaciones laborales y la movilización del contingente mutualista se presentaban como elementos benéficos para las pretensiones presidenciales. En un contexto de mutuas necesidades y conveniencias, la asimilación de los más destacados dirigentes artesanales y la manipulación del segundo Congreso Obrero significó el primer paso hacia la integración política del mundo del trabajo organizado. En sí misma esta estrategia no implicó una novedad, más bien se insertó en la tradición de entendimiento que los gobiernos liberales de Benito Juárez y Sebastián Lerdo de Tejada sostuvieron con el mutualismo, aprovechando las debilidades y limitaciones políticas de este último.

Lo novedoso estuvo cifrado en el segundo mecanismo articulado por Díaz para reforzar la subordinación del contingente laboral: la reestructuración de la Convención Radical instituida, a partir de 1886, como el brazo político del gobierno en el mundo del trabajo. Por primera vez la clase gobernante no sólo capitalizó la fuerza numérica y la impronta de la más destacada confederación de trabajadores del país, sino que creó y consolidó una organización paralela capaz de formalizar e institucionalizar la sujeción de los socios mutualistas al poder porfiriano y habilitar, para estos sectores legalmente desvinculados de la esfera política, un canal de participación pública. El gobierno aprovechó la necesidad de inserción política del mutualismo y promovió un acercamiento que selló la subordinación del asociacionismo laboral.[3]

[2] El proceso revolucionario tuxtepecano y la posterior confrontación partidista que sacudió al país se trasladó a la esfera mutualista, lo que provocó escisiones en las organizaciones laborales e imposibilitó la concreción de un vínculo estable con el poder público hasta 1886. En tal sentido, el desdibujamiento del mutualismo durante el gobierno de Manuel González se explica atendiendo a los apoyos institucionales y a las estrategias políticas de la dirigencia artesanal frente a la coyuntura electoral de 1879, recordemos que el Congreso Obrero respaldó la postulación presidencial de García de la Cadena y el Círculo de Obreros hizo lo propio con Justo Benítez, contrariando el apoyo brindado por Díaz a Manuel González.

[3] En este sentido, no menos trascendente resultó el monopolio que el gobierno de Díaz estableció sobre la prensa de las clases trabajadoras (gracias a la manipulación de sus dirigentes, pero también a la asfixia a la que sometió a la prensa obrera independiente) al convertir a *La Convención Radical Obrera* en el único referente periodístico del mundo del trabajo urbano, por lo menos, hasta principios del siglo XX. Recordemos que los dos periódicos más representativos de las clases trabajadoras en la década de los setenta, *El Hijo del Trabajo* y *El Socialista*, dejaron de

Esta asimilación —consumada en un momento clave para el diseño de las estrategias de continuidad de Díaz en el poder— le brindó al Presidente la posibilidad de contar con una dirigencia artesanal que públicamente echara a andar la maquinaria reeleccionista e instaurara, mediante diferentes mecanismos, su permanencia en el poder.[4] No es casual que los años de auge de la alianza con el Congreso Obrero y La Convención Radical Obrera coincidan con el destacado papel que la dirigencia mutualista tuvo en la consolidación del régimen porfiriano, ni que el ocaso o decadencia de esta coalición empate con la marginación y renovación política de estos líderes y la delegación de las facultades electoralistas en la Unión Liberal y el grupo de los "científicos", particularmente a partir de 1896.[5]

En este contexto de prácticas y estrategias de sujeción y mutuas conveniencias, Porfirio Díaz empezó a ejercer un dominio creciente sobre los festejos cívicos, ámbitos que desde mediados del siglo XIX se habían consolidado como espacios de representación e integración pública de los socios mutualistas, quienes por medio de las fiestas patrias compensaban o recuperaban simbólicamente la falta de derechos políticos de sus instituciones laborales.[6] En los años centrales del régimen, el gobierno se apropió de las celebraciones mutualistas, restándoles cualquier dosis de autonomía y espontaneidad, y consumando la resignificación e institucionalización de este tradicional espacio de representación de los artesanos capitalinos. Las fiestas se convirtieron en la expresión de los ideales y valores porfirianos (como el de la conciliación de clases o la exaltación de Díaz como el heredero de la tradición liberal y protector del pueblo trabajador) y en una fuente de legitimidad para el poder político.

Estas exitosas tentativas de integración modelaron entre los trabajadores una identidad laboral de carácter mutualista y liberal, en gran medida, subordinada al poder político. Quizás la tardía conmemoración del primero de mayo constituya el símbolo más evidente de la fisonomía de estas organizacio-

publicarse a mediados de los ochenta; el primero en 1884 y el segundo en 1886. A partir de 1887 *La Convención Radical Obrera* acaparó el discurso obrero hasta 1903, fecha de su desaparición.

[4] El periódico *La Convención Radical Obrera* fue el primero en avalar y promover la idea de la reelección presidencial, así como los obreros y artesanos —organizados en el Congreso Obrero— fueron los primeros en salir a las calles para mostrar su adhesión a la causa reeleccionista y fomentar la idea del "hombre necesario". Si bien hacen falta trabajos de investigación que exploren la influencia de los líderes artesanales en el funcionamiento de las maquinarias electorales, podemos aventurar que estos dirigentes cumplieron un destacado papel como intermediarios entre el poder político y el electorado urbano, promoviendo y garantizando el reclutamiento electoral de los socios mutualistas.

[5] Este cambio de situación ha sido señalado, entre otros, por LEAR, 2001, pp. 116-117.

[6] ILLADES y SANDOVAL, 2000.

nes laborales de la ciudad de México y del control que sobre el mundo del trabajo orquestó Porfirio Díaz. En tal sentido, gran parte del contingente de trabajadores, al no desbordar los acotados límites del mutualismo oficialista, se convirtió en un sujeto social desmovilizado, restringido en su capacidad para articular participaciones autónomas del poder político y, por ende, condicionado para radicalizar su discurso, incorporar demandas económicas o luchar por sus derechos desde una posición refractaria del liberalismo.

En este periodo, marcado por las manipulaciones y negociaciones políticas, la institucionalización del vínculo entre el mutualismo y el poder porfiriano y las controladas manifestaciones públicas, las clases trabajadoras no consideraron la toma de las calles como una alternativa para protestar o presionar por cuestiones relacionadas con sus condiciones laborales. Por el contrario, cuando los artesanos y obreros se movilizaron públicamente, lo hicieron como una forma de manifestar su desacuerdo con medidas que entendían afectaban la soberanía nacional o las bases del sistema republicano, y frente a coyunturas que ponían en riesgo su capacidad de subsistencia. En este sentido, la confrontación con el poder público no se articuló a partir de una concepción política contestataria al sistema instaurado y cuando los trabajadores optaron por la oposición, como en 1892 frente a la reelección de Díaz, sustentaron sus reclamos en la preservación de las bases y principios programáticos del credo liberal y republicano.

El hecho de que los trabajadores no se apropiaran de las calles, ni se movilizaran públicamente por cuestiones de índole laboral puede explicarse atendiendo a diversos factores. Por un lado, por la canalización de las demandas laborales por la vía política; en este sentido, los trabajadores optaron por obtener la protección de las autoridades públicas para lograr que ellas mediaran en sus conflictos con los patrones. Esta vía lograba atenuar la conflictividad laboral, evitando la radicalización de las reivindicaciones.

Por otro, como señalamos, la imposibilidad del asociacionismo laboral de articular un vínculo directo con la esfera política y su consecuente subordinación al poder público acentuó el carácter liberal y conciliatorio del mutualismo, alejando la posibilidad de que estas agrupaciones se convirtieran en organizaciones de clase. La identidad mutualista que el gobierno logró modelar en los trabajadores de la ciudad de México posibilitó controlar la propagación del socialismo, el anarquismo y el sindicalismo revolucionario, cercenando la posibilidad de que estas ideologías definieran los proyectos laborales y dotaran a los trabajadores de una identidad de clase que los organizara, y eventualmente, los hiciera proclives a cuestionar el monopolio del poder público. En este contexto, no menos importante resultó el sistema autoritario y represivo que, instaurado por Porfirio Díaz, le concedió a su gobierno una herramienta privilegiada de control y censura sobre la población y cualquier manifestación disidente.[7]

Sin embargo, la recuperación de los intersticios o márgenes de acción existentes en todo sistema de poder nos permitió apreciar cómo, más allá de la forma en que el liberalismo definió y homogeneizó los proyectos y alcances del asociacionismo laboral, los artesanos y obreros articularon, de forma intermitente, conductas y estrategias que pueden leerse como manifestaciones de una incipiente lucha de clases.

En tal sentido, la hispanofobia, expresada muchas veces de forma violenta por los artesanos y obreros mexicanos, se inscribe no sólo en las implicaciones de un choque étnico y cultural, sino en profundas causas sociales y económicas. Los sentimientos de xenofobia no pueden "descartar el choque entre quienes más tienen y los desposeídos, entre los propietarios del capital, ya fuera en la tierra, en la banca o en el comercio y quienes sólo tienen la fuerza de su trabajo y una explotación secular".[8] Asimismo, aquellas puntuales ocasiones en que los trabajadores declararon huelgas evitando la intermediación del poder político y enfrentándose directamente con los patrones, o cuando un grupo de operarios decidió bregar por extender a otros trabajadores reivindicaciones que le habían sido otorgadas, formaron parte de esa identificación de intereses comunes pero también antagónicos que, procesados a través de la experiencia, irían definiendo a la clase trabajadora mexicana.

Por último, analizamos cómo en consonancia con los ideales mutualistas, el gobierno de Díaz orientó parte de sus esfuerzos a forjar individuos que, acordes con las exigencias del progreso y los renovados afanes de la modernización, ajustaran sus hábitos y conductas a lo pautado por las normas jurídicas, los preceptos higiénicos y los ideales morales, alejando sus comportamientos de los vicios privados y las trasgresiones públicas. Para los grupos gobernantes el éxito del control sobre los cuerpos y las conductas de sus ciudadanos, principalmente de las clases trabajadoras, eran claves para la consolidación de un orden público que, garante de la prosperidad económica y la estabilidad política, se convirtió en el fundamento de todo Estado-nación decimonónico con pretensiones de eficacia y modernidad. Esa empresa de moralización y disciplinamiento contó con la colaboración de la dirigencia artesanal, que discursiva-

[7] El fortalecimiento del régimen porfiriano supuso la profundización de los mecanismos de censura y represión política. La actitud asumida por Manuel González frente al motín del níquel y la decisión de postergar, ante la fuerza de las movilizaciones públicas, la consolidación y conversión de la deuda inglesa contrasta con las medidas coercitivas adoptadas por Porfirio Díaz en 1885, frente al problema de la deuda pública, y en 1892 cuando tuvieron lugar las manifestaciones antirreeleccionistas.

[8] Lida, 2006, p. 165.

mente avaló por medio de la prensa los propósitos reformistas del Estado porfiriano y se valió de la integración de los trabajadores en las organizaciones laborales para inculcarles nuevos hábitos y comportamientos.

Hemos podido observar la larga continuidad y vigencia en el tipo de preocupaciones que las élites decimonónicas mostraron por los comportamientos y las conductas de las clases trabajadoras, intereses muchas veces presentes desde del siglo XVIII. El interés demostrado por desterrar el alcoholismo y, por ende, el ausentismo laboral encarnado en el *San Lunes*, las medidas coercitivas para inculcar hábitos de higiene personal, la condena a las modalidades y formas de honrar a los muertos, la intención de uniformar al contingente laboral e instaurar la obligatoriedad del pantalón, y el combate a la apropiación y uso que el artesanado hacía de las calles céntricas de la ciudad —como espacios de reproducción económica— fueron una constante a lo largo del periodo en estudio.

Más allá de los modelos y pautas de conducta públicas y privadas, impulsadas desde la prensa obrera y el mutualismo o aplicadas coercitivamente sobre el contingente laboral por las autoridades políticas, las posibilidades y necesidades económicas de los trabajadores, así como sus hábitos, costumbres y prejuicios constituyeron una compleja trama, un filtro que actuó como mediador y condicionante de los comportamientos de los sujetos en estudio. Es posible vislumbrar un numeroso contingente laboral que se debatía, frente a los postulados de las experiencias modernizadoras porfirianas, entre la asimilación y la resistencia.

Las múltiples vertientes de este derrotero, en busca de la integración de los artesanos y obreros al proyecto porfiriano, remiten a un complejo proceso donde la asimilación y el consenso de ciertas conductas y comportamientos se conjugaron con diversas estrategias que oscilaron entre la negociación, el enfrentamiento declarado, y en algunos casos violento —como el choque entre los artesanos y la policía por la usurpación del espacio público—, y un tipo de oposición si se quiere más sutil, vinculado con la persistencia de sus costumbres, con la negativa a transformar sus hábitos, su vestimenta, o las modalidades de sus celebraciones.

En síntesis, deseamos que este libro, al recuperar aspectos de la interlocución entre los obreros y artesanos y el poder porfiriano, haya colaborado en la reflexión de los procesos que jalonaron la formación de la clase trabajadora mexicana. Creemos que recuperar la forma en que la ideología liberal modeló los proyectos del asociacionismo laboral de fines del siglo XIX permite comprender los posicionamientos políticos y los repertorios de confrontación de los actores en estudio. Como contrapunto, explorar los intersticios que posibilitaron la articulación de estrategias de resistencia y formas de negociación coadyuva a delinear ese campo de fuerzas en el que se conformó la identidad histórica y política de la clase trabajadora.

# SIGLAS Y REFERENCIAS

| | |
|---|---|
| AGN | Archivo General de la Nación |
| AGEC | Archivo General del Estado de Campeche |
| AHDF | Archivo Histórico del Distrito Federal |
| AHUNAM | Archivo Histórico de la Universidad Nacional Autónoma de México |
| CMG | Colección Manuel González, Universidad Iberoamericana |
| CO | Congreso Obrero |
| COU | Círculo de Obreros de la Unión |
| CPD | Colección Porfirio Díaz, Universidad Iberoamericana |
| CR | Convención Radical |
| CRO | Convención Radical Obrera |
| DDD | Diario de Debates de la Cámara de Diputados |
| GCOM | Gran Círculo de Obreros de México |

## Referencias


Abrassart, Loïc

1999 "El pueblo en orden. El uso de las procesiones cívicas y su organización por contingentes en las fiestas porfirianas. México, 1900-1910", *Historias* 43, pp. 51-63.

Agostoni, Claudia

2001 "Salud pública y control social en la Ciudad de México a fines del siglo diecinueve", *Historia y grafía* 17, pp. 73-97.

2003 *Monuments of Progress. Modernization and Public Health in Mexico City, 1876-1910.* Calgary, University of Calgary Press-University Press of Colorado-Instituto de Investigaciones Históricas, Universidad Nacional Autónoma de México.

2005 "Las delicias de la limpieza: la higiene en la ciudad de México", en Staples (coord.), pp. 563-587.

———, y Elisa Speckman (eds.)

2001 *Modernidad, tradición y alteridad. La ciudad de México en el cambio del siglo (XIX y XX).* México, Universidad Nacional Autónoma de México.

2005 *De normas y transgresiones. Enfermedad y crimen en América Latina (1850-1950).* México, Universidad Nacional Autónoma de México.

AGULHON, Maurice

1981 *Marianne into Battle. Republican Imagery and Symbolism in France, 1789-1880*. Cambridge, Cambridge University Press.

1994 *Historia vagabunda. Etnología y política en la Francia contemporánea*. México, Instituto de Investigaciones Dr. José María Luis Mora.

ALTAMIRANO, Ignacio Manuel

1988 *Crónicas teatrales, Obras completas*, t. XI. México, Secretaría de Educación Pública.

1989 *Periodismo político, Obras completas*, t. XIX. México, Secretaría de Educación Pública.

ANDERSON, Rodney

1976 *Outcasts in their Own Land, Mexican Industrial Workers, 1906-1911*. Dekalb, Northern Illinois University Press.

ARGIERI, María, y Sandra CHÍA

1993 "Resistiendo a la ley: ámbitos peligrosos de sociabilidad y conducta social. Gobernación del Río Negro, 1880-1930", *Anuario del Instituto de Estudios Histórico-Sociales* (Monterrey) 8, pp. 275-303.

ARMUS, Diego

1996 "Salud y anarquía. La tuberculosis en el discurso libertario argentino", en CUETO (ed.), pp. 111-133.

ARROM, Silvia

2004 "Protesta popular en la ciudad de México: el motín del Parían en 1828", en ARROM y ORTOLL, pp. 83-116.

———, y Servando ORTOLL (coords.)

2004 *Revuelta en las ciudades. Políticas populares en América Latina*. México, Universidad Autónoma Metropolitana-El Colegio de Sonora-Miguel Ángel Porrúa.

BARBOSA CRUZ, Roger Mario

2008 *El trabajo en las calles. Subsistencia y negociación política en la ciudad de México a comienzos del siglo XX*. México, El Colegio de México.

BARRIERA, Darío

2002 "Por el camino de la historia política: hacia una historia política configuracional", *Secuencia* 53, pp. 163-196.

BAZANT, Jan

1995 *Historia de la deuda exterior de México (1823-1946)*. México, El Colegio de México.

BEEZLEY, William

1983 "El estilo porfiriano: deportes y diversiones de fin de siglo", *Historia Mexicana* XXXII: 2, pp. 265-284.

———, Cherly ENGLISH MARTIN y William FRENCH (eds.)

1994 *Rituals of Rule, Rituals of Resistance. Public Celebrations and Popular Culture in Mexico*. Wilmington, Scholary Resources.

BENÍTEZ, José

1946 *El traje y el adorno en México (1500-1910)*. Guadalajara, Imprenta Universitaria.

BETHELL, Leslie (ed.)
1992 *Historia de América Latina. México, América Central y el Caribe, 1870-1930.* Barcelona, Crítica.
BLOCH, Avital, y Servando ORTOLL
2004 "'¡Viva México!' '¡Mueran los yanquis!': los motines de Guadalajara en 1910", en ARROM y ORTOLL, pp. 243-277.
BOHSTEDT, John
1988 "Gender, household and comunity politics: Women in English riots 1790-1810", *Past & Present* 120, pp. 88-122.
BRYAN, Susan
1983 "Teatro popular y sociedad durante el porfiriato", *Historia Mexicana* XXXIII: 1, pp. 130-169.
BUFFINGTON, Robert
2005 "La violencia contra la mujer y la subjetividad masculina en la prensa popular de la ciudad de México a fines del porfiriato", en AGOSTONI y SPECKMAN (eds.), pp. 287-325.
BULNES, Francisco
1885 *La deuda inglesa. Colección de artículos publicados en* El Siglo XIX. México, Imprenta de Ignacio Cumplido.
BURKE, Peter
1994 *La cultura popular en la Europa moderna.* Madrid, Alianza.
1999a *Formas de hacer histo*ria. Madrid, Alianza.
1999b *La revolución historiográfica francesa. La escuela de los Annales: 1929-1989.* Barcelona, Gedisa.
CACHO, Angélica
2005 "Coyuntura y crisis: el motín popular por la moneda de cobre en la ciudad de México, 11 de marzo de 1837". Tesis de maestría, México, Universidad Autónoma Metropolitana.
CAMPOS MARÍN, Ricardo
1998 "El obrero abstemio. Salud, moral y política en el discurso antialcohólico del socialismo español a principios de siglo", *Historia Social* 31, pp. 27-43.
CARDOSO, Ciro
1977 *La industria en México antes del porfiriato.* México, Dirección de Investigaciones Históricas, Instituto Nacional de Antropología e Historia.
1980a "Las industrias de transformación (1821-1880)", en CARDOSO (coord.), pp. 147-165.
CARDOSO, Ciro (coord.)
1980b *México en el siglo XIX, 1821-1910. Historia económica y de la estructura social.* México, Nueva Imagen.
CARMAGNANI, Marcello, y Alicia HERNÁNDEZ CHÁVEZ
1999 "La ciudadanía orgánica mexicana, 1850-1910", en SABATO (coord.), pp. 371-404.
———, y Ruggiero ROMANO
1999 *Para una historia de América,* II. *Los nudos (1).* México, El Colegio de México-Fideicomiso Historia de las Américas-Fondo de Cultura Económica.

CASANOVA, Julián

2003 *La historia social y los historiadores ¿Cenicienta o princesa?* Barcelona, Crítica.

CASAR, María Amparo, e Ignacio MARVÁN

2002 *Gobernar sin mayoría. México, 1867-1997.* México, Taurus-Centro de Investigación y Docencia Económicas.

CASASÚS, Joaquín

1885 *Historia de la deuda contraída en Londres con un apéndice sobre el estado actual de la hacienda pública.* México, Imprenta del Gobierno.

COATSWORTH, John

1979 "Características generales de la economía mexicana en el siglo XIX", en FLORESCANO (comp.), pp. 171-188.

1990 *Los orígenes del atraso. Nueve ensayos de historia económica de México en los siglos XVIII y XIX.* México, Alianza Editorial Mexicana.

Código Civil

1873 *Código Civil del Distrito Federal y territorio de la Baja California.* México, Tipografía de J.M. Aguilar Ortiz.

Código Penal

1872 *Código Penal del Distrito Federal y territorio de la Baja California. Sobre delitos del fuero común, y para toda la República sobre delitos contra la Federación.* México, edición oficial.

CONNAUGHTON, Brian (coord.)

2003 *Poder y legitimidad en México en el siglo XIX. Instituciones y cultura política.* Universidad Autónoma Metropolitana-Consejo Nacional de Ciencia y Tecnología-Miguel Ángel Porrúa.

CONNAUGHTON, Brian, Carlos ILLADES y Sonia PÉREZ TOLEDO

1999 *Construcción de la legitimidad política en México.* El Colegio de Michoacán-Universidad Autónoma Metropolitana-Universidad Nacional Autónoma de México-El Colegio de México.

Cosío VILLEGAS, Daniel

1957 *El porfiriato. La vida política interior*, t. x. *Historia moderna de México.* México, Hermes.

1960 *El porfiriato. La vida política exterior*, parte I. *Historia moderna de México.* México, Hermes.

Cossío, José Lorenzo

1935 *Del México viejo.* México, edición particular.

CUETO, Marcos (ed.)

1996 *Salud, cultura y sociedad en América Latina. Nuevas perspectivas.* Lima, Instituto de Estudios Peruanos-Organización Panamericana de la Salud.

CHARTIER, Roger

1995 *Sociedad y escritura en la Edad Moderna. La cultura como apropiación.* México, Instituto de Investigaciones Dr. José María Luis Mora.

1999 *El mundo como representación. Historia cultural: entre la práctica y la representación.* Barcelona, Gedisa.

De Campo, Ángel
1991a *La semana alegre. Tick-tack.* México, Universidad Nacional Autónoma de México.
1991b *Pueblo y canto.* México, Universidad Nacional Autónoma de México.
1999 *La rumba.* México, Porrúa.
De Carvalho, José Murilo
1995 *Desenvolvimiento de la ciudadanía en Brasil.* México, Fondo de Cultura Económica.
De Gortari Rabiela, Hira
1987 "¿Un modelo de urbanización? La ciudad de México de finales del siglo xix", *Secuencia* 8, pp. 42-52.
———, y Regina Hernández Franyuti (coords.)
1988 *Memoria y encuentros: la ciudad de México y el Distrito Federal (1824-1928).* México, Departamento del Distrito Federal-Instituto de Investigaciones Dr. José María Luis Mora.
———, y Guillermo Zermeño
1996 *Historiografía francesa. Corrientes temáticas y metodologías recientes.* México, Centro Francés de Estudios Mexicanos y Centroamericanos-Centro de Investigaciones y Estudios Superiores en Antropología Social-Instituto de Investigaciones Históricas, Universidad Nacional Autónoma de México-Instituto de Investigaciones Dr. José María Luis Mora-Universidad Iberoamericana.
De la Torre, Alejandro, y Miguel Orduña Carson
2008 *Cultura política de los trabajadores (siglos xix y xx). Prácticas y representaciones. Trabajo y lucha de clases.* México, Universidad Nacional Autónoma de México.
Di Tella, Torcuato
1994 *Política nacional y popular en México, 1820-1847.* México, Fondo de Cultura Económica.
Díaz y de Ovando, Clementina
1972 *La Escuela Nacional Preparatoria. Los afanes y los días, 1867-1910.* México, Instituto de Investigaciones Estéticas, Universidad Nacional Autónoma de México.
Elias, Norbert
1994 *El proceso de la civilización. Investigaciones sociogenéticas y psicogenéticas.* México, Fondo de Cultura Económica.
Estadística Gráfica
1897 *Estadística Gráfica. Progreso de los Estados Unidos Mexicanos. Presidencia del Sr. Gral. Don Porfirio Díaz.* México, Empresa de Ilustraciones.
Falcón, Ricardo
1986 *El mundo del trabajo urbano (1890-1914).* Buenos Aires, Centro Editor de América Latina.
Falcón, Romana, y Raymond Buve (comps.)
1998 *Don Porfirio Presidente… Nunca omnipotente: Hallazgos, reflexiones y debates: 1876-1911.* México, Universidad Iberoamericana.

FARGE, Arlette

1994 *La vida frágil. Violencia, poderes y solidaridades en el París del siglo XVIII.* México, Instituto de Investigaciones Dr. José María Luis Mora.

FERNÁNDEZ, Jorge

1979 "Recopilación hemerográfica", *Historia Obrera* V: 17, pp. 2-13.

FLORESCANO, Enrique (comp.)

1979 *Ensayos sobre el desarrollo económico de México y América Latina (1500-1975).* México, Fondo de Cultura Económica.

GAMBOA, Leticia

1999 "De 'indios' y 'gachupines'. Las fobias en las fábricas textiles de Puebla", *Tiempos de América* 3-4, pp. 85-98.

GALANTE, Miriam

2004 "El liberalismo en la historiografía mexicanista de los últimos veinte años", *Secuencia* 58, pp. 161-187.

GANTÚS, Fausta

2009 *Caricatura y poder político. Crítica, censura y represión en la ciudad de México, 1876-1888.* México, El Colegio de México-Instituto de Investigaciones Dr. José María Luis Mora.

———, y Florencia GUTIÉRREZ

2009 "Liberalismo y antiporfirismo. Las incursiones periodísticas de Joaquín Clausell", *Relaciones* 118, pp. 155-182.

GARAVAGLIA, Juan Carlos

1996 *El teatro del poder*: ceremonias, tensiones y conflictos en el Estado colonial, *Boletín del Instituto de Historia Argentina y Americana Dr. Emilio Ravignani* 14, pp. 7-30.

2000 "A la nación por la fiesta: las *fiestas mayas* en el origen de la nación en el Plata", *Boletín del Instituto de Historia Argentina y Americana Dr. Emilio Ravignani* 22, pp. 73-100.

GARCÍA ACOSTA, Virginia

1989 *Las panaderías, sus dueños y trabajadores. Ciudad de México, siglo XVIII.* México, Centro de Investigaciones y Estudios Superiores en Antropología Social.

GARCÍA CUBAS, Antonio

1950 *El libro de mis recuerdos.* México, Patria.

GARZA, Gustavo

1985 *El proceso de industrialización en la ciudad de México, 1821-1970.* México, El Colegio de México.

GAYOL, Sandra

2000 *Sociabilidad en Buenos Aires. Hombres, honor y cafés, 1862-1910.* Buenos Aires, Ediciones El Signo.

GOICOVIC DONOSO, Igor

2002 "La insurrección del arrabal. Espacio urbano y violencia colectiva. Santiago de Chile, 1878", *Revista de Historia Social y de las Mentalidades* 6, pp. 39-65.

GÓMEZ GALVARRIATO FREER, Aurora

2003 "Industrialización, empresas y trabajadores industriales, del porfiriato a la revolución: la nueva historiografía", *Historia Mexicana* LII: 3, pp. 773-804.

González Bernaldo, Pilar
2001 *Civilidad y política en los orígenes de la nación Argentina. Las sociabilidades en Buenos Aires, 1829-1862*. Buenos Aires, Fondo de Cultura Económica.
2004 "La 'sociabilidad' y la historia política", en Pani y Salmerón (coords.), pp. 419-460.

González Navarro, Moisés
1957 *El Porfiriato. La vida social*, t. iv. *Historia moderna de México,* México, Hermes.
1994 *Sociedad y cultura en el porfiriato.* México, Consejo Nacional para la Cultura y las Artes.

Granados García, Aimer
2005 *Debates sobre España. El hispanoamericanismo en México a fines del siglo XIX.* México, El Colegio de México-Universidad Autónoma Metropolitana.

Grez Toso, Sergio
2005 "Escribir la historia de los sectores populares ¿Con o sin la política incluida? A propósito de dos miradas a la historia social (Chile, siglo xix)", *Política* 44, pp. 17-31, disponible en <*http://historiapolitica.com/datos/biblioteca/grez1.pdf*>.

Guedea, Virginia, y Jaime Rodríguez (eds.)
1992 *Five Centuries of Mexican History / Cinco siglos de historia de México.* México, Instituto de Investigaciones Dr. José María Luis Mora-University of California, 2 vols.

Guerra, François-Xavier
1995 *México: del Antiguo Régimen a la Revolución*. México, Fondo de Cultura Económica.

———, y Annick Lempérière
1998 *Los espacios públicos en Iberoamérica. Ambigüedades y problemas. Siglos XVIII y XIX.* México, Centro Francés de Estudios Mexicanos y Centroamericanos-Fondo de Cultura Económica.

Guerrero, Julio
1996 *La génesis del crimen en México.* México, Consejo Nacional para la Cultura y las Artes.

Guerrero Zorrilla, Rubén
1999 "Un símbolo llamado Juárez", *Historia y Grafía* 13, pp. 69-92.

Gutiérrez, Florencia
2006 "De panaderos y panaderías. Condiciones de trabajo y conflictividad laboral a finales del siglo xix en la ciudad de México", *Secuencia* 66, pp. 9-34.
2008 "Organización productiva, mutualismo y protesta. Cigarreras ypanaderos a fines del siglo xix en la ciudad de México", en De la Torre y Orduña Carson, pp. 45-74.

———, y Fausta Gantús
2010 "Imaginarios y realidades del universo laboral panadero. Ciudad de México en el cambio de siglo (xix-xx)", *Iberoamericana* 38, pp. 29-47.

Gutiérrez, Leandro, y Luis Alberto Romero
1995 *Sectores populares, cultura y política. Buenos Aires en la entreguerra*. Buenos Aires, Sudamericana.

GUTIÉRREZ HERNÁNDEZ, Adriana

1999 "Semblanzas de españoles destacados", en LIDA, pp. 297-338.

GUTIÉRREZ NÁJERA, Manuel

1975 *Espectáculos*. México, Universidad Nacional Autónoma de México.

1983 *Cuentos completos y otras narraciones*. México, Universidad Nacional Autónoma de México.

1985 *Crónicas y artículos sobre teatro*, t. IV (1885-1889). México, Universidad Nacional Autónoma de México.

1990 *Crónicas y artículos sobre teatro*, t. V (1890-1892). México, Universidad Nacional Autónoma de México.

HALE, Charles

1991 *La transformación del liberalismo en México*. México, Vuelta.

HEERS, Jacques

1988 *Carnavales y fiestas de locos*. Barcelona, Península.

HERNÁNDEZ CHÁVEZ, Alicia, y Manuel MIÑO GRIJALVA (coords.)

1993 *Cincuenta años de historia en México*. México, El Colegio de México, 2 vols.

HILTON, Rodney

1977 *Siervos liberados. Los movimientos campesinos medievales y el levantamiento inglés de 1381*. Madrid, Siglo XIX.

Historia del arte en México

1982 *Historia del arte en México*, t. 12. México, Secretaría de Educación Pública-Salvat.

HOBSBAWM, Eric

1979 *Trabajadores. Estudios de la clase obrera*. Barcelona, Crítica.

1983 *Rebeldes primitivos: estudio sobre las formas arcaicas de los movimientos sociales en los siglos XIX y XX*. Barcelona, Ariel.

1987 *El mundo del trabajo*. Barcelona, Crítica.

HOURCADE, Celestino

1884 *La machincuepa de la deuda inglesa y recuerdos de ultratumba*. México, Imprenta y Litografía de Ireneo Paz.

ILLADES, Carlos

1993 "Organización y formas de resistencia artesanales: los sastres de la ciudad de México, 1854-1873", en HERNÁNDEZ CHÁVEZ y MIÑO GRIJALVA, vol. 2, pp. 323-340.

1996 *Hacia la República del Trabajo: artesanos y mutualismo en la ciudad de México, 1853-1876*. México, El Colegio de México-Universidad Autónoma Metropolitana.

2001a *Estudios sobre el artesanado urbano del siglo XIX*. México, Universidad Autónoma Metropolitana-Miguel Ángel Porrúa.

2001b *Pensamiento socialista del siglo XIX. Plotino Rhodakanaty y Juan de Mata y Rivera*. México, Universidad Nacional Autónoma de México.

———, y Adriana SANDOVAL

2000 *Espacio social y representación literaria en el siglo XIX*. México, Universidad Autónoma Metropolitana-Plaza y Valdés.

———, y Ariel Rodríguez Kuri (comps.)
1996 *Ciudad de México: instituciones, actores sociales y conflicto político, 1774-1931.* México, El Colegio de Michoacán-Universidad Autónoma Metropolitana.
2000 *Instituciones y ciudad. Ocho estudios históricos sobre la ciudad de México.* México, Ediciones ¡Uníos!

Katz, Friedrich
1986 *Porfirio Díaz frente al descontento popular regional (1891-1893).* México, Universidad Iberoamericana.
1988 *Riot, Rebellion and Revolution: Rural Social Conflicts in Mexico.* Princeton, Princeton University Press.
1992 "México: la restauración de la República y el Porfiriato", en Bethell (ed.), pp. 13-77.

Knight, Alan
1984 "The working class and the Mexican Revolution, 1900-1920", *Journal of Latin American Studies* 16, pp. 51-79.
1996 *La Revolución mexicana. Del porfiriato al nuevo régimen constitucional.* México, Grijalbo, 2 vols.

Kuntz Ficker, Sandra, y Priscilla Connolly (coords.)
1999 *Ferrocarriles y obras públicas.* México, Instituto de Investigaciones Dr. José María Luis Mora-El Colegio de Michoacán-El Colegio de México, Instituto de Investigaciones Históricas, Universidad Nacional Autónoma de México.

Leal, Juan Felipe
1991 *Del mutualismo al sindicalismo en México: 1843-1910.* México, El Caballito.

———, y José woldenberg
1988 *Del Estado liberal a la dictadura porfirista.* México, Instituto de Investigaciones Sociales, Universidad Nacional Autónoma de México.

Leal Curiel, Carole
1998 "Tertulia de dos ciudades: modernismo tardío y formas de sociabilidad política en la provincia de Venezuela", en Guerra y Lempérière, pp. 168-195.

Lear, John
1996 "Del mutualismo a la resistencia: las organizaciones laborales en la ciudad de México desde fines del porfiriato a la Revolución", en Illades y Rodríguez Kuri (coords.), pp. 275-309.
1998 "La XXVI legislatura y los trabajadores de la ciudad de México (1912-1913)", *Secuencia* 40, pp. 5-41.
2001 *Workers, Neighbors and Citizens. The Revolution in Mexico City.* Nebraska, University of Nebraska Press.
2005 "El trabajador cualificado de la ciudad de México en los años de la Revolución", en Sanz Rozalén y Piqueras Arenas (eds.), pp. 331-342.

Lettieri, Alberto
2003 "La guerra de las representaciones: la revolución de septiembre de 1852 y el imaginario social porteño", en Sabato y Lettieri (comps.), pp. 97-114.

Lida, Clara
1997 "¿Qué son las clases populares? Los modelos europeos frente al caso español en el siglo xix", *Historia Social* 27, pp. 3-21.

2006 "Sobre la hispanofobia en el siglo XIX", en SALAZAR (coord.), pp. 159-171.

LIDA, Clara (comp.)

1999 *España y el Imperio de Maximiliano*. México, El Colegio de México.

LIDA, Clara, y Carlos ILLADES

2001 "El anarquismo europeo y sus primeras influencias en México después de la Comuna de París: 1871-1881", *Historia Mexicana* LI: 1, pp.103-149.

LIDA, Clara, y Sonia PÉREZ TOLEDO (comps.)

2001 *Trabajo, ocio y coacción. Trabajadores urbanos en México y Guatemala en el siglo XIX*. México, Universidad Autónoma Metropolitana-Miguel Ángel Porrúa.

LIMONES CENICEROS, Georgina

1993 "Trabajo, organización y conflictos laborales de las obreras en México durante el porfiriato (1880-1910)". Tesis de licenciatura, México, Facultad de Ciencias Políticas y Sociales, Universidad Nacional Autónoma de México.

LOBATO, Mirta, y Juan SURIANO

2003 *La protesta social en la Argentina*. Buenos Aires, Fondo de Cultura Económica.

LORENZO, María Dolores

2011 *El Estado como benefactor. Los pobres y la asistencia pública en la ciudad de México, 1877-1905*. México, El Colegio de México-El Colegio Mexiquense.

LUDLOW, Leonor

1988 "El Banco Nacional de México y la renegociación de la vieja deuda, 1884-1888", en ROSENZWEIG (comp.), pp. 57-67.

———, y Jorge SILVA RIQUER

1993 *Los negocios y las ganancias de la Colonia al México moderno*. México, Instituto de Investigaciones Dr. José María Luis Mora-Instituto de Investigaciones Históricas, Universidad Nacional Autónoma de México.

———, y Carlos MARICHAL (comps.)

1998 *Un siglo de deuda pública en México*. México, Instituto de Investigaciones Dr. José María Luis Mora-El Colegio de Michoacán-El Colegio de México-Instituto de Investigaciones Históricas, Universidad Nacional Autónoma de México.

MARICHAL, Carlos

1993 "El manejo de la deuda pública y la crisis financiera de 1884-1885", en LUDLOW y SILVA RIQUER, pp. 419-442.

1998 "La deuda externa y las políticas de desarrollo económico durante el porfiriato: algunas hipótesis de trabajo", en LUDLOW y MARICHAL (comps.), pp. 190-205.

MARINO, Daniela

2005 "El Juzgado Conciliador en la transición jurídica. Huixquilucan (Estado de México), siglo XIX", en AGOSTONI y SPECKMAN (eds.), pp. 195-224.

MATUTE, Álvaro

1981 *Antología. México en el siglo XIX. Fuentes e interpretaciones históricas*. México, Universidad Nacional Autónoma de México.

MERLÍN, Socorro

1995 *Vida y milagros de las carpas. La carpa en México, 1930-1950*. México, Instituto Nacional de Bellas Artes-Centro Nacional de Investigación y Documentación Teatral Rodolfo Usigli.

MONTALVO ORTEGA, Enrique

1999 *El águila bifronte. Poder y liberalismo en México.* México, Consejo Nacional para la Cultura y las Artes-Instituto Nacional de Antropología e Historia.

MOYA GUTIÉRREZ, Arnaldo

2001 "Los festejos cívicos septembrinos durante el porfiriato, 1877-1910", en AGOSTONI y SPECKMAN (eds.), pp. 44-75.

MUÑOZ CABREJO, Fanni Genoveva

2001 *Diversiones públicas en Lima, 1890-1920: la experiencia de la modernidad.* Lima, Red para el Desarrollo de las Ciencias Sociales en el Perú.

OBREGÓN, Arturo

1980 *Congreso Obrero de 1876. Antología.* México, Centro de Estudios Históricos del Movimiento Obrero Mexicano.

OLAVARRÍA Y FERRARI, Enrique

1961 *Reseña histórica del teatro en México,* t. 2. México, Porrúa.

OLEA FRANCO, Rafael

2001 *Literatura mexicana de fin de siglo.* México, El Colegio de México.

ORTIZ DE MONTELLANO, Mariano

1886 *Apuntes para la liquidación de la deuda contraída en Londres.* México, Imprenta del Gobierno Federal en Palacio.

OZOUF, Mona

1976 *La fête révolutionnaire, 1789-1799.* París, Gallimard.

PANI, Erika, y Alicia SALMERÓN

2004 *Conceptualizar lo que se ve. François-Xavier Guerra. Homenaje.* México, Instituto de Investigaciones Dr. José María Luis Mora.

PAYNO, Manuel

1982 *Los bandidos de Río Frío.* México, Porrúa.

PÉREZ MONTFORT, Ricardo (coord.)

1997 *Hábitos, normas y escándalo.* México, Plaza y Valdés-Centro de Investigaciones y Estudios Superiores en Antropología Social.

PÉREZ TOLEDO, Sonia

1992 "El pronunciamiento de julio de 1840 en la ciudad de México", *Estudios de Historia Moderna y Contemporánea de México* 15, pp. 30-45.

1993 "Ciudadanos virtuosos o la compulsión al trabajo en las mujeres de la ciudad de México en la primera mitad del siglo XIX", *Siglo XIX*, segunda época, 13, pp. 137-150.

1996 *Los hijos del trabajo. Los artesanos de la ciudad de México, 1780-1853.* México, El Colegio de México-Universidad Autónoma Metropolitana.

2001 "Trabajadores urbanos, empleo y control en la ciudad de México", en LIDA y PÉREZ TOLEDO (comps.), pp. 157-196.

PÉREZ VEJO, Tomás

2005 "La conspiración gachupina en *El Hijo de Ahuizote*", *Historia Mexicana* LIV: 4, pp. 1105-1153.

PICCATO, Pablo
1997 "No es posible cerrar los ojos. El discurso sobre la criminalidad y el alcoholismo hacia el fin del porfiriato", en PÉREZ MONTFORT (coord.), pp. 77-142.
2002 "Conversación con los difuntos: una perspectiva mexicana ante el debate sobre la historia cultural", *Signos Históricos* 8, pp. 13-41.
2003 "'El populacho' y la opinión pública: debates y motines sobre la deuda inglesa en 1884", en CONNAUGHTON (coord.), pp. 531-579.

PI-SUÑER LLORENS, Antonia
1999 "El eterno problema: deuda y reclamaciones (1861-1868)", en LIDA (comp.), pp. 37-103.
2003 "Una asignatura pendiente: el arreglo de la llamada deuda española durante el porfiriato", *Revista de Indias* LXIII: 228, pp. 419-440.

PLOTKIN, Mariano
1994 *Mañana es San Perón. Propaganda, rituales políticos y educación en el régimen peronista (1946-1955).* Buenos Aires, Ariel.

PLUMB, J.H.
2001 "La mercantilización del ocio en la Inglaterra del siglo XVIII", *Historia Social* 41, pp. 69-87.

POSADA, José Guadalupe
1992 *José Guadalupe Posada. Ilustrador de la vida mexicana.* México, Fondo Editorial de la Plástica Mexicana-Consejo Nacional para la Cultura y las Artes.

PRANTL, Adolfo, y José L. GROSSO
1901 *La ciudad de México, novísima guía universal de la capital de la República.* México, Editorial Juan Buxó-Compañía y Librería Madrileña.

PRIETO, Guillermo
1994 *Discursos parlamentarios y cívicos.* México, Consejo Nacional para la Cultura y las Artes.

PROST, Antoine
1999 "Social y cultural, indisociablemente", en RIOUX y SIRINELLI, pp. 139-155.

QUEVEDO Y ZUBIETA, Salvador
1956 *Manuel González y su gobierno en México.* México, Editora Nacional.

RECALDE, Héctor
1994 *Vida popular y salud pública en Buenos Aires (1900-1930).* Buenos Aires, Centro Editor de América Latina, 2 vols.

REINA, Leticia
1980 *Las rebeliones campesinas en México (1819-1906).* México, Siglo XXI.

REYES DE LA MAZA, Luis
1963 *El teatro en México con Lerdo y Díaz, 1873-1879.* México, Universidad Nacional Autónoma de México.

REYNA, María del Carmen
1979 *Historia de la Casa de la Moneda. Tres motines en contra de la moneda débil en la ciudad de México, siglo XIX.* México, Departamento de Investigaciones Históricas, Instituto Nacional de Antropología e Historia.

Riguzzi, Paolo

1992 "México, Estados Unidos y Gran Bretaña, 1867-1910: una difícil relación triangular", *Historia Mexicana* XLI: 3, pp. 365-436.

1999a "Las dimensiones de la imagen nacional en el Porfiriato", en Montalvo Ortega, pp. 197-222.

1999b "Mercados, regiones y capitales en los ferrocarriles de propiedad mexicana", en Kuntz Ficker y Connolly (coords.), pp. 39-70.

Ríos, Guadalupe, Edelmira Ramírez y Marcela Suárez

1995 *Día de Muertos. La celebración de la fiesta del 2 de noviembre en la segunda mitad del siglo XIX*. México, Universidad Autónoma Metropolitana.

Ríos Zúñiga, Rosalina

2005 *Formar ciudadanos. Sociedad civil y movilización en Zacatecas, 1821-1853*. México, Centro de Estudios sobre la Universidad, Universidad Nacional Autónoma de México-Plaza y Valdés.

Rioux, Jean Pierre, y Jean François Sirinelli

1999 *Para una historia cultural*. México, Taurus.

Roche, Daniel

1989 *La culture des apparences: une historie du vêtement XVII e XVIII e siècle*. París, Fayard.

1996 "La cultura material a través de la historia de la indumentaria", en De Gortari y Zermeño, pp. 77-88.

Rodríguez Kuri, Ariel

1996 *La experiencia olvidada. El Ayuntamiento de México: política y gobierno, 1876-1912*. México, El Colegio de México-Universidad Autónoma Metropolitana.

1999 "Gobierno local y empresas de servicios: la experiencia de la ciudad de México en el porfiriato", en Kuntz Ficker y Connolly, pp. 165-190.

2002 "Los diputados de Tuxtepec: la administración de la victoria", en Casar y Marván, pp. 79-106.

2005 "Desabasto de agua y violencia política", en Ronzón y Valdez, pp. 167-201.

Roeder, Ralph

1981 *Hacia el México moderno: Porfirio Díaz*. México, Fondo de Cultura Económica.

Rojas Coria, Rosendo

1952 *Tratado de cooperativismo mexicano*. México, Fondo de Cultura Económica.

Rojas Hernández, Laura

2007 "Piden pan, no les dan: conflictos y condiciones de trabajo en las panaderías de la ciudad de México: 1895-1929". Tesis de licenciatura, México, Universidad Nacional Autónoma de México.

Rojkind, Inés

2006 "Prensa, manifestaciones y oposición política. La protesta contra la unificación de la deuda en 1901", *Estudios Sociales* 31, pp. 137-162.

2008 "El derecho a protestar. Diarios, movilizaciones y política en el Buenos Aires del novecientos". Tesis de doctorado, México, El Colegio de México.

ROMERO, Luis Alberto

1984 "Urbanización y sectores populares: Santiago de Chile, 1830-1875", *Revista Latinoamericana de Estudios Urbano Regionales* XI: 31, pp. 35-66.

1987 "Los sectores populares en las ciudades latinoamericanas del siglo XIX: la cuestión de la identidad", *Desarrollo Económico* 27: 106, pp. 201-222.

RONZÓN José, y Carmen VALDEZ (coords.)

2005 *Formas de descontento y movimientos sociales. Siglos XIX y XX.* México, Universidad Nacional Autónoma de México.

ROSENZWEIG, Fernando (comp.)

1988 *Pasado y presente de la deuda externa de México.* México, *El Día* en libros-Instituto de Investigaciones Dr. José María Luis Mora.

RUDÉ, George

1979 *La multitud en la historia. Los disturbios populares en Francia e Inglaterra, 1730-1848.* Madrid, Siglo XXI.

1981 *Revuelta y conciencia de clase.* Barcelona, Crítica.

1998 *Europa en el siglo XVIII. La aristocracia y el desafío burgués.* Barcelona, Altaya.

2000 *El rostro de la multitud. Estudios sobre revolución, ideología y protesta popular.* Valencia, Fundación Instituto de Historia Social.

RUIZ, Arturo

1904 *El vestido ante la higiene.* México. Tesis de la Escuela Nacional de Medicina, México, Tipografía Artística.

RUIZ CASTAÑEDA, María del Carmen

1982 "La caricatura política durante el porfiriato", en *Historia del arte en México,* pp. 1740-1753.

RULE, John

1990 *Clase obrera e industrialización. Historia social de la revolución industrial británica.* Barcelona, Crítica.

SABATO, Hilda

1998 *La política en las calles. Entre el voto y la movilización política. Buenos Aires, 1862-1880.* Buenos Aires, Sudamericana.

SABATO, Hilda (coord.)

1999 *Ciudadanía política y formación de las naciones. Perspectivas históricas de América Latina.* México, El Colegio de México-Fideicomiso de Historia de las Américas-Fondo de Cultura Económica.

SABATO, Hilda, y Luis Alberto ROMERO

1992 *Los trabajadores en Buenos Aires. La experiencia del mercado: 1850-1880.* Buenos Aires, Sudamericana.

SABATO, Hilda, y Alberto LETTIERI (comps.)

2003 *La vida política en la Argentina del siglo XIX. Armas, votos y voces.* Buenos Aires, Fondo de Cultura Económica.

SALAÜN, Serge

2001 "La sociabilidad en el teatro (1890-1915)", *Historia Social* 41, pp. 127-146.

SALAZAR, Delia (coord.)

2006 *Xenofobia y xenofilia en la historia de México, siglos XIX y XX. Homenaje a Moisés González Navarro.* México. Instituto Nacional de Antropología e Historia.

SALVATORE, Ricardo
1997 "Fiestas federales: representaciones de la República en el Buenos Aires rosista", *Entrepasados* VI: 11, pp. 45-68.
SAMUEL, Raphael (comp.)
1984 *Historia popular y teoría socialista.* Barcelona, Crítica.
SANZ ROZALÉN, Vicent, y José A. PIQUERAS ARENAS (eds.)
2005 *En el nombre del oficio. El trabajador especializado: corporativismo, adaptación y protesta.* Madrid, Biblioteca Nueva.
SCOTT, Joan
1990 "Género, una categoría útil para el análisis histórico", en *Historia y género: las mujeres en la historia moderna y contemporánea.* Valencia, Alfons el Magnanim.
SESTO, Julio
1910 *A través de América. El México de Porfirio Díaz (hombres y cosas). Estudios sobre el desenvolvimiento general de la República mexicana. Observaciones hechas en el terreno oficial y en el particular.* Valencia, F. Sempere y Compañía Editores.
SEWELL, William
1992 *Trabajo y revolución en Francia. El lenguaje del movimiento obrero desde el Antiguo Régimen hasta 1848.* Madrid, Taurus.
1994 "Cómo se forman las clases: reflexiones críticas en torno a la teoría de E.P. Thompson sobre la formación de la clase obrera", *Historia Social* 18, pp. 77-100.
SHARPE, Jim
1999 "Historia desde abajo", en BURKE, 1999a, pp. 38-58.
SIERRA, Justo
1977 *Ensayos y textos elementales de historia, Obras completas,* t. IX. México, Universidad Nacional Autónoma de México.
1984 *Obras Completas. Discursos,* t. V. México, Universidad Nacional Autónoma de México.
SOSENSKI, Susana
2007 *El Obrero del Porvenir*: una publicación de la Sociedad Artística Industrial, 1870, *Estudios Sociales* 1, pp. 71-102.
2010 *Niños en acción. El trabajo infantil en la ciudad de México, 1920-1934.* México, El Colegio de México.
SPECKMAN, Elisa
2001a "Las tablas de la ley en la era de la Modernidad. Normas y valores en la legislación porfiriana", en AGOSTONI y SPECKMAN (eds.), pp. 241-270.
2001b "Pautas de conducta y códigos de valores en los impresos de Vanegas y Arroyo", en OLEA FRANCO, pp. 425-448.
2001c "De amor y desamor: ideas, imágenes, recetas y códigos en los impresos de Antonio Vanegas Arroyo", *Revista de Literaturas Populares* 2, pp. 68-101.
2002 *Crimen y castigo. Legislación penal, interpretaciones de la criminalidad y administración de la justicia (Ciudad de México, 1872-1910).* México, El Colegio de México-Universidad Nacional Autónoma de México.

2006 "Justicia y juzgadores en la ciudad de México (1855-1931). Reflexiones desde la historia social y cultural". Texto presentado en mayo de 2006 en el Seminario de Historia Social de El Colegio de México.

STAPLES, Anne (coord.)

2005 *Historia de la vida cotidiana en México.* t. IV. *Bienes y vivencias. El siglo XIX.* México, El Colegio de México-Fondo de Cultura Económica.

STEDMAN JONES, Gareth

1989 *Lenguaje de clase. Estudios sobre la historia de la clase obrera inglesa.* Madrid, Siglo XXI Editores.

SURIANO, Juan

2001 *Anarquistas. Cultura y política libertaria en Buenos Aires, 1890-1910.* Buenos Aires, Manantial.

TARROW, Sidney

1997 *El poder del movimiento. Los movimientos sociales, la acción colectiva y la política.* Madrid, Alianza.

TAYLOR, William

1987 *Embriaguez, homicidio y rebelión en las poblaciones coloniales mexicanas.* México, Fondo de Cultura Económica.

TEITELBAUM, Vanesa, y Florencia GUTIÉRREZ

2008 *Entre el control y la movilización. Honor, trabajo y solidaridades artesanales en la ciudad de México a mediados del siglo XIX.* México, El Colegio de México.

2009 "De la representación a la huelga. Las trabajadoras del tabaco (ciudad de México, segunda mitad del siglo XIX)", *Boletín Americanista* 59, pp. 265-288.

———, y Florencia GUTIÉRREZ

2008 "Sociedades de artesanos y poder público. Ciudad de México, segunda mitad del siglo XIX", *Estudios de Historia Moderna y Contemporánea de México* 36, pp. 127-158.

TENORIO TRILLO, Mauricio

1998 *Artilugio de la nación moderna. México en las exposiciones universales, 1880-1930.* México, Fondo de Cultura Económica.

THOMPSON, Edward

1977 *La formación de la clase obrera. Inglaterra: 1780-1832.* Barcelona, Laia, 2 vols.

1984 *Tradición, revuelta y conciencia de clase.* Barcelona, Crítica.

1994 "Las peculiaridades de lo inglés", *Historia Social* 18, pp. 9-60.

1995 *Costumbres en común.* Barcelona, Crítica.

2002 *Las peculiaridades de lo inglés y otros ensayos.* Valencia, Centro Francisco Tomás y Valiente-Universidad Nacional de Educación a Distancia Alzira-Valencia-Fundación Instituto de Historia Social.

THOMPSON, Lanny

1992 "Artisans, marginals, and proletarians: The housseholds of the popular classes in Mexico City, 1876-1950", en GUEDEA y RODRÍGUEZ (eds.), t. 2, pp. 307-324.

TILLY, Charles

2003 *The Politics of Collective Violence.* Cambridge, Cambridge University Press.

TORRE, Juan Carlos (comp.)
1995 *El 17 de octubre de 1945*. Buenos Aires, Ariel.
TRUJILLO BOLIO, Mario
1997 *Operarios fabriles en el valle de México, 1864-1884. Espacio, trabajo, protesta y cultura obrera*. México, El Colegio de México-Centro de Investigaciones y Estudios Superiores en Antropología Social.
2000 *Empresariado y manufactura textil en la Ciudad de México y su periferia. Siglo XIX*. México, Centro de Investigaciones y Estudios Superiores en Antropología Social.
URÍA, Jorge
2001 "Lugares para el ocio. Espacio público y espacios recreativos en la Restauración española", *Historia Social* 41, pp. 89-111.
VALADÉS, José C.
1979 *Sobre los orígenes del movimiento obrero en México*. México, Centro de Estudios Históricos del Movimiento Obrero Mexicano.
VAN YOUNG, Eric
1992 *La crisis del orden colonial. Estructura agraria y rebeliones populares en la Nueva España, 1750-1821*. México, Alianza.
1999 "The new cultural history comes to old Mexico", *The Hispanic American Historical Review* LXXIX: 2, pp. 211-247.
VIGARELLO, Georges
1997 *Lo limpio y lo sucio. La higiene del cuerpo desde la Edad Media*. Barcelona, Altaya.
VILLALOBOS CALDERÓN, Liborio (comp.)
1978 *La Convención Radical Obrera. La Antología*. México, Centro de Estudios Históricos del Movimiento Obrero Mexicano.
VILLASEÑOR, José
1982 *Orígenes del movimiento obrero mexicano. El Gran Círculo de Obreros de México, 1870-1880*. México, Facultad de Ciencias Políticas y Sociales, Universidad Nacional Autónoma de México.
VILLEGAS REVUELTAS, Silvestre
2005 *Deuda y diplomacia. La relación México-Gran Bretaña, 1824-1884*. México, Universidad Nacional Autónoma de México.
VIQUEIRA ALBÁN, Juan Pedro.
1987 *¿Relajados o reprimidos? Diversiones públicas y vida social en la ciudad de México durante el Siglo de las Luces*. México, Fondo de Cultura Económica.
WALKER, David
1981 "Porfirian labor politics: Woking class organizations in Mexico City and Porfirio Díaz, 1876-1902", *The Americas* XXXVII: 3, pp. 257-290.
WARREN, Richard
1994 "Vagrants and citizens. Politics and the poor in Mexico City, 1808-1836". Tesis de doctorado, Chicago, University of Chicago.
1996 "Entre la participación política y el control social. La vagancia, las clases pobres de la ciudad de México desde la Colonia hacia el Estado nacional", *Historia y Grafía* 6, pp. 37-54.

2000 "El congreso por su gusto hizo de un justo un ladrón: el cobre, "la chusma" y el centralismo, 1837", en ILLADES y RODRÍGUEZ KURI (comps.), pp. 61-79.

WILLIAMS, Raymond

1983 *Keywords. A Vocabulary of Culture and Society*. Nueva York, Oxford University Press.

WOMACK, John, Jr.

1999 "Luchas sindicales y liberalismos sociales, 1867-1993", en CARMAGNANI, HERNÁNDEZ y ROMANO, pp. 417-460.

ZÁRATE TOSCANO, Verónica (coord.)

2003 *Política, casas y fiestas en el entorno urbano del Distrito Federal: siglos XVIII-XIX*. México, Instituto de Investigaciones Dr. José María Luis Mora.

ZIMMERMANN, Eduardo

1995 *Los liberales reformistas. La cuestión social en la Argentina, 1890-1916*. Buenos Aires, Sudamericana.

## PERIÓDICOS

*La Convención Radical*, 1887
*La Convención Radical Obrera*, 1888-1896, 1902
*El Correo de las Doce*, 1887
*El Correo del Lunes*, 1883-1884
*El Correo Español*, 1890
*El Diario del Hogar*, 1883, 1888, 1892-1893, 1895-1896
*El Diario Español*, 1889
*El Hijo del Ahuizote*, 1886-1887, 1892
*El Hijo del Trabajo*, 1876-1884.
*La Humanidad*, 1877
*El Imparcial*, 1900, 1902
*El Jueves*, 1883
*La Libertad*, 1884
*El Monitor Republicano*, 1883-1885, 1892, 1894, 1896
*El Mundo*, 1898
*El Nacional*, 1884, 1888
*El Noticioso*, 1883, 1894-1895
*El Obrero Mexicano*, 1894
*El Partido Liberal*, 1886, 1892
*Periódico Oficial del Gobierno del Distrito Federal*, 1878
*La República*, 1884
*El Siglo Diez y Nueve*, 1888, 1892
*El Socialista*, 1876-1888
*El Tiempo*, 1884, 1892
*La Tribuna*, 1880
*La Unión de los Obreros*, 1877
*El Universal*, 1892, 1894
*La Voz de España*, 1883
*La Voz de México*, 1884

*El mundo del trabajo y el poder político.*
*Integración, consenso y resistencia en la ciudad de México*
*a fines del siglo* XIX
se terminó de imprimir en noviembre de 2011
en los talleres de Editorial Color, S.A. de C.V.,
Naranjo 96 bis, P.B., Col. Santa María la Ribera,
06400 México, D.F.
Portada de Pablo Reyna.
Composición tipográfica y formación:
Socorro Gutiérrez, en Redacta, S.A. de C.V.
Cuidó la edición su autora.

Made in United States
North Haven, CT
10 November 2026

22084232R00159